箕《みの》輪《わ》城

関東地方でも有数の規模の横堀をめぐらす大規模な城館。上野国の国人長野《ながの》家の本拠として築かれ、後には戦国大名武田《たけだ》家や北条《ほうじょう》家もかかわる。豊臣期には井伊直政《いいなおまさ》が大改修を行い、徳川《とくがわ》家がどのような城館を築いたかを伝えている（高崎市教育委員会提供）。

暗渠《あんきょ》跡（南東から）

小《お》　田《だ》　城（本丸）

北畠《きたばたけ》 親房《ちかふさ》が『神皇《じんのう》正統《しょうとう》記《き》』を著した場所として著名な常陸国小田家の本城。戦国時代には上杉謙信《うえすぎけんしん》の猛攻をうけ、落城する。本丸には多数の溝や数ヵ所の庭園が確認され、内部の構造が明らかになってきた（つくば市教育委員会提供）。

出土した火舎香炉《かしゃこうろ》と水瓶《すいびょう》獅子鈕《ししちゅう》

飛《とび》山《やま》城

下野国宇都宮《うつのみや》家の重臣であった芳賀《はが》家の居城。鬼怒《きぬ》川左岸の段丘を利用して築かれており、川側の西側から望む景観は圧巻。約14 haという広大な地を、横堀で区画し構造をなしている。発掘調査では、左のめずらしい遺品も発見された(宇都宮市教育委員会提供)。

唐沢山城《からさわやま》・本丸入り口と石垣

関東地方では数少ない高石垣をもつ山城。豊臣政権との関わりのある人物が改築し、上方の技法で城館が調えられる。本丸入り口付近も大きな石材が使われた石垣が見られる。下野国の国人佐野氏の本拠であったが、戦国大名上杉家や北条家の支城にもなっている。

峰岸純夫・齋藤慎一［編］

関東の名城を歩く　北関東編

茨城・栃木・群馬

吉川弘文館

刊行のことば

「関東の名城」といって読者のみなさんは何をイメージするだろうか。一部が保存あるいは復元されている、太田道灌《おおたどうかん》による江戸城、北条《ほうじょう》氏最期の小田原《おだわら》城、あるいは太田市の金山《かなやま》城などであろうか。中世初期から軍事的施設として作られ始め、一五世紀後半以降の戦国時代に急速に増加した城の総数は全国に数万あるともいう。本書で取り上げる城の多くは、現在は天守閣《てんしゅかく》も櫓《やぐら》もなく、石垣や郭《くるわ》の痕跡をのこすばかりの遺跡といってもよいものが多く、建造物に興味がある方には、やや物足りないかもしれないが、険しい山中や河川・街道に沿った平地の城跡などから、当時の人々の息づかいに思いを馳せるのもまた楽しいものであろう。

編者は、現在東京近郊の多摩地域に住んでいるが、春や秋のよい季節にしばしば八王子《はちおうじ》城や滝山《たきやま》城などを訪れ、山中に施設などを築いた戦国武将や住民の苦労や、交通の要衝に築かれた小さな支城などで戦闘を交えたであろう光景を思い描きながら散策している。その一方で、道端の野草や樹木に季節の移り変わりを感じながら、よい空気を吸って山道をかき分けようやく天守（山頂）に登りつめていくと、富士山を始め関東各地の美しい山々の眺望が待ちうけている。城めぐりの楽しみは何ともさまざまなのである。

昨今の文化財保護の流れから、国あるいは市町村の史跡指定となっている城も数多くある。復元された景観から、美しい郭の連なりも楽しめるし、堀や土橋などを用い技巧を凝らした城の構造を味わうこともできるだろう。

また、本書を開いていただければ、築城者の歴史的な逸話とともに、考古学的な調査データが多く掲載されていることに気付かれるだろう。近年、埼玉県の杉山《すぎやま》城の年代比定をめぐって論争になっているが、読者に正確な情報を提供するため心がけた。是非とも本書が城探訪の心強いパートナーなることを願ってやまない。

平成二十三年二月

峰岸純夫

目次

刊行のことば　峰岸純夫――iii
名城を知るために　峰岸純夫――vi
北関東の名城を概観する　齋藤慎一――ix
各県別名城マップ――xv

茨城県――1

■久米城　2／■花房城　6／■馬坂城　10／■瓜連城　14／■額田城　18／■石神城　22／■水戸城　26／■小幡城　32／■笠間城　36／■真壁城　40／■小栗城　46／■関城　50／■結城城　54／■大宝城　60／■下妻城　64／■古河公方館　66／■小田城　68／■守谷城　74／■牛久城　78／■木原城　82

お城アラカルト「館と宿」――86

栃木県――87

■芦野城　88／■伊王野城　92／■鶴淵城　96／■武茂城　98／■那須神田城　104／■川崎城　106／■烏山城　110／■千本城　116／■茂木城　120／■西明寺城　124／■飛

山城 128／■多気山城 134／■犬飼城 140／■西方城 142／■皆川城 146／■沼尻合戦の陣所 150／■祇園城 152／■鷲城 156／■中久喜城 158／■豊代城 160／■唐沢山城 164／■正光寺城 170／■足利城 172／■足利氏館 176

お城アラカルト「城と町の防御」――180

お城アラカルト「さまざまな在地の土器」――181

お城アラカルト「織豊城郭と関東」――182

群馬県――183

■名胡桃城 184／■中山城 188／■岩櫃城 192／■白井城 196／■長井坂城 200／■五覧田城 204／■大胡城 208／■金山城 212／■反町城 222／■上江田城 226／■安養寺明王院館 230／■館林城 232／■箕輪城 236／■後閑城 242／■碓氷城 244／■松井田城 246／■磯部城 250／■国峰城 254／■平井城・平井金山城 258／■根小屋城 262

お城アラカルト「さまざまな堀」――264

歴女たちの城めぐり「祇園城の春秋」――265

用語一覧――266

名城を知るために

峰岸純夫

【城（城郭）とは何か】　城（城郭）とは、諸時代の特定の勢力が自己の生命・財産、あるいは政治的支配力を維持・防衛するために築いた軍事的施設である。まったく平和な状況では必要のないものであるが、戦乱が起こり、あるいはそれが予想されると構築される。日本列島には古代において、東北地方の蝦夷《えみし》への侵攻の軍事拠点として柵《さく》が築かれ軍隊が駐屯することになり、この柵の構造が城の始原となり、また多《た》賀《が》城・秋田《あきた》城なども築かれ、その影響はこの地方の中世に引き継がれた。

その後、平氏政権、鎌倉・室町・江戸幕府、この間に織田・豊臣政権など軍事政権の時代が長く続き、武士という武装集団が軍事政権交代はかならず戦争をともなって政権交代を行ない、その武力による支配が続いた。また武力行使が紛争の解決手段としてしばしば発動された。このようななかで、それぞれの諸時代に全国各地で多くの城が築かれた。

【楯籠《たてこも》もる】　親に抵抗して子どもが自分の部屋を封鎖して立て籠もる、一九六〇—七〇年代の学生運動の盛んな時代に大学の教室や学園棟が封鎖され、あるいは東京大学安田講堂《やすだこうどう》、浅間山荘《あさまさんそう》などが封鎖され攻防戦が展開された。「立て籠もる」の語源は「楯籠もる」で、武士が携行していた矢を防御する木製板の楯を並べて山や丘陵の一角を囲み、そのなかに武士が駐屯して敵の侵攻に備えることから起こった。この立て籠もった場所が城となる。一時的な（臨時の）城もあれば、それが恒常的な城にもなる。後者の場合、堀とその内側に土塁を廻らし、もし地下に石材が得られれば石垣で土塁や通行する入り口（「虎口《こぐち》」）を固める。
城の立地する条件によって、平城《ひらじろ》・平山城《ひらやまじろ》・山城《やまじろ》などと区分される場合もある。山城の場合、尾根筋に断続的に郭《くるわ》を築き、それを通路でつなぎ連結し、また所々を堀切《ほりきり》によって切断する構造の連郭式《れんかくしき》山城が出現した。

［館と城］ 非常時に備えて構築された城に対して、武士の日常的な住居（屋敷）は館《やかた》という。館は、その身分によって、半町四方、一町四方、一町半四方、二町四方（一町は約一〇〇メートル）などの規模を有し、地形条件が許せばほぼ方形《ほうけい》に平地や台地上に築かれ、堀や土塁によって区画されていた（方形館、「堀内《ほりうち》」ともいう）。この館が戦乱の中で、堀を深め土塁を高くし、門を固め、さらに縄張《なわばり》を周辺に拡大して城郭化する場合が多い。このような城郭化した館を「館城《やかたじろ》」と称しておきたい。一方、武士の引退・没後あるいは生前にその子息が別の館を構築して移り、父の菩提《ぼだい》を弔うために父の館を寺にする場合もあり、これを「館寺」と称しておきたい。
また、館の背後の山に城郭を築き、日常と非日常の変化に対応して往復していた。この背後の城を「詰《つめ》の城」という。また城郭を構築する場合に、あらかじめ麓《ふもと》の館の政庁と背後の山上の城をセットにして構築する場合もあり、戦乱の恒常化に対応して、山上の城内に館を築きそこに常に居住して城主となる場合も多かった。城郭内には必ず鎮守神が祀られて宗教的に城を守った。

［城の暴風雨対策］ 城の敵は、攻め寄せる敵の軍隊だけではなかった。初夏梅雨時の長雨、あるいは秋に襲来する暴風雨などがある。これによって、城が崩落してしまう危険にさらされていた。このさいに城を守るために、貯水池や排水設備が必要であるが、自然の樹木や草類などでもその役割を担った。これら

によって城の安全が確保されていたので、郭平面や展望台の櫓《やぐら》周辺は除いて樹木は自然のままに生い茂らせていた。城郭に樹木なし、城郭の整備には樹木の皆伐が必要などと説くものも少なくないが、城郭に樹木なしというのは自然環境を理解しない者の「迷信」である。

［地域住民と城］　侵攻する軍隊は地域住民に対して人や物の略奪を伴うものであったので、領主はそれを保護する責任も負わされていた。それ故、山城の一部郭などに住民の避難場所（村人の城）を設けた。そのことで城は、住民の生命財産を守る場所としても意識化されていった。その結果、城普請に住民が納得して参加する状態になっていった。城郭に立って比較的防備の緩やかな空間をそのような地区としてみていく必要があると思う。また、村の有力者を年貢の一部免除の上に軍役に結び付けて、支城などに「郷《ごう》一揆衆《いっきしゅう》」として籠もらせる場合があった。

［城の変遷を知る］　城は諸時代によって変化発展する。現在みられる城郭遺構はその最後の姿を示している。時代を遡って変化の様相を知るには、縄張の精査、文献や発掘調査の成果などによって想定する以外にない。近年、埼玉県の杉山城《すぎやま》をめぐって縄張研究者の見解と考古発掘調査の年代間に約一世紀近くズレを生じて論争になっているが、それぞれの方法論のメリットと限界を意識しての城郭史研究にとって有効な論争を期待している。

［城はどこに築かれるか］　城の立地は、当時の政治状況によって決められる。支配領域を統括する本城は、しかるべき拠点に立地し、それを四方に取り囲むようにして各地に一族や有力家臣の支城が築かれていく。また侵攻が予想される敵対勢力との境界領域の交通路の要衝には、「境目《さかいめ》の城」として城が密集して形成される。城をみる場合にその機能を追及する必要がある。

北関東の名城を概観する

齋藤慎一

関東平野の北半分、茨城県・栃木県・群馬県が本書の範囲である。この地域区分が妥当かどうかはさておき、三県を一冊で扱ったことに意味があるとすれば、戦国時代において反北条勢力の大名等の領域であるため、戦国大名北条家とは一線を画した城館が見られることであろう。

佐竹《さたけ》氏や宇都宮《うつのみや》氏などの領主を意識しつつも、取りあげる城館を選定するにあたっては、できるだけ遺構がよくのこり、訪問して歴史を実感できる遺跡を選択した。一言で戦国城館といっても機能は多様である。本拠となる城館や関所のような城館ほか、さまざまな形態がある。加えて城館構造には階層差や地域差そして時代差も影響する。そのようなさまざまな要素を加味して選択した。以下、紙面の都合で全ての名城をとりあげることはできないが、順番に解説していこう。

〔話題の城館〕 話題となった城館といえば俗っぽいが、その多くの城館は、自治体によって保存整備事業が行なわれている遺跡である。つまり計画的に発掘調査が行なわれている城館となる。

茨城県では十二月に一緒に発掘調査現場説明会を開催している**小田《おだ》城**・**真壁《まかべ》城**がある。ともに国指定史跡で、計画的に発掘調査を行ない、史跡の整備を行なっている。調査も整備も徐々にではあるが、訪問のたびに新しい発見があることも魅力だろう。同じように保存整備事業を、栃木県では**飛山《とびやま》城**がいち早く実施している。

飛山城と同じように整備された山城といえば、群馬県の**金山《かなやま》城**を忘れることはできない。山麓にビジターセンターも完成し、一日かけて十分に楽しめる。関東ではめずらしい石垣づくりの城は驚くばかりであるが、調査そして検証に基づいて整備が計画され、安全対策などの検討を経て整備された。草木にうずもれた城館ではなく、理解しやすい戦国時代の城館を目指して整備された。関東地方の代表的な山城の遺跡であろう。

群馬県内では**箕輪《みのわ》城**、栃木県内では**祇園《ぎおん》城**、**唐沢山《からさわやま》城**も同じように発掘調査が展開している。調査により新たな知見がもたらされ、将来の整備に夢がもたれる城館である。

［歴史の舞台］　整備事業は実施されていないが、古くから有名なものとして、次のような城館がある。茨城県の**関《せき》城**・**大宝《だいほう》城**・**瓜連《うりづら》城**。茨城県は南北朝時代に南朝勢力が基盤をもった場所であり、先の小田城は北畠親房が『神皇正統記』を編纂した場として知られている。その南朝勢力を一掃しようと高師冬ら北朝勢力が攻め込んだ。その舞台となった城館がこれらの遺跡である。実際には小田城のように後の時代の改変を受けて南北朝時代の様相を留めないが、歴史を感じさせる城館であろう。

［戦国大名の拠点］　冒頭に述べた反北条勢力の代表格は佐竹氏や宇都宮氏であり、彼等の戦国時代の本拠は太田《おおた》城と宇都宮《うつのみや》城である。ともに遺構を大きく失っており、当時の様相はうかがい知れない。そこで**久米《くめ》城**・**馬坂《まさか》城**・**多気山《たげさん》城**を取りあげた。久米城は分家である佐竹北家の本城である。そして馬坂城は平安末期以来の佐竹家の本貫地にあり、太田から南の笠間へと至る幹線道路に沿った地点を占め、太田への南の入り口を固める地の城館である。

他方、多気山城は戦国時代最末期の宇都宮氏の本城である。沼尻《ぬまじり》の合戦後、北条《ほうじょう》家の影響は下野国の深くにおよび、宇都宮はたびたび戦火にさらされる。その渦中にあって営まれた本拠の地である。実際に攻められ、戦火を浴びている。宇都宮家規模の領主の本拠で、かつ全体がわかる規模で城館が今に伝えられていることは奇跡に近い。

また群馬県では戦国時代に欠かせない真田家の城館がある。拠点で豊臣秀吉の天下統一の契機となった**名胡桃《なぐるみ》城**や、沼田と上田を繋ぐ中間地点の**岩櫃《いわびつ》城**が忘れられない。名胡桃城は広く発掘調査が実施されており、その成果が期待されるところである。奇岩の山に普請された岩櫃城は長い竪堀《たてぼり》が印象的な山城である。それと今ひとつ関東管領《かんとうかんれい》山内上杉《やまのうちうえすぎ》家の本城である**平井《ひらい》金山《かなやま》城**もある。

【伝統的な領主の本城】　北関東には勢力を誇った武士が自らの拠点として営んだ城館が実に多い。大名クラスに限らず、郡規模の領主の拠点も多数残る。茨城県では**下妻《しもつま》城**・**木原《きはら》城**・**小幡《おばた》城**、栃木県では**芦野《あしの》城**・**伊王野《いおうの》城**・**千本《せんぼん》城**・**茂木《もてぎ》城**・**西明寺《さいみょうじ》城**・**飛山《とびやま》城**・**川崎《かわさき》城**・**西方《にしかた》城**・**皆川《みながわ》城**・**足利《あしかが》城**、群馬県では**国峰《くにみね》城**などである。とりわけ栃木県が多くラインナップされていることに気づくであろう。実は国人《こくじん》などとも呼ばれる北関東の伝統的な領主層の本城はまだ未解明である。とりわけ栃木県北部はまだ城館遺跡の状況が十分に把握されていない。この地域には那須《なす》家に属した領主が多数存在し、独自の勢力を形成していた。彼等の存在を理解するためにもどのような城館が存在したかは課題となっている。本書では意図的に選択した。

【戦国大名北条家の城館】　北関東は戦国大名北条家にとっては侵略地とされた地域でもある。天正年間の後半を中心に、激戦の場も多々あった。栃木県の祇園城・足利城・唐沢山城・多気山城などは実際に攻め込まれた。とすれば、北条家が拠点とした城館も存在した。攻撃対象となった栃木県の祇園城・唐沢山城は北条氏照《うじてる》や北条氏忠《うじただ》らの北条一門が把握し、領国の縁辺を固めている。群馬県の金山城は北関東での重要城館だったし、**中山城**《なかやま》・**長井坂城**《ながいさか》は真田攻めの重要拠点だった。また**松井田城**《まついだ》は甲斐武田家も活用した上信国境の要衝だった。茨城県では**牛久城**《うしく》・**守谷城**《もりや》が北条家の拠点となっていた。これらは北条領国最末期の最も拡大した時期を語っている城館となろう。

【近世の城と東国】 無論、織豊期や江戸時代の城館も多数ある。茨城県では**水戸城**《みと》・**笠間城**《かさま》・**結城城**《ゆうき》・守谷城、栃木県では**烏山城**《からすやま》、群馬県では箕輪城《みのわ》、**白井城**《しろい》、**大胡城**《おおご》、**館林城**《たてばやし》などを取りあげている。従来、関東地方の中世といえば天正十八年（一五九〇）まで、近世といえば慶長八年（一六〇三）以降と考えられる傾向があった。そのためであろうか、高石垣と高層の天守を伴う西国の様相に比べて、関東の近世城館は極めて貧素な遅れたイメージが先行していた。近年、箕輪城などの成果もあり、当該期独特の様相がつかめ始め、天正十八年までと思われていた城館がさらに時代が下る様相もつかめ始めた。また唐沢山城や笠間城には豊臣家の城館を思わせる石垣が普請されている。関東地方でも豊臣秀吉の影も見え始めているのである。

【戦国時代以前を考える】 戦国時代に偏らず、それ以前の拠点となった城館もできるだけとりあげようとつとめた。那須氏の**那須神田城**《なすかんだ》や新田氏に関連する**反町城**《そりまち》・**上江田城**《かみえだ》は中世前期と考えられてきた城館である。戦国時代以前と指摘されていたこれらの城館であるが、実は最近の研究では後の時代に改変されている。しかし戦後の歴史学研究においてどのように城館が見られていたかを語る遺跡である。

同じような視点で**足利氏館**《あしかがし》をも見てみたい。足利氏ゆかりの鑁阿寺《ばんな》の境内である。古文書の記述をも踏まえ、鎌倉時代以来の足利氏の居館と考えられていた。実際はどうであろうか。本書では肯定的な立場から足利氏館を紹介した。

そして類似の構造をもつ佐野氏の**豊代城**《とよしろ》や新田氏の**安養寺**《あんようじ》**明王院**《みょうおういん》**館**もある。この二例は方形館の事例である。足利氏館も含め方形に設計された城館が、どのような背景をもって出現したか。今後に大きく課題を残している。

［合戦の舞台］　城館といえば、城攻めがイメージされるのである。しかし実際に激戦があった城館はさほど多くない。文献資料で城攻めが確認されても、考古学的にその痕跡が確認されることはさらに少ない。とりあげた城館のなかでは、結城合戦の舞台となった結城城、小山義政の乱で攻められた**鷲**《わし》**城**・祇園城、上杉謙信に攻められた小田城・金山城・唐沢山城、武田信玄に攻め落とされた箕輪城、前田利家・上杉景勝らの軍勢に攻め落とされた松井田城のほか、小さな合戦ではあるが足利城・**五覧田**《ごらんだ》**城**・多気山城なども合戦の舞台となった。

このうち小田城は文献資料で焼亡が確認されるが、発掘調査でもおびただしい焼土などが確認され、落城後の整理も確認された。年代的にもほぼ文献の年代で見合うと検討されており、激しい戦乱が浮き彫りになった。

［臨時の城館］　合戦の際に陣城が築かれることはよく知られている。陣城は領主が保持していた最先端の築城法で築かれると考えられている。その具体的な事例が文禄慶長の半島出兵に際して築かれた倭城である。陣城はなかなかわかりにくいのであるが、茨城県の**花房**《はなぶさ》**城**、栃木県の**鶴淵**《つるぶち》**城**、**沼尻合戦**《ぬまじりかっせん》**の陣所**《じんしょ》などを取りあげた。これらは今後の城館の構造を考えるために視点を提供する。

［境目の城・交通に関係する城館］　最後に領国支配を考えさせる城館をあげたい。領国の境界にあって交通と関係した城館である。結城領の境界を固めた**小栗**《おぐり》**城**、北条領国の境界で幹線を確保するために重要

視された五覧田城や**碓氷城**《うすい》である。これらは領国のあり方を考えるうえで重要な視点を提供する。

［みぢかな城館］　本書で取りあげたほかにも、すばらしい城館はまだ多数存在する。茨城県では、富田《とみた》城・柿岡《かきおか》城、栃木県では須花《すはな》城・藤岡《ふじおか》城、群馬県では山名《やまな》城・桐生《きりゅう》城・尻高城・長野原城など枚挙に暇がない。これらの城館を訪れ、自分なりのあたらしい知見を感じてみることも、歴史の味わい方でしょう。

●各県別名城マップ

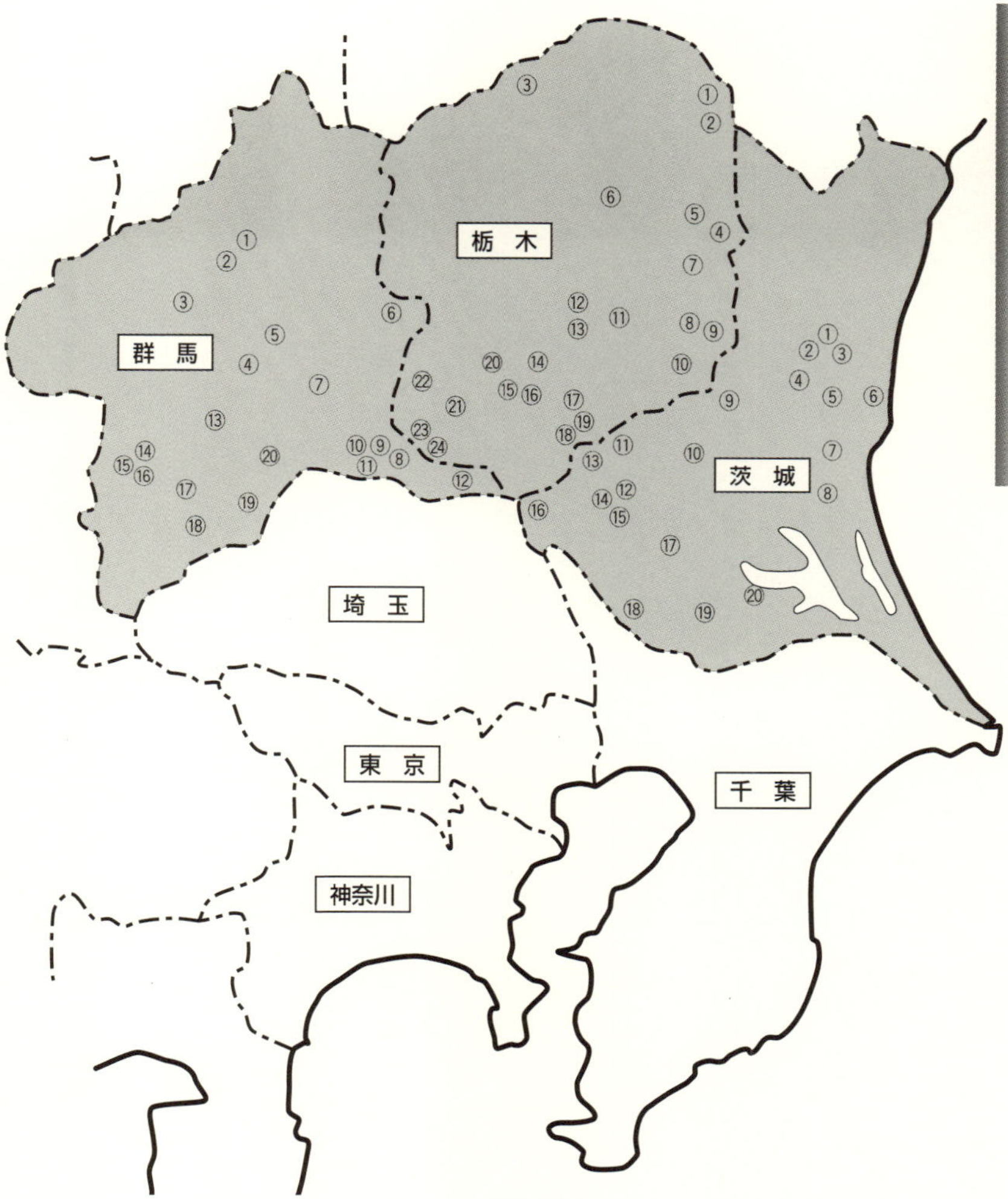

〔茨城〕

①久米城
②花房城
③馬坂城
④瓜連城
⑤額田城
⑥石神城
⑦水戸城
⑧小幡城
⑨笠間城
⑩真壁城
⑪小栗城
⑫関城
⑬結城城
⑭大宝城
⑮下妻城
⑯古河公方館
⑰小田城
⑱守谷城
⑲牛久城
⑳木原城

〔栃木〕

①芦野城
②伊王野城
③鶴渕城
④武茂城
⑤那須神田城跡
⑥川崎城
⑦烏山城
⑧千本城
⑨茂木城
⑩西明寺城
⑪飛山城
⑫多気山城
⑬犬飼城
⑭西方城
⑮皆川城
⑯沼尻合戦の陣所
⑰祇園城
⑱鷲城
⑲中久喜城
⑳豊代城
㉑唐沢山城
㉒正光寺城
㉓足利城
㉔足利氏館

〔群馬〕

①名胡桃城
②中山城
③岩櫃城
④白井城
⑤長井坂城
⑥五覧田城
⑦大胡城
⑧太田金山城
⑨反町城
⑩上江田城
⑪安養寺明王院館
⑫館林城
⑬箕輪城
⑭後閑城
⑮碓氷城
⑯松井田城
⑰磯部城
⑱国峰城
⑲平井城・平井金山城
⑳根小屋城

茨城県

～小田城から出土した五彩の壺

●茨城県のみどころ

本県は、主要部分は常陸国であるが、西部の結城《ゆうき》・古河《こが》地区は下総国に属していた。ここには、佐竹氏、大掾《だいじょう》氏、小田氏・結城氏などの豪族が割拠していた。この地における大きな戦乱は、南北朝内乱期の常陸合戦で、南朝方の指導者北畠親房《きたばたけちかふさ》が小田城に入り、足利方の侍大将高師冬《こうのもろふゆ》軍との間で激しい戦闘を繰り広げた。その舞台となったのは、小田城を中心に関・大宝《だいほう》・瓜連《うりづら》などの諸城であった。下って室町時代に入ると、永享の乱で鎌倉公方足利持氏《もちうじ》が滅亡すると、その遺児を擁して結城氏朝《うじとも》らが結城城に楯籠《たてこも》り関東の大軍を相手に死闘を繰り広げた。享徳の乱以降の戦国時代に入ると、各地域間領主の抗争や佐竹氏の国内統一への抵抗、北条氏の侵攻に備えての防備などのために多くの諸城が構築された。

●佐竹氏を代表する山城

久《く》米《め》城《じょう》

〔所在地〕茨城県常陸太田市久米町
〔比　高〕七〇メートル
〔分　類〕山城
〔年　代〕一五世紀後半から一六世紀
〔城　主〕佐竹北家
〔交通アクセス〕ＪＲ水郡線常陸大宮駅下車、茨城交通バス「太田営業所」行き「久米」下車、徒歩一〇分

【納豆の産地】　久米といえば納豆が名産である。巷《ちまた》では源氏ゆかりの地に納豆があるとする説があるそうであるが、久米も源氏一族佐竹氏の庶家北家の本拠が置かれた場所である。

久米城は久米の集落の北側、鹿島《かしま》神社のある付近を中心として、北および東側から丘陵で集落を囲むように築かれている。遺構は広範囲にわたって良好にのこっている。

【佐竹北家】　鎌倉時代以来の領主である佐竹家は戦国時代に東家・南家・北家の分家に支えられていた。このうち北家は久米城を本拠とした。北家の成立は一六世紀初頭であるが、それに先立ち佐竹家は山入家に対抗するため久米城を取り立てた。そしてその役割を継承するため、佐竹北家が成立した。

【四つの構成】　久米城は大きくわけて四つの部分からなる。まず中心となる地区であるが、鹿島神社のある付近一帯の山。仮に「東の城」と呼ぶことにする。東の城の西北方向に並ぶ小山で、中継所の付近を中心とする一帯を同様に「西の城」。そして東の城から南方向へと続く尾根上に普請《ふしん》された遺構群を同様に「南の出城」と呼ぶことにしたい。そして四つめは久米城の「城下」にあたる久米の集落の空間である。この四ブロックから久米城は構成されている。

【東の城】　東の城の部分で、標高一〇一・三メートルの地点が主郭に相当し、久米城で最も中心となる郭と考えられる。出入口は明確ではないが、恐らくは南東の隅に、鹿島神社の方向に向けて開かれていたのだろう。

主郭の北東約八〇メートルのところに大きな堀切《ほりきり》がある。

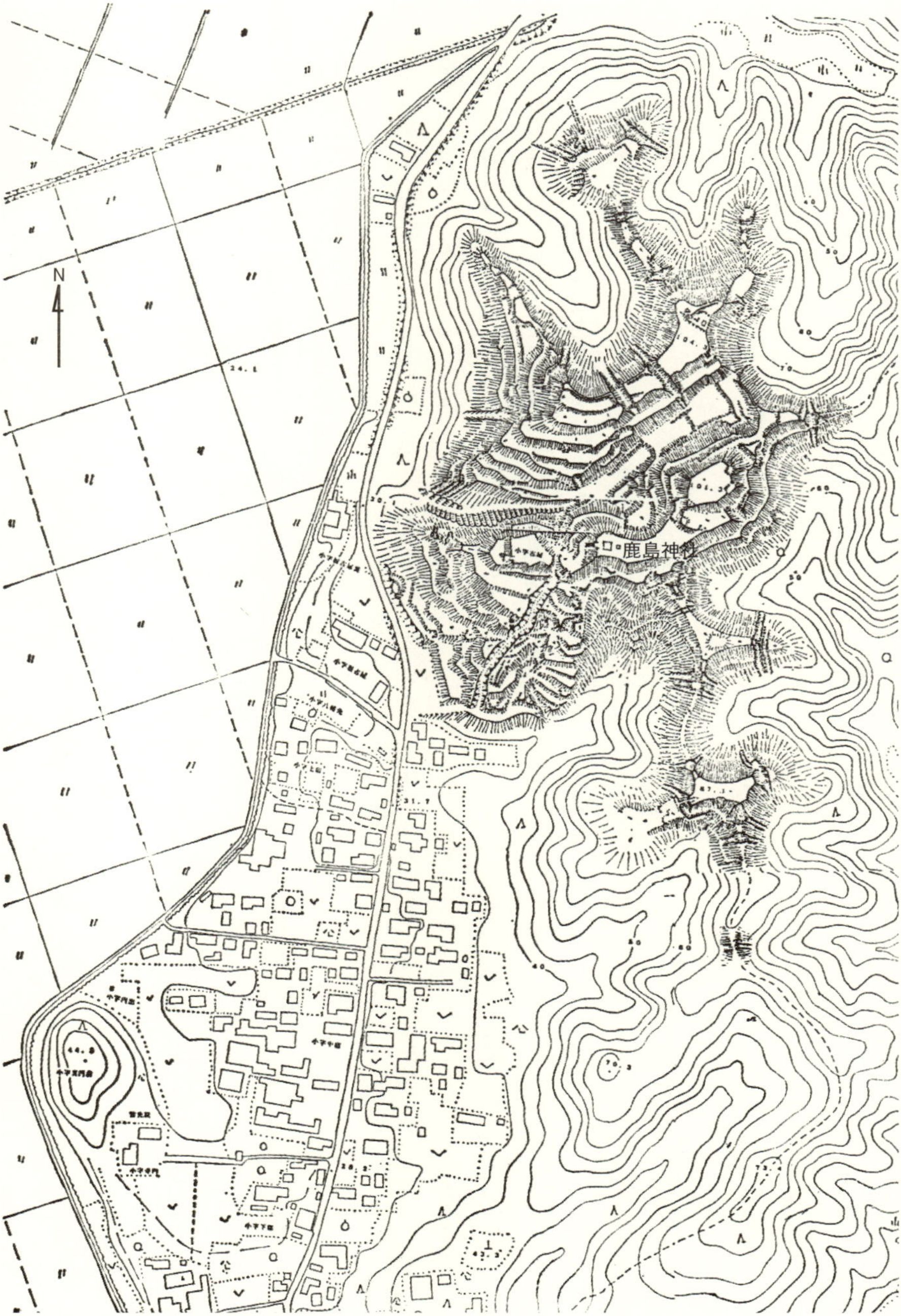

●―久米城縄張図（調査・作図：齋藤慎一）

この堀切が城域の東北端に当たる。

東の城よりこの堀切を渡って東の方角へ向かう道がある。この道は城郭の虎口《こぐち》などの遺構と噛み合い、かつ東の城の中心部分の側面を添うように敷設されている。久米城が存在した頃からの道と考えられる。東の方角には佐竹氏の太田《おおた》城があることから、尾根沿いに太田城と連絡する道であった可能性が高い。

この道筋から東の城のなかにはいる虎口がある。主郭の南東に位置する。土塁と壁に囲まれた一折れの構造になっている。久米城内では比較的大きな虎口で、城主の格式を示すという意味もあったのだろう。

城の正面の通路にあたる大手道は、全体的な遺構の広がりからこの東の城に設定されていたと推測される。鹿島神社にいたる参道の東隣、階段状にある郭を縫うようにして設けられていたと考えられる。しかし冬でも草木が繁茂しているうえに、所々参道によって分断されているため、具体的な道筋を確認するに至っていない。

【西の城】 西の城は中継所付近で、南西に並ぶ三つ郭の中心として郭群で成り立っている。

中継所の北西にある小山の付近にも、堀切や竪堀《たてぼり》などの普請がなされている。城の北西から攻め込まれることを想定しての普請であろう。

西の城の南西隅には二本の堀切と竪堀がのこる。片側のみにしか竪堀がないが、一般に「二重堀切」と呼ばれている遺構である。

【南の出城】 東の城と西の城のあたりが久米城の中心部であるが、山城の遺構は南の出城に至る尾根《おね》上にも展開している。この尾根上は比較的起伏が少ないため、二重堀切など堀切の普請が多数見られる。

南方向へつづく尾根の南端にある遺構が南の出城となる。尾根上を南から進んでくると堀切に当たる。この堀切は遮断を目的として普請されており、横断は不可能である。したがって道筋は左に折れ、郭の周囲をめぐる横堀にそって西隣の尾根に至る。この地点に南の出丸内部に入るための土橋と虎口が普請されている。

この道筋に横堀があるのは注目される。久米城内の他の場所に横堀が存在しないことから、この南の出城一帯は中心部分より年代が下る可能性もある。

南の出城一帯は、尾根の地形を改変し、直線的な道筋ではなく、できるだけ迂回させるように工夫を凝らしている。横堀の配置といい、久米城の縄張を行なった人物は熟練した者であったことをうかがわせる。

【城下】　最後に城下の部分であるが、久米城の城下は水田の面から約五メートルの高さをもつ台地上に展開している。現在にのこる小字から、大きく根古屋《ねごや》・上宿・中宿・下宿の四つの区域に分かれていたと考えられる。

根古屋は、東の城の西側・小字古屋の西隣に位置し、その南側に上宿・中宿・下宿が連なる。久米城中心部との位置関係、また一般に「根小屋」は山麓の屋敷を示すといわれることから、城主に関わる屋敷があったところであろう。この根古屋は小字八幡免《はちまんめん》をへて上宿と向き合うが、この字八幡免の空間があるのは重要である。この八幡免（現在水田化されており、地名の由来から考えてある程度古い水田であるが）は谷地形に沿った区画に付けられた字である。地形的には根古屋の台地と上宿の台地の間に、八幡免の谷がある。すなわち根古屋という城主に関わる居館は、他の宿の空間と分離した空間を構成していたことになる。久米という「都市」のなかで、城主が家臣ほかの居住空間から隔絶された空間に住んでいたことを考えさせる。

上宿・中宿・下宿の区域は、おそらくは都市的な機能を担っていた空間であろう。残念ながら三区分の内容など、個々にどのような機能を担っていたかという詳細は不明である。

しかし、地籍図を検討してみると上宿・中宿には大きな正方形区画が目立つ。とりわけ上宿には、方形区画の周囲に堀を廻したのではないかと考えられる地籍もある。他方、下宿では短冊型に近い地籍が多い。地籍の差から推測すると、上宿・中宿には家臣層、下宿には商工業者が住んでいたのではなかろうか。

城主の居館が分離した空間を構成していたことを考えあわせると、久米城および城下で、階層差が存在していた可能性が指摘できる。

【戦国大名佐竹氏の山城】　以上、久米城を概観したが、現地を歩くと広範囲にわたって戦国時代の山城を十分に堪能できる。とりわけ久米城は山城がよくのこっていることに加え、城下の空間も考えることができることは重要であろう。戦国大名佐竹氏の本城太田城の現状を考えると、佐竹氏の拠点的な城館がどのようであったを伝える数少ない事例となる。佐竹北家の本城である久米城の重要性は明らかであろう。

戦国時代の拠点を実感できる久米城は、北関東で佐竹氏の足跡を知る重要な遺跡である。

（齋藤慎一）

【参考文献】『金砂郷村史』（金砂郷村　一九八九年）

花《はな》房《ぶさ》城《じょう》

●集中して陣の小字がのこる城

〔所在地〕茨城県常陸太田市花房町字陣ヶ峰
〔比　高〕五〇メートル
〔分　類〕山城
〔年　代〕南北朝時代か
〔城　主〕―
〔交通アクセス〕ＪＲ水郡線常陸大宮駅下車、茨城交通バス「太田営業所」行き花房下車、徒歩一〇分

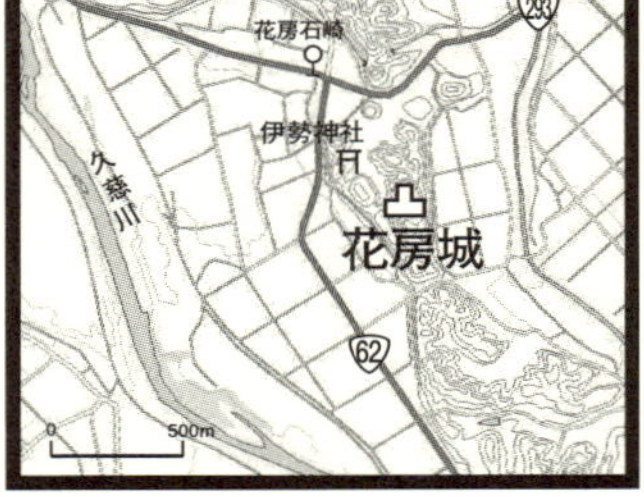

【花房城の発見】　対象とする痕跡が「城跡である」と確認される根拠は、当時の普請《ふしん》の痕跡＝遺構がのこされていることによる。堀や土塁などが鍵で、当時に何らかの考えによって普請されたものであり、その遺構を読み込むことよって築城の目的が想定できる場合がある。この花房城の場合も小字《こあざ》にヒントを得て、山塊を歩いて城跡と確認し、『金砂郷村史』で報告した事例である。

　南北朝期の城郭とは合戦にさいして築かれ、臨時性が強いと、以前より説いてきた。しかしその具体的な像はいかなるものか、明らかになる事例は極めて少ない。この花房城は文献資料と地名から、南北朝期の陣城の可能性が考えられる事例である。

【花房山・大方河原の合戦】　南北朝時代の建武三年（一三三六）、花房山の合戦などをへて、佐竹《さたけ》勢は瓜連《うりづら》城を攻略することに成功した。合戦の経過は同年八月日付伊賀盛光軍忠《いがもりみつぐんちゅう》状《じょう》に記載されている。北朝方の伊賀盛光は常陸国瓜連城に攻め寄せようとしたところ、南朝方の小田治久《おだはるひさ》・広橋経泰《ひろはしつねやす》が花房《はなぶさ》山・大方《おおかた》河原に向かった。花房は茨城県常陸太田市花房と考えられ、大方は花房の東南方向で、久慈《くじ》川支流の山田《やまだ》川に面する同市大方にあたる。両者はその場において合戦になった。この合戦について他の古文書では「同年八月二十二日、（中略）同来郡華房山合戦」、「常陸国久慈東郡花房山以下所々合戦」と記載している。建武三年（一三三六）八月二十二日に行なわれた合戦の中心は、花房山であったらしい。

この花房山は、花房という地名の内であることは間違いないだろう。そして西の花房と東の大方という位置関係から、合戦場の西の端に花房山があると考えられる。当然のことながら、「山」と呼称されていることから、地形はまさに山である。花房山という山塊に南朝方の拠点が据えられていた可能性が高い。

【花房の小字】 史料による知見から小字を探索してみると驚くことがわかる。久慈川と浅《あさ》川に挟まれ、南北に連なる山の峰に小丘陵が群在する。その場所には図に示したように、

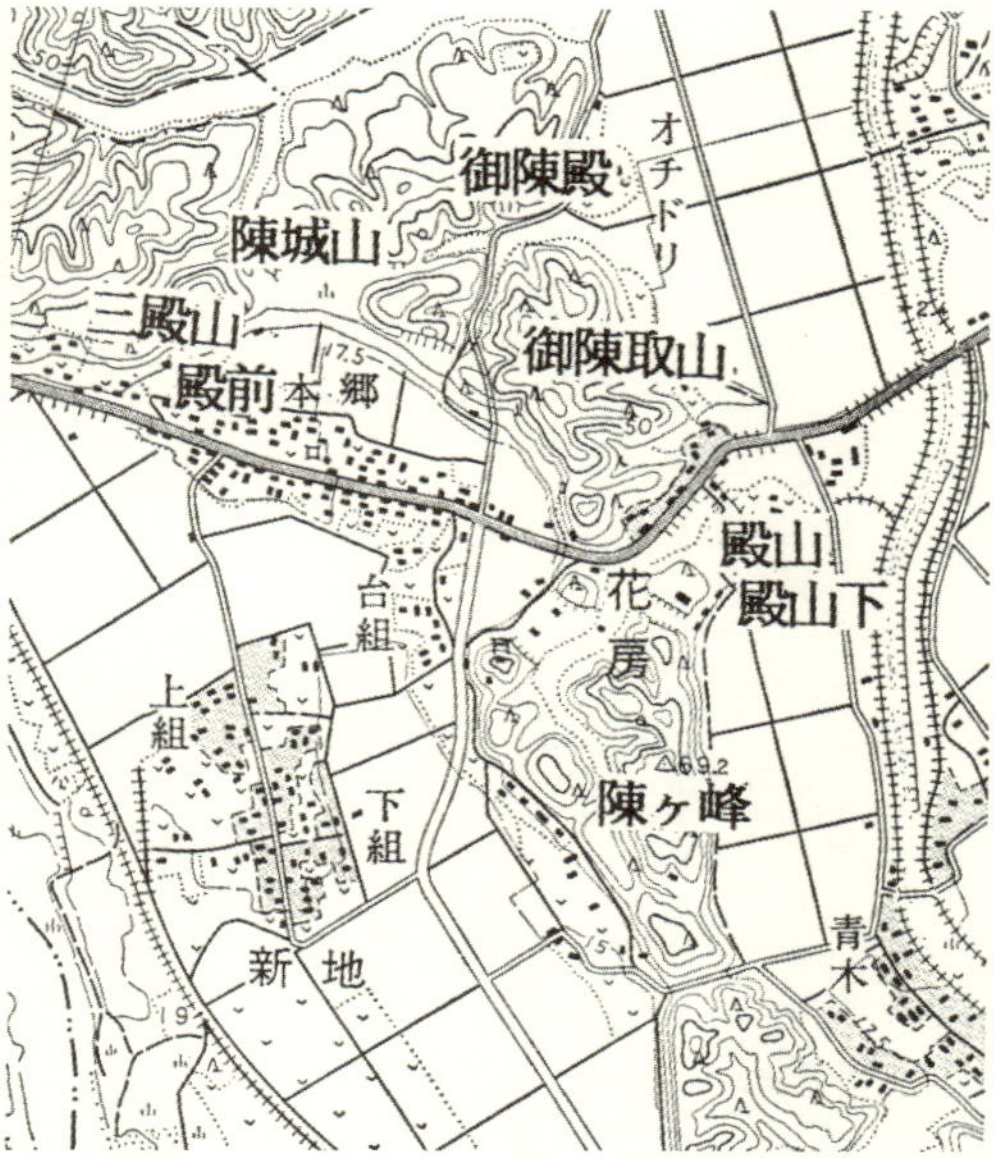

●—花房城周辺図（作図にあたって国土地理院発行 1/25,000 地形図「常陸大宮」を基礎とした）

「陣城山」「御陣殿」「御陣取山」「陣ケ峰」などの陣（=陣）の語が多く見られる。加えて「三殿《さんでん》山」「殿前」「殿山」「殿山下」などの小字も見られる。小字は陣が構えられたことが間違いないことを語っている。これほどに陣所に関連すると思われる地名が集中することはめずらしい。通常であれば戦国時代の合戦を考えるわけであるが、該当する合戦が見あたらない。するとにわかに、建武三年八月二十二日の花房山の合戦がクローズアップされる。

【山城の遺構】 小字の示す範囲を踏査してみた。踏査にさいしては、賤《しず》ヶ《が》岳《たけ》の古戦場のように、布陣した状況が手に取るようにわかる陣城《じんしろ》が、一帯の山塊に群在するさまを期待した。ところが期待に反して、ほとんどの場所で城跡の痕跡を認めることができなかった。そもそも陣所であるので臨時の取り立てであり、どこまで普請を行なったかはわからない。加えて南北朝期の陣所であれば、現代において遺構として理解することは難しいのかもしれない。しかし、一連の小字群の最南端に位置する小字陣ヶ峰に中世城館の遺構が確認された。

【構造】 小字陣ヶ峰に所在する城跡を花房城と呼ぼう。城跡は標高六九・二メートルの山にある。北・西・南の三方向は小山があるために眺望は悪いものの、東側に対しては障害物がなく展望が良く、大方や大里方面が良く見渡せる位置にあ

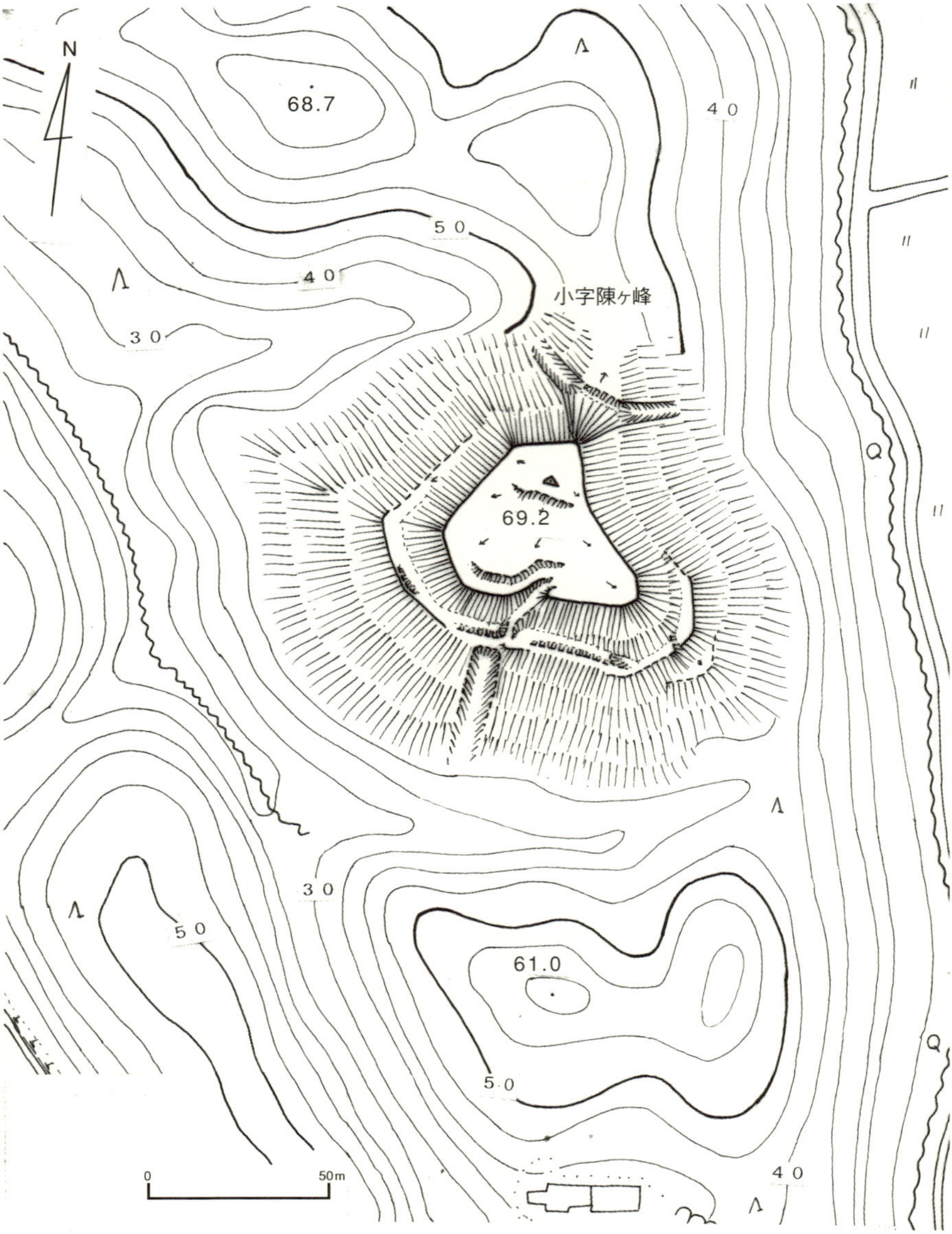

●─花房城（調査・作図：齋藤慎一）

る。選地からはこの築城者は東に目を向けた者であり、おそらくは花房山より西に本拠をもつ勢力と推定される。

図にみるように構造は単郭を配置するのみで簡単なつくりをしている。北側には尾根つづきからの侵入を配慮して堀切《ほりきり》を普請している。堀切の両端に竪堀を配置し、堀切の主郭側は高い壁となっている。この堀切は遮断を目的として普請されていると判断でき、北側は侵入を考えない花房城の背面となっている。主郭内は広い面積をもつものの、北辺の一部分しか平坦面がなく、主郭の縁辺に向けて緩く傾斜している。全体的に自然地形のままのようである。主郭への通路は南側に設けられている。下の郭と高低差があるために、現況では斜面に道が付けられている。下の郭に降りた地点には土橋《どばし》がある。城外への連絡は、この土橋から真下にいたる竪堀状の遺構を利用したと考えられる。

北を除く三方には、主郭の腰のところに細長いテラスのような郭がある。花房城の場合、主郭の斜面を「壁」として際立たせるために、自然地形を掘り込み、その普請によってできたスペースがテラス状の郭（腰郭）となっていると考えられる。

つまり、花房城の構造は単郭で必要最小限の普請を施しただけの簡単な城館である。遺構を概観すると、合戦のさいに臨時に使用された陣所＝陣城の可能性が考えられる。

この花房城は東側に対して展望が良いことから、東を敵方とし、西方向を自領とする勢力によって築かれた。このような結論が予想される。この点は古文書によって得られた知見とも合致する。

【南北朝時代の陣城】　史料、小字そして選地・遺構などの考察を行なってきた。それらからいずれも合戦の舞台としての花房山が描き出された。そして、花房山を使用した主体は花房山より西側に本拠をもった者であるということも考えられた。その西側に本拠をもつ者によって、合戦のさいの東端の境界（もしくは自己の支配領域の境界）として意識されていた場所が花房山ではなかろうか。そのさいに本拠とは瓜連城と考えてよいであろう。

現在のところこの花房城は建武三年に行われた合戦にともなう陣所である可能性がすこぶる高い。しかしながらこの時期以降、とりわけ戦国時代においての関連をさらに考える必要ものこる。考古学的な調査など、今後の更なる検討も望まれる。

（齋藤慎一）

【参考文献】　齋藤慎一『中世東国の領域と城館』（吉川弘文館　二〇〇二年）

●佐竹氏発祥の地

馬《ま》坂《さか》城《じょう》

〔常陸太田市指定史跡〕

〔所在地〕茨城県常陸太田市天神林
〔比　高〕三五メートル
〔分　類〕平山城
〔年　代〕平安後期～慶長七年（一六〇二）
〔城　主〕佐竹氏、稲木氏、天神林氏
〔交通アクセス〕ＪＲ水郡線「谷河原駅」下車、徒歩一五分

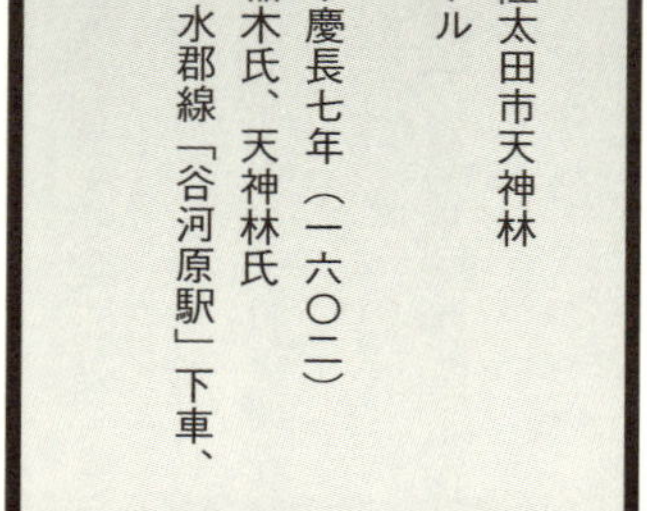

【かつての佐竹郷に所在】　佐竹氏が最初に本拠としたことで有名な馬坂城は、その後の主城となる常陸太田《ひたちおおた》城（舞鶴《まいづる》城）の南西約三キロの場所に位置する。沖積《ちゅうせき》低地に張り出した舌状《ぜつじょう》台地の上を刻んで構築された城郭の遺構は、現在、大半が畑地や宅地となっている。近くには、桃山時代の茅葺本《かやぶきほん》堂《どう》をもつ佐竹氏の菩提《ぼだい》寺・佐竹寺がある。

城地は、近世の天神林《てんじんばやし》村の一角に含まれ、これに稲木《いなぎ》、谷河原《やがわら》、磯部《いそべ》、上河合《かみかわい》、下《しも》河合、藤田《ふじた》三才《さんざい》の諸村を合わせたあたりが、平安時代の佐竹郷の領域に比定されている。いうまでもなく佐竹氏の「苗字の地」である。土着するのは、新《しん》羅三郎義光《らさぶろうよしみつ》の孫・昌義《まさよし》の代からと伝えられるが、義光自身かなりの期間を常陸で過ごしたことが確実なので、馬坂城周辺は義光下向当初よりの主要な拠点と考えてよかろう。

昌義の子・隆義《たかよし》の時に、常陸太田城に移り、馬坂城にはその子・義清《よしきよ》が入り、稲木氏を称した。山入の乱（佐竹の乱）で稲木氏が滅ぶと、佐竹義俊の子・義成が馬坂城に入り、天神林氏を起こすが、これも山入氏に与して没落してしまい、その後の城主は不明である。常陸太田城の支城としては存続したようだが、慶長七年（一六〇二）佐竹氏の移封により廃城となった。

【馬坂城の構造】　現在のこされた遺構は、おおむね戦国期のものと推測されるが、発掘調査などは行なわれておらず、詳細は今後の検討を待たなければならない。

大手口は東にあり、ここから西に張り出す台地に三本の堀《ほり》

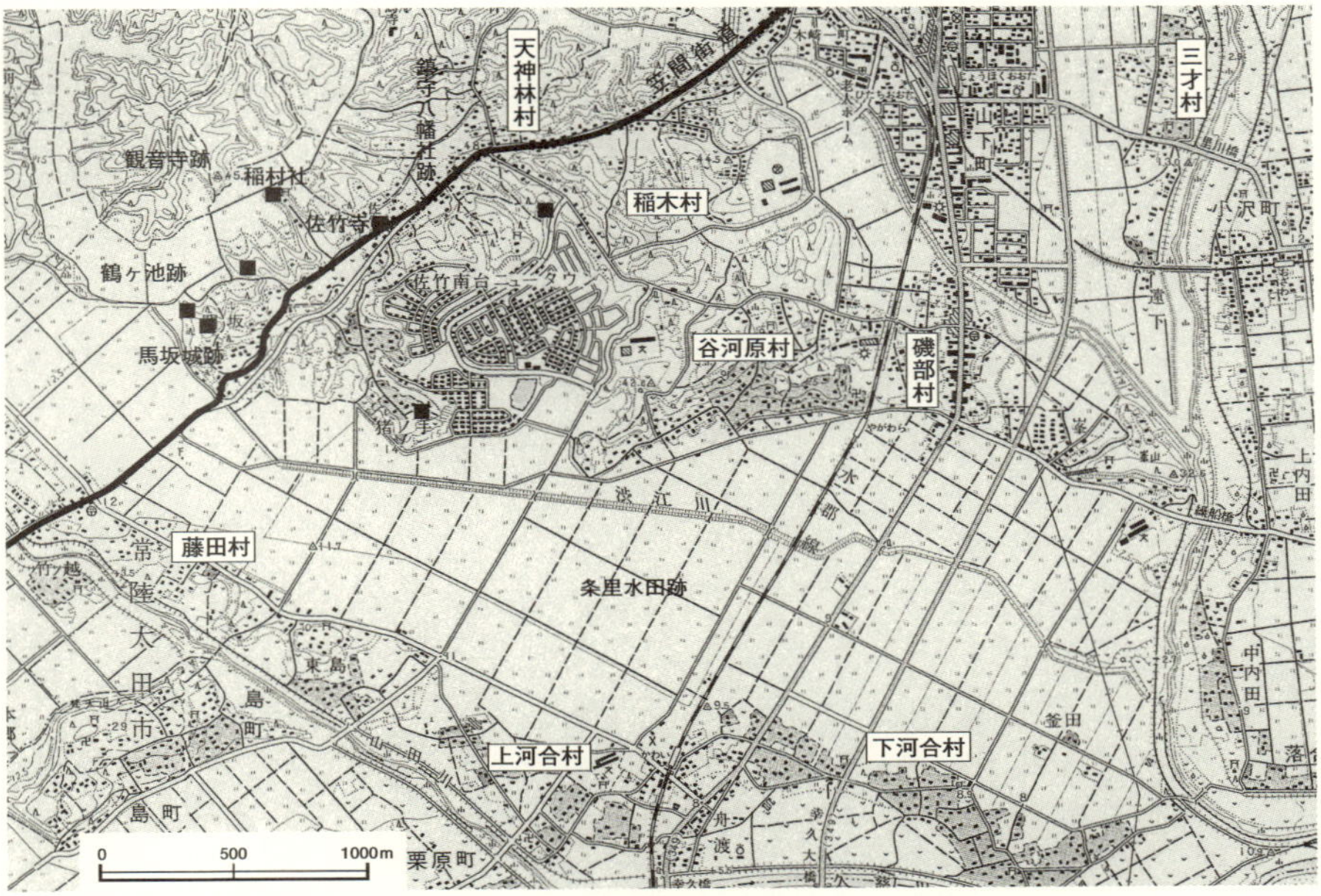

●—旧佐竹郷域地図（国土地理院発行　1:25,000「常陸太田」「常陸大宮」より）
■は天神七塚の所在地を示す。▭はかつて佐竹郷を構成したことが推定される旧村名を示す。

切《きり》を入れて、三つの曲輪《くるわ》を造りだす。南側の緩斜面には帯曲輪や腰曲輪が丁寧に構築されていたようだが、宅地化が進み、埋没ないしは湮滅《いんめつ》している。

御城は最も広い城域中央の平坦地で、ここに石碑と説明板が建つ。西城には、古墳を転用した物見台がのこる。さらにここから西に張り出した尾根の先端部は、横堀で囲まれた独立した曲輪になっている。

城域からは西・南・東の三方に眺望が開ける。南酒出《みなみさかいで》城や額田《ぬかだ》城、石神《いしがみ》城といった佐竹氏の重要な支城との連絡・連携のため、中世を通してこの城が機能し続けた理由を知ることができる。

常陸太田と瓜連《うりづら》、石塚《いしづか》、笠間とを東西につなぐ笠間街道が城内を通過するが、この幹線道との関係も、この城の立地を考える時には見逃せない。八溝《やみぞ》山系の高く厳しい山並みが北から南に延びる常陸北部では、その合間を縫うように南北道は成り立っても、東西交通が成立するのは極めて難しい。この笠間街道においてはじめて、後の南郷《なんごう》海道・天下野《けがの》街道・棚倉《たなぐら》街道といった南北道を横につなぐ、本格的な東西道が成立するのであり、それを太田の手前で抑える馬坂城の立地条件は、やはり優れたものといえるだろう。

【義光流源氏の常陸定着】　佐竹氏の祖となる新羅三郎義光は、

苦戦する兄・義家《よしいえ》を救おうと、左兵衛尉《さひょうえのじょう》の職をなげうって奥州に下向したという、後三年《ごさんねん》の役のさいの美談で知られている。しかしことの真相は、奥州での権益の争奪戦に遅れをとることを心配して、慌てて下向したものであろう。その一五年後、奥州、東国への進出を狙う義光に、絶好の機会が訪れる。

兄・義家の子・義国《よしくに》を擁し、北関東での勢力拡大を狙う秀《ひで》郷《さと》流藤原氏と対抗する常陸平氏との提携が成立したのである。義光は平清幹《たいらのきよもと》の女子を嫡男・義業《よしなり》の妻とし、その父・繁幹《しげもと》と結んで、嘉承元年（一一〇六）、甥の義国と常陸に戦っている。この争乱は、当時「坂東《ばんどう》乱逆」などと呼ばれ、少なくとも五年以上にわたって継続している。

帰洛命令にも従わなかった義光は、嘉承二年には、刑部《ぎょうぶの》丞《じょう》を解職されたようだが、常陸に勢力基盤を構築する絶好の機会となった。義業・昌義の代にかけて、姻戚関係を通じて奥州藤原氏との提携も深め、北関東の軍事貴族として義光流源氏の佐竹氏は、ゆるぎない地歩を築いていく。

【古代・中世の遺跡群の中に】　義光流が最初に本拠を構えた佐竹郷馬坂城の立地条件を、義光の時代までさかのぼって確認してみよう。

馬坂城の北西に広がる鶴が羽を伸ばしたような形をした湿田地帯は、かつて鶴ヶ池《つるがいけ》と呼ばれた巨大な溜池の跡である。『常陸国風土記』に記されている軽直里麻呂《かるのあたいさとまろ》が築いた谷合山の池に比定されている。谷筋から浸み出す水を集め、谷の出口を築堤により塞ぎ、山田川左岸の沖積低地に広がる条里水田を灌漑していた。江戸時代になると、久慈川から辰ノ口《たつくち》用水路が引かれ、池は埋め立てられてしまった。

池に張り出す尾根の南端は、観音山《かんのんやま》・洞崎《どうざき》（堂崎か）と呼ばれ、ここに佐竹一族の菩提寺・佐竹寺の前身・観音寺があった。天文十五年、現在地に移されるまで、この寺には鶴ヶ池を舟で渡って参詣していたという。

また馬坂城の周囲には、城域を囲むかのように、七基の小古墳が散在する。『延喜式神明帳《えんぎしきじんみょうちょう》』などに載る稲村社は、これらの古墳を「七代天神」と称して祀っていたもののようである。そうした祭祀を水戸光圀《みとみつくに》が排し、七塚のうちの一つ天神山に稲村神社を建立し遷宮式《せんぐうしき》を行なった。この時、佐竹氏の氏神・八幡社も潰され、同社禰宜《ねぎ》が稲村神社禰宜に取り立てられたという。

佐竹郷の中でも、馬坂城のある場所は、水利の要として、地域住民の信仰の場として、古代以来引き継がれた特別な空間であり、義光一族は、その中に常陸の拠点となる屋敷地を構築していたのである。

（高橋　修）

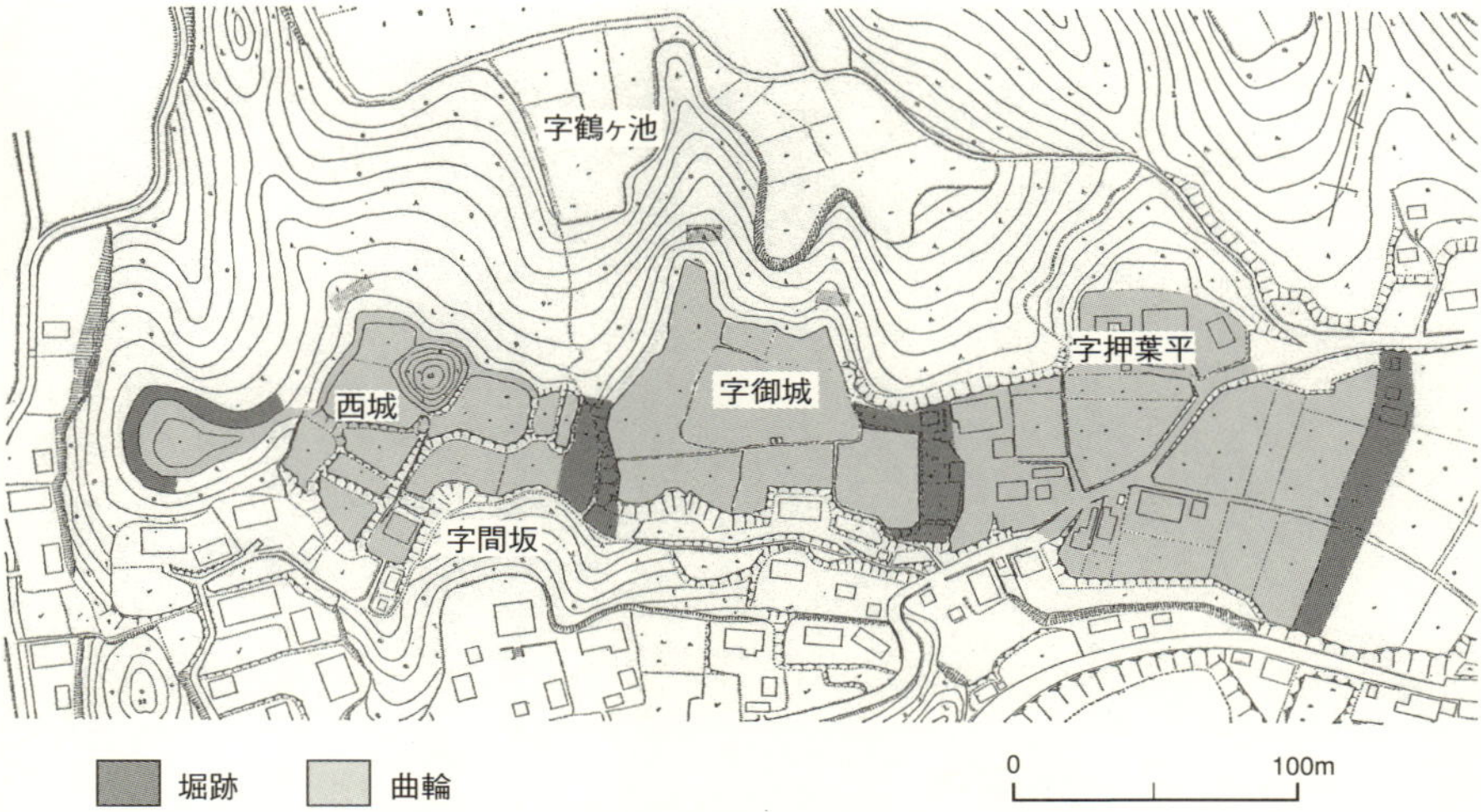

●—馬坂城実測図（『常陸太田市史』通史編上巻より）

●—馬坂城 字御城の周辺

●常陸における南朝方の拠点

瓜《うり》連《づら》城《じょう》

〔茨城県指定史跡〕

〔所在地〕茨城県那珂市瓜連一二二一
〔比　高〕約二六メートル
〔分　類〕平山城
〔年　代〕築城：建武三（一三三六）年以前
　廃城：建武三（一三三六）年
〔城　主〕楠木正家
〔交通アクセス〕ＪＲ水郡線「瓜連駅」下車、徒歩約一五分（約一・二キロ）、常磐自動車道那珂インターから車で約二〇分（八・五キロ）　駐車場有（常福寺）

【瓜連城の構造】　瓜連城は久慈《くじ》川右岸の標高約四〇メートルの台地の北端に築かれた平山城である。

現在、城跡は浄土宗常福《じょうふく》寺の境内地・墓地および瓜連保育園の敷地となっているが、境内裏手（北側）は城跡公園として開放されている。城跡公園周辺は土塁《どるい》と空堀《からぼり》が比較的良好に残り、気軽に古城散策することができる。

瓜連城の構造は、現在のこる土塁や空堀からみると、単郭構造と考えられる。ただし、城内外は宅地化が進んでおり、未知の遺構があるかもしれない。したがって当時の構造を正確に復元することは、現在のところ困難である。なお、平成四・五年（一九九二・九三）の二年にわたり、瓜連町教育委員会（現在は那珂市教育委員会）による発掘調査が行なわれているが、弥生時代と古墳時代の集落が主体で、城郭構造の手がかりとなる遺構は発見されなかった（加藤、二〇一〇）。

現在にのこる遺構から判断すると、主郭部分は常福寺境内地と思われるが、その周囲にも土塁の残存遺構があり、これを外郭とみなした場合、城の大きさは東西・南北各七〇〇メートルという大規模なものであったと思われる。土塁は台地の縁辺部に沿って北西から東南方向に展開し、城の西側に入り込む小支谷に沿って台地北辺で北北東方向に約九〇度折れ曲がる格好となる。この屈曲点の土塁上には現在、稲荷《いなり》社が勧請《かんじょう》されている。稲荷社自体は後代のものだが、郭《くるわ》の要所に宗教施設を設けることは中世城郭ではよくみられ、築城当時から何らかの宗教施設があった可能性もある。

郭内はおおむね平坦である。土塁の高さは後世の攪乱《かくらん》等により一定ではないが、内法の高さは最大で約三メートル、外法は最大二六メートルを測る。土塁外側は切岸により急斜面となっており、斜面中段に帯郭を設けている。帯郭から裾の高低差は約一〇メートルを測る。帯郭は県道六一号線から現稲荷社下に向かって約三〇〇メートルほど伸びた後、土塁に沿って北北東方向（現瓜連幼稚園方向）に屈曲する。この稲荷神社下から瓜連幼稚園に至る地点は、瓜連城で最も遺構がよくのこり、見応えがある。

●—瓜連城遠景（久慈川方面から）

●—土塁・空堀（保育園から北方向を望む）

【瓜連城主・楠木正家】 瓜連城は、常陸国における南北朝動乱の一大画期となった、瓜連合戦の舞台として著名である。建武二年（一三三五）、足利尊氏《あしかがたかうじ》が後醍醐《ごだいご》天皇に反旗を翻してより、列島は足利方（北朝方）と後醍醐天皇方（南朝方）に分裂し、再び抗争の時代になっていく。常陸国では太田城（現常陸太田市）を拠とする清和源氏《せいわげんじ》の名門・佐竹《さたけ》氏がいち早く足利氏に呼応していた。時の当主佐竹貞義《さだよし》は尊氏の信任を得て、小田氏に代わり常陸守護職を代々拝命するようになる。これに対し後醍醐方は楠木正成《くすのきまさしげ》の代官、楠木正家《まさいえ》を常陸国に派遣し、佐竹氏に対抗させたといわれる。正家の素性は史料が乏しいため詳らかではなく、瓜連周辺に勢力を持った土着勢力との見方もある（宮田、一九八六）。

いずれにせよ、建武三年（一三三六）正月から二月頃に楠木正家が正成の代官となり、瓜連城を常陸における南朝方の拠点としたの

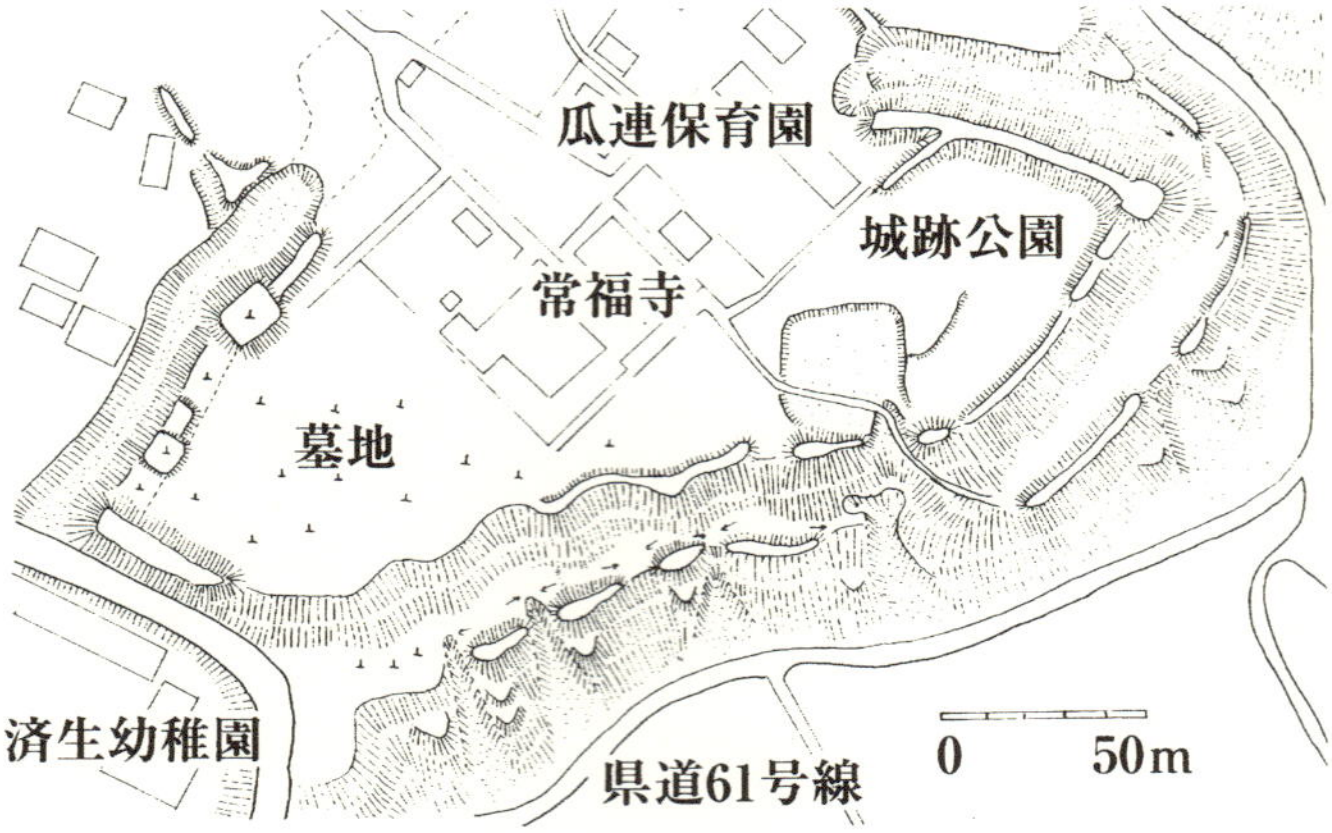

●―瓜連城縄張図（青木義一氏2006年作図より転載）

である。瓜連城の東を流れる久慈川を挟んだ対岸には佐竹氏の本拠地である太《おお》田《た》城があり、瓜連城はまさに対佐竹氏の前線基地であった。

瓜連城の築城時期は不明であるが、正家が常陸に入り、瓜連城を拠点と定めてから一ヵ月も経たないうちに瓜連合戦が勃発していることから、前身となる城館がこの地に存在していた可能性は高い。鎌倉時代、瓜連の地は北条《ほうじょう》得宗《とくそう》領であり、北条時頼《ときより》の五男桜田《さくらだ》禅師時厳《じごん》の子貞国《さだくに》と深い関係にあったと見られている。恐らくは貞国の被官が瓜連の地を領するため、館を構えたのが瓜連城の前身だったのではなかろうか。

【瓜連合戦】　建武三年（一三三六）二月、瓜連城に小田城（つくば市）を居城とする小田《お》治久《だはるひさ》、府中城（石岡市）を居城とする大掾《だいじょう》高幹《たかもと》、那珂《なか》城（常陸大宮市）を居城とする那珂通《みち》辰《たつ》ら常陸における南朝方の諸将や、陸奥の北畠《きたばたけ》顕家《あきいえ》の代官・広橋経泰《ひろはしつねやす》らが結集し、佐竹氏と合戦となった。緒戦から激闘となり、二月六日には総大将佐竹貞義の六男義冬《よしふゆ》が討死するなど、佐竹側が敗退する。

敗れた佐竹氏は金砂山城（常陸太田市）と武生《たけお》城（同市）に籠城し、南朝方の攻撃を食い止めるとともに、勢力の回復を図ったようである。そして同年五月には中央政界において劣勢だった足利尊氏が湊川《みなとがわ》合戦を機に勢力を盛り返し、六月に上洛、十一月には京都に幕府を開く。足利方は七月頃から東国での巻き返しを図り、各地の武将に佐竹氏助勢の催促状を出した。陸奥国の伊賀盛光《いがもりみつ》ら催促を受けた足利方の諸将は佐竹勢に援軍を差し向けた。八月二十二日、勢力を盛り返した佐竹勢は瓜連を攻め、激闘の末再び敗退する。敗れた佐竹勢は武生城に拠って体勢を立て直し、十二月三日、三度目となる瓜連城攻撃を敢行する。この戦いも激戦となり、十日にはついに南朝方は総崩れとなり、翌十一日、瓜連城は落城した。楠木正家・広橋経泰は陸奥国府に逃れ、小田治久は小田城に帰った。瓜連城落城は南朝方に衝撃をもたらし、その後南朝方が北畠親房らを東国に下向させる要因となった。

【その後の瓜連城】　瓜連城は対佐竹氏の前線基地としての戦略的意義があったが、建武三年（一三三六）十二月に落城した後はその意義が失われた。落城後、瓜連の地は佐竹氏が領有し、四年後の興国元年（一三四〇）から翌年にかけて、高《こうの》師冬《もろふゆ》の陣所として使用されたという記録がわずかにのこっているが、それ以後は瓜連城の記録は見られない。

南北朝期から室町時代中期にかけ、この地には多くの寺院が建立され、佐竹氏保護下で教線を拡大していった。応永十二年（一四〇五）には浄土宗の僧聖冏が、別地にあり被災した常福寺を瓜連古城の地に移転した。応永二十三年（一四一六）には上杉禅秀《うえすぎぜんしゅう》の乱の巻き添えとなり、常福寺は灰燼に帰す。この時、どのような経緯があり常福寺が被災したのかは詳らかではない。城郭としての機能が維持されていたのかどうかも不明である。

被災後の常福寺はその後間もなく復興したようで、宝徳四年（一四五二）には後花園《ごはなぞの》天皇の勅願所《ちょくがんじょ》となり、地域の名利としての地位を着実に歩んでいく。近世には関東一八壇林の一つに数えられるなど、徳川将軍家および水戸徳川家の庇護の下、多いに教勢を拡大し、現在に至っている。

【瓜連城の意義】　瓜連城は常陸における南朝方の拠点として、また北朝方の雄・佐竹氏に対抗する前線基地として、三度にわたる激戦の舞台となった。南朝方からみれば、瓜連の地は東国から陸奥国に抜ける街道の途上にある。陸奥国府には北畠顕家があり、その中間に勢力をもつ佐竹氏を破れば関東・東北の勢力地図は大きく動く。対して北朝方の佐竹氏からみれば、瓜連城は居城である太田城の鼻先にあり、南進をするには瓜連城攻略は喫緊の課題であった。

瓜連城が歴史の表舞台に経ったのはわずか一年足らずであったが、南朝・北朝双方にとってきわめて重要な戦略的意義を有し、瓜連城落城が、東国における南北朝動乱の展開に大きな影響を及ぼしたのは間違いない。

（関口慶久）

【参考文献】江原忠昭「瓜連城」『日本城郭大系』第四巻（新人物往来社　一九七九年）、宇野悦郎「瓜連城と楠木正家」『水戸史学』第一七号（水戸史学会　一九八二年）、宮田正彦「南北朝期の瓜連」『瓜連町史』（瓜連町　一九八六年）、青木義一「茨城県北部の南北朝期の城郭」『図説茨城の城郭』茨城城郭研究会編（国書刊行会　二〇〇六年）、加藤雅美「瓜連城跡」『茨城の考古学散歩』茨城県考古学協会編（東洋書房　二〇一〇年）

●1 茨城県北最大級の中世城郭

額田城《ぬかだじょう》

〔那珂市指定史跡〕

〔所在地〕茨城県那珂市額田南郷一〇三他
〔比　高〕約一五メートル
〔分　類〕平山城
〔年　代〕築城：建長年間（一二四九～一二五六年）、廃城：天正十九年（一五九一）
〔城　主〕佐竹系額田氏、小野崎系額田氏、江戸系額田氏
〔交通アクセス〕ＪＲ水郡線「額田駅」下車、徒歩約三〇分（約二・三キロ）、常磐自動車道那珂ＩＣより車で約一六分（七・一キロ）駐車場有（額田小学校）

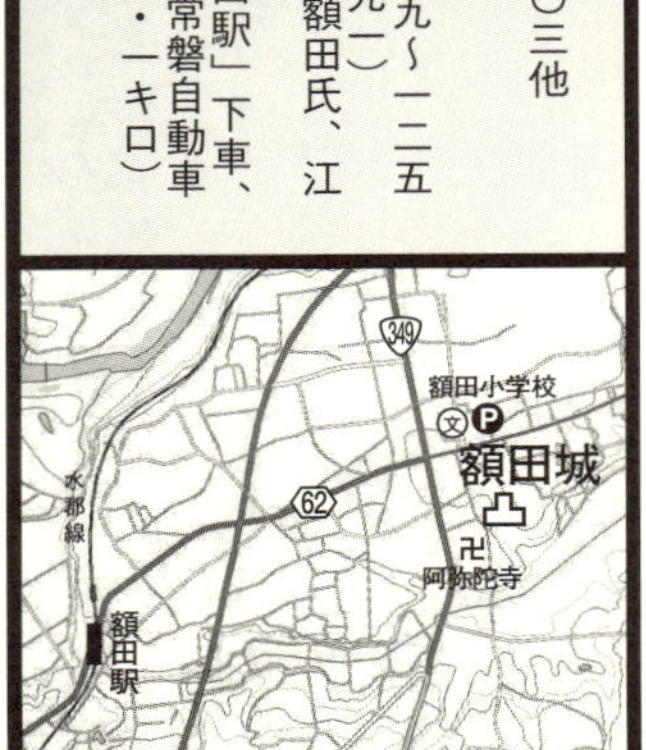

【城の立地】　額田城は久慈《くじ》川右岸の標高約二九メートルの台地上に築かれた。台地は久慈川の支流に開析された支谷を南限とし、台地南側縁辺に郭が展開する。城の南側崖下には低湿地（旧有ヶ池）が広がり、天然の水堀《みずぼり》となっている。

【県北地方最大級の中世城郭】　額田城の規模は南北約八〇〇メートル、東西約一二〇〇メートル。これは県北地方最大の面積である。城内はいくつもの堀と土塁《どるい》で区切られ、郭を構成している。主要な郭《くるわ》は本丸（Ⅰ）、二の丸（Ⅱ）、三の丸（Ⅲ）、阿弥陀《あみだ》寺の郭（Ⅳ）である。市指定史跡となっているのはこのうち本丸と二の丸部分で、現在遊歩道が設置されるなど整備が進み、城内を気軽に散策することができる。

本丸（Ⅰ）は東西・南北ともに約一五〇メートルを測る。周囲は堀がめぐり、とりわけ本丸と二の丸（Ⅱ）とを画する空堀《からぼり》は、幅二一メートル、深さ九メートルという圧巻の規模である。本丸東西の堀は湧水により泥沼化し、外敵の侵入を阻んでいる。郭内は中央やや北側に天守跡といわれる土壇が認められ、井楼矢倉《せいろうやぐら》跡との見方がある（野内、一九九〇）。

二の丸（Ⅱ）は東西約二五〇メートル、南北約一〇〇メートルを測る。周囲は堀で囲われている。郭内は段築により三つに区画される。

三の丸（Ⅲ）は東西約二五〇メートル、南北約一七〇メートルを測る。土塁は北側と東西に認められ、三の丸と二の丸との堀の間には土橋が架かっている。

本丸・二の丸・三の丸に堀と土塁が蛇行しながら複雑に絡

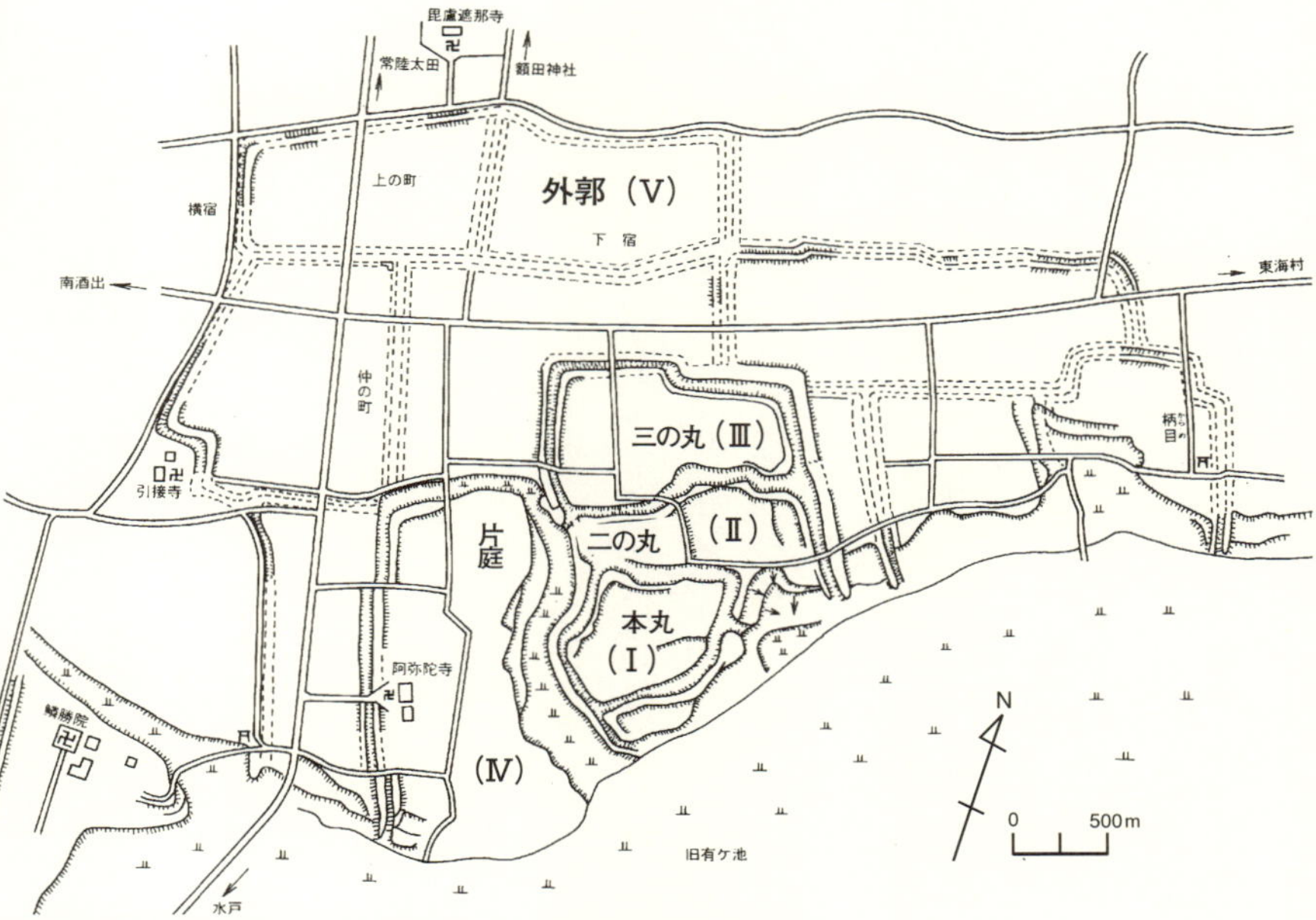

●―額田城縄張図（1992年高橋裕文氏作図を一部改変）

み合い、横矢掛《よこやがけ》など外敵を阻む仕掛けが要所要所に設けられている。こういった仕掛けを含む、大小さまざまの遺構がほぼ完存している点は特筆される。

阿弥陀寺の郭（Ⅳ）は南北約四五〇メートル、東西約二〇〇メートルを測る。北側・東側・南側は湧水を利用した天然の堀となっており、西側のみ人工の空堀を設けている。また、西側の土塁・空堀には食い違い虎口が二ヵ所認められる。この郭内にある阿弥陀寺は、寺伝によれば明徳三年（一三九二）に額田城主小野崎従通《おのざきつぐみち》の懇願により、寺を額田城内堀之内に移し、額田城の守護寺としたという（高畠、一九九〇）。明徳三年時点でこの郭が堀之内と称されていたのは興味深く、当初はこの郭に館が設けられていたという見方もある（高橋、一九九二）。

【惣構を持つ広大な城郭】　額田城の構造上の特徴は、ⅠからⅣの内郭を取り巻くように、広大な外郭（Ⅴ）が設けられている点にある。外郭部分は宅地化により一部に土塁が残存するのみであるが、高橋裕文氏はそれを繋ぎ、外郭を復元している（高橋前掲、縄張図参照）。氏の復元によれば外郭部は九の郭に区画され、「柄目《からめ》」の小字《こあざ》がのこる東側が搦手《からめて》で西側が大手と推測される。また「上の町」「下宿」「中の町」などの小字がのこることから、外郭部分には商人が集住し町や宿が形成していたのであろう。すなわち外郭の土塁は惣構として機能していた可能性が高いのである。

【三つの額田氏】 鎌倉時代から戦国時代まで、額田城主は一環して額田氏であった。しかし実際は佐竹《さたけ》系額田氏・小野崎系額田氏・江戸《えど》系額田氏（後二者を小野崎氏と呼ぶ場合もある）という三つの系統に変遷し、その節目に幾度かの戦乱の舞台となったのである。以下、その来歴を辿ってみよう。

【佐竹氏からの分家と対立】 建長年間（一二四九～一二五六）頃、清和源氏の名門・佐竹氏五代当主義重《よししげ》の次男、義直は分家して額田城を築き、額田氏を称した。これが佐竹系額田氏であり、一〇代義亮まで約一七〇年間続いた。額田郷の耕地は肥沃なため、佐竹惣領家は額田郷の支配にとくに気を配ったのである。しかし鎌倉・南北朝期を経て室町中期に至ると、佐竹惣領家と佐竹庶家筆頭の山入《やまいり》氏との内乱が激化し、以後「山入の乱」と呼ばれる、一〇〇年におよぶ佐竹氏の御家騒動が続く。一〇代額田義亮は山入与義《ともよし》とともに佐竹惣領家と対抗する。

応永二三年（一四一六）以降は関東公方足利持氏《かんとうくぼうあしかがもちうじ》と上杉禅秀《うえすぎぜんしゅう》との対立（上杉禅秀の乱）も絡み合い、義亮と与義は上杉禅秀に与し、佐竹一二代惣領義人・足利持氏に対抗するという構図に発展していく。上杉禅秀の乱後も佐竹義人《よしひと》・足利持氏による額田城攻撃は続き、応永三十年（一四二三）三月、遂に額田城は陥落し、佐竹系額田氏は滅亡した。

【佐竹氏・額田氏・江戸氏の対立と額田の乱】 額田城陥落後、佐竹義人は家臣の小野崎通重《みちしげ》を額田城主に任じた。これが小野崎系額田氏である。しかし通重には子がなく、同じく佐竹氏家臣である江戸通房《みちふさ》の子・通栄《みちひで》を養子として跡を嗣がせ、以後は江戸系額田氏が額田城を居城とする。

江戸氏・額田氏は山入の乱に乗じて主家である佐竹惣領家の所領を侵犯し、押領を繰り返すなど自立性が強く、惣領家にしばしば反抗したため、佐竹氏・額田氏・江戸氏の緊張関係は戦国期まで続いていく。

時代は下って天正十六年（一五八八）十二月、江戸氏重臣の神生右衛門大夫《かのううえもんだゆう》は主家と抗争するに至り（神生の乱）、江戸氏当主重道《しげみち》に追われ額田城に逃げ込んだ。時の城主額田照通《てるみち》は神生氏を擁護したため、天正十七年（一五八九）四月、江戸氏は額田城に軍勢を差し向け、これに佐竹義重が助力し、三〇〇〇の兵で額田城を攻撃した（額田の乱）。照通は伊達《だて》政宗《まさむね》と通じて佐竹・江戸両軍を牽制したものの、両軍の猛攻を支えきれず、神生氏は結城城へ逃れ、五月九日、照通は江戸・佐竹両軍と和睦し、ふたたび佐竹氏に臣従し命脈を保った。

●—額田城遠景
(旧有ヶ池から)
●—本丸と堀
(二の丸方面から)

【額田城の廃城】 天正十八年(一五九〇)、秀吉《ひでよし》による小田原攻めに参陣し豊臣政権下の大名となった佐竹義宣は、長年の懸案であった領国統一に乗り出す。江戸氏、大掾《だいじょう》氏、鹿《か》島《しま》・行方《なめかた》郡の旧族を次々に滅亡させ、同年十月には額田照通に謀反の疑いがあるとして額田城を攻撃した。しかし額田城の守りは堅く容易に落ちなかったため、義宣は石田三成を通じて降伏を勧告したが照通はこれを拒否する。これが額田氏の命運を決めた。天正十九年(一五九一)二月二十三日、義宣は額田城を総攻撃し、激戦の末落城した。照通は伊達政宗の下に逃れた。後に額田氏は水戸徳川家に仕え、六〇〇石取りの家臣として近世に至る。ここに約三世紀半におよぶ中世額田城の歴史は幕を閉じる。

(関口慶久)

【参考文献】 江原忠昭「額田城」『日本城郭大系』第四巻(新人物往来社 一九七九年)、藤井尚夫「額田城」『図説中世城郭事典』第一巻(新人物往来社 一九八七年)、高畠進「那珂地方の中世文化」『那珂町史』中世・近世編(那珂町 一九九〇年)、野内正美「那珂地方の城跡と館跡」『那珂町史』中世・近世編(那珂町 一九九〇年)、高橋裕文「中世の城館と文化財保護(二)」『那珂町史の研究』第一二号(那珂町史編さん委員会 一九九二年)

●佐竹氏譜代の家臣・小野崎氏の城

石《いし》神《がみ》城《じょう》

〔所在地〕茨城県那珂郡東海村大字石神内宿字城ノ内
〔比　高〕約一七メートル
〔分　類〕平山城
〔年　代〕一四世紀後半～一七世紀前半
〔城　主〕石神小野崎氏
〔交通アクセス〕JR常磐線「東海駅」下車、徒歩三〇分

【石神城と石神小野崎氏】　石神城は茨城県北東部の東海村に位置し、JR常磐線東海駅から北に二キロほどにある。城跡の中心部は保存、公園管理とともに素晴らしく、城の景観を活かした心地よい植栽の園路を歩きながら、戦国時代の土塁と堀の壮大さを体験できる。

石神城は那珂《なか》台地から北東に延びる標高二〇メートル前後の舌状《ぜつじょう》台地に立地し、北と南は支谷で区切られた要害地形にある。城の地形をみると北東は低地（沖積地・現在水田）、東端はかつて城下を蛇行《だこう》していた久慈《くじ》川に守られた台地を土塁と堀で遮断している。

築城者は諸説ある。系図等を参考にすれば藤原秀郷《ひでさと》を祖とし、佐竹氏に臣従していた小野崎氏本宗家の通胤《みちたね》（櫛形《くしがた》城主・多賀郡十王町）の子通春《みちはる》が本宗を継ぐと、建徳元年（一三七〇）に居城を山尾《やまのお》城（山直《やまなお》城・多賀郡十王町）に移し、兄弟の通房《みちふさ》が石神《いしがみ》氏、通業《みちなり》が額田《ぬかた》氏を名乗っている。

いっぽう『新編常陸国誌』は、延徳元年（一四八九）に奥州の芦名《あしな》、伊達《だて》、白河結城《しらかわゆうき》氏らが太田《おおた》城に攻め寄せたさい、小野崎通綱《おのざきみちつな》が佐竹義治《よしはる》の身代わりとなって危機を救った戦功から、子の通老《みちおみ》が石神に三五〇貫、久慈郡川井に三五〇貫を与えられ、延徳二年に城を築き石神氏と称したという。

石神城は一五世紀前半に「石上城」として登場しており（阿保文書）、小野崎通房の頃から石神氏を名乗ったと考えるほうが理解しやすい。

小野崎氏は平安末期以来、佐竹氏に臣従した有力国人であ

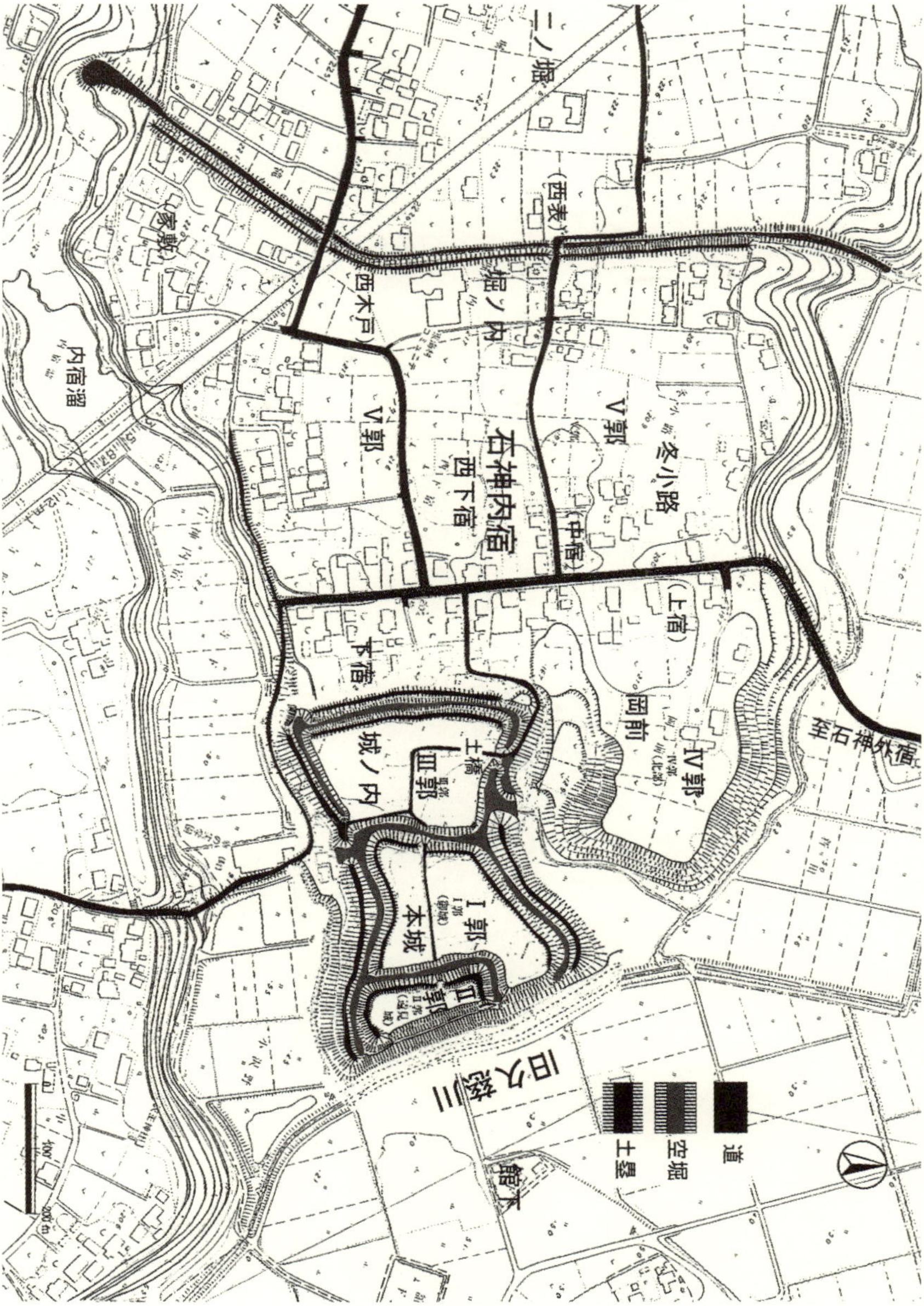

●─石神城全体図と地名（参考文献より転載・一部加工）

る。一族の石神小野崎氏は慶長七年（一六〇二）、佐竹氏に従って出羽に移転し、石神城は廃城となった。現存する石神城は一五世紀以降城を改修し、城下集落の内宿と外宿が備えられた、戦国末期の姿と思われる。

【石神城の構造】　石神城は東西六八〇メートル、南北四三〇メートルほどの規模でⅠ～Ⅴ郭からなる。郭は土塁と幅一〇メートルを超える薬研堀《やげんぼり》（断面Ｖ字形の堀）で区切られる。

城跡全体の小字は、Ⅰ郭とⅡ郭が「本城」、Ⅲ郭が「城の内」、Ⅳ郭が「岡前」、Ⅴ郭には冬《たん》小路、西下宿、堀の内などの他、城に関係する通称地名も多くのこる。

城の平面構造は土塁と堀を備え、並列するⅠ郭とⅢ郭を核に北、南、西をさらに土塁と堀で囲む二重構造である。Ⅰ郭東側も分割して詰《つめ》の郭か物見櫓《ものみやぐら》を設置するⅡ郭を備えて二重構造としている。土塁や堀に屈曲は少ないが、自然地形の湾曲を利用し、郭の角をやや突出させて幅の広い土塁とすることで、櫓台や横矢掛《よこやがけ》の構造を作り出している。

中心郭のⅢ郭北側はⅣ郭（北郭）、西側は平坦で広大な台地をⅤ郭とする。Ⅴ郭西辺の字「堀の内」では南北に長く土塁と堀を配して台地を分断し、Ⅴ郭以東を一体的に囲い込む。さらに堀の内の西側には小字「二の堀」があることから、外郭の堀は二重の堀になっていた可能性がある。このように城と城下を広く囲い込む空間は「惣構え」といわれるが、Ⅴ郭付近の地名は大字「石神内宿」であり、主に家臣団の居住区と考えられている。

石神内宿の一キロほど北西方に大字「石神外宿」がある。外宿は太平洋に注ぐ久慈川の津、渡し場の宿として町場を形成し、商業的な基盤を持つ場所と想定され、内宿とともに石神城に備えられた宿と考えられている。

【発掘された石神城】　石神城は城址公園整備事業の発掘調査で、一五～一六世紀末を主とする遺構・遺物が出土した。

城内は複数期の作り変えがあり、地山層を削り取った後の盛土造成跡を確認した。これは、石神城の舌状台地が平坦面の少ない傾斜地であったため、台地を削り取り、広く平坦面を確保できるように盛土整地を行なった痕跡と考えられる。

Ⅲ郭東側では堀の作り替えも確認された。Ⅲ郭東側、Ⅰ郭との間にある堀はⅢ郭からⅠ郭への橋付近で鈍い屈曲構造をもつが、この堀より古い小規模な堀（ＳＤ０４）が並列して埋まっていた。この堀は現存堀幅の半分ほどで、平面形態はⅢ郭西側の堀と同じ緩やかな曲線を描いている。このことから、緩やかな曲線をもつ堀を古い形態とすると、Ⅲ郭東側は改修され、西側の堀は改修されていないようである。

各郭をつなぐ橋は三ヵ所あり、Ⅰ郭～Ⅲ郭をつなぐ橋は木

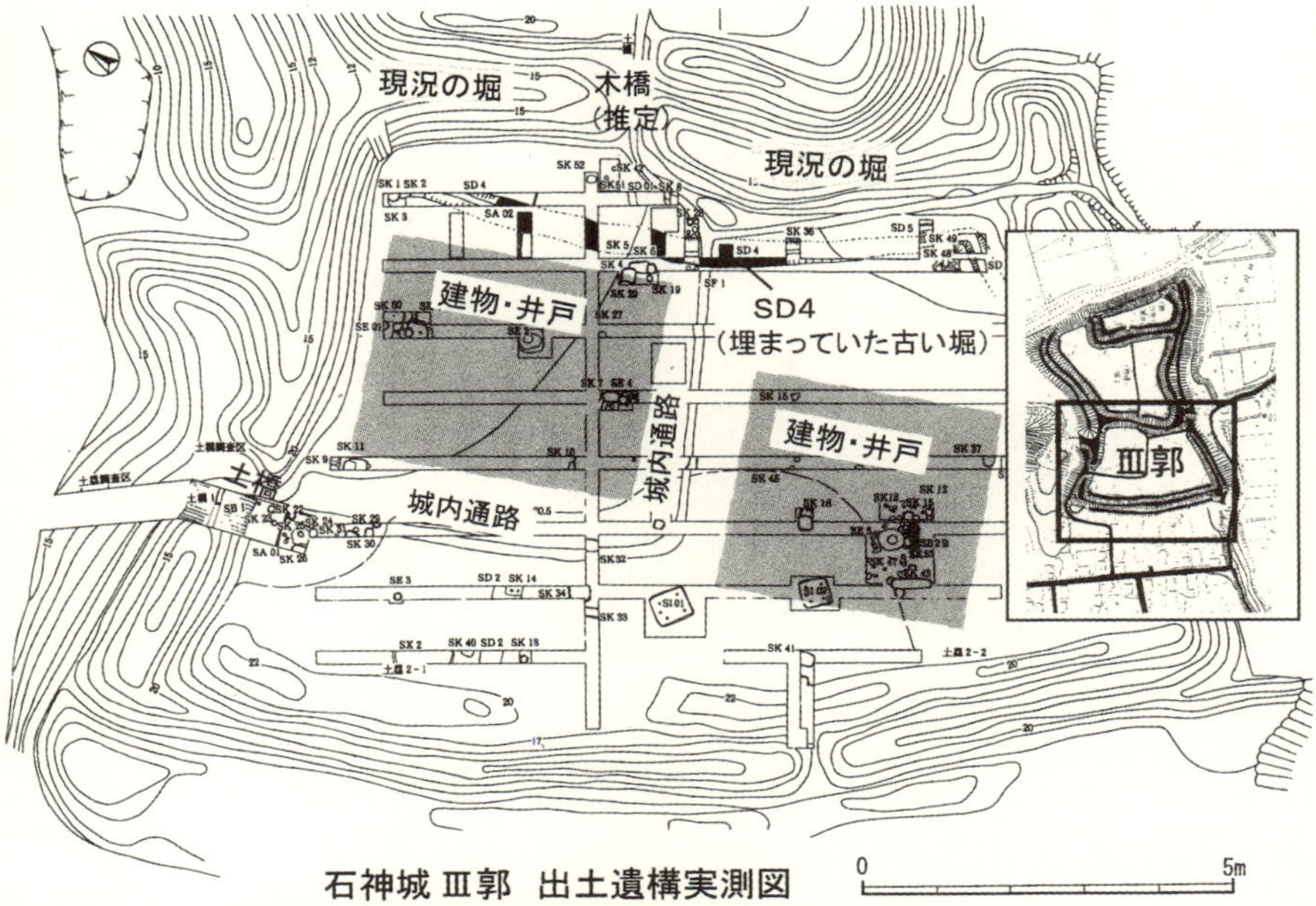

●—石神城 発掘調査遺構図（参考文献より転載・一部加工）

橋、Ⅲ郭とⅣ郭、内宿をつなぐ南北方向の橋は土橋であった。

橋の配置から見た石神城は中心部の北、南、西辺を二重構造の土塁と堀で遮断し、東西方向の郭は木橋でつないで容易に撤去できるようにして、東西方向の侵攻に備えている。内宿からⅢ郭への侵入路はⅢ郭北辺の土橋で侵入が容易のように見えるが、土橋はⅣ郭に背を向ける位置にあり、Ⅳ郭を制圧しないとⅢ郭への侵入が困難である。

城内施設は、発掘が部分的で全体像は不明だが、通路を境に建物跡（柱穴群）と井戸がセットで出土しており、施設の配置がわかっている。Ⅲ郭の北の土橋から延びた通路はL字状に曲がりⅠ郭へと続くが、通路を間に挟んで並ぶ二つの施設群が出土している。Ⅰ郭は東西通路の北側に城内で最も多くの遺構が集中し、大規模建物跡もあることから、中心的な郭と確認できた。Ⅱ郭は南側に一つの施設群が確認された。

石神城は遺構群の年代や特徴に不明なところがあるが、研究が進めば佐竹氏領内における家臣の城、城下、地域支配の考え方が数多く発見できる城であろう。

（宇留野主税）

【参考文献】『石神城跡』（東海村教育委員会　一九九二年）、市村高男「中世東国における宿の風景」『中世の風景を読む2　都市鎌倉と坂東の海に暮らす』（新人物往来社　一九九四年）

●惣構を持つ常陸の名城

水《み》戸《と》城《じょう》

〔茨城県指定史跡（一部）〕

〔所在地〕茨城県水戸市三の丸一丁目・二丁目
〔比　高〕約二五メートル
〔分　類〕平山城
〔年　代〕築城：一二世紀末から一三世紀初頭
廃城：明治四年（一八七一）
〔城　主〕馬場大掾氏（常陸大掾氏）・江戸氏・佐竹氏・徳川氏
〔交通アクセス〕ＪＲ常磐線「水戸駅」下車、徒歩約五分　駐車場有（弘道館）

【水陸交通の要衝】 水戸《みと》徳川《とくがわ》家の居城・水戸城。壮大な土塁と空堀、六重の堀切《ほりきり》を擁する惣構《そうがまえ》は、御三家の居城にふさわしい威容を誇る。ＪＲ水戸駅から徒歩五分と、中心市街地内にありながら、主郭部分は水戸藩校弘道館《こうどうかん》（国特別史跡）や小・中・高等学校などが建ち並ぶ閑静な文教エリアとなっており、のこされた区割りや土塁などの遺構を通して、往時の面影を偲ぶことができる。

水戸城は那珂《なか》川と桜《さくら》川に挟まれた馬の背状の台地先端部に位置する。この地は常陸国の中原に位置し、常陸府中（石岡市）から陸奥に向かう途上の陸上交通の要であるとともに、桜川・那珂川・那珂湊を結ぶ水上交通の要地でもあった。このことから、水戸城は中世初頭より、地域の覇権を目論む豪族・大名の居城とされたのである。

【国内最大級の土造りの城】 主郭部分は台地の地形を利用し三ヵ所に堀切《ほりきり》を設け、四つの郭を構築した。西から下の丸、本丸（現水戸第一高等学校）、二の丸（現水戸第二中学校、水戸第三高等学校、茨城大学附属小学校）、三の丸（現弘道館、水戸三の丸小学校、県庁三の丸庁舎他）と呼称される。それぞれの郭には土塁を設けた。とりわけ本丸・二の丸・三の丸土塁と堀切は壮大である。本丸西側の土塁と堀は幅四〇メートル、比高差二二メートルを測る（水郡線線路）。二の丸西側の土塁と堀は幅四〇メートル、比高差一二メートルを測る（県道二三二号線）。三の丸西側の土塁と堀は幅約三〇メートル、比高差約一四メートル、土塁敷三〇メートル、土塁総延長二四〇

●—水戸城遠景（東から、水戸市教育委員会提供）

メートルを測る。まことに堂々たるものであり、土造りの平山《ひらやま》城としては国内最大級の規模といってよい。

【惣構】　主郭部分だけでも東西約一二〇〇メートル、南北最大約四〇〇メートルという広大な面積を有するが、さらに水戸城には城下町を包括する堀切が三重に巡る。惣構の北は那珂川、南は千波《せんば》湖が外敵を阻み、その規模は東西約三・五キロ、南北最大約一・二キロにおよぶ。惣構は近世期の城下町整備に伴うものであり、中世期は本丸→二の丸→三の丸という順序で、徐々に拡張されていったのである。

【馬場大掾氏による水戸支配】　水戸城は近世城郭としてのイメージが先行しがちだが、その歴史は中世初頭に遡る。水戸城は一二世紀末から一三世紀初頭頃、常陸平氏の流れを汲む馬場《ばば》資幹《すけもと》によって、現在の本丸付近に館を構えたのが最初とされる。資幹は常陸国吉田郡内の一地頭に過ぎなかったが、源頼朝《みなもとのよりとも》の信任を得て頭角をあらわし、建久四年（一一九三）、富士裾野《ふじすその》の巻狩《まきがり》における曾我《そが》兄弟の仇討《あだう》ち事件を契機として、常陸大掾職《だいじょう》とその家領を多家義幹《たけよしもと》から継承し（『吾妻鏡』）、常陸平氏の惣領となって常陸府中城（石岡市）と水戸城に根拠を置いた。以後、水戸城は馬場大掾氏の居城として約二世紀にわたって地域支配の中心地となった。平成十八年度に水戸市教育委員会が実施した水戸城跡の発掘調査では、一三世

●—常陸国水戸城絵図（正保城絵図、国立公文書館内閣文庫蔵）

●—三の丸の土塁と堀（水戸市教育委員会提供）

紀代の青磁碗が出土しており、馬場大掾氏時代から水戸城に土地利用があったことを窺わせている。

【江戸氏による水戸支配】　南北朝の動乱は常陸にも波及し、馬場大掾氏は南朝方として争乱の渦中にあった。そのなかで北朝方の常陸守護佐竹《さたけ》氏は着々と所領を拡大し、一四世紀中頃の佐竹義篤《よしあつ》の代には水戸地区の南北を佐竹勢力が挟むほどになり、次第に馬場大掾氏の勢力が弱まっていく。そしてこの時期、下江戸《しもえど》郷（那珂市）の土豪である那珂道泰《みちやす》の子通高《みちたか》が江戸氏を名乗り、佐竹配下となっていた。元中四年（一三八七）、難台《なんだい》城の戦いで軍功を挙げた道高は馬場大掾氏の領域内に所領を与えられ、江戸氏は水戸地域に進出することとなる。これに対し応永七年（一四〇〇）、馬場大掾満幹《みつもと》は水戸城の修築を行ない、水戸地方の防備を固めている。

　常陸大掾氏は応永二十三年（一四一六）の上杉禅秀《うえすぎぜんしゅう》の乱でも佐竹氏と対抗して敗れ、衰退の一途を辿る。そして応永三十三年（一四二六）六月、江戸通房《みちふさ》は大掾満幹の留守を狙って水戸城に奇襲をかけ、これを奪取したのである。この水戸城奪取事件は水戸地区の歴史のエポックであり、これを機に大掾氏は水戸の支配権を失い、代わって江戸氏が水戸城を居城とし、以後七代一六〇年にわたり勢力を拡大していく。

　江戸氏時代の水戸城は本丸だけでなく二の丸まで整備され

●—**水戸城出土銭**（普請に伴う埋納銭とみられる。水戸市教育委員会提供）

た。「新編常陸国誌」によれば、本丸部分は「内城《うちじろ》」、二の丸部分は「宿城《しゅくじろ》」と呼ばれ、内城は江戸氏の居城として、宿城は一族重臣の屋敷地および市が設けられたという。水戸市教育委員会の二の丸部分の発掘調査では、江戸氏時代の大規模普請を窺う遺構・遺物が検出され、江戸氏時代の水戸城普請が予想以上に大規模であったことを示している（関口、二〇〇七）。

【佐竹氏による水戸支配】 江戸氏は時に主家である佐竹氏と水戸地域の領有をめぐって争い、また常陸南部にも進出して大掾氏や小田《おだ》氏を脅かすまでになったが、天正十八年（一五九〇）、小田原合戦への参陣を怠ったことにより、江戸氏の立場は急変する。同年、佐竹義宣《よしのぶ》は豊臣秀吉《とよとみひでよし》から常陸一国を安堵され、領国統一に乗り出すのである。義宣は江戸重通《しげみち》に水戸城譲渡を要求するが、重通はこれを拒否した。同年十二

●—**薬医門**（水戸市教育委員会提供）

月十九日、義宣は太田城（常陸太田市）を出発し、三方から水戸城を急襲した。佐竹勢は火を放ちながら攻め入り、江戸勢は奮戦の末敗退、重通は結城に落ちのびた。一六〇〇年の長きにわたって水戸城を治めた江戸氏は一夜にして没落し、変わって佐竹氏が水戸城を支配することとなったのである。

【佐竹氏による城郭整備】 天正十九年（一五九一）三月、義宣は居城を太田城から水戸城に移し、文禄二年（一五九三）に水戸城および城下の大規模な普請《ふしん》を行なった。江戸氏時代の内城を修築して本丸とし、宿城の一角に自身の居館を構え二の丸とした。下の丸（浄光《じょうこう》寺曲輪）・三の丸も整備した。さらに城下には家臣団を集住させるとともに、町人地を設けた。この普請により、水戸城は近世城郭としての整備がなされたといわれている。現在の本丸内には薬医門《やくいもん》（県指定建造物）がある。もとは本丸虎口《こぐち》に設置されていたもので、佐竹時代の水戸城で唯一現存する建造物である。

【徳川家による水戸支配】 関ヶ原役の賞罰が一段落した後の慶長七年（一六〇二）、義宣は徳川家康《とくがわいえやす》から突如秋田に国替を命ぜられる。その後直ちに家康による検知《けんち》・国割《くにわり》が実施され、水戸には家康五男で甲斐武田氏の名跡を継いだ信吉《のぶよし》が一五万石で封ぜられた。しかし信吉は翌年に急死し、嗣子《しし》がいなかったため、家康は一〇男の長福丸《ちょうふくまる》（後の徳川頼宣《よりのぶ》）を領主とし二〇万石を与えた。慶長十四年（一六〇九）、頼宣は駿河・遠江・東三河五〇万石に転封となり、代わって家康一一男の頼房《よりふさ》が下妻《しもつま》城より二五万石で入城した。この徳川頼房を初代として、御三家水戸徳川家は一一代にわたって水戸藩を領し、明治に至る。

水戸徳川家による城郭整備は寛永二年（一六二五）から寛永十五年（一六三八）にかけて行なわれた。城内には天守を造らず、二の丸に御殿や三階櫓《やぐら》を構えた。その後元禄十一年には二代藩主光圀《みつくに》により二の丸に『大日本史』編さん局として水戸彰考館が、天保十二年（一八四一）には九代藩主斉昭《なりあき》により三の丸に藩校弘道館が開設された。

このように現在の水戸城は、馬場大掾氏・江戸氏・佐竹氏・徳川氏の盛衰の中で随時整備・拡張されてきたものであるが、各遺構の構築年代については不明な点も多く、発掘調査等による今後の進展が望まれる。

（関口慶久）

【参考文献】『水戸市史』上巻（水戸市・一九六三年）、今瀬文也・江原忠昭「水戸城」『日本城郭大系』第四巻（新人物往来社・一九七九年）、『水戸城跡―三の丸土塁および堀の復旧に伴う工事・調査報告書―』（茨城県・水戸市教育委員会　二〇〇六年）、関口慶久「水戸城の調査の歩みと課題」『江戸遺跡研究会会報』第一一〇号（江戸遺跡研究会　二〇〇七年）

●県内最大級の中世城郭

小《お》幡《ばた》城《じょう》

〔茨城町指定史跡〕

〔所在地〕茨城県東茨城郡茨城町小幡一九五三他
〔比　高〕約一〇メートル
〔分　類〕平山城
〔年　代〕築城：一五世紀　廃城：天正十八年（一五九〇）
〔城　主〕小幡氏・江戸氏
〔交通アクセス〕常磐自動車道岩間インターから車で約二五分（九・八キロ）、北関東自動車道茨城町西インターから車で約二〇分（八・五キロ）　駐車場なし

【県内随一の壮大な遺構】　小幡城の特色は、第一に戦国時代そのままの状態が保存されているかと思うほど、遺構の保存状況が良好なことにある。第二に、縄張《なわばり》が技巧を凝らした見事なもので、巨大な土塁《どるい》と堀《ほり》が複雑に入り組み、六つの郭《くるわ》を構成する様は圧巻というほかない。茨城県内の中世城郭で、小幡城ほど保存状況が良く、巨大な遺構をもつ城郭はみあたらない。中世城郭の雰囲気を味わうには格好の城である。

【立地と構造】　小幡城は寛政川の右岸に開析された舌状台《ぜつじょうだい》地の先端に位置する。この地は常陸国府（石岡市）から水戸《みと》方面に通じる陸前浜街道《りくぜんはまかいどう》の途上にあり、街道の中継地点であった。

構造は七つの郭から構成される（Ⅰ～Ⅶ郭）。大手はⅦ郭の西側にあり、道なりに進むと虎口《こぐち》（①・②）に至る。Ⅰ郭（本丸）は東西約八〇メートル、南北約五〇メートルを測る。周囲は土塁に囲まれ、巨大な空堀《からぼり》を隔てて西にⅤ郭、東にⅢ郭が接する。Ⅴ郭には櫓《やぐら》跡と思われる遺構がある。Ⅰ郭の虎口は南側にあり、土橋《どばし》状の遺構を通じてⅣ郭につながる構造となる。

Ⅰ郭の北側はⅥ郭が接するが、Ⅰ郭とⅥ郭の間には巨大な二重の空堀があり、これが小幡城の特色の一つといえる。この二重の空堀はⅡ郭北側の虎口（①・②）から併走するが、このうちⅠ郭に通じるのは虎口②より進入する南側の空堀のみである。北側の虎口①から進入した場合、郭の奥深くに誘われた末に、袋小路となり出口を見失ってしまう。

また、Ⅰ郭とⅥ郭の間の二重空堀の中間には高い土塁がそびえ（③）、土塁上には凹形を呈する溝が併走している。これは一説には堀底から進入する外敵に見つからず土塁上を移動し、攻撃するための機能と見られている。さらにⅤ郭とⅦ郭の間にも二重堀と土塁は存在し、途中に土橋が設けられる。土橋の中間には馬出状の平面形をした窪みがあり、土橋からの外敵の進入を阻む工夫がなされている。

このように小幡城は巨大な空堀と土塁を駆使し、至る所に横矢《よこや》掛《がけ》や折りを設けるとともに、外敵の進入を阻む独自の工夫を設けている。城内はまるで迷路のように複雑に入り組み、進入者は方向感覚を失いながら迷走し、容易に本丸に辿り着けない。小幡城の主郭部分は測量調査が行なわれていないため、各構造の正確な規模は詳らかではないが、これほど複雑かつ壮大な遺構が現存するのは、県内では小幡城を置いて他にない。

【一五世紀に築城】　小幡城は、その壮大な遺構に比して、政治史上不明な点が多く、謎が多い城である。応永二十四年（一四一七）、常陸大掾詮幹《あきもと》の三男義幹《よしもと》が築城したという伝承があるが、大掾氏系図には詮幹・義幹の名はなく、信憑性は薄い（市村・野内、一九九五）。したがって築城者は不明というほかない。近世の地誌「新編常陸国誌」では応永三十三年（一四二六）の江《え》戸《ど》通房《みちふさ》による水戸城攻略の折、小幡長門守なる者が参陣した記録がある。後述する小幡城の発掘調査でも一五世紀代に遡る遺構・遺物が認められることから、小幡城の築城は一五世紀代とみなしてよいだろう。

【境目の城】　小幡氏は水戸城攻略時における参陣の記録からも当初は江戸氏に従属していたとみられる。しかしその後、近世の戦記物である「江戸軍記」によれば、文明十三年（一四八一）に小幡長門守が江戸氏に離反し、同族の小田氏に助勢を仰いだ。これに対し江戸通雅《みちまさ》は小幡氏追討のため出陣し、小鶴原《こづるはら》（茨城町小鶴）で小幡・小田ほか三〇〇〇余騎の大軍を迎え撃ちこれを撃退、小幡氏を降伏させたという。しかし史料の信憑性は乏しく、一五世紀後半以降の江戸氏による常陸南方進出を反映した創作という見方が強い（『水戸市史』上巻）。いずれにせよ一五世紀後半から一六世紀にかかる江戸氏の南方進出により、小幡城周辺でも軍事的緊張が走るとともに、戦略的意義が高まっていったことは間違いない。

江戸氏の常陸南方進出で当面の障害となるのは小田城（つくば市）を居城とする小田氏と、府中城（石岡市）を居城とする大掾《だいじょう》氏である。天文十四年（一五四五）、江戸忠通《ただみち》は家臣の平戸《ひらと》左馬助《さまのすけ》らに小幡城の城代を命じ、小田氏の動向をうかがわせたり、天正十三年（一五八五）から天正十六年（一

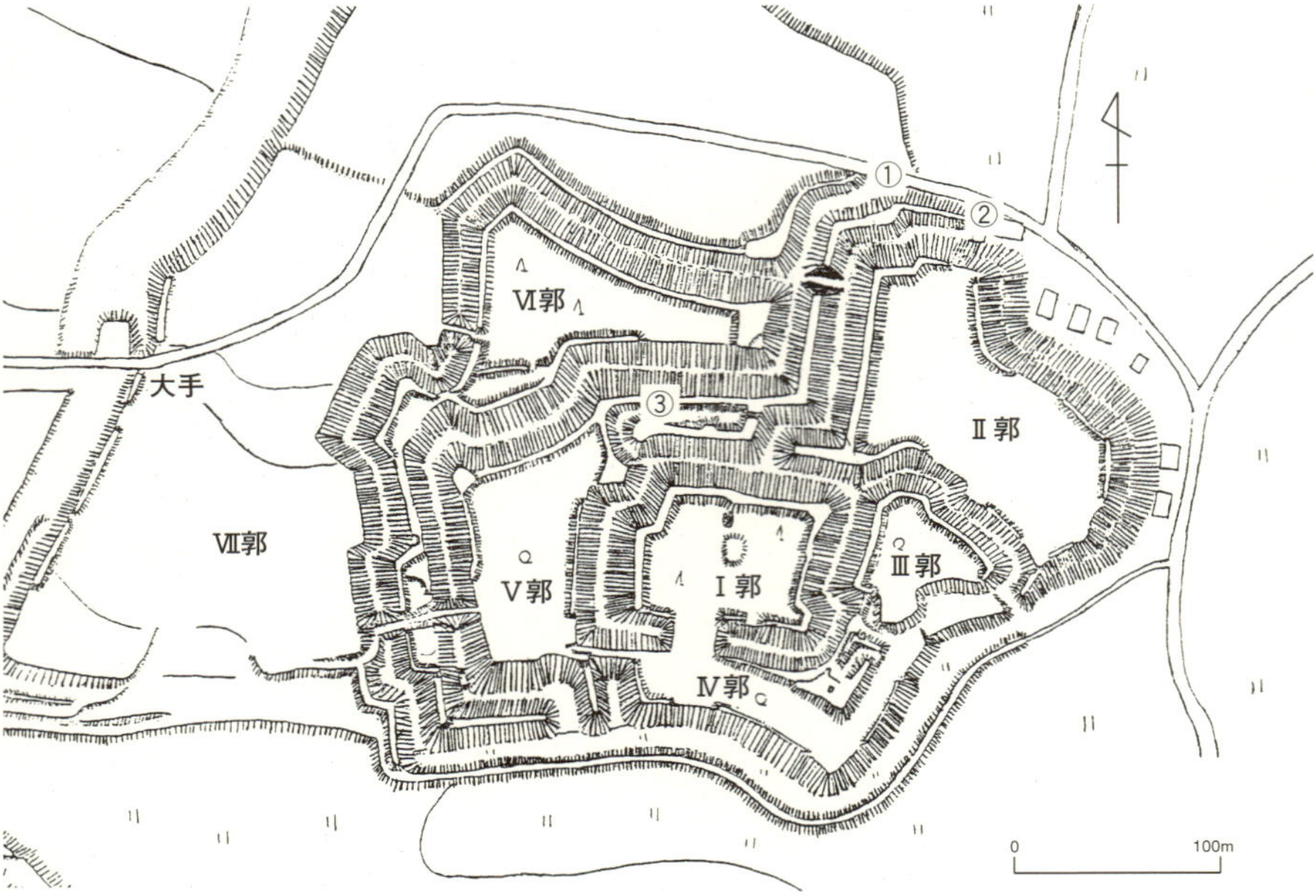

●―小幡城縄張図（1987年三島正之氏作図を一部改変、現在はⅦ郭を東関東自動車道が縦断）

五八八）にかけての大掾氏との争乱では江戸氏が小幡城に在陣するなど（「常陸編年」「江戸譜」）、小幡城は江戸氏支配領域の南端にあり、大掾・小田領を侵攻するさいの「境目の城」としての性格を担っていた。現在見られるような壮大な郭が形成されたのも、この一六世紀後半頃ではないかと思われる。

【佐竹氏の領国統一と廃城】天正十八年（一五九〇）、太田城（常陸太田市）に居城を置く佐竹義宣《さたけよしのぶ》は、豊臣秀吉《とよとみひでよし》により常陸諸将の統領としての地位を承認され、すぐさま領国統一に乗り出す。その象徴的な事件が十二月九日の水戸城攻略である。佐竹氏に攻撃された水戸城は一夜にして落城、城主江戸重道は逃亡する。義宣は水戸城落城と間髪を置かず、翌十日には江戸氏麾下の諸城を攻撃し、一〇城一八砦を焼き払ったという（「新編常陸国誌」）。小幡城もその一つとされる。焼き払われたかどうかはともあれ、常陸領国が統一されれば小幡城の戦略的価値は失われたに等しく、ここに小幡城は廃城となる。

【Ⅶ郭の発掘調査】小幡城は平成十八年（二〇〇六）から一九年にかけて、茨城県教育財団による発掘調査が実施されている。調査地点はⅦ郭内を南北に縦断する形で設定され、一五世紀中葉から近世に到る遺構・遺物が検出された。とりわけⅦ郭を区画する、幅七メートル・深さ三メートルにおよぶ堀が検出されたことは特筆される。出土遺物から一七世紀中

●—小幡城空堀・土塁

●—小幡城遠景（小幡城と発掘調査区を南西方向から望む：茨城県教育財団提供）

葉に埋没したことが明らかとなった（茨城県教育財団、二〇〇九）。外郭の一部が発掘調査により失われ、主郭のすぐ脇を高速道路が走るようになった現在の景観は忸怩《じくじ》たるものがあるが、それと引き替えに得た遺構・遺物の知見は少なくない。地域史復元のために今後最大限に活用していくべきだろう。

【小幡城を囲む土塁と堀】 さらに小幡城主郭から半径約一キロ内に、千貫《せんがん》桜・藤山《ふじやま》・山《やま》ノ崎《さき》といった小字《こあざ》名があり、ここに現在でも土塁と空堀が存在している。このうち城の北側にあたる部分が発掘調査の対象となっている（茨城県教育財団前掲）。北側の堀・土塁は一キロを超す長大なもので、堀幅四メートル、深さ二～二・五メートルを測る。出土遺物が少なく構築・廃絶年代ともに詳らかではないが、小幡城の外郭としての機能を有していた可能性はきわめて高い。このように小幡城の全容はまだ明らかではなく、その評価は今後の調査研究に期すところが大きい。

（関口慶久）

【参考文献】 今瀬文也・江原忠昭「小幡城」『日本城郭大系』第四巻（新人物往来社　一九七九年）、三島正之「小幡城」『図説中世城郭事典』第一巻（新人物往来社　一九八七年）、市村高男・野内正美「中世」『茨城町史』通史編（茨城町　一九九五年）、『小幡城跡・前新堀遺跡・前新堀B遺跡・諏訪山塚群・藤山塚』茨城県教育財団文化財調査報告第三一四集（茨城県教育財団　二〇〇九年）

●笠間時朝築城伝説の山城

笠《かさ》間《ま》城《じょう》

〔笠間市指定史跡〕

〔所在地〕茨城県笠間市
〔比　高〕一三〇メートル
〔分　類〕山城
〔年　代〕鎌倉～明治初年
〔城　主〕笠間氏、宇都宮氏（玉生氏）、浅野氏、蒲生氏、松平氏、戸田氏、永井氏、浅野氏、井上氏、本庄氏、牧野氏
〔交通アクセス〕ＪＲ水戸線友部駅下車、かさま観光周遊バス「稲荷神社」バス停下車、徒歩二〇分

【笠間市街を見下ろす佐白山に】　笠間市の名は、現在、陶芸の街として広く知られている。市内には、多くの陶芸家が窯《かま》場《ば》を持ち、工房や専門店が軒を連ね、笠間芸術の森公園では茨城県陶芸美術館が多彩な展覧会を開催している。

旧市街の中心には、「日本三大稲荷《いなり》」の一つに数えられる笠間稲荷神社が鎮座する。初詣でには、県下最大の人出となり、現在の街並みの起源は同社の門前町に起源するものと想像する人も多いが、それは誤解である。笠間稲荷は、もともと城下の町屋の一角に鎮座した「胡桃下《くるみした》稲荷」なる小社で、寛保三年（一七四三）、笠間藩主井上正賢《まさかた》による社地の寄進、社殿の造進をうけ、その祈願所となったことから発展し、大社としての風格を備えるに至ったものである。

街並みを一望のもとに見下ろす佐白山に構築された笠間城の城下町こそが、現在の笠間市街の源流である。笠間城は、鎌倉時代に笠間氏の祖・笠間時朝《ときとも》が築いたと伝承され、豊臣《とよとみ》秀吉《ひでよし》の小田原《おだわら》城攻めの時に笠間氏が滅ぼされた後、江戸初期にかけて、近世城郭に改修された、茨城県を代表する山城である。

【笠間城の構造】　笠間城の縄張《なわばり》の成立、拡充の過程については、いまだに学術的な検討がなされていない。ここでは、現在のこされた遺構や近世の絵図などから、城郭の全体像を概観しておこう。

笠間稲荷神社方面から、公営稲荷駐車場、佐白山観世音《かんぜおん》寺を過ぎて、笠間つつじ公園入口で右折すると、「大黒《だいこく》石」と

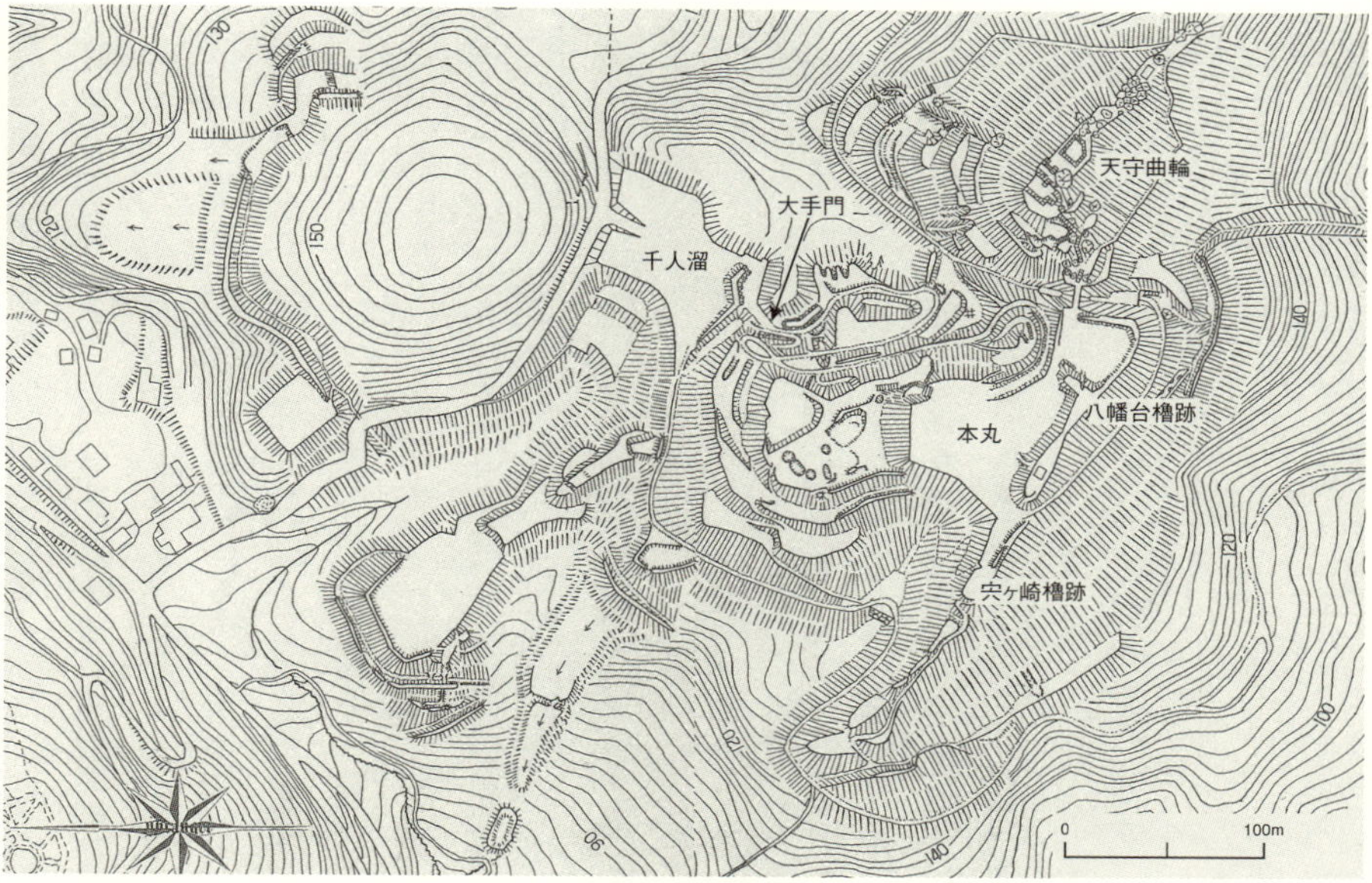

●—笠間城縄張図（作図：岡田武志氏　茨城城郭研究会編『図説 茨城の城郭』国書刊行会、2006年より、一部に加筆訂正を加えている）

呼ばれる巨岩が現れる。その少し先に黒門があった。さらに進んで右折して登山道に入ると、駐車場のある広場に出る。ここが「千人溜《せんにんだまり》」「駒場丸《こまばまる》」と呼ばれる大手門《おおてもん》前の曲輪である。大手門は内側に石垣で桝形《ますがた》を築く。外側の空堀は埋められているが、ここに大手橋が架けられていた。登城道は大きく近代の改変を受けているようであるが、蛇行しながら、いくつかの城門跡を過ぎ、玄関門から本丸跡に至る。その南側に細長く伸びる台地は「八幡台《はちまんだい》」と呼ばれる。南東に眺望が開け、物見として八幡台櫓《やぐら》が設けられていた。この櫓は、廃城後、市内の真浄寺に移され、堂宇として現存している。

本丸から北の大きな空堀《からぼり》を渡ると、天守《てんしゅ》曲輪である。ここから城の趣はがらりと変わる。大きな石を荒く積んだ石段の登城道を、石積みや石垣が守る厳《いか》めしい風情となる。茨城県下の城郭を象徴する景観として、人気のスポットである。

かつての天守台には、佐志能《さしの》神社が鎮座する。同社はもともとこの場所に立っていたが、築城の時、下市毛《しもいちげ》村に降ろされ、明治五年（一八七二）に再び旧地に遷座《せんざ》したものという。拝殿は天守の部材を用いて建立されたものといい、柱や軒に今も転用の痕跡をとどめる。社殿背後は鎖場《くさりば》となっており、これを下ると石倉にいたる。年代は不明ながら、この山が山伏の行場、修験の霊場でもあった名残りであろう。

【笠間時朝の築城伝説】　笠間城を築いたのは、武家歌人として有名な鎌倉御家人《かまくらごけにん》・笠間時朝《ときとも》と伝えられる。時朝は、下野の有力御家人・宇都宮頼綱《うつのみやよりつな》の弟・塩谷朝業《しおやとものり》の子として、建仁三年（一二〇三）頃に生まれた。

『笠間城記』など、後世の資料によると、佐白山正福寺と徳蔵《とくら》村の引布《ぬのひき》山との争いが激しさを増す中で、劣勢となった佐白山の生田坊《いくたぼう》が援兵を宇都宮頼綱に乞うたという。頼綱は、猶子《ゆうし》（名目上の親子関係の子）となっていた時朝に精兵を預けて紛争の地へと派遣した。時朝は徳蔵村に向かい、引布山の僧兵を破った。佐白山の衆徒がその武勇に震え上がったところで、時朝は兵を返し、佐白山に三〇〇あった僧坊をことごとく破壊し、そのあとに城郭を構えた。それが笠間城であるという。

もちろん鎌倉時代の武士が、こうした山嶺の上に縄張を引く山城を築くとは考えられない。いっぽうで、時朝は笠間を苗字としているので、この地を本拠としたことは間違いないだろう。では時朝当時の居館（屋敷）は何処に置かれたのか。

時朝が、佐白山に進駐した当初の軍陣について、『笠間城記』は次のように記す。

軍営を三(佐)白山の南麓に構え、塁を高くして、溝を深くし之に居る、今の鷹匠町及座頭町の背の土塁は古《いにしえ》の軍営の跡なり、塁外の溝池は、古は舟を浮べ、麓城と称せり、

この「麓城」の遺構は、江戸時代の絵図にも描かれ、堀と土塁が近年までは良好な状態で保たれていた。同族である宇都宮氏や小田氏（八田氏）の居館は、鎌倉時代には平地に営まれ、それが城郭に発展していったようである。笠間時朝の笠間郡入部当初の居館も、後の「麓城」の場所に構えられ、それがやがて平城に発展し、戦国期には軍事的要請から佐白山上に移されたのではなかろうか。

【時朝の歌と信仰】　笠間時朝は、多くの文化的足跡をのこした武士として有名である。彼の叔父・宇都宮頼綱《よりつな》は、藤原《ふじわらの》定家《ていか》との深い交流が知られ、「小倉百人一首」は、定家が頼綱の中院山荘の障子の色紙形として贈ったものであるという。頼綱の弟で時朝の父である朝業や、頼綱の孫景綱《かげつな》と同様に、時朝も『入京田舎打聞集』という私家集をのこしている。こうした宇都宮一族の歌垣《うたがき》は「宇都宮歌壇」と呼ばれ、『新和歌集』という歌集がのこされている。時朝は、「宇都宮歌壇」の中心人物であり、この歌集の撰者に比定されている。

時朝の和歌は、宇都宮社（神宮寺）や鹿島《かしま》社、息栖《いきす》社、稲《いな》田姫《だひめ》社などの社前で催された歌会などで詠まれる場合があった。時朝は、常陸・下野の数多くの寺社に仏像や経典を寄進したことでも知られているが、和歌の奉納もまた、地域の信

仰拠点の興行の意味をもっていた。東国御家人の文化的活動は、とかく彼らの京に対する憧憬の念から語られがちであるが、京の洗練された和歌や仏像を地域社会にもたらす役割が、当時の武士一族の地域支配に不可欠な要素であったことも、見逃すわけにはいかない。

（高橋　修）

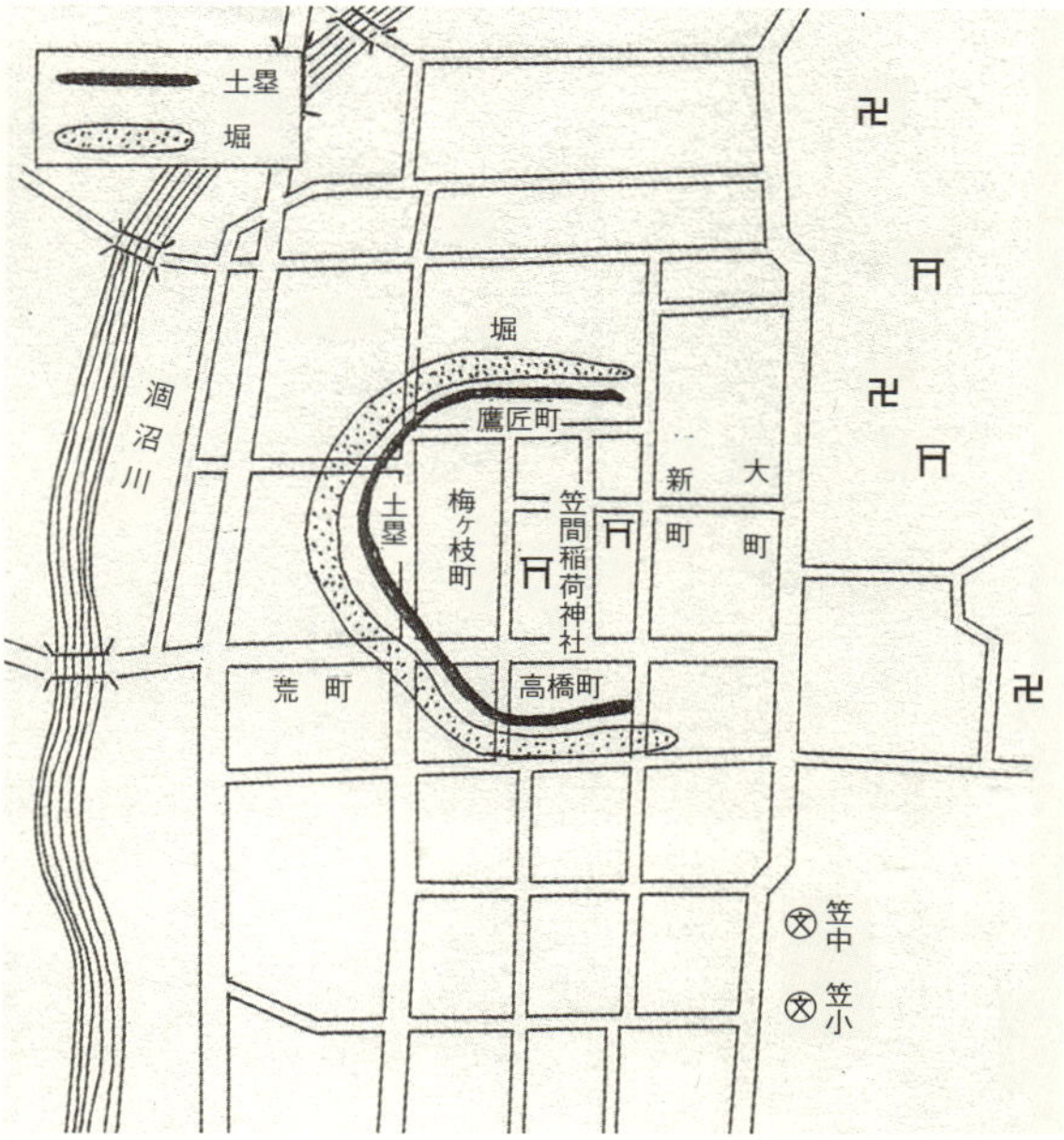

●—麓城想定図（『笠間市史』上巻より）

●—笠間城天守付近

●よみがえる戦国の城と城下町

真《ま》壁《かべ》城《じょう》

〔国指定史跡〕

〔所在地〕茨城県桜川市真壁町古城
〔比　高〕約七メートル
〔分　類〕平城
〔年　代〕一五世紀中葉～慶長七年（一六〇二）
〔城　主〕真壁氏
〔交通アクセス〕つくばエクスプレスつくば駅から車で四〇分。
ＪＲ水戸線「岩瀬駅」下車、車で二五分

【筑波山麓の城・真壁城】　真壁城跡は筑波《つくば》山系から北西に延びた尾根が平地へと至る、東西に長い微高地上の平城である。北に田中《たなか》川、南に山口《やまぐち》川が流れ、西に桜《さくら》川を望む城域は南北四〇〇メートル・東西八五〇メートルほどで、城の西方には城下町がのこる（重要伝統的建造物群保存地区）。

　真壁城跡に立つと、河川と湿地帯（現在は水田）に囲まれた巨大な要塞であることが感じ取れる。城は微高地上にあるとはいえ、山から延びた尾根地形のなごりで傾斜の大きい外郭の堀は意外に深く、平坦地となって比高差を得にくい中城・二の丸の堀は多数の折れ構造と郭の連繋によって防御力を高めていたことがわかる。

　真壁城を歩くとき、地形と堀の構造をあわせて読み取ることで、平城《ひらじろ》を守るさまざまな仕組みが発見できるのである。さらに周囲を見渡せば、南に筑波山、東に足尾《あしお》山、北に加波《かば》山がある。城主・真壁氏は、古代から「常陸三山」として名高いこれらの山並みに抱かれ、山麓にかかる美しい田園の風景を独占した。真壁城は周囲の景観を取り込み、領地のグランドデザインを表現する場所でもあった。

　現存する真壁城跡は、本丸を中心に二の丸、中城、外郭を配置する、本丸が中心となった求心的構造の城郭である。

　平成六年（一九九四）、本丸から東側の郭群を含む約一二・五ヘクタール（城跡の東半分ほど）が国指定史跡となり、平成九年（一九九七）度から史跡整備事業（発掘・復元工事）が進められている。

現存する郭の年代は、発掘成果から永禄年間（一五五八～一五六九）頃成立し、関ヶ原の戦い後、真壁氏が佐竹氏とともに出羽《でわ》・角館《かくのだて》へ移転する慶長七年（一六〇二）まで使用されたと考えられる。

発掘調査では永禄年間より以前の遺構も出土しており、真壁城跡の履歴がわかる。この場所に城館がつくられたのは一五世紀中葉頃で、求心構造城郭ができる前の真壁城の姿は、溝や堀による方形区画の居館が群集する状況であった。

【常陸平氏一族の真壁氏】

平安末期頃、筑波山麓に拠点を置く常陸平氏一族として真壁郡の郡司職《ぐんじしき》を得た平長幹《たいらのたけもと》は郡名「真壁」を名字とし、後に鎌倉幕府御家人として活動した。

真壁氏ののこした『真壁文書』にみる真壁氏は、寛喜元年（一二二九）の「藤原頼経袖判下文《ふじわらよりつねそではんくだしぶみ》」以来、中世の真壁郡（おおむね旧真壁町、旧大和村の範囲）の地頭職を得ており、中世後期には国人領主として、筑波山北麓での勢力を維持した。

いまのところ平安末期～室町前期の本拠地は不明だが、戦国期に最終的な拠点としたのが真壁城跡と推定される。

応永三十年（一四二三）、室町幕府と鎌倉府の対立のなかで幕府側（京都扶持《ふち》衆）に与した真壁氏は、鎌倉府に攻められた物領家が没落、後に庶子家・真壁朝幹《とももと》が所領回復するという、真壁氏の存亡にかかわる大きな画期を経験した。

真壁氏を再興した真壁朝幹は、寛正七年（一四六六）の置《おき》文《ぶみ》で「おこさきの屋敷の事はしょうしゅう（正宗寺）となしたく候、（中略）ようかい（要害）をこしらへ候はん事、身のついせん（追善）と存へく候」と城郭の寺への改修と城郭構築の必要性を説き、戦国の世の到来を告げている。

真壁氏の「当家大系図　全」などによれば、朝幹以降、家臣団として北・南・東・西といった一門が成立し、城の整備、城下町形成、寺社への支援などが盛んになったようである。

戦国時代・永禄年間の当主・真壁久幹《ひさもと》の時代は、常陸北部

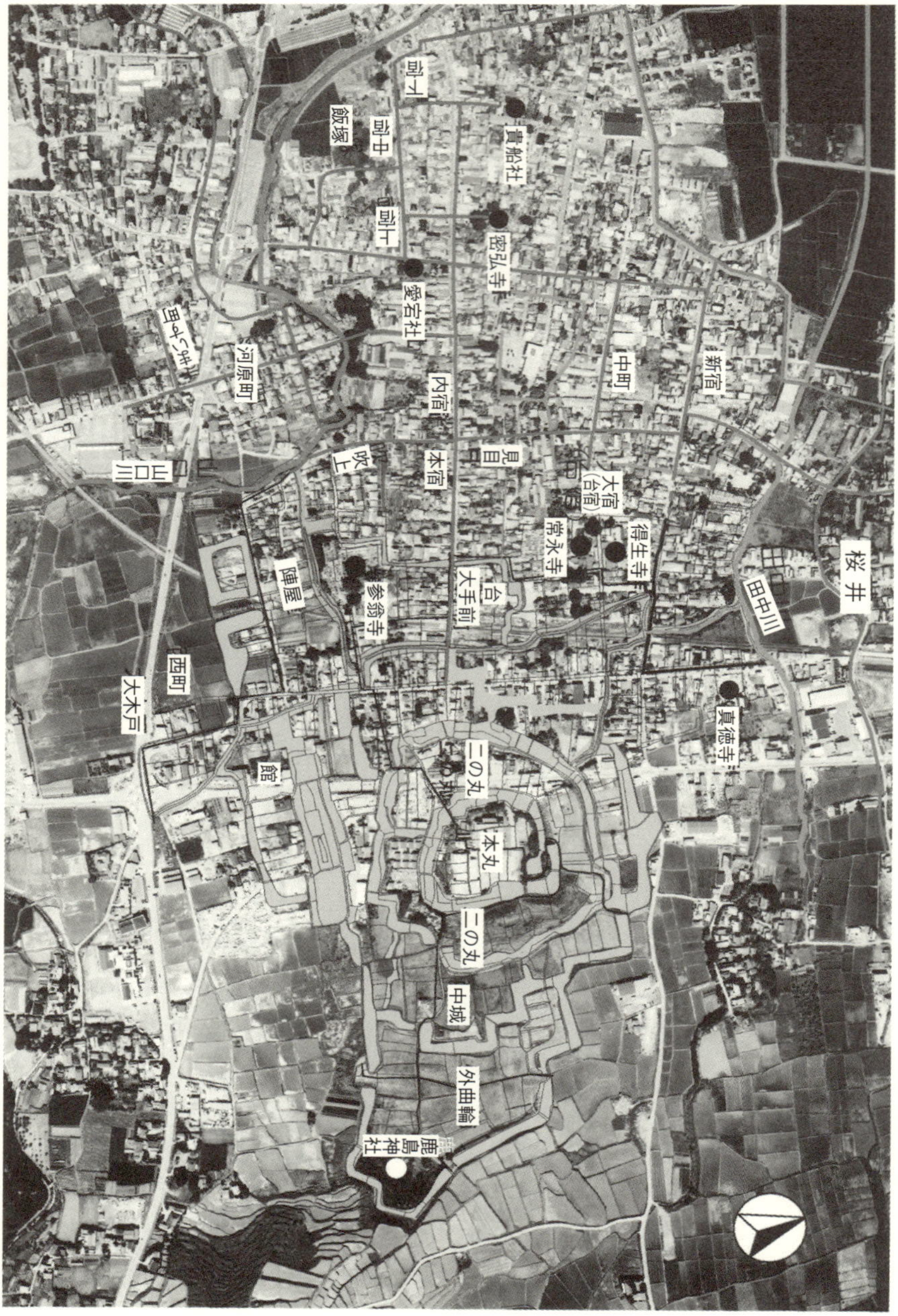

●—真壁城と城下町（重要伝統的建造物群保存地区、桜川市教育委員会提供）

の佐竹義昭から子息九郎に「義」字が与えられ、永禄十二年（一五六九）の小田氏との北之郡における合戦（手這坂《てばいさか》合戦）では佐竹義重《よししげ》と共同作戦をとるなど、常陸最大の戦国大名である佐竹氏に接近することで勢力維持をはかっている。永禄七年（一五六四）と天正末年前後には、佐竹氏から真壁城の普請《ふしん》が指示されており（烟田旧記、真壁文書）、城郭の普請にも佐竹氏の影響がみえる。

真壁城の廃城は城内に一七世紀代以後の遺構面が確認できないことから、佐竹氏にしたがい出羽移封となる慶長七年（一六〇二）後まもなくと考えられる。

慶長十一年には浅野長政が真壁・筑波両郡で五万石を隠居領とした。真壁城の発掘では浅野氏の時代に行なわれた土塁の破壊を確認し、江戸初期には機能を止めている。

【戦国の真壁城と城下町】　戦国末期、真壁城の西側には城下町がつくられた。

天正～慶長年間の『高野山清浄心院過去帳中』「常陸日月碑過去帳」に記された真壁城にかかわる地名には「真壁館之中」天正六年（一五七八）、「真壁実城」天正八年、「真壁陣屋」天正十五年、「真壁東館」天正十九年がある。城下町を示す地名には「内宿」天正十九年（一五九一）、「大宿」文禄三年（一五九四）、「中町」慶長四年（一五九九）、「本宿」慶長七年（一六〇二）があった。これらの「城」と「城下」に関する地名は、現在の地字名と一致するものもある。

そして真壁城の発掘成果や遺構の配置をもとに、城と城下の設計を比較すると、両者に共通する特徴に気がつく。その特徴とは、真壁城の遺構と城下町の町割（街路の配置）の設置方位軸の近似である。設置方位軸は堀、溝、土塁、建物、道路の設置にさいして設定された基準方位軸である。真壁城の東西・南北方向の方位軸は、年代とともに方角を変える。変化の理由は明らかではないが、城主の交代など、なんらかの要因によって、新しく測量基準点やランドマークを設定し、城と都市を設計したと推測される。

実際、真壁城跡の発掘では同時期の遺構は同じ方位軸で配置され、城下街路の設置方位軸との近似もみられた。このことから、城と城下町をほぼ同期に設計したと仮定でき、真壁城と城下町の方位軸をたどることで、堀、土塁、道路の設置順序や遺物の少ない遺構の年代推定も可能となった。

発掘で確認された方位軸は三つあり、南北軸が東へ約二二度傾く軸（永禄年間）、ほぼ正方位の軸（天正年間）、南北軸が東へ約二六度傾く軸（天正～慶長七年）がある。方位軸の年代は真壁城跡の出土資料の年代である。

これらの所見から、城の中心部からみて、北側と城下中部

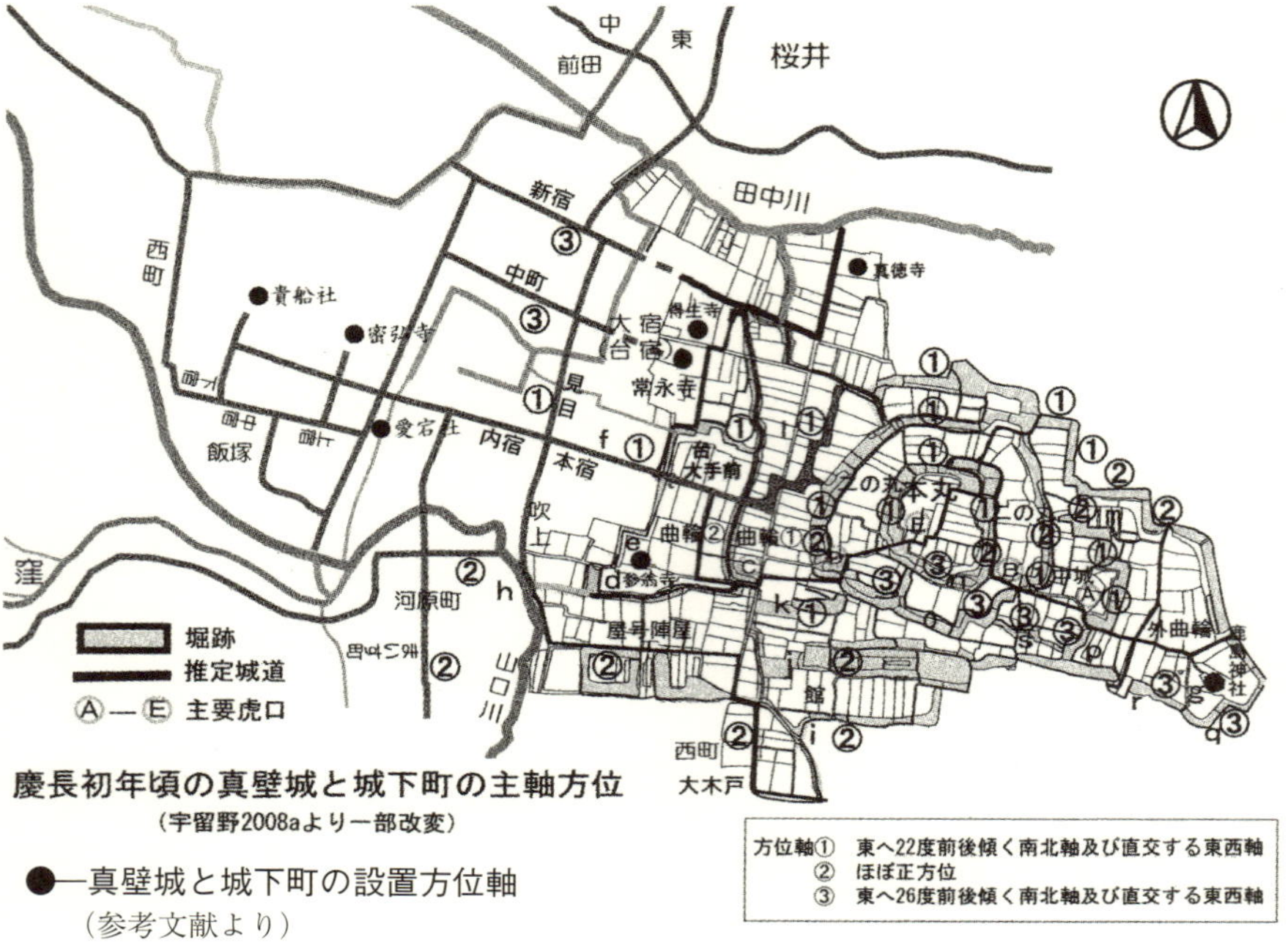

慶長初年頃の真壁城と城下町の主軸方位
（宇留野2008aより一部改変）

●—真壁城と城下町の設置方位軸
（参考文献より）

の主幹街路（見目、内宿付近）は永禄年間、東側および城下南東部は天正年間、城の南側の一部と城下の北西部街路（新宿、中町）は天正から慶長七年（一五七三〜一六〇二）の頃には成立していたと推定できる。真壁城跡は、城と城下町が一体的に造られたようすがわかる貴重な事例である。

【発掘からみた真壁城】 平成九年度以降、真壁城跡は復元に向けた発掘調査が開始された。

遺構と遺物の年代は一五世紀中葉から一六世紀末である。出土品は中国産磁器（龍泉窯《りゅうせんよう》、景徳鎮窯《けいとくちん》など）、国産陶器（瀬《せ》戸《と》・美濃《みの》・常滑《とこなめ》など）、在地土器を主に、これまで出土した総破片数は一五万点を超える。出土品の八割前後を占めるかわらけ（土器盃）は形の変遷がわかり易く、遺構の年代を細かく見極める資料でもある。それによれば大きく下層（Ⅰ〜Ⅳ期）と上層（Ⅴ・Ⅵ期）の遺構変遷が確認されている。

Ⅰ〜Ⅱ期（一五世紀中〜後葉）は溝で区画された屋敷、Ⅲ期（一五世紀末〜一六世紀第1四半期）は薬研堀の区画による方形居館群が成立する。Ⅰ、Ⅱ期は不明な点が多いが、Ⅲ期の方形居館群は本丸下層の方形居館の薬研堀が幅一〇メートル、深さ六メートルほどで屈曲構造をもつなど規模・構造が突出する。いっぽう、外郭や中城下層の方形居館群は堀の屈曲構造がなく、堀幅四メートル、深さ二メートル前後と軍事性にやや乏しいものであった。これらの方形居館群はⅣ期（一六世紀第2四半期）には廃絶し、堀が埋まって墓域となり、城館の継続はみられない。いわば方形居館群の真壁城は、期間を限定し、本丸下層の居館を中心として臨時的に結集した姿であり、それは享徳《きょうとく》の乱（一四五五～一四八三）以降つづいた関東の戦乱に対応するため、真壁氏が一族・家臣とともに結集し、危機管理体制をとった姿と考えられる。

Ⅴ期（一六世紀第3四半期）の真壁城はⅣ期の墓域と方形居館群の痕跡を大量の整地土で埋めつくし、本丸中心の求心的構造城館へと大きく造り変える。真壁城は本丸の周囲を広大な郭群で囲いこみ、多くの折れ（横矢）を持つ堀と土塁で防御構造を高めた。そして次のⅥ期（一六世紀第4四半期）にかけて改修を重ね、城下町も拡張してゆく。Ⅴ期とⅥ期は戦国時代・真壁氏の全盛期ともいえる真壁久幹、息子氏幹の時代であり、彼らの基本構想によって、城と城下町が造りこまれてゆく姿がうかがえる。

【真壁城の庭園】 真壁城跡の特徴に中世の庭園遺構がある。

庭園跡は本丸で一ヵ所、中城（近世城郭でいう三の丸に相当）で二ヵ所出土した。いずれも飛石《とびいし》や池をともなう庭園で、城の周囲に常陸三山の絶景を望む真壁城にふさわしい。

庭園のほぼ全体を発掘した中城庭園は、永禄年間（一五五八～一五七〇）に東西二五メートル、南北一四メートルほどの池と、筑波山を望む小規模な建物を組み合わせた庭園をつくり、天正年間（一五七三～一五九一）は大規模な建物群を建築し、庭園を大きく拡張した。出土品は天目茶碗《てんもくぢゃわん》、茶入《ちゃいれ》、茶《ちゃ》壺《つぼ》、風炉《ふろ》などの茶道具や高級品の中国産青磁、白磁、染付磁器で、ここが特別な接待場所とわかる。

建物跡は小規模で土壁を使う茶室らしき掘立柱建物一棟、主殿や会所と思われる大規模な礎石建物一棟や掘立柱建物二棟が、庭園の池を囲む。池の西端には、三間四方の掘立柱建物と通路状の掘立柱列からなる舞台状遺構（能舞台か）があり、池と多様な施設群からなる迎賓館的な庭園と推定される。

【現代によみがえる真壁城】 真壁城跡では外郭から中城、二の丸、本丸の順に発掘と整備工事が進められる計画で、外郭の発掘がほぼ完了し、調査は中城に移行した。

城の復元は永禄～天正年間頃の中世の土塁や堀などの地形を中心としており、常陸三山を借景にもつ、雄大な姿がよみがえりつつある。

（宇留野主税）

【参考文献】 宇留野主税「戦国期真壁城と城下町の景観」『茨城県史研究九二号』（茨城県立歴史館　二〇〇八年）

●境目の争奪の城

小《お》栗《ぐり》城《じょう》

〔所在地〕茨城県筑西市小栗
〔比　高〕五〇メートル
〔分　類〕山城
〔年　代〕一五世紀後半〜一六世紀
〔城　主〕——
〔交通アクセス〕ＪＲ真岡線「久下田駅」下車、徒歩九〇分

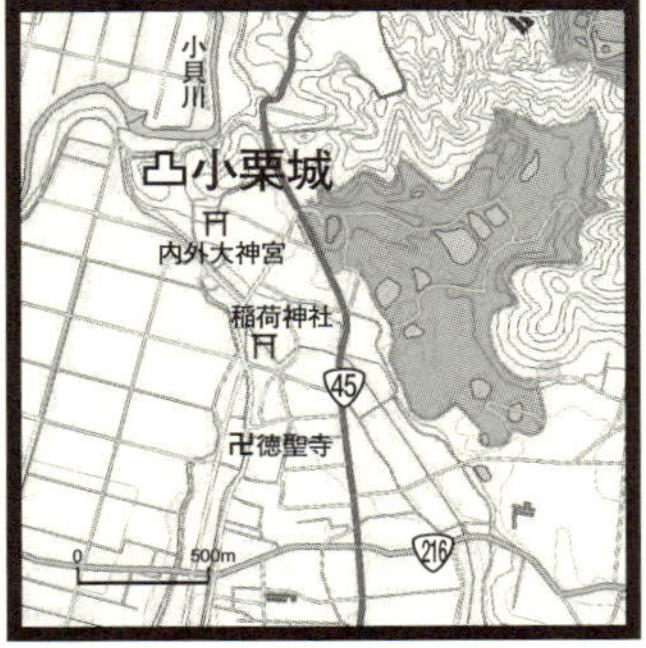

【周辺の地形】　茨城県と栃木県の境界となる山地の最南端。県境に添って西に飛び出した小さな丘陵上に小栗城はある。城山の北側および西側の山麓には小貝川《こかい》が流れる。のこる二方向の内、東側は山並みがつづくため、南側のみに平地が広がる。北・西・南の三方向にはとても展望が良い。

【結城政勝】　天文年間、小栗の地は常陸国小田氏の領国であった時期がある。小田氏の領国が最大規模になった時期であろう。小田領国の拡大により影響を受けたのが下総国結城《ゆうき》家だった。

結城政勝《まさかつ》は小栗ほかの所領の獲得を祈念する（『牛久市史』中世Ⅰ4—8）。そして弘治二年（一五五六）、北条氏康《ほうじょううじやす》の援軍を受け、海老島《えびがしま》城（桜川市）を攻撃し、小田《おだ》氏治《うじはる》に大きな打撃を与えた。

小栗城はこの合戦に先立つ天文二十四年（＝弘治元年　一五五五）二〜三月頃に攻め落とされた。陥落後、小栗城はしばらく放置されていたが、小田家との対抗上、結城政勝は弘治二年二月六日に番手を派遣した（『結城市史』熱海白川文書3）。同年十一月の段階では堅固と報じるまでに支城化されていた（『牛久市史』中世Ⅰ4—20）。

対抗する小田家は回復をねらって城攻めを行なっている。しかし、小栗城は小田氏のもとには戻らなかった。

【宇都宮氏との攻防】　永禄三年（一五六〇）、長尾景虎《ながおかげとら》（後の上杉謙信《うえすぎけんしん》）が越山する。この越山に意を強くした佐竹氏などは、景虎の軍勢に参加し、北条氏康の領国に攻め入る。この

時、結城家は小栗城ほかの多くの支城を放棄し、結城城に兵力を結集し、急場をしのいだ。このため一度は小栗城を失うが、結城晴朝《はるとも》は奪還を図り、天正六年（一五七八）には小栗城を回復している。

一六世紀中頃の争奪の舞台となった小栗城は、境目の城の実例として歴史的価値は高い。

【東に重ねる堀と土塁】 この山城の中心は山頂の郭である。主郭は東から南にかけて横堀《よこぼり》が普請され、北および西は切岸となっている。堀は南西端で南に屈曲し、竪堀《たて》となって山の中腹まで下る。横堀から竪堀に変化する地点には虎口《こぐち》が構えられていることから、これらの横堀・竪堀は通路としても使われていたと考えられる。

主郭から東方向へは山つづきとなり、より高所へと連なる。そのため、厳重に普請が施される。先の主郭東側の横堀を加えて、四本の堀が南北に連続して掘られており、高い危機感を示している。主郭堀以外の三本の堀は、尾根の鞍部に堀と土塁を重ね遮断することから、基本的には堀切である。しかし南側山裾がなだらかになる地形のため、折り歪みをもった技巧的な構造となっている。

とりわけ主郭から数えて二本目の堀切の南部では、虎口—土橋—桝形《ますがた》虎口—空堀—虎口と施設を重ね、考え抜かれた登城路が設定されている。戦国時代後半をうかがわせる遺構である。明確にルートと規定でき、かつ相応の防御が施されている通路はここだけであるので、この道筋が大手道と考えられる。

また、城址西方にあたる栃木県の入り組み地

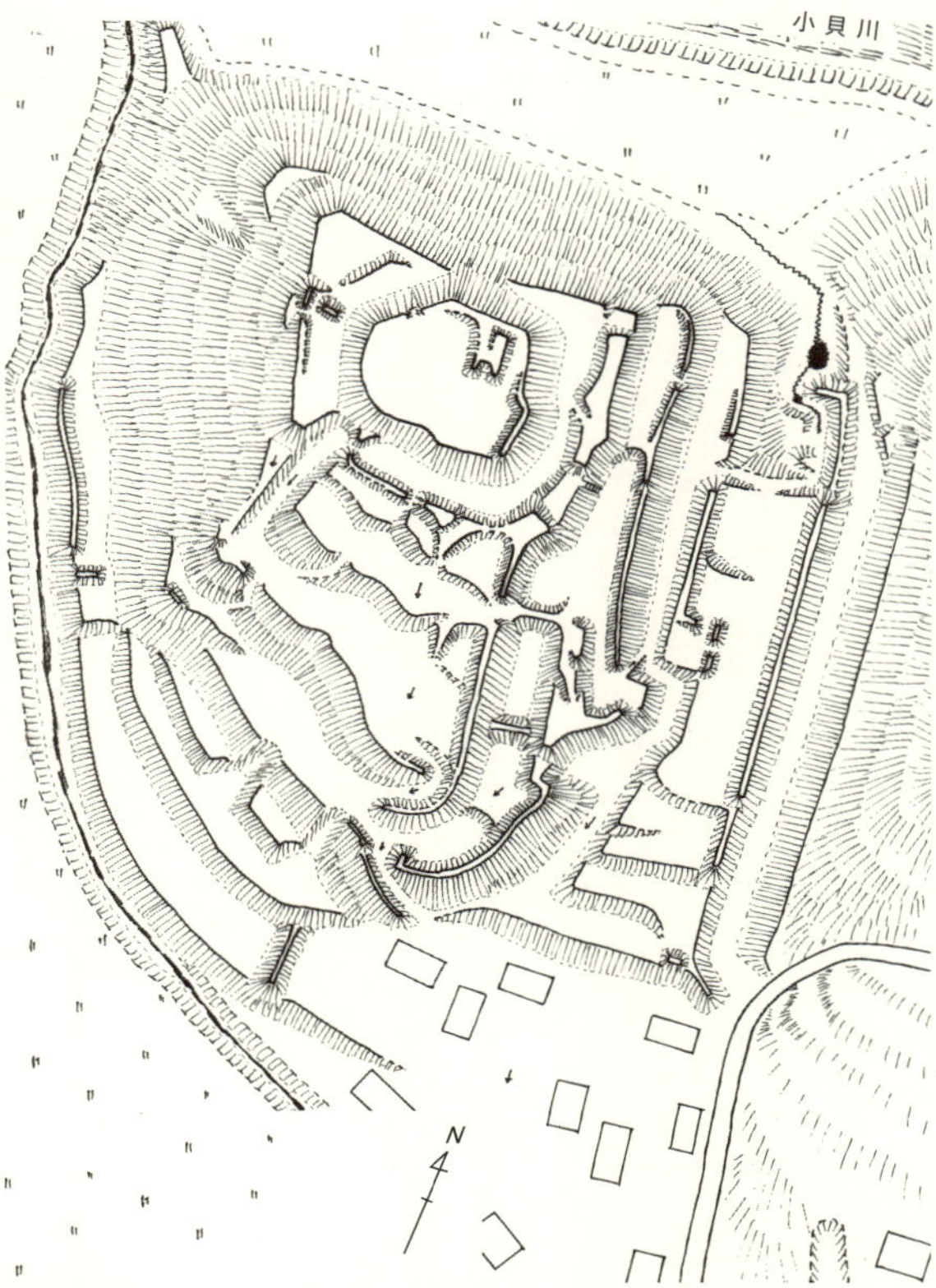

●—小栗城（調査・作図：齋藤慎一）

には根小屋という地名がのこっている。川を隔て、しかも他国である下野国側になぜのこるか不明であるが、今後に興味深い地名である。

【小栗氏と小栗御厨】　小栗の地は中世初頭には伊勢神宮の小栗御厨《みくりや》であった。地頭は常陸大掾《だいじょう》氏の一族である小栗氏として知られ、鎌倉時代初頭より活躍が確認できる。例えば『吾妻鏡《あずまかがみ》』には、源頼朝が治承四年（一一八〇）の佐竹氏追討の帰路に小栗重成《しげなり》の館に立ち寄ったことが記載される。

この小栗の地は、戦国時代以前にも、しばしば戦乱に巻き込まれている。南北朝時代の初め筑波山南麓は南朝が勢力基盤とした地域であった。小栗は北朝方の拠点であったらしく、数度にわたって南朝勢力の攻撃を受けている。そのさいに「小栗城」の語彙《ごい》が古文書に登場している。

【戦場の舞台】　上杉禅秀《うえすぎぜんしゅう》の乱にさいして、小栗氏は禅秀に与した。戦後、滅亡は免れたが、多くの所領を没収されたため、小栗満重《みつしげ》は応永二十五年（一四一八）・応永二十九年（一四二二）に小栗城に籠もり、足利持氏《もちうじ》に叛旗を翻した。とりわけ後者の戦乱は小栗満重の乱と呼ばれ、翌三十年八月の小栗城落城をもって終結し、小栗氏の所領は没収された。

その後、京都と鎌倉の対立のなかで、小栗氏はしばしば所領回復を企図して、軍勢をおこす。永享十二年には足利持氏の遺児などに小栗城が攻め落とされる。一時は持氏遺児を支えるが、嘉吉元年には幕府方に転じる。そして享徳四年（一四五五）には足利成氏《しげうじ》によって攻められて落城。小栗氏の動向は不明となる。小栗氏と小栗城はしばしば歴史の表舞台に登場していた。

【もうひとつの小栗城】　しかしながら小田・宇都宮・結城家が争奪戦を展開した頃（あるいは享徳《きょうとく》の乱の頃から）には、先の遺構の地が合戦の舞台であったことは確かであろうが、その地の小栗城はいつまでさかのぼるであろうか。網野善彦「地名と中世史研究」（『中世再考』一九八八所収）は山城の南方にある小栗の集落の中に、小栗氏の本拠があったことを指摘している。同所には図のように城館関連地名も見ることができる。南北朝・室町時代の小栗城とは、この地であった可能性が高い。

このように小栗城は多くの文献に登場する有名な城館である。しかし変遷は確定しておらず今後の考古学的調査によっての解明が期待される。

関東地方の伝統的な領主である小田家・結城家・宇都宮家が争奪した〝境目の城〟としても、特に注目したい。

（齋藤慎一）

●—小栗御厨中心部（『茨城県史　中世編』〔茨城県 1986〕に加筆）

●南北朝期・北畠親房の激戦地

関《せき》城《じょう》

〔国指定史跡〕

〔所在地〕茨城県筑西市関館
〔比　高〕一メートル
〔分　類〕平城
〔年　代〕建武三年（一三三六）以前〜戦国時代末頃
〔城　主〕関宗祐、多賀谷氏
〔交通アクセス〕関東鉄道常総線「騰波ノ江駅」下車、徒歩約三〇分・駐車場有

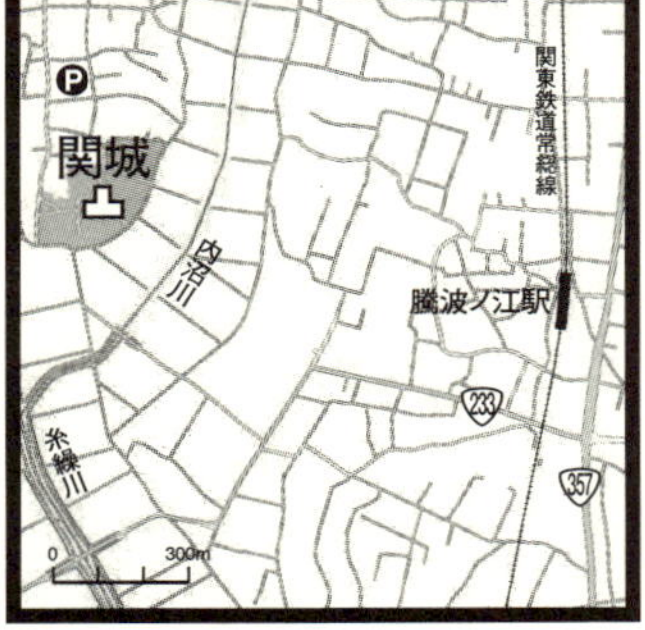

【大宝沼に囲まれた台地上に立地】　関城は筑西市の南部に位置し、かつて大宝《だいほう》沼であった低湿地に囲まれた台地上の先端部に立地する。低地との比高差は九〜一〇メートル、台地上中心部はほぼ平坦で、周辺に向かっては緩やかに傾斜している。規模は南北約三五〇メートル、東西約四〇〇メートルで、北からの台地のつづきを大きな土塁と堀で区切っており、これが関城の城郭部分の北端であったと推測される。

　その北西側にに現在の集落がありこの部分には「館野《たての》」「外西館《そとにしだて》」「外東館《そとひがしだて》」の地名がのこることから、この部分も外郭の一部であった可能性が考えられる。またその北には西から大きく台地を区切る谷津が入っており、これが外郭部分の堀を兼ねていたとの説もある。

【関城の遺構】　関城内は宅地と畑になっており部分的に堀や土塁の痕跡がのこる。主郭と思われる場所は台地先端に近く最も高い場所で、伝関宗祐《せきむねすけ》墓所付近から東側にかけての畑部分でおよそ一〇〇メートル四方である。大手と思われるのは北からの現道であり、道の東側には上幅で一〇メートルほどの折れ曲がる大きな堀と土塁の痕跡を認めることができる（b・i）。この付近が主郭の虎口《こぐち》であると推測されるが、西側につづく堀や土塁については、人家のためその痕跡を明確には確認できない。

　主郭に関わる堀や土塁については、伝関宗祐墓所西側の小社付近や（l）、東側の台地縁辺付近で、塚状となった土塁の痕跡を部分的に認めることができる（m・n）。その北側に

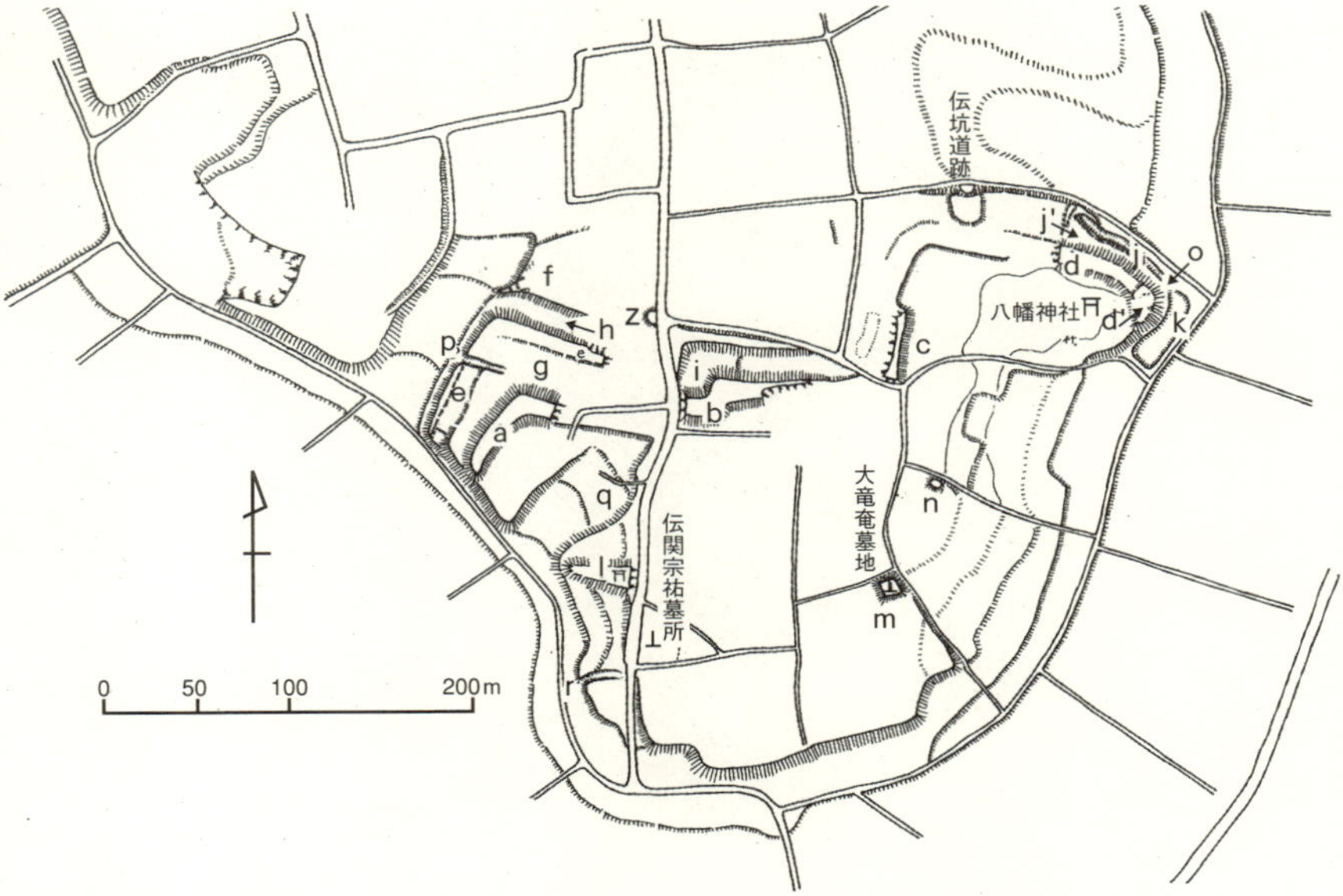

●—関城縄張図（『関城地方の中世城郭跡』1989年刊 関城町教育委員会より）

は比較的大きな南北方向の土塁の痕跡があり（c）、航空写真や西側にある堀の痕跡と合わせてみると八幡《はちまん》神社北側からつづく堀と土塁の一部で（j・d）、主郭北側の堀へつながる痕跡であることが確認できる。

また、西側の城郭内に位置する谷津部分には、土塁で囲んでいる遺構の状況や地名の聞き取りなどから、船着場があった可能性が指摘されている。

【外堀と坑道跡】 現況では確認できないが、航空写真では主郭北堀のさらに北側に、西から入る谷津に接続するように堀の痕跡があり、これが外堀で城郭の北端であろう。この堀の内側に位置する道の脇には「坑道跡」が存在している。大正九年に地元の青年が偶然に発見したそうで、高さ二メートル、幅一メートルの素掘りで、現在も口を開けており中をのぞくことができる。記録上でも「自堀底《ほりそこより》矢蔵《やぐら》ノ下ヲ堀穿候《ほりうがちそうろう》も、金師《かなし》等圧死《とうあっし》後《ご》ハ、無沙汰候《ぶさたにそうろう》」（伊勢結城文書《いせゆうきもんじょ》）とあり、実際に攻防戦にさいして坑道を掘っていたようである。当時のものかは明らかではないが、もし当時のものだとした場合には南北朝期の外郭線もこの付近にあったことになり、興味深い。

【関氏の城郭】 関城を一躍有名にしたのは、南北朝期に北《きた》畠親房《ばたけちかふさ》がこの城に入り南朝方の拠点として戦ったことであり、南朝方の小田《おだ》城・大宝《だいほう》城とともに国指定史跡となってい

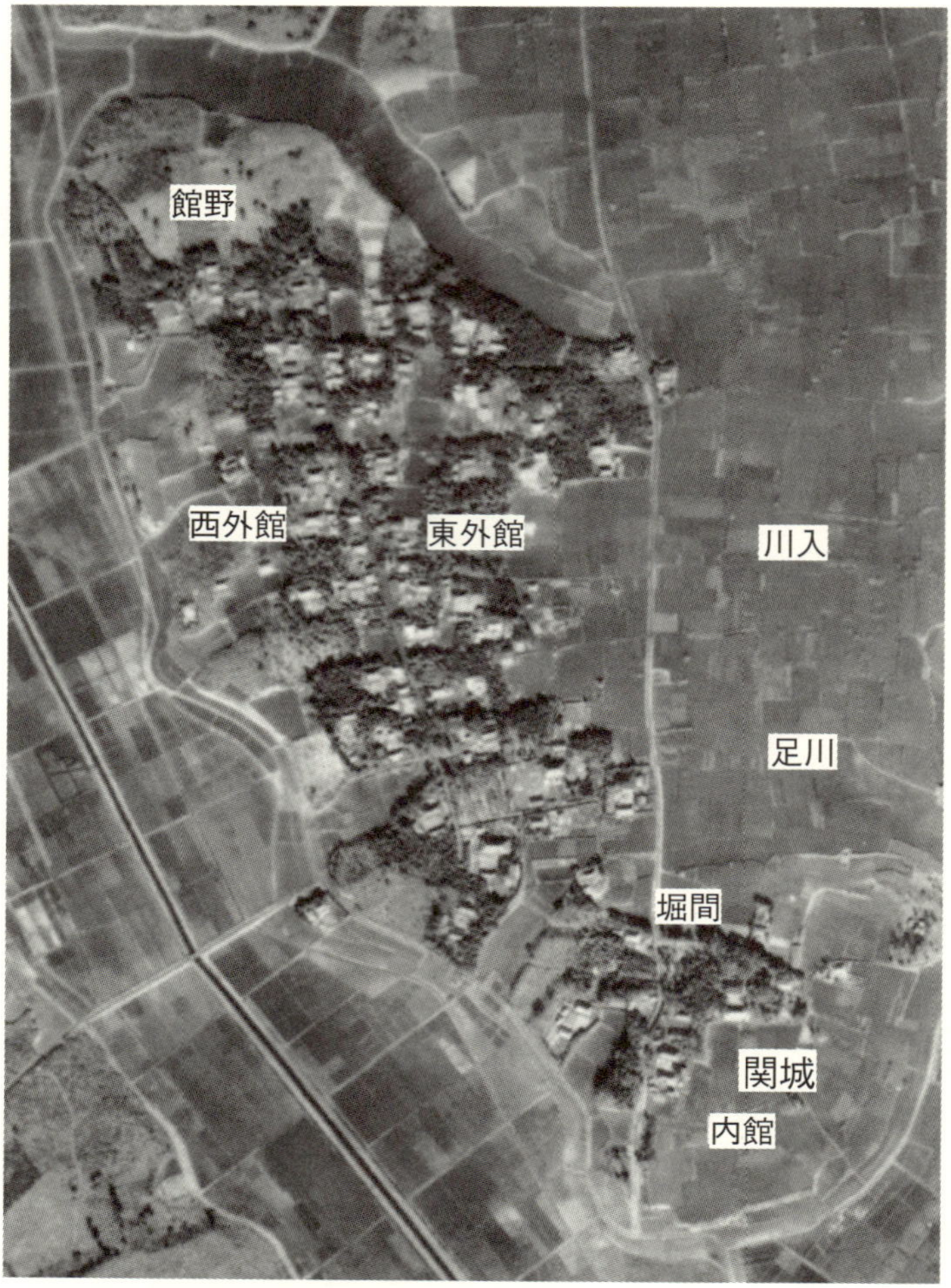

●—関城空中写真
（国土地理院所蔵、昭和22年米軍撮影写真に加筆）

る。その時の城主は関宗祐《せきむねすけ》であった。関氏は、藤原秀郷《ふじわらひでさと》の流れをくむ大方《おおかた》氏の一族で関郡・大方郷で勢力を保っていたが、三浦《みうら》氏が没落した宝治《ほうじ》合戦で三浦方に味方したことにより没落した一族とされる。その後この地域は鎌倉北条《かまくらほうじょう》氏の得宗《とくそう》領となり、その被官である諏訪《すわ》氏に与えられた。関氏の一部はその後も命脈を保っていたが、鎌倉幕府滅亡後の建武の新政によっても、領地は足利《あしかが》氏やその与同者に与えられ関氏には戻らなかった。そのため南北朝期に関郡の奪還を図るべく、反足利氏として立ち上がったものと考えられている。鎌倉時代の関氏の本拠は、唯一郡名と同じ「関」の地名が付いた「関本《せきもと》」の関本館跡であったとされている。

【南北朝の動乱】　建武二年（一三三五）に後醍醐《ごだいご》天皇の建武の新政が破綻すると、早くも建武三年（一三三六）に関宗祐が足利方と合戦に及んだ形跡があり、これ以後関宗祐は関城を拠点に南朝方として合戦に及ぶ。暦応元年（一三三八）に南朝方の不振を立て直すため奥州へ向かった北畠親房《ちかふさ》は常陸に漂着し、神宮寺《じんぐうじ》城・阿波《あばが》崎《さき》城をへて小田《おだ》城に入った。しかし暦応四年（一三四一）には小田城の小田治久《はるひさ》も高師冬《こうのもろふゆ》に攻められ開城することになり、北畠親房《きたばたけちかふさ》は十一月に常陸西部の南朝方の拠点であった関城へ、春日顕国《かすがあきくに》は興良親王《おきよししんのう》とともに大宝城へと入城した。高師冬軍は関・大宝城の連絡を遮断し包囲した。南朝方は大宝沼を介して連絡を取り合いながら、関城では激しい籠城戦が展開される。次第に兵糧の欠乏や戦意の喪失がおこり、頼みの綱であった奥州の結城《ゆうき》親朝《ちかとも》の支援も受けることができず、約二年間の籠城の後、康永二年（一三四三）ついには関城、大宝城ともに落城する。

●—坑道跡

【多賀谷氏の城郭】 その後、関城は大宝城と同様に歴史の表舞台からは姿を消すことになる。この地域は鎌倉府《かまくらふ》の影響力が強い場所となり、結城《ゆうき》氏の支配下となった。鎌倉公方《かまくらくぼう》と親幕府派の関東管領《かんとうかんれい》の対立によって行なわれた永享《えいきょう》の乱および結城《ゆうき》合戦によって結城氏は滅亡するが、鎌倉府が再興され公方足利成氏《あしかがしげうじ》により結城氏およびその家臣の多賀谷《たがや》氏も再興される。『多賀谷家譜《かふ》』で多賀谷氏家は、上杉憲忠《うえすぎのりただ》誅殺の功により関郡を与えられ関城を拠点としたとされる。その後多賀谷氏家は、下妻《しもつま》城を築城して居城を移すことになり、関城の状況は明らかではないが、多賀谷氏の支城として機能したものと思われる。多賀谷氏は結城氏および佐竹氏の影響の元、反後北条氏として南方で主に戦闘を展開している。そのため、北の守りであった関城の役割は次第に低下したものと思われる。

（広瀬季一郎）

【参考文献】 関城町史編さん委員会『関城町史　通史編　上巻』（関城町　一九八七年）、市村高男『関城地方の中世城郭』（関城町　一九八九年）

●結城合戦の舞台となった城

結《ゆう》城《き》城《じょう》

〔所在地〕茨城県結城市
〔比　高〕約五メートル
〔分　類〕平城
〔年　代〕一四世紀半～慶応四年（一八六八）
〔城　主〕結城氏、水野氏
〔交通アクセス〕ＪＲ水戸線「結城駅」下車、徒歩二五分・駐車場有

【低湿地に囲まれた要害の地】　結城市の市街地の北東に位置する。城の北東南の三方は、低地帯に取り囲まれており、その外側を遠巻きにするように蛇行《だこう》した田《た》川が南流し、外堀《そとぼり》の役割を果たしている。城の西側は、市街地のある台地につながるくびれた部分に堀を掘り、城のある台地を切り離している。その堀の中には、近世以前に起源をもつと見られる吉田《よしだ》用水が流れているが、この用水の掘削が築城と連動していたかどうかは不明である。

城のある台地は、南側が比高三～四メートル、北側が比高六～七メートルで、北に行くほど高くなっている。台地先端部を切り離したところだけに、全体に居住空間として良好な条件を有しており、城跡には少なからぬ住宅地が存在する。

【結城氏の動向と結城築城】　結城氏は小山政光《おやままさみつ》の三男朝光《ともみつ》にはじまる。一二世紀末、朝光は信田義広の乱の戦功によって結城郡を獲得し、ここを本領としたことから結城氏を名乗るようになり、鎌倉幕府評定衆《ひょうじょうしゅう》に列せられるなど有力な御家人に成長した。二代朝広《ともひろ》・三代広綱《ひろつな》も結城氏の発展に努めたが、得宗《とくそう》の支配が強まる四代時広《ときひろ》・五代貞広《さだひろ》・六代朝祐《ともすけ》の時代になると、御家人《ごけにん》の立場を維持したまま得宗の家臣的な存在となり、勢力を後退させる。

後醍醐《ごだいご》天皇や足利尊氏《あしかがたかうじ》による鎌倉幕府の討伐が開始されると、朝祐はいち早く尊氏にしたがって勢力の回復を目指すが、南北朝動乱の開始とともに、一貫して足利方に属して各地を転戦し、朝祐とその子直朝《ただとも》が相次いで戦死、結城氏の退勢は

一段と進んだ。直朝の弟直光《ただみつ》も足利方に属し、尊氏の信頼を得て次第に結城氏の勢力を回復していくが、常陸関《ひたちせき》城とその周辺で南朝・足利両軍の攻防戦が展開されているとき、結城氏一族が結城郡に城郭を築いていると記す史料がある。これが結城城築城を伝える記事であるとすれば、結城城の成立は一四世紀半ば近い前半まで確実に溯ることになる。

しかし、この頃の結城氏の本拠は、結城城ではなかった可能性が高い。まだ考古学的な物証を得られてはいないが、結城市街地の南南西約四キロにある「城の内」と呼ばれる館跡が、朝光以来の居館であった可能性が高い。当初の結城城は、関城・大宝《だいほう》城の南朝方に対抗する結城氏の軍事的拠点として築城されたものであろう。

【結城氏の隆盛と結城城】 一四世紀後半以降の結城氏は、鎌倉公方につながって、直光が安房守護となり、その嫡子基光《もとみつ》は小山義政《よしまさ》の乱・小田孝朝《たかとも》の乱で戦果を挙げ、下野守護に補《ぶ》任《にん》される一方、次男泰朝に断絶した小山氏の名跡を継がせ、さらには常陸に小田氏の旧領の一部を獲得するなど、下総北部・常陸西部・下野南部から武蔵にまたがる一大勢力圏を築き上げた。とりわけ基光は一四世紀後期〜一五世紀前期の四〇年余、下野守護として君臨しつつ、一族の総帥として結城・小山・山川氏らを束ねつづけた。基光の権勢は、鎌倉公方によって保護・育成された側面が少なからずあったため、公方と幕府将軍の対立が激化すると、将軍に通じる関東管領山内上杉氏と結城氏との対立関係も顕著になった。

この時期の結城氏の本拠については、直光の時代以降、結城城下に結城氏ゆかりの寺社が建立されることから見て、一四世紀後期（一三六〇〜七〇年代）頃、結城城が結城氏の居城として定着していったと考えて大過ないであろう。

そして、結城氏の名を一躍全国に知らしめた結城合戦が、実際にこの結城城を舞台として戦われた。当時の城主は基光の孫氏朝《うじとも》であり、彼は祖父基光の影響下に成長し、若くして死去した満広《みつひろ》の跡を嗣いで結城一族の総帥となった。そして、永享十二年（一四四〇）、永享《えいきょう》の乱で自殺した鎌倉公方足利《かまくらくぼうあしかが》持氏《もちうじ》の支持勢力の要請により、持氏遺児を擁立して挙兵し、幕府・上杉方の大軍を相手に一年余にわたる攻防戦を展開するが、自立を目指した小山満泰《みつやす》の離反に加え、戦局が悪化する中で山川氏義《うじよし》にも離反される。窮地に立った氏朝は、嘉吉元年（一四四一）四月、城外へ出撃して戦死し、ほどなく結城城は落城したのであった。

結城合戦からほど近い一五世紀後半成立の「結城戦場記」では、結城城は構えが厳しい上に大堀を掘って塀を造り、櫓《やぐら》をあげていたと記し、そして攻防戦に参加した仙波常陸《せんばひたち》介《すけ》が幕府方の伊勢氏に送った披露状では、①結城城は大城である、②しかし城壁を取り除いて掘りを埋めれば攻められる、③多勢の幕府軍が一挙に攻めれば「外城」は攻略できる、という幕府方武将たちの証言を書き留めている。これらの記載から、当時の結城城が要害堅固な大城であったことが確認され、細かな城の構造を別にするなら、低湿地に取り囲まれた台地上にのこる現在の結城城跡とほぼ同じであったことが明らかとなる。当時の結城城の構造は不明であるが、③の「外城」に着目すると、一四世紀後期の小山義政の乱の舞台となった鷲城などが、内城・外城という二郭構造であったことから、おそらくこの城も、内城・外城から成っていたのではなかろうか。

【戦国結城氏の盛衰と結城城】 結城氏は結城合戦で断絶するが、持氏の遺児成氏が鎌倉公方を再興すると、氏朝末子成朝《しげとも》も結城氏を再興した。しかし、まもなく公方方と上杉・幕府方の抗争が再燃し、その間に成朝は不慮の死を遂げ、その跡を嗣いだ氏広も若くして死去し、幼年の当主政朝のもとで結城氏の勢力は後退した。

明応八年（一四九九）、成人した政朝は、専権を振るう重臣の多賀谷祥英《しょうえい》（朝経）を打倒し、結城氏の支配体制を立て直し、小山氏の養子とした高朝《たかとも》との連合を固め、共同として宇都宮・小田氏に対抗し、勢力を伸ばした。政朝の次代政勝《まさかつ》も、小山氏との連合を強化しつつ、一族の山川《やまかわ》氏や多賀谷氏、水谷《みずのや》氏を傘下にしたがえ、小田氏を破って常陸に勢力を伸ばすが、古河公方との関係によって小田原北条氏の影響下に属し、その地位の安定化を図った。

政勝の養嗣子晴朝《はるとも》は、当初、北条氏に属したが、永禄三年（一五六〇）に始まる上杉謙信《うえすぎけんしん》の関東出陣を契機として、困難な局面に立たされたため、結城氏存続のために、その時々の戦況に応じて北条方と上杉方との間を揺れ動いた。そして、越後上杉氏が関東から後退すると、佐竹・宇都宮氏との連合を拠として北条氏に対抗する。

この時期の結城城についてみると、一五世紀末には城内の区画として西館が確認され、弘治二年（一五五六）の「結城氏新法度」には実城・館・中城の名が見える（一般に実城は本丸を、中城は二の丸を指す言葉である）。このうち西館は現在の結城城跡にある小字と一致し、館は字城跡、中城は字本町にそれぞれ比定される。このほか東館という小字もある。その配置は次頁の図のように、北から館、その西側が西館、館の南側が中城、その南側が東館であり、これらは図（五八頁）に示した結城城の縄張《なわばり》とも対応する。

すなわち、一番北には南北の空堀《からぼり》で画された館・西館を配置し、その南に掘られた東西の空堀が館・西館と中城とを区画しており、さらに中城の南側の空堀によって東館が分離されている。このうち最大の面積を有する館は、南北約二五〇メートル、東西約二〇〇メートルで、空堀はいずれも上幅七〜八メートルはある。館・中城を区切る空堀と館・西館を区切る空堀には土橋《どばし》が確認されるが、後者は土橋から北側の空堀が浄水場の建設に伴って埋め立てられ、不明瞭になっている。また、館の北に一ヵ所、東側に二ヵ所、東館の東側に比較的古い形をとどめた虎口《こぐち》がのこっている。

結城城の事実上の主郭は、最大規模を誇る館であった可能性が高いが、それとは別にこの城を象徴する郭があった。現在では西館の北側にその残骸をのこすのみであるが、江戸期

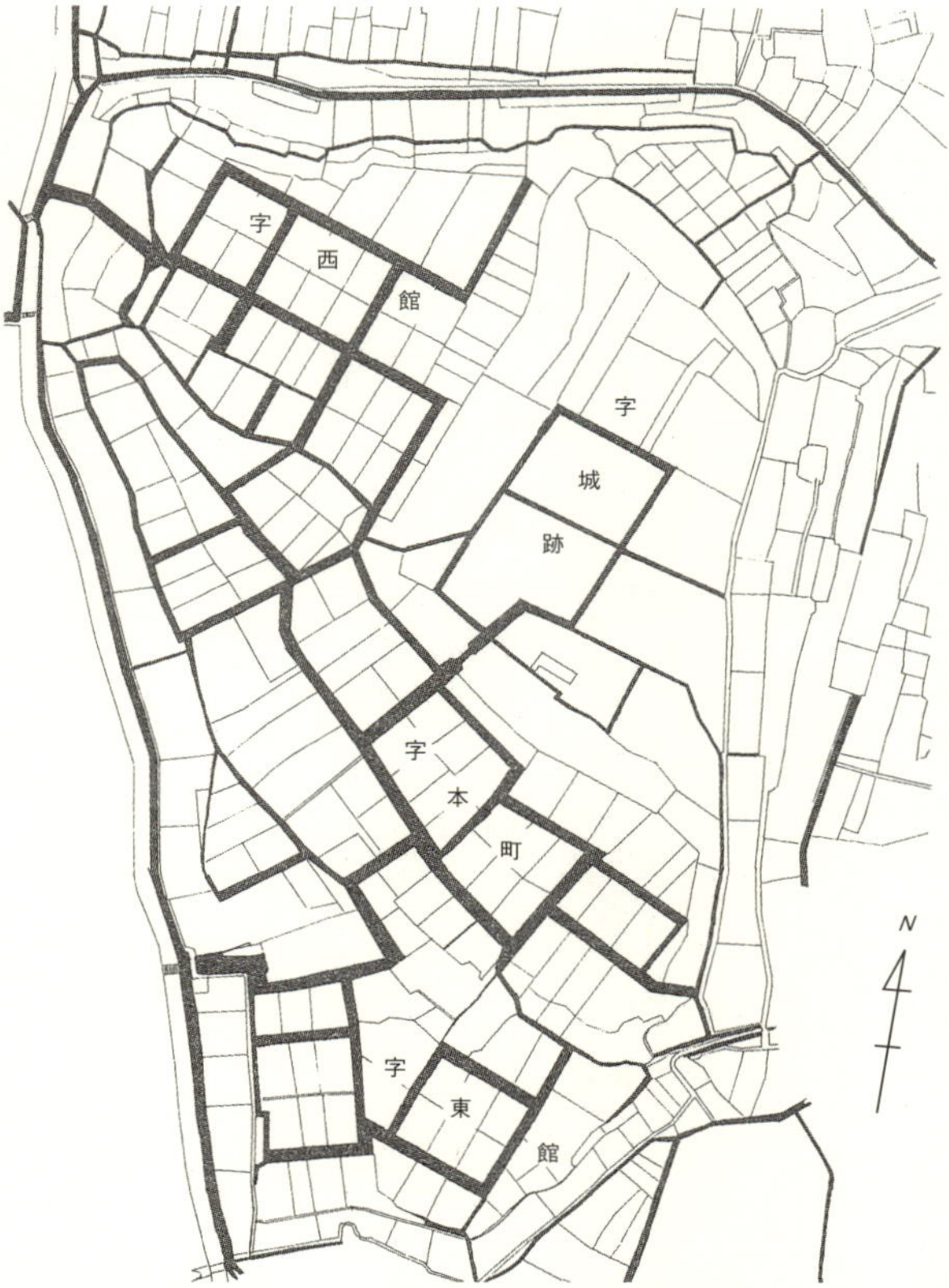

●—明治期地積図に見る結城城内の地割り（石井進監修『北の中世』より）

●—結城城の館と西館を画する空堀

の結城城絵図や明治前期の迅速測図でも確認できるように、西館の北東から館の北を覆う形で土塁囲みの一段高い郭があり、十二天社《じゅうにてんしゃ》があったことにちなんで十二天郭と呼ばれ、城内で最も神聖な空間とされていた。「結城氏新法度」に見える実城は、この郭か、もしくはこれと一体的関係にある館とを合わせたものであろう。十二天郭に結城氏の居住空間があった否かは不明であるが、最大面積を誇る館は、結城氏の実質的な生活の場、領域支配の政庁となっていた可能性が高い。一五世紀末の西館には多賀谷和泉守《いずみのかみ》が住んでおり、さらに「結城氏新法度」によると、館・中城にも家臣団の屋敷が建ち並び、その中には屋敷地に従者を置いて商売を行なうものも存在した。結城城は、軍事施設であると同時に、結城氏とその家臣団が住む共同住宅地でもあったのである。

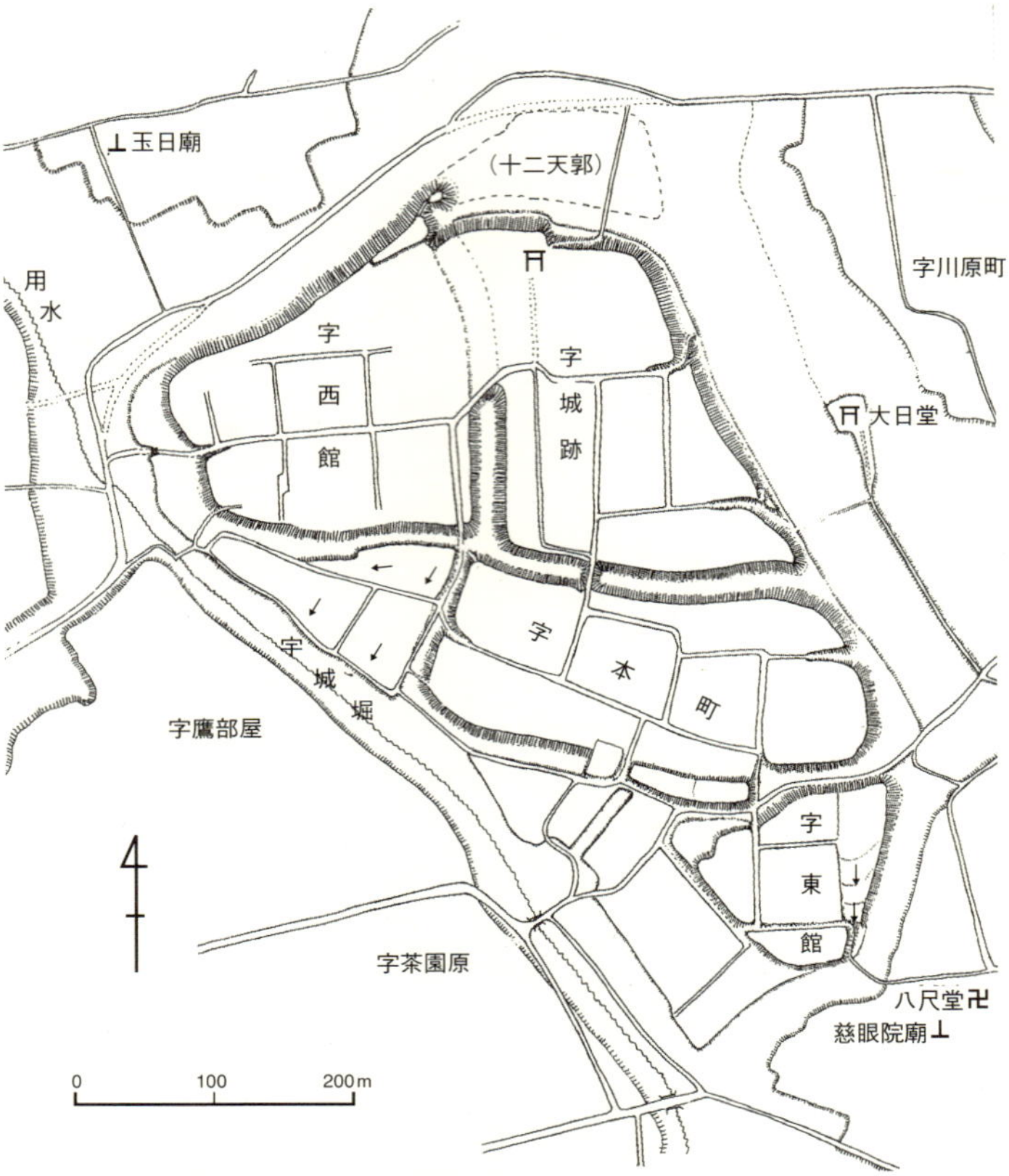

●—結城城の縄張図（石井進監修『北の中世』より）

【結城秀康の入嗣と結城城】 天正十八年（一五九〇）、結城晴朝《はるとも》は養子朝勝《ともかつ》に変えて、豊臣《とよとみ》秀吉《ひでよし》の養子羽《は》柴《しば》秀康《ひでやす》（徳川家康次男）を新たな養嗣子として迎え、中久喜城へ隠居した。秀康は結城入部とともに結城領の変革を開始し、城と城下町の再整備をすすめた。城下町については、戦国期の宿（大宿）・西ノ宮・玉岡・三橋・大谷瀬・人手のうち、城の西側にあった宿・西宮と宿の南に造成した浦町を町人町の中心として、宿・浦町の東側から城に通じる道路上に新たに殿町を造って家臣団屋敷地とした。殿町通りは中城と東館の間につなげられ、戦国期の玉岡や西ノ宮から西館に入る道路に代わって大手通りとされた。

結城城については、基本的には戦国期の縄張りを継承しつつも、増加した家臣団を収容するため、西館・中城・東館を中心に大規模な屋敷割りを行なった形跡がある。慶長七年（一六〇二）、秀康の越前転封に伴って結城城はいったん廃城になるが、元禄十三年（一七〇〇）、水野氏の結城藩が成立し、結城城が再興されたとき、使用されたのは館・中城のみであった。それにも関わらず、図（五七頁）のように西館・東館には、それとは異なる規格の道路割りの跡が明瞭に読みとれるからである。秀康の時代の結城城には、戦国期以上に多くの家臣団が居住していたことは間違いないであろう。

（市村高男）

【参考文献】市村高男「下総国結城城下町についての考察」『戦国期東国の都市と権力』（思文閣出版　一九九四年）、市村高男「戦国期東国の城郭と城下町の実態」石井進監修『北の中世』（日本エディタースクール出版部　一九九二年）

●—結城城の館の南東部にのこる虎口

●城郭か社寺か？

大《だい》宝《ほう》城《じょう》

〔国指定史跡〕

〔所在地〕茨城県下妻市大宝
〔比　高〕〇メートル
〔分　類〕平城
〔年　代〕暦応四年（一三四一）頃～戦国時代末頃
〔城　主〕下妻氏、多賀谷氏
〔交通アクセス〕関東鉄道常総線「大宝駅下車」、徒歩五分・駐車場なし

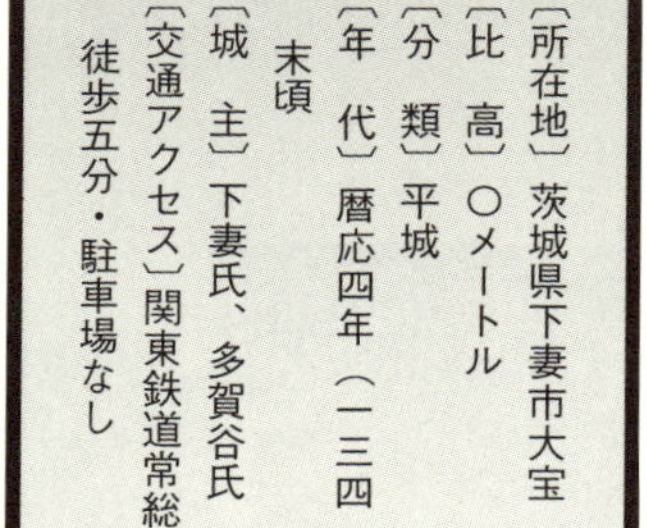

【低湿地に囲まれた台地上に立地】　大宝城は下妻市北西部に位置し、かつて大宝《だいほう》沼であった低湿地に囲まれた幅の狭い台地上に立地する。低地との比高差は八～九メートルで、台地上はほぼ平坦である。規模は南北六〇〇メートル、東西二五〇メートルで、南からの台地の続きを大きな土塁と堀で区切っており、これが大宝城の南端部分であったと推測される。内部には古代以来の歴史をもつ大宝八幡宮《だいほうはちまんぐう》が鎮座しており、参拝者も多い。

【大宝城の遺構】　大宝城へは、関東鉄道常総《かんとうてつどうじょうそう》線大宝《だいほう》駅を降りるとまっすぐ大宝八幡宮へ向かうことができるが、是非かつての大手《おおて》であった南から入っていただきたい。南側には高さ約四～五メートル、基底幅約一五メートルの大土塁《おおどるい》が南からの行く手を遮っている。手前には現在一部が道路となっているが、かすかに低く堀のなごりを見ることができる。内部は宅地や学校の敷地のため、城郭の遺構をほとんど確認することはできないが、土塁を入った右手側には高さ一メートルほどの土塁が鉤の手状に遺存している。また大土塁上の東端には三吉稲荷《みよしいなり》神社の小社が建っており、この地点からは筑波《つくば》山を臨むことができる。

土塁内には、江戸時代に大宝八《だいほうはち》幡宮以外に大宝八ヵ院《いん》が存在したことが知られており、江戸中期頃の絵図がのこされている。現在は宅地化のためその面影も偲ぶことができないが、地割りなどからおよその配置を推測することができる。

大宝八幡神社に参った後、その社の裏手に回ると奥はあじ

さい園になっており、さらに奥へ進むと切岸状の段があり下段には池が作られている。この池付近はかつての大宝沼とほぼ同じ高さであったと推測され、この付近が船着き場などとして機能していたことが想定される。その東側には、腰郭や土塁がのこっている。土塁の高さは一～二メートルほどと高くはないが、東側上段ではコの字状に遺存しており、この付近が主郭であろう。この主郭の西側、虎口《こぐち》部分には小型の馬《うま》出《だし》状に腰郭が作られており、防御機能を高めている。

●—大宝城周辺図
(『史跡大宝城跡保存管理計画策定報告書』付図に一部加筆)

●—虎口付近の大土塁

【南北朝期の南朝の拠点】　この大宝城が歴史上に登場するのは南北朝の争乱期に下妻《しもつま》氏が立て籠もった「大宝城」ないしは「下妻城」としてである。この地域は鎌倉時代後期には北条氏の勢力が強くなっており、大宝八幡宮へも北条氏の一族である大仏《おさらぎ》氏が介入している。

鎌倉幕府《かまくらばくふ》滅亡後の後醍醐《ごだいご》天皇による建武《けんむ》の新政にさいし、この地域は足利《あしかが》氏やその与同者に与えられ、下妻氏などの在地の勢力へその領地が戻されることはなかった。その反発からこれらの地域は南北朝の争乱期に、反足利として南朝側につくこととなった。暦応元年（一三三八）南朝方の不振を立て直すため奥州へ向かった北畠親房《きたばたけちかふさ》は常陸に漂着、神宮寺《じんぐうじ》城・阿波崎《あばがさき》城をへて小田《おだ》城に入った。しかし暦応四年（一三四一）には小田城の小田治久《おだはるひさ》も高師冬《こうのもろふゆ》に攻められ開城することになり、北畠親房は関城へ、春日顕国《かすがあきくに》は興良親王《おきよししんのう》とともに大宝城へと入城した。高師冬軍は関・大宝城の連絡を遮断し包囲した。南朝方は大宝沼を介して関・大宝城を拠点に北朝側へ抵抗を試みるが、奥州の結城親朝《ゆうきちかとも》の支援を受けることができずついには落城する。親房は吉野へ帰るが、春日顕国は一時大宝城を奪回するも、ふたたび攻められ落城し殺害された。

【大宝八幡宮と大宝城】　大宝八幡宮は、その名のとおり大宝年間に創建されたと伝えられ、平安末期の治承三年（一一七九）には「常州下津間《しもつま》郡八幡宮」（「大原潅記」「胎金潅頂私」）とあることから、平安末期には存在が確認できる。また鎌倉期から別当職《べっとうしき》に関する争論の資料などものこされており、一貫してこの地域の有力な宗教勢力として現在に至るまで存続している。

鎌倉～南北朝時代の城郭は臨時的に作られるもので、佐竹《さたけ》氏が籠もった金砂《かなさ》城や、南朝方の拠点であった吉野《よしの》や奥州の霊山《りょうぜん》などをあげるまでもなく、宗教施設を城郭化して使用することが多かった。下妻氏がどこを本拠としていたのかは明らかではないが、大宝城もその地の利や宗教勢力からの物心両面の支援を得て大宝八幡宮の敷地を城郭化した可能性が高いと思われる。

【戦国時代の大宝八幡宮と大宝城】 南北朝期以降の大宝城は、歴史の表舞台には登場しない。この地域は結城《ゆうき》氏の影響下におかれ、結城氏は結城合戦で一時は滅亡するものの、鎌倉府が再興されて足利成氏《あしかがしげうじ》の時代になり同氏も再興された。

その後は結城氏の重臣であった多賀谷《たがや》氏の勢力下となり、大宝八幡宮や多賀谷氏からも尊崇をうける。大宝八幡宮に現存する県指定文化財の梵鐘《ぼんしょう》は、元は武蔵国騎西郡渋江郷《きさいぐんしぶえごう》平林寺《へいりんじ》のために嘉慶元年（一三八七）に鋳造されたものであるが、天正元年（一五七三）に多賀谷氏が猿島《さしま》郡に出陣した時の戦利品として寄進したと伝えられる。また国指定重要文化財の社殿は天正五年（一五七七）に多賀谷尊経《たがやたかつね》を中心とする人々によって再建されたことが棟札《むなふだ》から知られる。

大宝城も多賀谷氏もしくは大宝八幡宮自身によって改修をうけたものと考えられ、現在見ることのできる、南端の大規模な土塁や北端の遺構などは戦国時代のものであろう。ただし城郭としての利用は、臨時の使用はあったとしても一般的な城館とは異なっていたものと推測される。

【大宝城の発掘調査】 大宝城跡は国指定史跡であることから、史跡の状況を確認する部分的な発掘調査が数多く行なわれている。しかしいずれの調査も小規模なため、城郭の詳細な状況は明らかではなく、断片的な成果として堀跡・溝跡・井戸跡・柱穴などが見つかっている。

参道脇の第三七次調査では、地下式坑や井戸跡・溝跡などが調査されている。出土遺物は、一六世紀後半〜一七世紀前半頃の土器が多量に出土したが、陶磁器はほとんど出土していない。戦国時代後半以降の生活痕跡はあるが、柱穴も少なく調査地が主要な場所ではなかったことが指摘できよう。出土遺物の年代からは、「大宝城」ではなく多賀谷氏の外護をうけて興隆している大宝八幡宮や大宝八ヵ院の姿ともいえるかもしれない。

また注目すべきは、一四世紀代の手づくね成形のかわらけが数点出土していることで、史跡内には南北朝期の遺構が存在していることが、出土遺物の面からも明らかになった。しかしこの時期の城郭部分はもっと小さく、台地北端部分のみを使用していたのかもしれない。

（広瀬季一郎）

【参考文献】 市村高男『関城地方の中世城郭』（関城町　一九八九年）、下妻市史編さん委員会『下妻市史　上』（下妻市　一九九三年）、下妻市教育委員会『国指定史跡大宝城跡発掘調査報告書（第37次調査）』（下妻市教育委員会　二〇〇八年）、下妻市教育委員会『史跡大宝城跡　保存管理計画策定報告書』（下妻市教育委員会　一九八五年）

●多賀谷氏の繁栄を伝える城

下《しも》妻《つま》城《じょう》

〔下妻市指定史跡〕

〔所在地〕茨城県下妻市本城町
〔比　高〕約五メートル
〔分　類〕台地城
〔年　代〕一五世紀後半～慶長六年（一六〇一）
〔城　主〕多賀谷氏
〔交通アクセス〕関東鉄道常総線「下妻駅下車」、徒歩五分

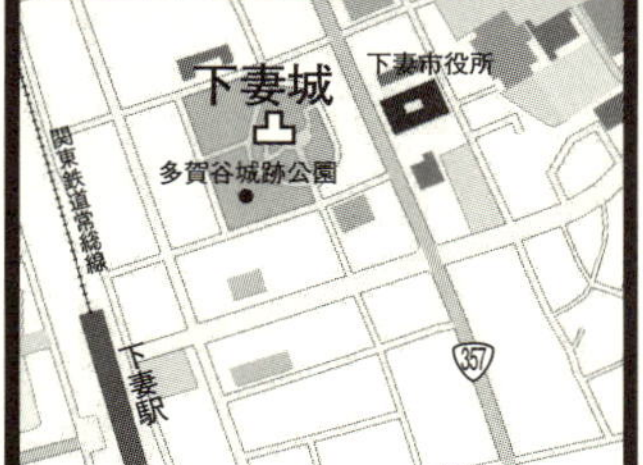

【市街地の中に飲み込まれた城跡】　戦国期常総で勢力を振るった多賀谷《たがや》氏の本拠であった。地元では多賀谷城と呼ぶ。昭和二十年代まで遺構がよくのこっていたが、昭和五十年代の市役所移転を契機とする下妻駅西側の再開発で、中心部分の遺構のほとんどが消滅した。現在の「多賀谷城跡公園」は、主郭（本丸）中心にして造成されたもので、本来の形をとどめていないが、市街地の外側を見ると、多賀谷氏の菩提寺《ぼだいじ》多《た》宝院《ほういん》の裏側や、その北方に位置する相原山《あいはらやま》の裏手などに下妻城の外郭を構成した堀や土塁の一部が残存する。

【古地図と城絵図から見た城跡】　この城の形をよく伝えるのは、明治十年（一八七八）陸軍参謀本部制作の「迅速測図」下妻町・新石下村《しんいしげ》、近世前半期の「常陸下妻城図」である。

これらの古地図・絵図から下妻城跡を復元すると、現在の「多賀谷城跡公園」の周囲を東側から取り囲む複数の郭《くるわ》群があり、その北側の台地や、館沼《たてぬま》の西側の台地を取り込んで堀・土塁が廻らされていた。さらに東西の低地・沼沢地（大宝沼《だいほうぬま》・砂沼《さぬま》など）の間の台地には、土塁・堀を築いて外郭を造っていった。この外郭の土塁・堀のうち、多宝院裏手の東側の土塁、相原山裏手の西側の土塁・堀が、一部、藪《やぶ》に覆われて残存し（土塁基底部プラス堀幅一〇メートル余、高さ四～五メートル）、ありし日の下妻城のありようを伝える。

【下妻城の成立と発展】　下妻城は、康正～寛正年間（一四五五～六六）、多賀谷祥賀《しょうが》（氏家《うじいえ》）によって築城され、多賀谷氏代々の居城となった。築城当初の下妻城は、二つの郭からな

っていたが、次代家植《いえたね》（基泰《もとやす》）晩年の大永～享禄年間（一五二一～三二）、本城・中城・南館・西館・北城・虚空蔵《こくうぞう》曲輪など城郭の本体部分や、本宿・小野子・今宿・坂本や通り町（西町）など城下の骨格も形成された。最盛期を迎えた政経《まさつね》・重経《しげつね》の時代（永禄末～天正十八年、一五七〇～九〇）、城の防御の強化をはかり、台地上につぎつぎと空堀・土塁を築造し、三重・四重の外郭群を形成していった。その結果、南北二・五キロ余、東西約一・五キロにもおよぶ壮大な下妻城が出現することになった。

戦国後半の多賀谷氏は、下総の結城氏と常陸の佐竹氏に両属したため、豊臣政権の「国分け」で重経の養嗣子宣家《のぶいえ》（佐竹義宣弟）が佐竹氏にしたがい、実子で下総太田城主の三経《みつつね》が結城秀康に属し、重経は下妻城内に隠居した（「隠居曲輪」）。関ヶ原の合戦で宣家が佐竹氏とともにに石田・毛利方に属し、下妻多賀谷氏は改易となり、下妻城は廃城となった。

（市村高男）

【参考文献】市村高男「戦国期下妻城下町についての考察」『戦国期東国の都市と権力』（思文閣出版　一九九四年）

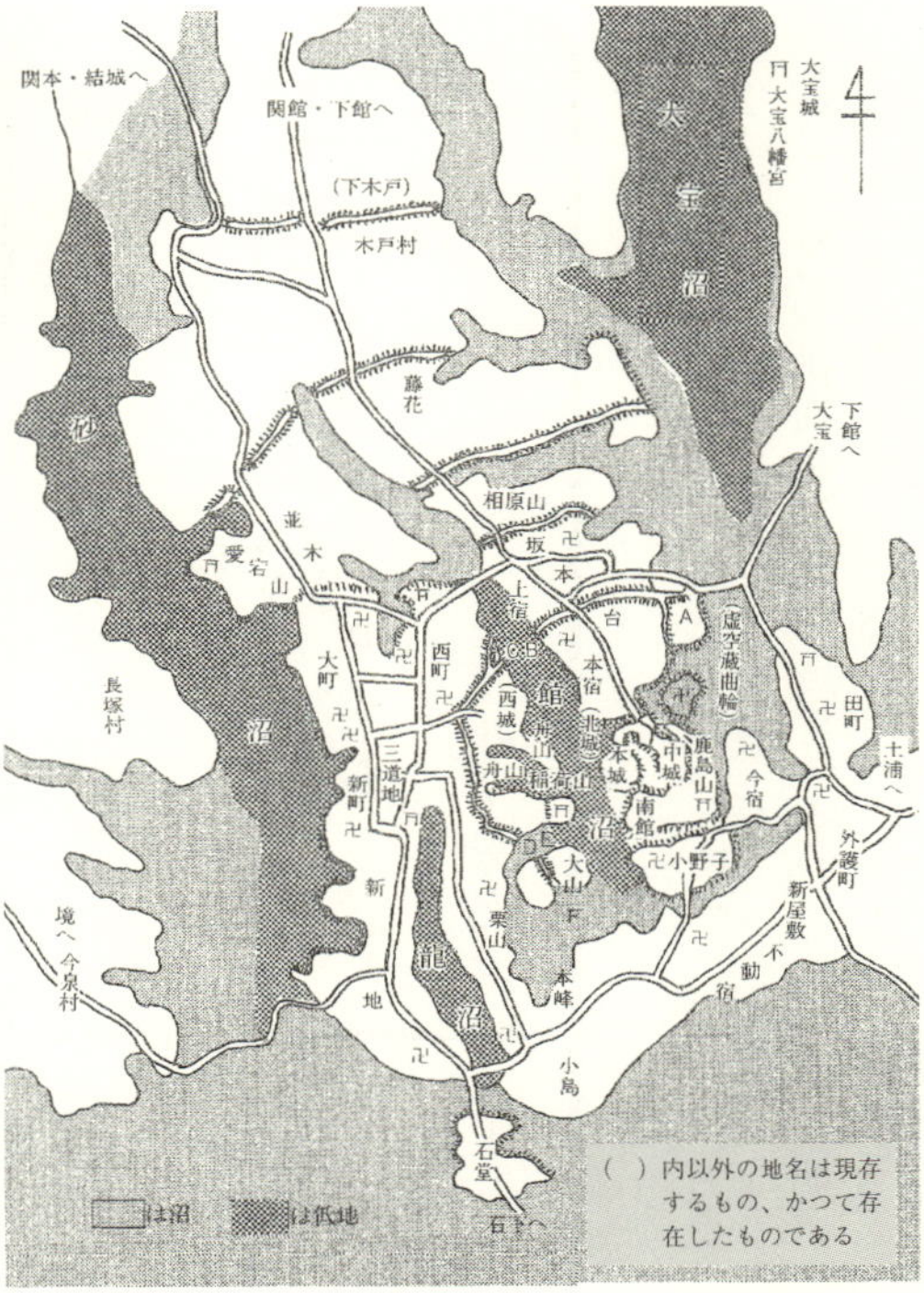

●―下妻城とその城下
（市村高男『中世東国の都市と権力』より）

●―相原山 裏手西側にのこる下妻城外郭土塁
（下妻城）

●古河城の外郭、古河公方終焉の地

古《こ》河《が》公《く》方《ぼう》館《やかた》

〔茨城県指定史跡〕

〔所在地〕茨城県古河市鴻巣
〔比　高〕約三メートル
〔分　類〕平山城
〔年　代〕享徳四年（一四五五）〜寛永七年（一六三〇）
〔城　主〕足利氏
〔交通アクセス〕ＪＲ東北本線「古河駅」下車、徒歩三〇分

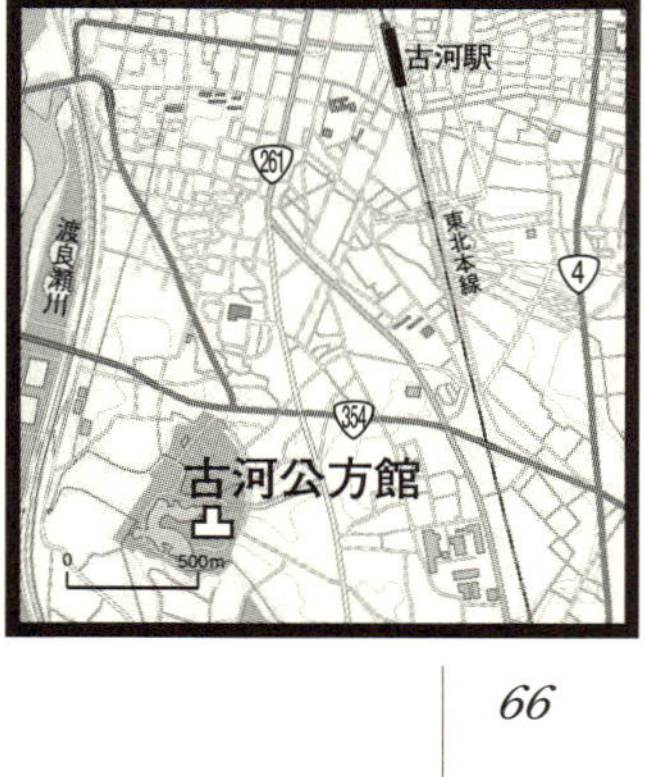

【古河公方と古河公方館跡】　古河公方館跡は古河公方足利成《あしかがしげ》氏《うじ》館跡という名称の遺跡である。遺跡のある古河市総合公園内は春に二〇〇〇本の桃の花が咲く名所であるが、戦国時代の波に翻弄《ほんろう》された、古河公方家終焉の地と知る人は少ない。

かつて古河公方館の西方には古河公方・足利氏の居城の古河城があった。古河城は渡良瀬川の河川改修工事で城の南半分が地下に埋まったが、古河公方館から北方の諏訪《すわ》曲輪（古河歴史博物館）付近では、郭や堀の痕跡を発見できる。

足利成氏から義氏の時代、館跡との関係は明確でないが、戦国時代の軍記物語『鎌倉大草紙《かまくらおおぞうし》』には、康正元年（一四五五）に「成氏は総州葛飾郡古河県こうのすと云所に屋形《やかた》を立」、長禄元年（一四五七）に「下河辺《しもこうべ》古河の城ふしむ出来して古河へ御うつり」とあり、鴻巣《こうのす》の古河公方館から古河城への移転を記している。また天正十八年（一五九〇）には小田原北条氏を滅亡させた豊臣秀吉《とよとみひでよし》が古河城の破却を命じ、足利義氏息女「氏姫《うじひめ》」が「鴻巣御所」へ移住した記事がある（喜連川文書・武州文書）。

氏姫は元和六年（一六二〇）に古河で生涯を閉じた。そして孫の龍千代王丸《たつちよおうまる》が寛永七年（一六三〇）に喜連《きつれ》川に移住すると、鴻巣御所（古河公方館）も終焉を迎えた。

【足利氏の拠点・古河】　古河は足利家御料所《ごりょうしょ》（直轄地）の下河辺荘にあり、直属家臣の経営と小山氏、結城《ゆうき》氏など北関東の伝統的豪族層の存在が、政治・軍事基盤となっていた。

軍事拠点としての古河は、応永三年（一三九六）の小山若《おやまわか》

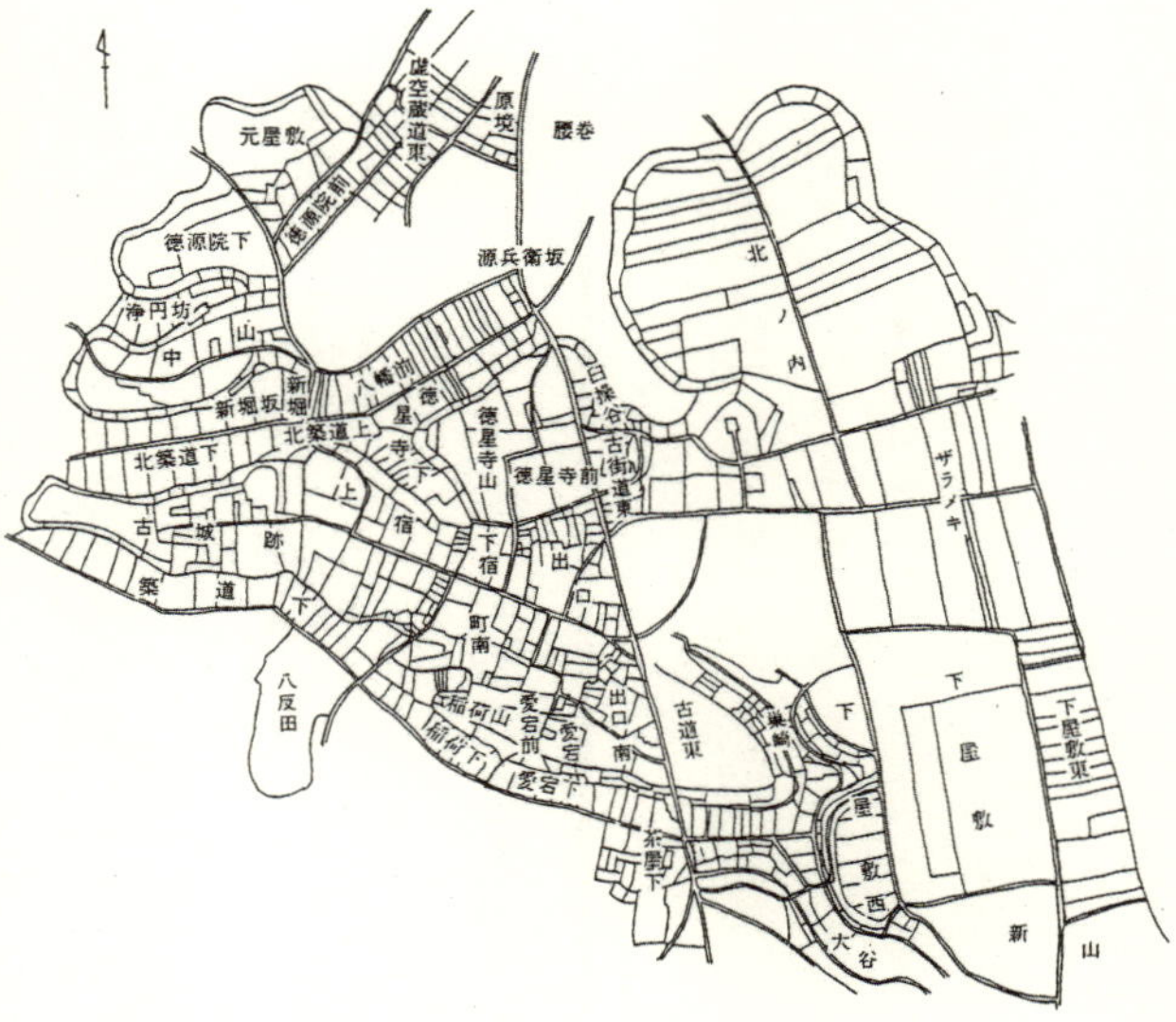

●—古河公方館周辺（小字名参考文献より）

犬丸《いぬまる》の乱における足利氏満《うじみつ》の「古河御陣」（烟田文書）、康正元年（享徳四年・一四五五）以降の足利成氏による上杉氏勢力討伐の陣をへて、南北一八〇〇メートル、東西五五〇メートルにおよぶ大城郭となる。古河城は西を渡良瀬川、東を広大な水堀が囲い、河川の水運や奥州道への交通・物流拠点でもあった。古河公方館は古河城の南東約一キロに位置し、現在は復元された「御所沼」が館跡を囲い、古河城や渡良瀬《わたらせ》川ともつながる水辺の空間であった。

古河公方館は岬状の台地東側と中央西寄りの二ヵ所に横堀があり、東西に郭が並ぶ。周囲の小字地名は上宿、下宿、古街道東、元屋敷、八幡前など、館と街道を軸に宿、屋敷、宗教施設からなる水辺の都市を想像させる。

【小田原北条氏の拠点・古河】 戦国時代、小田原城の北条氏《うじ》綱《つな》は息女を足利晴氏《はるうじ》に嫁がせ、やがて義氏《よしうじ》が誕生した。古河公方家の権力を手にした北条氏にとって、古河はもはや関東の中心でなく「境目」の地域となっていた（喜連川文書）。

永禄十一年、栗橋《くりはし》城に北条氏照《うじてる》が入ると、前城主・野田《のだ》氏は古河城・頼政《よりまさ》曲輪や鴻巣に移され、北条氏の古河城管理が本格化する（野田家文書）。また、下妻《しもつま》多賀谷《たがや》氏家臣・野口《のぐち》氏の永禄～天正頃の記録「野口豊前守戦功《せんこう》覚書《おぼえがき》写」（常総遺文）は「こかこうのす（古河鴻巣）と申所《もうすところ》へ動之時、（中略）沼の内にてくひ一ツ取」と記し、付近の戦闘施設が想定できる。古河公方館は「宿」や鴻巣での戦闘施設など、古河城の外郭あるいは都市的な場として機能していたと考えられる。

（宇留野主税）

【参考文献】 中島茂雄「古河城下町の形成と終焉」『北下総地方誌』1（北下総文化調査会　一九八四年）

●関東の名族八屋形の城館

小《お》田《だ》城《じょう》

〔国指定史跡〕

〔所在地〕茨城県つくば市小田
〔比　高〕一～二メートル
〔分　類〕平城
〔年　代〕一三世紀代前半～慶長七年（一六〇二）
〔城　主〕小田氏、佐竹氏、小場氏
〔交通アクセス〕常磐線土浦駅下車、関東鉄道バス約三〇分、小田十字路・小田バス停下車徒歩約一〇分・駐車場なし

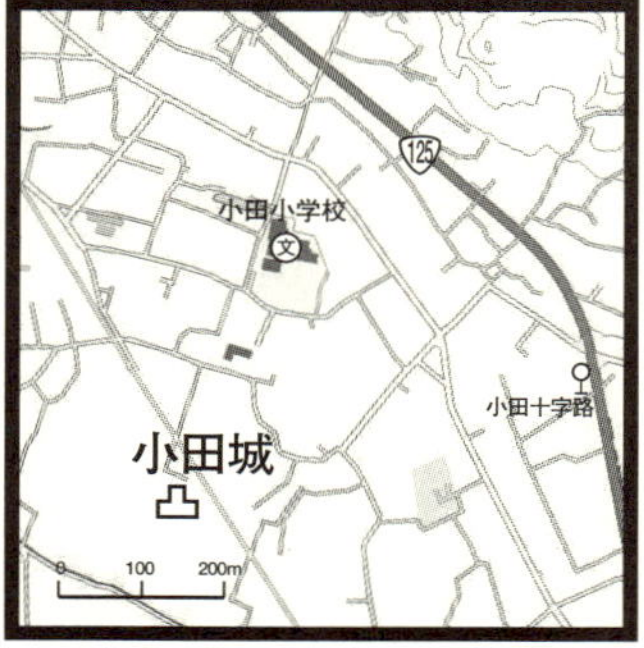

【国指定史跡の城館】　小田城跡は茨城県つくば市北部に位置し、筑波《つくば》山地からつづく宝篋《ほうきょう》山の南裾、桜川《さくら》左岸の低位段丘上に立地する。歴史的な重要性や遺存状態が良好な平城跡であることから昭和十年（一九三五）六月七日に国の史跡指定を受けた。指定面積約二一万五〇〇〇平方メートルで、南北六〇〇メートル、東西五〇〇メートル以上ある広大な平城跡である。史跡指定地がおよそ城郭部分にあたり、その外側に町場などの外郭、さらに小田城の北側に位置する前山《まえやま》城も囲い込んだ総構えであったとの説もある。

つくば市では史跡の保存整備事業を行なっており、平成八年（一九九六）度から公有化を、平成九年度から地下状況を調べるための確認調査を実施した。平成十六年度から二十年度まで保存整備の対象とした本丸跡とその周辺で、面的に調査を行なう本発掘調査を実施し、現在は保存整備工事と、史跡南半の本丸跡周辺での確認調査を継続中である。

【広大な平城】　広大な小田城跡では本丸跡（曲輪Ⅰ）を中心にいくつもの曲輪《くるわ》が取り囲む構造で、それぞれ確認できる現況地形から便宜上、曲輪Ⅰ～Ⅹと名付けている。それらを囲む堀跡の幅は、広い所で二〇～三〇メートル、狭くても一五メートルほどと規模が大きい。本丸跡は中央やや南に位置する東西約一三五メートル、南北一五〇ートル弱の長方形で、堀際に土塁がめぐり、各隅は鉄道で壊された北西を除き櫓《やぐら》台《だい》状にひときわ高く遺存している。本丸跡の北堀から南側は市街化調整区域であったことから、比較的城郭の痕跡が遺存

1. 半月堀
2. 馬場
3. 外張
4. 新左エ門屋敷
5. 太郎右エ門屋敷
6. 大手口
7. 鐘撞堂
8. 臆病口
9. 泉水
10. 御城
11. 一ノ木戸
12. 南館
13. 殿塔山
14. 丹後屋敷

●―小田城現況図（提供：つくば市教育委員会）

しており、おおむね低い部分が堀で高い部分が曲輪の痕跡である。しかし、曲輪ⅣやⅤなどでは現況よりも小さく分割されていたことが発掘調査で明らかにされており、規模の比較的小さな堀などは廃城後、早い段階で埋められたようである。曲輪Ⅸは南北一〇〇メートル、東西九〇メートルの方形状で周囲に土塁の痕跡がのこり、かつて方形の館がいくつも存在していた時期の名残で、小字に「信田郭《しだくるわ》」の地名がのこる。曲輪Ⅹには「伝統《でんとう》山」と通称される土塁跡もしくは古墳の痕跡が遺存する。

【市街地の城郭痕跡】 城跡北側はほとんどが住宅となっている。しかし航空写真と対比すると地割は明確にのこっており、また土塁や堀の痕跡も部分的には確認することができる。土塁で最もよく遺存しているのが曲輪Ⅳの北側で、高さ四メートルほどで土塁上には小社がまつられている。周囲が私有地のため立ち入ることはできないが、本丸の南東櫓台（涼台《すずみだい》）付近からもはっきりと臨むことができる。また、江戸時代には陣屋《じんや》がおかれた小田《おだ》小学校の西側や、曲輪Ⅷの北東側でも土塁の痕跡が良好に遺存している。堀も市街地内ではほとんど埋められているが、曲輪Ⅶの北堀からその西側にかけてや、曲輪Ⅷの北堀など部分的に遺存している。

【城郭の地名】 小字や通称また絵図などの地名に中世の名残りをとどめたものが多く、これによりある程度復元が可能である。曲輪Ⅰには「城内《じょうない》」、南東部には「涼台」の小字名が付き、北東の櫓台跡には「鐘付堂《かねつきどう》」、北虎口には「大手口《おおてぐち》」、南西部には「臆病口《おくびょうぐち》」「泉水《せんすい》」「御城《みじょう》」などがある。調査でも「臆病口」では南西虎口が、「泉水」では池跡が検出されている。曲輪Ⅳでは「一ノ木戸《いちのきど》」、曲輪Ⅲでは「馬場《ばば》」、曲輪Ⅵの北側には丸馬出を連想させる「半月堀《はんげつぼり》」、曲輪Ⅶの外側には「戸張《とばり》」がある。「一ノ木戸」は、「大町《おおまち》」を通る東からがかつての大手であったことを連想させ、この大町からの道は宝篋《ほうきょう》山へまっすぐに伸びており、当初の軸線であろう。

その他にも、各曲輪に「南館《みなみだて》」、「丹後屋敷《たんごやしき》」、「新左エ門《しんざえもん》屋敷」、「太郎右エ門《たろううえもん》屋敷」、「信田郭《しだくるわ》」、曲輪Ⅴの西外側に「田土部《たどべ》郭」があり、有力家臣や一族の屋敷地があったものと想定される。このうち、小田氏の有力家臣には信田氏や田土部氏がおり、これらと関係した可能性が高い。

【小田氏の城郭】 小田城主は大部分が小田氏であった。築城の時期は明らかではなく、小田氏が小田を本拠とするのは、初代の八田知家《はったともいえ》から、小田を名乗ることが確認できる四代時《とき》知《とも》から等諸説がある。小田氏の祖八田知家は、藤原北家《ふじわらほっけ》の流れをくむ宇都宮《うつのみや》氏と同系の氏族で、源頼朝《みなもとのよりとも》の信任が厚く常陸守護に任じられた。しかし、鎌倉時代後半には北条《ほうじょう》氏の

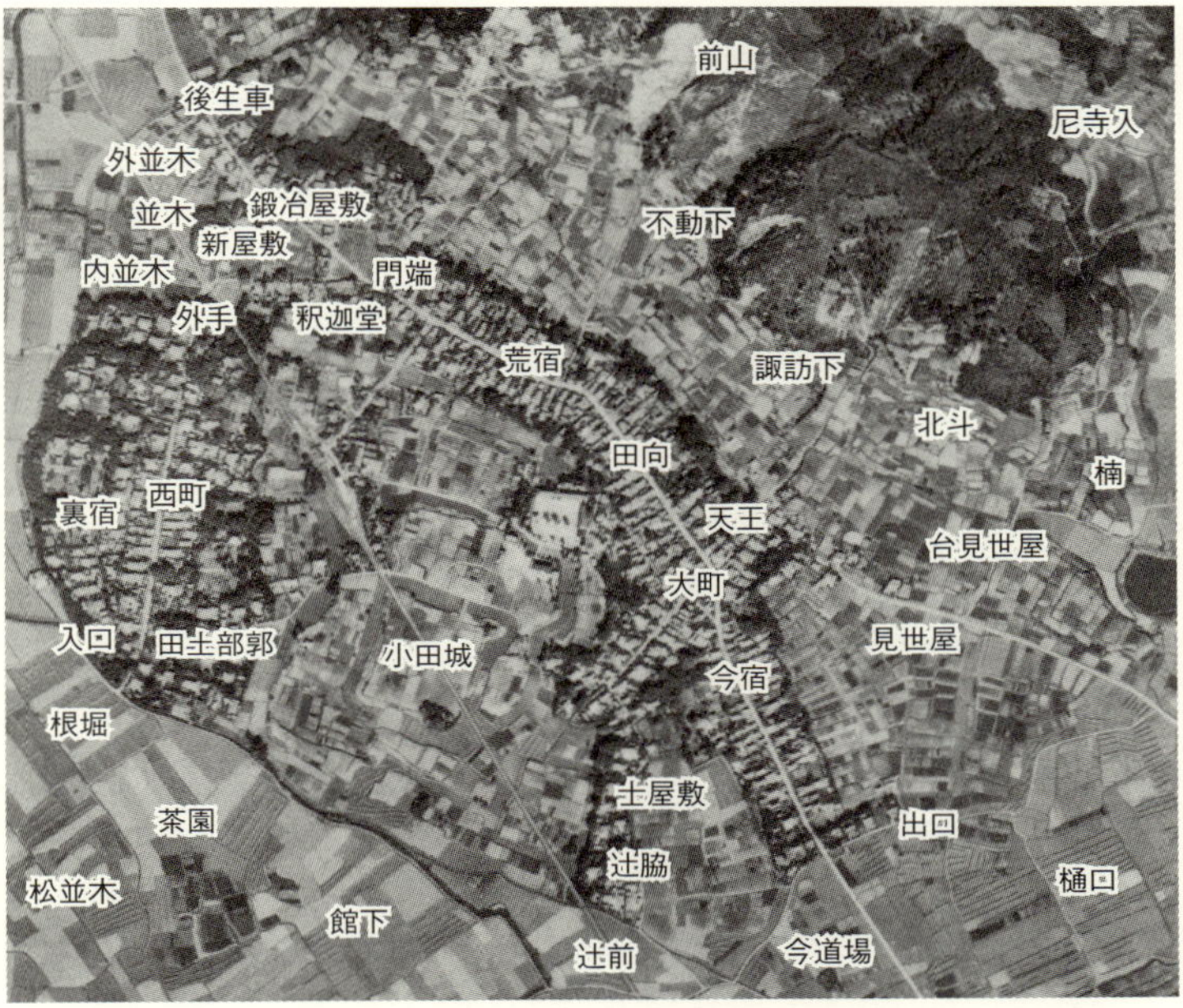

●—小田城空中写真（国土地理院所蔵、昭和22年米軍撮影に一部加筆）

進出により所領を減少させ、同族の宍戸《ししど》氏に移っていた守護職も鎌倉時代末期頃には完全に失った。南北朝時代、暦応元年（一三三八）に七代治久《はるひさ》は南朝方の重臣北畠親房《きたばたけちかふさ》を小田城に迎え、南朝方の関東での拠点として戦った。小田城で、親房が『神皇正統記《じんのうしょうとうき》』を執筆したことも著名である。しかし翌年から北朝軍の攻撃を受け、同四年（一三四一）に治久は降伏し、北朝方にしたがった。八代孝朝《たかとも》は足利氏への忠誠から旧領の大半を回復し、関東では最大級の大名となった。またこの頃に小田氏は、関東で最も格式の高い名家を指す「八《はち》屋形《やかた》」（千葉《ちば》・小山《おやま》氏など）の一つに数えられた。

【戦国時代の小田氏】　戦国時代には、一三代治孝《はるたか》が弟顕家《あきいえ》に殺害されるという一族の内紛をへて、一四代政治《まさはる》は再び勢力を拡大させ江戸《えど》・大掾《だいじょう》・結城《ゆうき》氏などと戦った。政治から一五代氏治《うじはる》の初期が、小田氏にとっては戦国時代での最盛期であった。しかし、一六世紀中頃には後北条《ごほうじょう》氏と佐竹《さたけ》氏に挟まれ、小田城は何度も戦闘の舞台となった。弘治二年（一五五六）に後北条氏の後援をえた結城氏により、永禄五年（一五六二）に後北条氏にしたがった後は同七年（一五六四）に上杉・佐竹氏により落城する。氏治は土浦《つちうら》へ逃れて奪還を繰り返すが、永禄十二年（一五六九）の手這坂《てばいざか》の合戦後に小田城を奪われた以後は戻れなくなった。その後は、佐竹氏の城郭となり、梶原政景《かじわらまさかげ》、小場義成《おばよしなり》が在城、慶長七年（一六〇二）の佐竹氏の秋田移封後は廃城となった。

【本丸の変遷】　平成九年度から行なってきた確認調査の成果から盛土整地などの改修を行いながら、鎌倉時代から戦国時代まで使用し続けたことが判明した。遺構面は、上層から6面にまとめることが可能だが（第1～6面）、第2～6面は、史跡であることから遺構面保護のために、ごく一部の調査であり詳細は不明である。

第1面（戦国時代末期）一六世紀後葉、第2面（戦国時代）一五世紀末～、第3面（室町・戦国時代）一五世紀中葉～、第4面（鎌倉・南北朝・室町時代）一四世紀～、第5面（鎌倉時代）一三世紀～、第6面（古代以前）～一二世紀

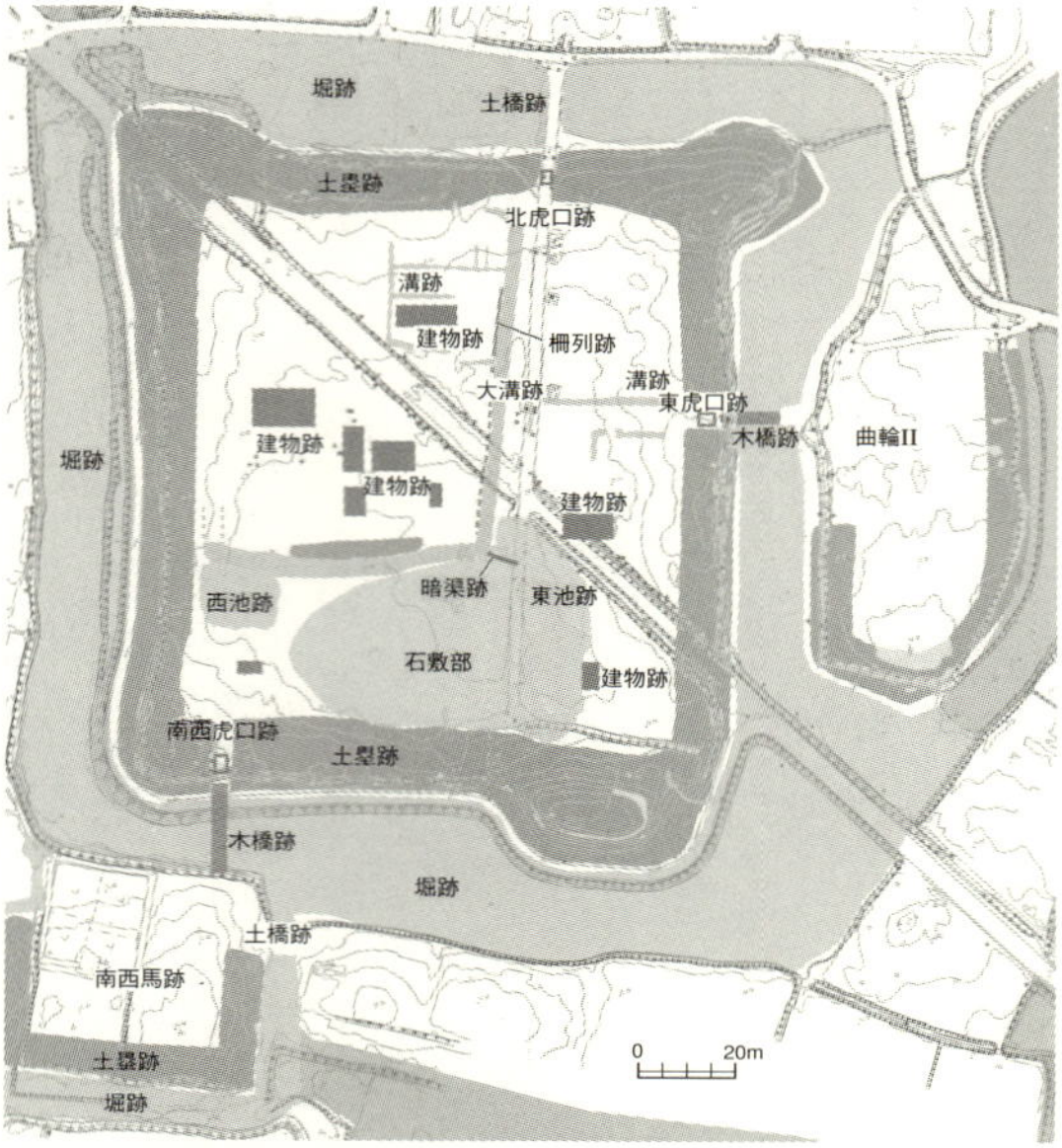

●—本丸16世紀後半の概要図
（提供：つくば市教育委員会）

第5面は盛土整地が行なわれる以前の遺構面で石敷きや石列を確認した。第4面は広範に黄色土を盛って整地を行なった遺構面で、この時期に南から東には小石が敷かれた（石敷部）。下幅一二メートル前後の堀跡が戦国時代本丸堀跡の内側線と同じ位置で方形にめぐり、この時期に以後の小田城本丸の原形が造られた。第3面では本格的な土塁が造られ、以後土塁は内側へ、堀は外側へと拡幅されていく。第2面では北側で黄色土を盛って大規模な整地を行なうことにより、北側の盛土部分と南側との間には段差ができ、南半の石敷部では大きな池跡が東・西に位置していた。

【戦国時代後半の本丸】 戦国時代後半の本丸跡については面的に調査を行なっているので詳細が判明している。堀跡は上幅約二〇～三〇メートル、深さ約四～五メートルで、全て障子堀である。その内側に基底幅約一〇～一五メートルの土塁跡がめぐり、南東と北東は櫓台状に突出する。虎口跡は南西・北・東で確認した。南西虎口跡では、三・二メートル四方の門跡と両側面には石垣が検出され、堀跡内には二列の橋脚《きょうきゃく》跡が整然と並ぶ橋跡とその外側に五〇メートル四方の馬出《うまだし》跡を発見した。東虎口《ひがしこぐち》跡では二回の改修と堀跡内の複数の橋脚跡から長期間に渡って使用したことが、北虎口跡では木橋跡をやや東へずらして土橋跡へ改修したことが確認で

きた。南西虎口跡の構築、東・北虎口の最後の改修は、第2面から第1面への改修に対応するものと推測される。

【本丸跡の内部】 内部は、土塁跡内側で南北約一一五メートル、東西約一〇〇メートルのほぼ方形で、大溝跡により建物が集中する北西部（建物域）が区画される。建物域内は南北約七五メートル、東西約七〇メートルで、南や東に比べて高く盛土されており、約三〇センチの段差がある。南側では溝跡などで大きく区画され柱穴や礎石が集中し、北側は小区画で焼けた壁土《かべつち》や炭化米が散布するなど、南北で状況が異なる。これは、南が主殿などの大型建物跡が位置した表（非日常）の空間で、北が倉庫や台所などの裏（日常）の空間だと想定される。ただし、多くの礎石は抜き取られ、遺構面の遺存状況はやや不良であった。溝跡の南は石敷き（石敷域）が広がり東端と西側に池跡が確認された。東池跡は南北三二メートル、東西一三メートル、西池跡は南北一四メートル、東西一七メートルで、東池跡は第1面から第2面への改修で埋められたと推測される。

【小田城周辺の状況】 小田城跡周辺の状況も遺存状態は良くないが、地名などからおよそ推測することができる。小田城外郭の堀・土塁は絵図（『慶長《けいちょう》小《お》田《だ》城蹟《じょうせき》図《ず》』）で町場を囲む様に描かれるが、江戸時代以降も集落であったため遺存状態は悪く、一部を水路や地割りからわずかに推測できるのみである。その外側には小田集落全体を囲む堀や土塁が絵図（『小田《おだ》古城跡《こじょうあと》地理《ちり》図《ず》』）に記載され、空中写真や現況地割からもその痕跡を部分的に確認できる。

【外郭と城下の地名】 史跡指定地の外側には、「西町《にしまち》」、「荒《あら》宿《じゅく》」、「大町《おおまち》」、「今宿《いまじゅく》」、「見世屋《みせや》」、「台《だい》見世屋」「鍛冶屋敷《かじやしき》」「新屋敷」「土屋敷」などの町場に関係した地名が散見する。「西町」、「荒宿」、「大町」が外郭内に、それ以外が外郭外となる。また、宝篋山山頂に所在する天文八年（一五三九）の板碑銘では「下宿」の存在も確認できる。

前山城跡の山裾には「不動下《ふどうした》」、「諏訪下《すわした》」、「北斗《ほくと》」などがあり、さらに北東の山裾には、三村山極楽寺《みむらさんごくらくじ》遺跡群に関わる「神宮《じんぐう》」、「尼寺入《にじいり》」、「常願寺《じょうがんじ》」などがある。前山《まえやま》城の山裾から宝篋山の山裾にかけてでは大きな寺社が位置する宗教に関連する場であったと推測される。さらにその外側の小田への進入路にはそれぞれ「見附門《みつけもん》」が構えられ小規模な土塁や堀があり、神社も祀られていたことが絵図から確認されている。

（広瀬季一郎）

【参考文献】 筑波町史編纂委員会『筑波町史　上巻』（一九八九年　つくば市）、広瀬季一郎「中世小田の歴史的景観」『中世東国の内海世界　霞ヶ浦・筑波山・利根川』（茨城県立歴史館　二〇〇七年）

●古河公方に進上された相馬氏の居城

守谷城《もりやじょう》

〔守谷市指定史跡〕

〔所在地〕茨城県守谷市本町
〔比　高〕約一六メートル
〔分　類〕平山城
〔年　代〕一六世紀中葉～近世初期
〔城　主〕相馬氏、菅沼氏、伊丹氏、堀田氏、酒井氏
〔交通アクセス〕関東鉄道常総線「守谷駅」下車、徒歩二〇分

【相馬氏の城　守谷城】　守谷城は茨城県南部、守谷市守谷小学校北東、標高二〇メートル前後の常総台地上にあり、かつては周囲を沼地に囲まれた平山《ひらやま》城である。城跡は沼地の埋め立てや宅地開発のさいに壊されて不明なところもあるが、中心部の郭はよく保存され、守谷城址公園となっている。

守谷城は北方に筑波《つくば》山を望む沼地に突き出す舌状《ぜつじょう》台地にあり、周囲の谷の自然地形を利用している。舌状台地外縁部の地形は人工的か自然地形の折れによって複雑に屈曲し、城全体が横矢をかけやすい形である。城の主要部のⅠ郭からⅥ郭の規模は南北六〇〇メートル、東西三三〇メートルほどを測る南北に長い城であるが、中・近世の城下町と外周の施設群である物構えを含めると、周囲は一〇〇〇メートル四方ほどの広大な範囲となる。

守谷城は下総千葉氏の一族・相馬《そうま》氏の拠点である。相馬氏は下総国相馬郡と相馬御厨《みくりや》を治め、戦国期には古河公方《こがくぼう》家臣として、上杉謙信《うえすぎけんしん》や小田原北条氏の傘下で活動した。

守谷城の成立年代は不明だが、千葉県松戸市・本土寺《ほんど》所蔵の「本土寺過去帳」には、文正元年（一四六六）に「盛屋」で討ち死にした「金杉《かなすぎ》二郎五郎」の名を記している。

大永五年（一五二五）の「足利高基《あしかがたかもと》書状写」（常総文書）にある「相守因幡守」は、守谷を居城とする相馬氏「相馬守谷因幡守」と推定され、永禄四年の上杉謙信の関東出陣において記された「関東幕注文《かんとうまくちゅうもん》」では簗田《やなだ》氏などとともに古河衆に位置づけられ、古河公方の旗下にあった（上杉文書）。

【関宿合戦と北条氏の守谷城接収】　永禄八年（一五六五）、北条氏政は関宿城を攻撃した（第一次関宿合戦）。城主・簗田氏は城を守ったが、翌年の上杉謙信による下総・臼井《うすい》城攻めの敗北をみて、北条氏との和睦交渉に入った（集古文書）。

こうした事態のなかで相馬治胤《はるたね》は北条氏の傘下となり、守谷城を足利義氏《よしうじ》の御座所として進上する。義氏は簗田氏に対して、古河の仕置《しお》きを行なう間、守谷城へ一時的に御座を移し、古河城帰座後は簗田氏に守谷城と周囲の領地などを譲る条件を示して交渉を行なっている（静嘉堂本集古文書）。

北条氏は芳春院周興《ほうしゅんいんしゅうこう》などの家臣を派遣して守谷城を接収し（芹澤文書）、永禄十一年（一五六八）には北条氏政が古河城と守谷城の普請を命じるが（豊前氏古文書抄）、義氏の移座と簗田氏への守谷城の譲り渡しは実現しなかった。

永禄十年から十一年には野田氏の居城・栗橋《くりはし》城が北条氏照の拠点になり（野田家文書）、翌年十月には簗田氏が北条氏に反旗を翻して第二次関宿合戦が起きた。相馬氏の動きは明確でないが、北条氏との関係を維持し、守谷城も北条氏の管理下に置かれたと思われる。

天正十八年（一五九〇）の小田原合戦後、守谷城は徳川家康家臣の菅沼《すがぬま》氏に与えられ、最後の城主酒井氏が去った天和元年（一六八一）に城郭の歴史を閉じた。

●—守谷城跡空撮写真（昭和46年撮影、参考文献より転載）

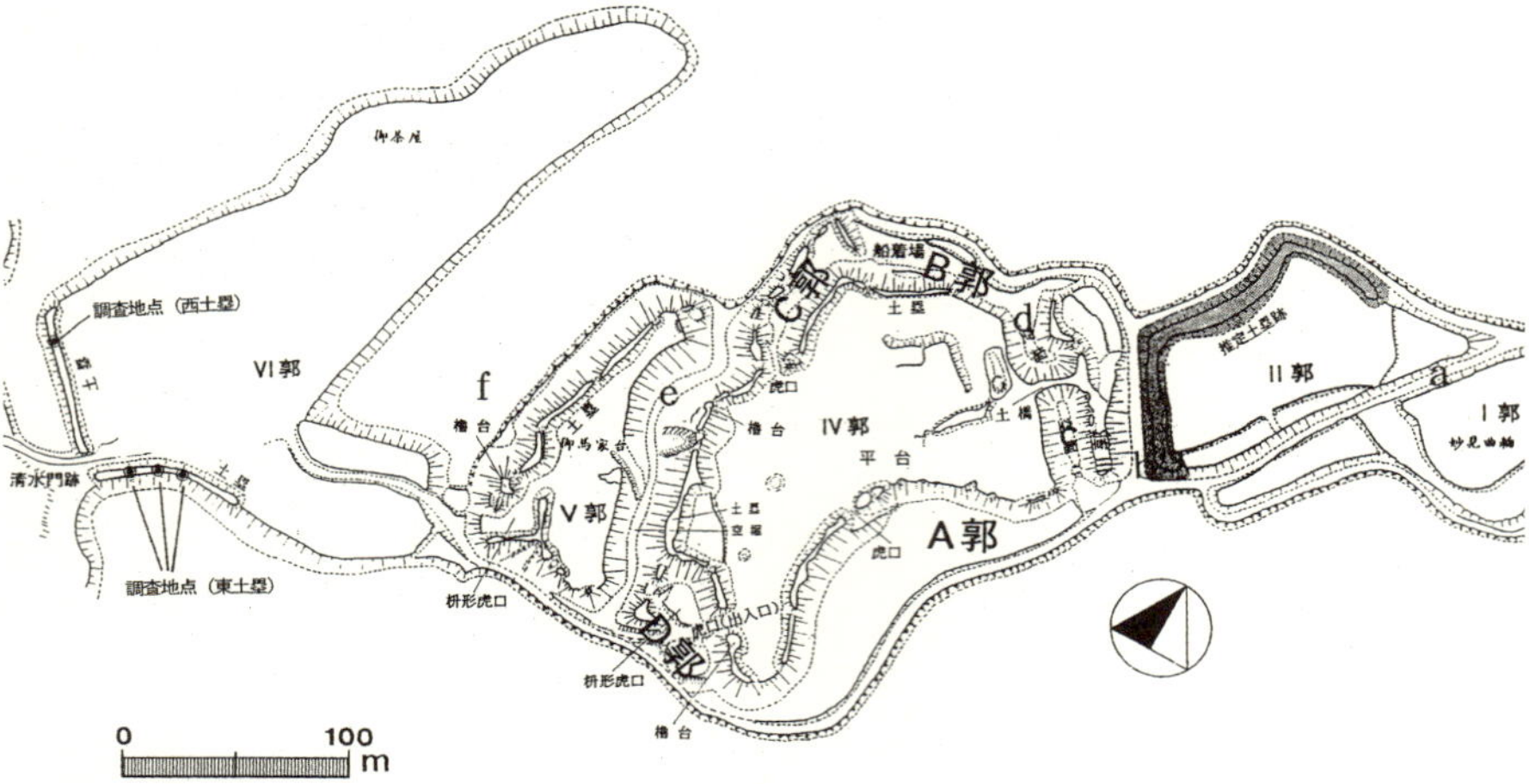

守谷城跡Ⅰ～Ⅵ郭　全体図

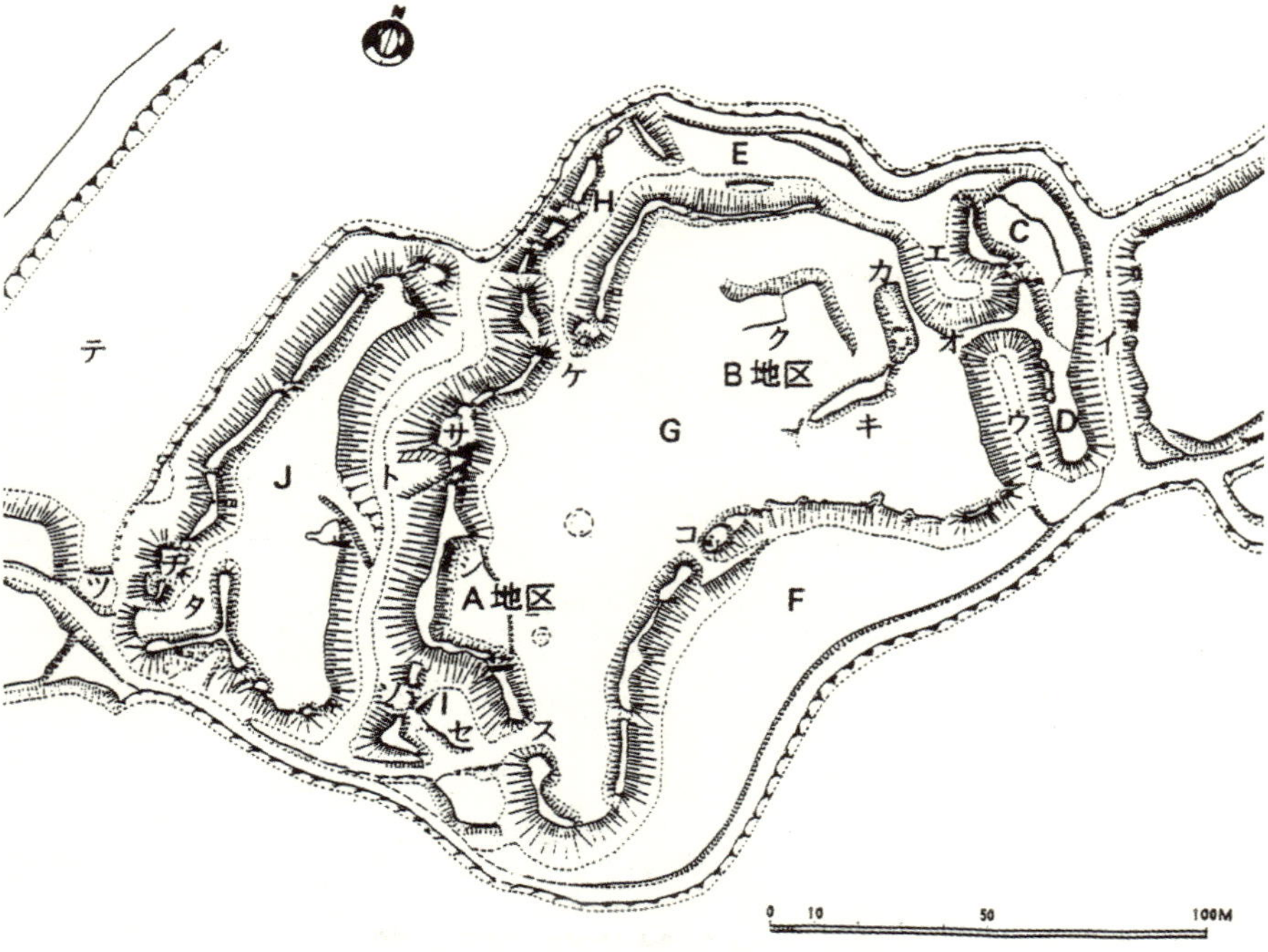

守谷城跡Ⅲ～Ⅵ郭　拡大図

●—守谷城跡遺構図（一部推定復元、参考文献より転載・一部加工）

【守谷城の構造と改修痕跡】　守谷城は聞き取り調査、航空写真、地形測量によってⅠ～Ⅵ郭からなる構造が推定されている。各郭の中世の名称は不明だが、一枚の古絵図（個人蔵、浅野文庫蔵）にはⅠ郭が「妙見曲輪《みょうけん》」、Ⅴ郭が「御馬家台」、Ⅵ郭が「家老屋敷」「九左衛門屋敷」「御茶屋」などと記されている。

中心部のⅠからⅤ郭の構造は大きく二つに分かれる。Ⅰ郭、Ⅱ郭の遺構は自然地形に近く、堀も小規模で虎口も明瞭でないが、Ⅲ郭、Ⅳ郭、Ⅴ郭は堀幅が大規模で高低差も大きく、土塁の折れ構造の多用や桝形虎口《ますがたこぐち》など、技巧が尽くされている。Ⅳ郭では土塁の盛土にともなう整地土を一六世紀後半と推定し、北条氏による普請《ふしん》跡と考えられている。

【発掘された守谷城】　守谷城の発掘はⅣ郭で大きな成果があった。Ⅳ郭は城内で最も多くの折れ構造を持つ土塁と堀に囲まれ、桝形虎口を備える。発掘地点はⅣ郭南側の桝形虎口に面するA地区、北側の土橋に面するB地区で行ない、盛土整地された段状地形から戦国期の遺構群が出土した。主な遺構は掘立柱建物跡、土坑、溝などで、中世遺物はかわらけ（土器盃）、国産陶器、中国産磁器、金属製品などがある。遺物は一五世紀後半から一七世紀前半の年代幅があるが、永禄から天正年間（一五五八～一五九一）が中心である。

出土遺物の特徴として、B地区出土の中国・万暦年間（一五七三～一六一九）頃の染付《そめつけ》磁器と鉄砲玉の出土量の多さがある。中国産染付磁器は、景徳鎮《けいとくちん》窯系と福建省・漳州《しょうしゅう》窯系の染付碗・皿が多い。特に漳州窯系の製品が多く出土する例は茨城県内で珍しく、関東地方では北条氏照の城である東京都・八王子城で大量に出土するなど、北条氏の志向性がうかがえる器である。鉄砲玉は鉛製一九点、鉄製一二点が出土しており、臨戦態勢の緊張感が伝わる。

近世遺物は、一七世紀前半頃の志野《しの》・織部《おりべ》向付《むこうづけ》、碗《わん》といった茶道具があるが、Ⅰ～Ⅴ郭に大きな改修痕跡は見られず、江戸時代の守谷城の状況はよくわからない。

発掘から見た守谷城は、永禄十一年の普請記事を裏付けるように小田原北条氏による城普請と臨戦態勢の整備が行なわれた城と考えられる。

茨城県内では守谷城の支城と伝わる菅生《すがお》城址（常総市）でも北条氏の城普請の痕跡と思われる畝堀と角馬出し状遺構を組み合わせた虎口が出土している。

北条氏と相馬氏との関係は、城郭改修のなかにみることができるかも知れない。

（宇留野主税）

【参考文献】『守谷城跡』（守谷町教育委員会　一九九六年）、『菅生城址』（常総市教育委員会　二〇〇七年）

●後北条氏の常陸戦線、最前線の城

牛《うし》久《く》城《じょう》

〔大手門跡 牛久市指定史跡〕

〔所在地〕茨城県牛久市城中
〔比　高〕一〜二メートル
〔分　類〕平城
〔年　代〕一五世紀末頃〜天正十八年（一五九〇）
〔城　主〕岡見氏
〔交通アクセス〕常磐線「牛久駅」下車、徒歩三五分・駐車場なし

【牛久沼に臨む城郭】　牛久城は牛久市南西部に位置し、牛久沼に突き出た台地の突端部に位置する。周辺は谷津がいくつも入り込む樹枝状の地形で、それらを掘り切ることでいくつも防御線を作り、広大な面積を城域内に取り込んでいる。

　牛久城の城郭部分は南北約六〇〇メートル、東西約三五〇メートルでおよそ五つの郭に分けることができる。郭Ⅰの南端部分は削平されて原形をとどめず、郭Ⅴの「中《なか》城」や台地下に位置する「根小屋《ねごや》」部分は、いずれも宅地化しているため遺存状況はあまり良くない。城域はさらに北側や西側に広がっており、市指定史跡となっている大手門跡までが城域とされており、広大な領域を外郭部分としている。

【強固な郭Ⅱ】　中城部分は集落となっているため遺存状態はあまり良くないが、西側に小規模な堀の痕跡を確認することができる。

　城郭の主要部分については、「木戸口《きどぐち》」付近（a）に位置する堀を渡って内部に入ると状況は一変し、きれいに管理された林の中に堀や土塁などが良好に遺存している。馬出《うまだし》状の細い郭（郭Ⅳ）は屈曲しており、西側にある土橋《どばし》を渡って郭Ⅲへ至る。土橋のやや東側の堀底内には橋台状の高まりも確認できることから、木橋を使用していた時期もあったのかもしれない。

　郭Ⅲは南北約一二〇メートル、東西約三〇メートル、内部は平坦で、北・西・南を高さ約二メートルの土塁で囲まれている。東側には比高約二メートルほどの高い位置に郭Ⅱが位

置しており、郭Ⅲに入ってすぐ左手側の坂の虎口（b）を入ると郭Ⅱに至る。郭Ⅱは南北約一〇〇メートル、東西約五〇メートルほどで、東側は一部で崩落しているが遺存状態はよく、高さ二～三メートルほどの土塁が囲んでいる。本来であれば郭Ⅰへ渡る通路があったはずであるが、土塁の切れ目などその痕跡を認識できない。ただし南東端付近の対岸（郭Ⅰ）には橋台状に張出すことから、この付近に橋が架けられた可能性も考えられる。

【シンプルな城郭】 郭Ⅰ・Ⅱの間にも上幅で二〇メートルほどもある大きな堀があり郭Ⅰを囲んでいる。郭Ⅰの西側堀際を通り南よりで土橋を渡って郭Ⅰに至る（a）。郭Ⅰは南端が削平されており、それ以外は郭Ⅱよりも低い土塁で囲まれる。南側には牛久沼を臨むことができ、現在は削平されておりやや距離を感じるが、かつては郭Ⅰのすぐ近くまで牛久沼がおよんでいたものと思われる。また郭Ⅲから牛久沼へ向かう通路もあり、通路脇には小さな段がいくつかつづき、かつては根小屋地区ないしは船着場などへつながる搦手《からめて》であったものと思われる。

牛久城は、虎口部分には工夫を凝らしているものの、全体的に城郭部分の郭数も少なくシンプルな作りである。

【岡見氏の城郭】 牛久城主は岡見《おかみ》氏であった。岡見氏は小田《おだ》氏の出で、小田一族として応永二年（一三九五）、岡見

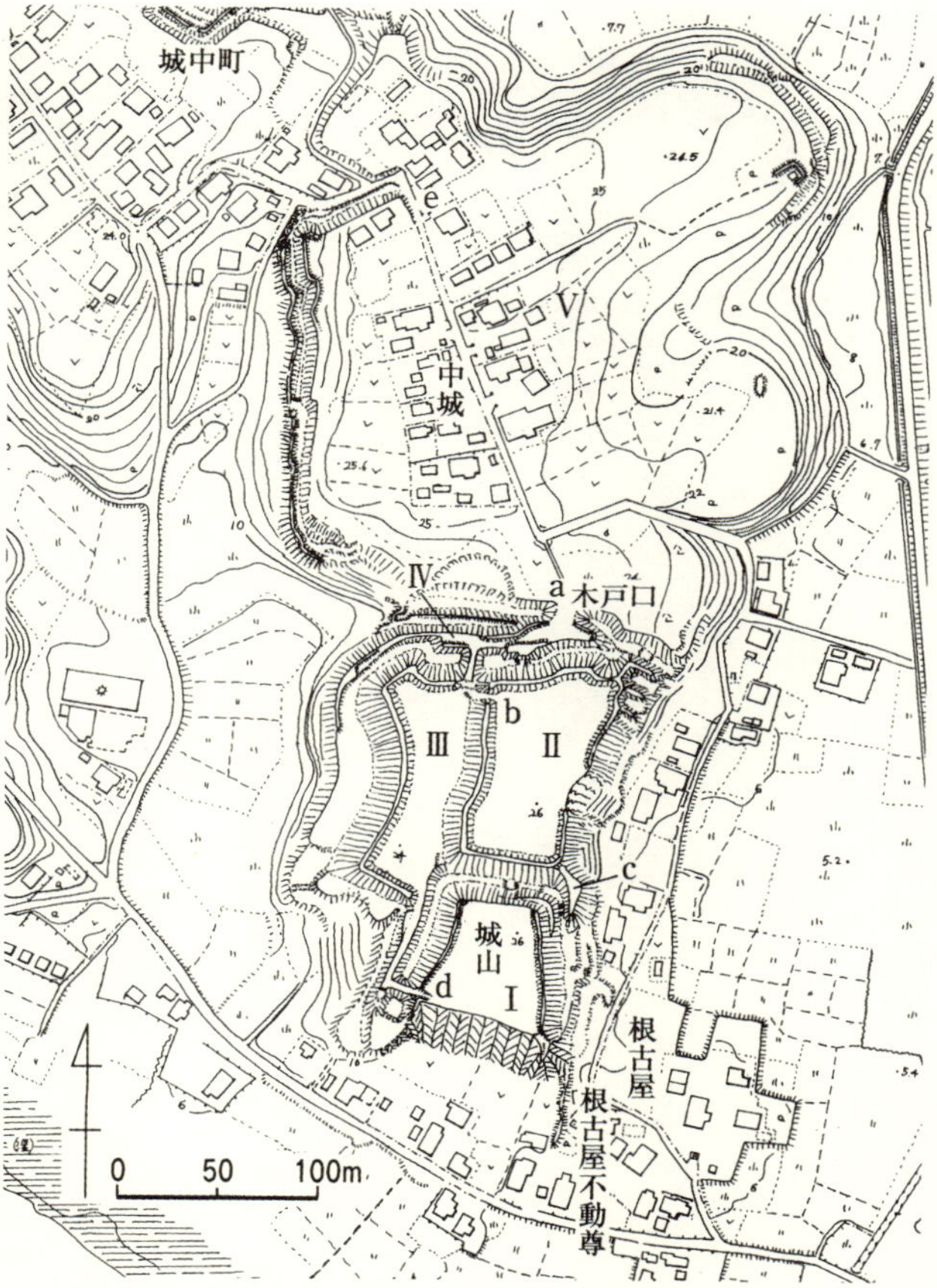

●—牛久城縄張図（提供：牛久市教育委員会『牛久市史 原始古代中世編』2004年、八巻孝夫氏作成を転載）

郷に「南殿三郎朝義《みなみどのさぶろうともよし》」（米良文書《めらもんじょ》）がおり、南北朝時代頃には小田氏から分立したものと考えられる。岡見氏は河内郡岡《かわちぐんおか》見郷《みごう》を名字の地としており、後に牛久城・谷田部《やたべ》城・足高《あだか》城などを拠点に活躍する。牛久城付近への進出時期ははっきりしないが、東林《とうりん》寺が延徳期（一四八九～九二）に「尾上治部《おかみじぶ》将輔治胤《しょうゆうはるたね》」の創建と伝わることから一五世紀末頃には牛久城付近に進出していたものと思われる。

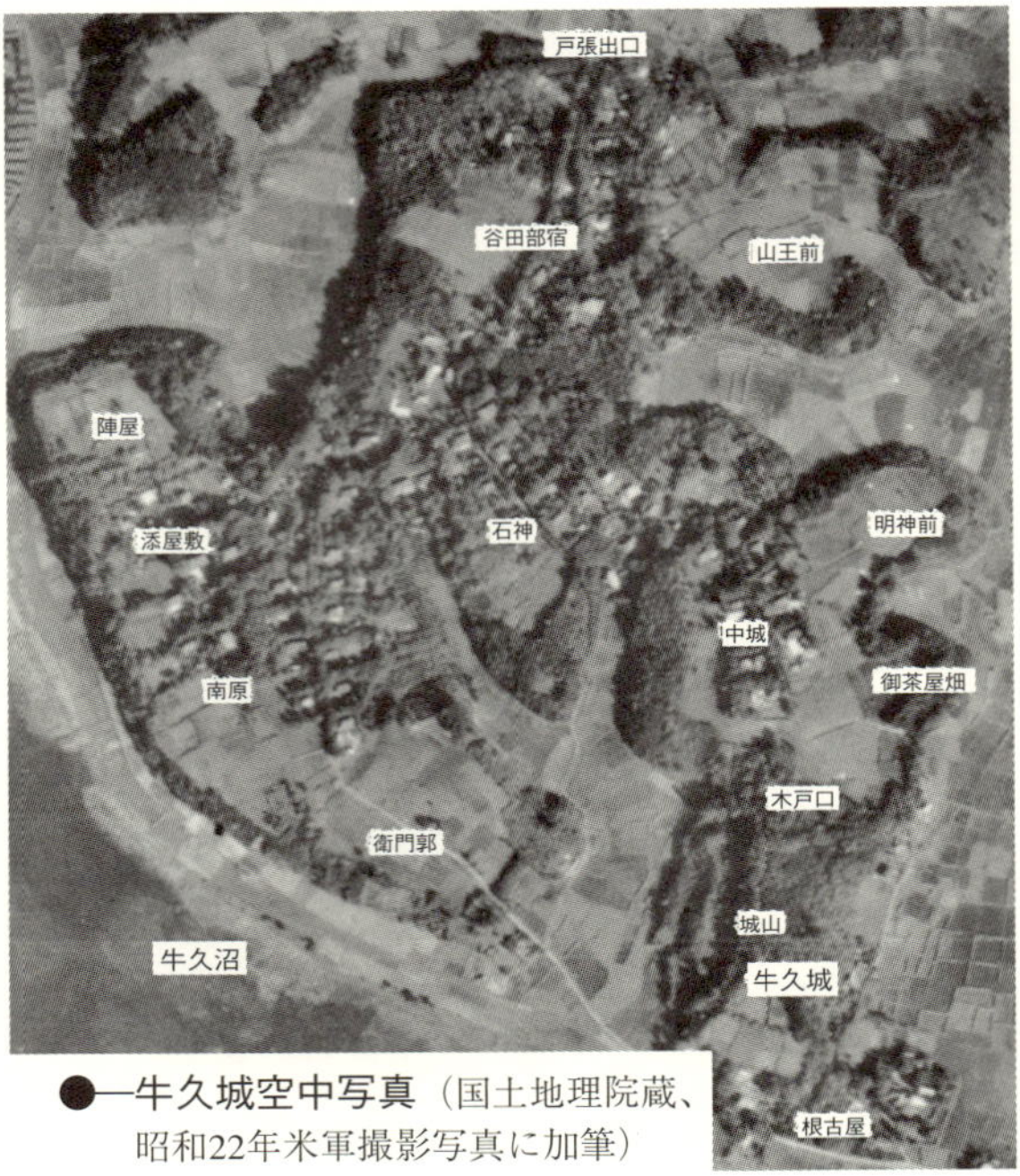

●—牛久城空中写真（国土地理院蔵、昭和22年米軍撮影写真に加筆）

岡見氏が牛久城主として史料上に現れるのは、小田氏が上杉氏の標的とされた永禄七年頃（一五六四）で、小田氏の味方として「うしよく　おかミの山しろ」（上杉文書）と確認できる。小田氏が小田城を失うきっかけとなった永禄十二年（一五六九）の手這坂《てばいざか》合戦で岡見山城守《おかみやましろのかみ》も戦死している。小田氏が衰退する一方で佐竹側の多賀谷《たがや》氏が小田氏領の西部に伸張、岡見氏は直接その圧迫を受けることになる。元亀元年（一五七〇）に有力支城の谷田部城が落城、天正八年（一五八〇）に取り返すがふたたび失うこととなる。多賀谷氏に押され気味であった岡見氏は、後北条氏に接近し、佐竹氏に降伏した小田氏を離れ、遅くても天正十一年（一五八三）頃には後北条氏に従属するようになっていた。

【境目牛久城と牛久在番】　天正十五年（一五八七）には多賀谷氏により牛久城から牛久沼を挟んだ西側に泊崎《はっさき》城が築城され、牛久城と足高城の間に楔を打ち込む形となった。多賀谷氏の勢力が牛久沼付近までおよんだことになり、その後に足高城も落城したものと考えられている。この様な状況は岡見氏の危機であるとともに、後北条氏にとっても牛久城が常陸戦線での最前線、境目の城であった。そのため天正十五年（一五八七）頃からこの牛久城を守るため近隣の国人たちが輪番で守備をすることになった。下総《しもうさ》小金《こがね》城の高城《たかぎ》氏、下総《しもうさ》布

●―郭Ⅰ・Ⅱ間の堀

川《かわ》城の豊島《としま》氏、上総《かずさ》坂田《さかた》城の井田《いだ》氏などに宛行《あてが》われていたことが確認される。

その後、何度も多賀谷氏の攻撃にさらされるものの、援軍のおかげで何とか持ちこたえることになる。しかし天正十八年（一五九〇）の豊臣秀吉《とよとみひでよし》による後北条《ごほうじょう》氏攻めにさいして、正確な記録ではその動向を確認できないものの、豊臣軍の前にはひとたまりもなく牛久城も境目の城として落城したものと想像される。

【広大な外郭】　外郭の出入口には「戸張出口《とばりでぐち》」の地名がのこり、この付近の道の両端に堀を明瞭に確認することができる。ここからが牛久城であり、前述のとおり広大な外郭が存在している。外郭にはなにが存在していたのか、発掘調査をした龍ヶ崎市長峰《ながみね》城や茨城町小幡《おばた》城では、井戸跡やまばらな柱穴以外の明確な遺構を発見することはできず、考古学的には空閑地という方がふさわしい場所であった。このような空間は、あまり痕跡がのこらない軍隊の駐屯地、ないしは住民の待避所として使用されていたとされ、牛久城では牛久在番などの駐屯地であったと考えられている。

ただし牛久城の場合は必ずしも空閑地だけとはいえず、地名として「谷田部町」や「衛門廓《えもんくるわ》」もあることから、谷田部落城後の移住者が町を作っていた可能性や、家臣屋敷が存在し城下町としての機能も併せ持っていたものと考えられる。その外郭の一画には近世になって山口《やまぐち》氏の牛久藩陣屋がおかれた。それ以前の近世初頭の由良《ゆら》氏時代にも外郭内の「中城《なかじょう》」「梅作《うめさく》」「衣崎」「南原《みなみはら》」「根古屋《ねごや》」などに家臣が住んでいたとの記録もあり、戦国期の牛久城下町の家臣屋敷の機能の一部が近世にも引き継がれたものであろう。（広瀬季一郎）

【参考文献】牛久市史編さん委員会『牛久市史　中世Ⅱ―記録編―』（牛久市　二〇〇〇年）、牛久市史編さん委員会『牛久市史　中世Ⅰ―古文書編―』（牛久市　二〇〇二年）、牛久市史編さん委員会『牛久市史　原始古代中世』（牛久市　二〇〇四年）

●中世末期の大城郭

木《き》原《はら》城《じょう》

〔所在地〕茨城県稲敷郡美浦村木原
〔比　高〕一二〜三メートル
〔分　類〕平城
〔年　代〕永正元年（一五〇四）〜天正十八年（一五九〇）
〔城　主〕近藤氏
〔交通アクセス〕ＪＲ常磐線土浦駅下車、ＪＲバス関東線「木原」下車、徒歩一〇分・駐車場有

【霞ヶ浦に望む台地】　木原城は美浦《みほ》村北西部に位置し、霞《かすみ》ヶ浦《がうら》を北に臨む標高一四〜一八メートルの台地上に立地する。低地部に位置する町場部分も城域に含めると、霞ヶ浦の湖岸まで達していったようである。町場部分を除いた台地上の規模でも、南北七〇〇メートル、東西六五〇メートルである。城郭部分はおよそ六つの郭に分けられ、台地の先端部の台地上で最も低い場所に曲輪《くるわ》Ⅰの主郭が位置し、外側の南東へ向けて整然と曲輪Ⅱ・Ⅲと並ぶ。曲輪Ⅲの虎口としての大手曲輪、さらに外側にはきれいに整地がされていない出丸や、永厳《えいげん》寺が位置する寺曲輪が配置される。

【城郭の遺構】　曲輪Ⅰの主郭は一八〇×一四〇メートルの不整形で、現在内部は公園になっており、展望台から霞ヶ浦を臨んだり散策を楽しむこともできる。内部は平坦ではなく、南西側が高く北東側の搦手口《からめてぐち》に向けて緩やかに傾斜している。周囲は土塁で囲まれており、崖側は低く二〜三メートルほど、台地側は高く五〜六メートルほどの大規模なものである。北東隅は櫓台《やぐらだい》状に高く、内側には段があり階段状の構造で、頂部には稲荷《いなり》神社が祀られている。櫓台の脇には搦手口が位置し、低地へ緩やかに傾斜して降りることができ、下った右手側には水堀の痕跡を確認することができる。

曲輪Ⅱとの間には近世城郭かと見間違えるほどの大きな堀が位置している。上幅で一五メートルほどあり、大手口付近は折れ構造になっている。曲輪Ⅱは三〇〇×一〇〇メートルほどの曲輪で内部は平坦であり、畑やグラウンドになってい

る。曲輪Ⅱを囲む堀や土塁も大規模なものであり、部分的には見学することができる。その外側の郭については、小学校や宅地、畑などであり部分的には遺存しているが、その痕跡を確認することは難しくなっている。しかし、さらに外側の外郭部分には、東からの台地のつづきを掘りきり、西側から入る谷津につなげる大規模な二重堀が存在しており、延長五〇〇メートルにもおよぶ壮観な堀跡である。また、寺曲輪には応永元年（一三九四）に創建されたと伝わる近藤氏の菩提《ぼだい》寺である永源寺が位置し、近藤氏の墓所も存在している。

●—曲輪Ⅰ大手虎口堀・土塁

【近藤氏の城郭】 木原城については、豊臣《とよとみ》氏と後北条《ごほうじょう》氏の合戦にさいして城郭を書き上げた史料に「木原　進藤（近藤）」（毛利家文書）とあり木原城は近藤氏の居城で、土岐《とき》氏に属していた。近藤氏については詳細なことはわかっていないが、土岐原氏（以下土岐氏に統一）や臼田《うすだ》氏などと同様に上杉氏の家臣として外部から入ってきた勢力と考えられている。「信田庄《しだのしょう》契約中」の中に「近藤越後入道」（臼田文書）の名があり、少なくとも一五世紀中頃にはその存在が史料上で確認できる。木原城の外郭に位置する永厳寺の史料では、近藤氏は永正元年（一五〇四）に伊佐部《いさべ》村（現稲敷《いなしき》市）から「神越《かみこし》之城」（永正三年に神越を木原に改めた）に移ったとある。また、一説には永禄五年（一五六二）に土岐治英《ときはるふさ》が築城し近藤氏に与えたともある（『新編常陸国誌』）。小田氏と土岐氏が戦った屋代《やしろ》合戦にさいして、土岐氏の一手として小田氏と合戦している「近藤八郎三郎」の姿が確認され、この頃には上杉氏の衰退により土岐氏に従属する立場であったことが確認できる。

確実な史料で近藤氏と木原の関係が知られるのは、天正十七年（一五八九）の信田《しだ》荘総鎮守ともいえる楯縫《たてぬい》神社の再建の棟札で、木原城を拠点に活躍する近藤氏の姿が知られる。近藤氏は土岐氏に従属した中でも、やや独立した勢力として、「木原領」とも呼べる領域を確保していた。

【木原城の大規模化】 木原城は近世城郭と見間違えるほどの大規模な堀や土塁を備え、城域もその領国とは見合わないほどの規模であり、このように大規模な城郭に改修されたのは戦国時代でも末期頃のことと思われる。戦国時代末期に後北条氏に従属した土岐氏の領域は、大きく見た場合には後北条氏領国における常陸戦線で最北端に位置していた。牛久《うしく》城のように実際に在番衆が駐屯した記録はのこされていないが、同様に在番衆の在城のために、広い外郭を備えていた。

大規模な外郭と関係するかは明らかではないが、阿見《あみ》や美浦などでは谷津によって狭くなった台地上の街道を遮断し、台地を掘り切る堀と土塁が多く遺残している。これらが全てではないにしろ、土岐氏と佐竹氏、いわば後北条氏と豊臣氏の緊張関係によって築かれたものである可能性も指摘されている。

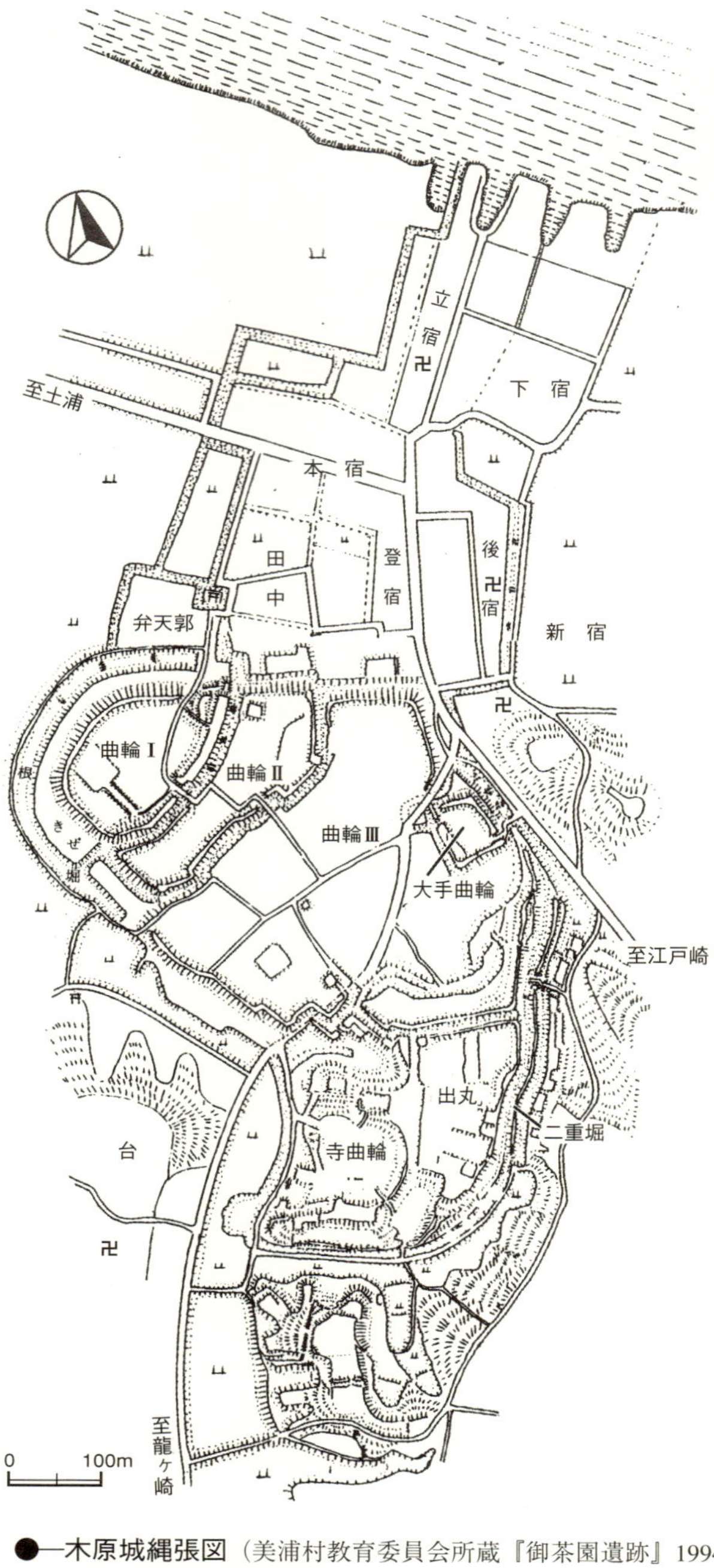

●—木原城縄張図（美浦村教育委員会所蔵『御茶園遺跡』1994年より転載、一部加筆）

【木原城の発掘調査】　木原城では史跡公園として整備するために平成五・六年（一九九三・九四）度の二回発掘調査が行なわれている。その後、主郭の下の低地部で平成十六年度に圃状整備事業に伴う発掘調査が行なわれた。

主郭の調査では、主郭を南西と北東に区切る溝跡や、北東側で建物跡などの遺構を確認した。溝跡は現在の道とほぼ並行して確認されており、現在の道が中世の土地区画を踏襲した可能性が高く、大きな主郭はそのほかにのこる現在の道から、三つの空間に区画されていたのではなかろうか。土塁の断割調査では、粘土質と砂質の土を交互に積み重ねて構築していることが判明した。また、少なくとも搦手口では小型の土塁の上に黄褐色土を主体とした大規模な土塁が構築されていることが、土層から判断される。

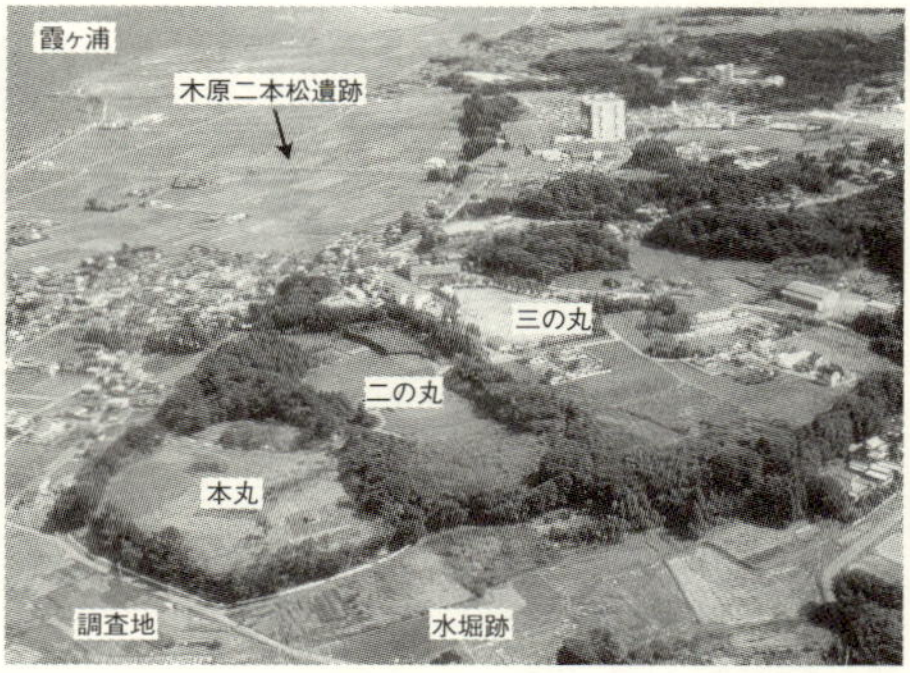

●—木原城空中写真

出土遺物は、陶磁器では国産の大窯《おおがま》製品が主体で、貿易陶磁《ぼうえきとうじ》では青花の碗・皿や白磁皿も出土している。その他青磁や天目茶碗なども出土しているが、高級品の出土は多くはない。その他のかわらけや擂鉢・土鍋や甕などの日常生活品は多く、また注目すべきものとして、塗金された小型の十一面観音立像《じゅういちめんかんのんりゅうぞう》も出土している。

調査面積が少ないものの出土遺物の時期は、古瀬戸などの古い陶磁器の出土は少なく、かわらけもロクロ成形のみで種類が少ないことから、およそ一六世紀に機能した城郭といえよう。永正元年（一五〇四）の築城という記録ともおよそ一致している。

また、主郭下の郭造成土内に多量の土器や陶磁器が混入しており、その遺物の年代からは、一六世紀後半での改修が推測できる。主郭で土塁を大規模に拡幅している状況もおよそ同時期の改修と見なすこともでき、調査内容からも戦国時代後半での大幅な改修が推定できる。

（広瀬季一郎）

【参考文献】 美浦村教育委員会・御茶園遺跡発掘調査会『御茶園遺跡』（美浦村教育委員会　一九九四年）、木原城址調査団『木原城址Ⅰ』『木原城址Ⅱ』（木原城址調査会　一九九四年、一九九五年）、龍ヶ崎市史編さん委員会『龍ヶ崎市史　中世編』（龍ヶ崎市教育委員会・一九九八年）、美浦村教育委員会『木原日本松遺跡・木原城址』（二〇〇五年）、茨城城郭研究会『茨城の城郭』（図書刊行会　二〇〇六年）

お城アラカルト

「館と宿」

高橋　修

常陸国北西部の山岳地帯には、戦国期を中心に数多くの山城が構築された。現在の茨城県常陸大宮市のあたりは、佐竹《さたけ》氏領国の西辺、下野との国境地帯にあたる。たとえば一六世紀の下野・那須《なす》氏は、常陸・佐竹氏と抗争と連携を繰り返しており、佐竹氏の側からみれば、領国の防衛線として、他国侵略の前線基地として、この地域は重要な意味をもっていた。政治史的にみれば、これら多くの山城跡は、佐竹氏の勢力圏の境界に配された「境《さかい》目《め》の城」とみなすことができる。

この地域では、山城が館《たて》と呼ばれる場合が多い。それらは、国外の敵対勢力に対する備えとして、常陸の戦国大名・佐竹氏の影響のもとにかたちを整えた要塞群であるとともに、郷や村を支配した国人や土豪の拠点でもあった。「境目の城」群は、敵の侵入に備えるための城郭群であるので、当時使われていた街道との関係により占地されている。下野・那須氏の重要な城が置かれた茂木《もてぎ》や烏山《からすやま》、馬頭《ばとう》方面から常陸に侵入する経路、さらにはそこから佐竹氏の本城・常陸太田城へと向かう通路に配備されている。防御機能を分担する城郭が相互に連携することによって、街道に沿って防衛ゾーンを構成したのである。

いっぽうで、これらの城は、本来は、郷や村を治めた国人や土豪の支配拠点として築かれた城郭でもあった。個々の事例の検討から、山城跡が街道筋の宿《しゅく》と密接な関係にあることがわかってきた。城と宿との接点に位置する、城主や家臣の集住地（あるいは軍勢の駐屯地）をあらわす「根小屋《ねごや》」の地名をともなうケースも多い。このことは、国人や土豪たちが在地支配のために築いた城が、佐竹氏の手で再編されることにより、「境目の城」の構成要素の一つに位置づけられたという歴史的経緯を表しているのではなかろうか。小さな城にも城主を特定する口承が存在することも、在地の武士の支配拠点が佐竹氏により吸収・再編された事実を推測させる。

◆栃木県

〜沼尻古戦場(三毳山より望む)

●栃木県のみどころ

下野国の有力武士は、秀郷《ひでさと》流藤原氏の小山・長沼（子孫は皆川氏となる）・佐野の各氏、那須《なす》郡に勢力を張った那須一族、下野一の宮（宇都宮）の社家で下野中央部を押さえた宇都宮氏、そして東方の芳賀《はが》郡に勢力を張った家臣の芳賀・益子《ましこ》氏、西南部の足利荘を本拠とする足利氏などが勢力を張り、それぞれの時代の歴史的緊張関係や戦乱の中で城郭を築いてきた。南北朝期の宇都宮氏綱《うじつな》の叛乱、その後の小山義政《よしまさ》の乱が起こった。戦国時代の開幕の享徳の乱では、東山道筋の東西ラインが戦場となり多くの城が築かれ、戦国末期となると下野東南部の諸城が北条氏の侵攻の防御の役割を果たした。この時期には、下野の諸勢力を糾合してと北条氏の軍勢と対峙する沼尻陣が形成された。

●奥州への入口を押さえる城館

芦《あし》野《の》城《じょう》

〔那須町指定史跡〕

〔所在地〕栃木県那須郡那須町芦野二五三〇
〔比　高〕約六〇メートル
〔分　類〕平山城
〔年　代〕一六世紀前半〜明治四年（一八七一）
〔城　主〕芦野氏
〔交通アクセス〕ＪＲ東北本線黒田原駅下車、棚橋線「芦野仲町」バス停、徒歩五分・駐車場有

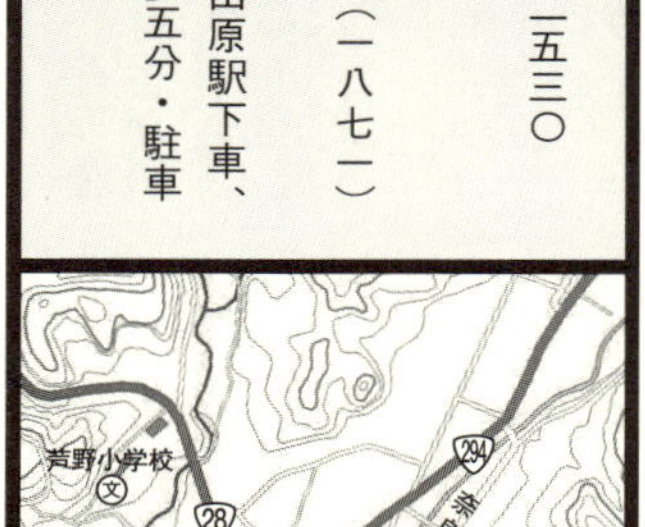

【桜の名所御殿山】 天文《てんぶん》年間（一五三二〜五五）に那須氏の一族芦野氏によって築城されたと伝えられる芦野城は、奈良《なら》川に沿った丘陵部にある。現在は桜の名所となっており、御《ご》殿山《てんやま》・桜ケ城《さくらがじょう》の別名をもつ。山麓に位置するかつての三の丸には、那須町にかかわる考古・歴史資料を展示する那須歴史探訪館が建ち、芦野地区を散策するさいにはまず最初に訪れておきたい。

三の丸から急坂を登ると、二の丸にいたる。近世には、江戸幕府の交代寄合旗本《こうたいよりあいはたもと》となった芦野氏の陣屋が二の丸におかれ、二の丸の南西隅に正門があった。二の丸の東と西には、いまも土塁がのこされている。二の丸の北が本丸で、丘陵の頂上部分にあたる。北と東に深い堀切を掘って防備を固めている。本丸からは城下を一望することができ、芦野城の西方約五〇〇メートルに位置する芦野氏居館も指呼《しこ》の間に望める。

【鎌倉時代の居館】 奈良川とその支流菖蒲《しょうぶ》川に挟まれた舌《ぜっ》状《じょう》台地に、芦野氏居館は立地する。字《あざ》名は熊野堂で、現状は畑地と栗林になっている。東西約一〇〇メートル、南北約一二〇メートルの規模をもち、形状的には南側に比べて北側がやや狭まる不整長方形を呈する。周囲には、短冊形の田地がめぐり、かつての堀跡の名残りがうかがえる。

すでに昭和五十三年（一九七八）に那須町教育委員会によって遺跡の確認調査が実施され、土師質《はじしつ》土器などの出土遺物をもとに、この居館の成立時期は平安時代末期〜鎌倉時代初

期にさかのぼると考えられている。周囲の堀は箱堀で、上幅は約五メートル、深さは一・五〜一・八メートルあった。とくに西側の堀の堀底には、薬研《やげん》状の溝の存在も確認されており、かつては用水路の役割も果たしていたとみられる。

【奥州への入口芦野】　注目されるのは、『吾妻鏡《あずまかがみ》』建長八年（一二五六）六月二日条に、芦野の地を領する「芦野地頭」の存在がうかがえることで、この居館は「芦野地頭」の館にあたるとみてよい。『吾妻鏡』によれば、当時、鎌倉と奥州を結んだ幹線《かんせん》交通路である奥《おく》の大道《おおみち》では、夜討《ようち》・強盗の蜂起がつづいており、「芦野地頭」は街道沿いの領主として、鎌倉幕府から夜討・強盗の鎮圧を命じられたのだった。

つまり、奥の大道は、芦野をとおって奥州白河に到達したわけで、芦野は奥州への入口にあたる重要な場所だった。芦野氏居館から北東約一キロの地にある遊行柳《ゆぎょうやなぎ》は、かつて時《じ》宗《しゅう》の遊行上人がこの地に立ち寄ったさいにヤナギの精があらわれ、上人の念仏によって成仏《じょうぶつ》したという伝説をもつ。また、西行法師《さいぎょうほうし》こと、佐藤義清《のりきよ》が出家して各地を行脚《あんぎゃ》した折にも、この地で「道の辺に　清水流るる柳陰《やなぎかげ》　しばしとてこそ　立ちどまりつれ」と詠《よ》んだと伝えられる。遊行柳の存在は、江戸時代の俳人松尾芭蕉《まつおばしょう》の紀行文『奥の細道』に紹介されて、一躍有名になるが、すでに中世でも謡曲《ようきょく》「遊行柳」によってよく知られていた。遊行上人や西行ばかりでなく、奥州へ向かう多くの商人・旅人が、芦野の地を訪れていたのである。

【芦野城の変遷】　現在、芦野氏居館の存続期間は、一二世紀後半〜一四世紀後半ごろと考えられている。伝承では、一四世紀末の応永年間（一三九四〜一四二八）に、芦野氏は居館の南約五〇〇メートルに位置する館山《たてやま》城に移ったとされる。館山城は、奈良川右岸の丘陵部、比高二〇〇メートルを超える断崖上にある。麓を流れる菖蒲川が天然の外堀の役目を果たす、まさに要害の地である。

たぶん、戦乱が激化した南北朝時代に、交通の要衝である芦野の地を押さえる要害として新たに芦野氏によって築かれたのが館山城だろう。したがって、芦野氏の居館と要害の館山城はしばらくのあいだ併存していた可能性もある。そして、一五世紀以降、本格的な戦国時代を迎えてから、芦野氏は館山城に居城を移したのかもしれない。

ただし、館山城の面積は、約一ヘクタールにとどまり、芦野氏の居城として十分な広さを備えているわけではなかった。いっぽう、芦野城の面積は、丘陵部に限っても約三ヘクタールを数える。一六世紀前半と伝えられる、芦野城の築城は、館山城が手狭になったことが大きな原因のひとつとみる

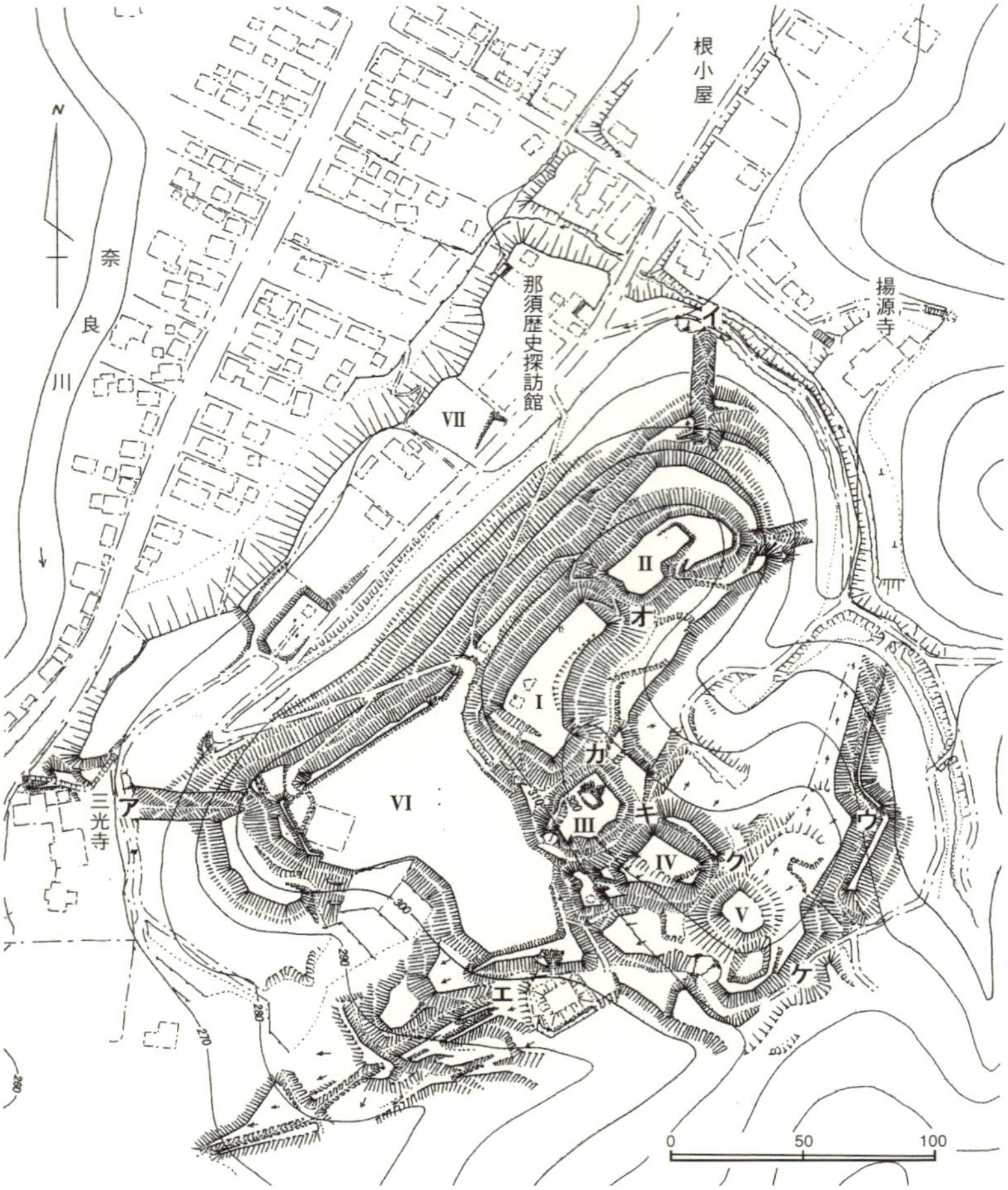

●—芦野城縄張図（参考文献より転載）

●—芦野城遠景

ことができる。

　以上のように、芦野氏の居館・居城の変遷は、芦野氏が芦野を支配する領主として、その権力のあり方を変貌させていったのと対応関係にあった。

【芦野氏の歴史】　那須氏の諸系図によれば、芦野氏の成立は、南北朝時代の当主那須資忠《すけただ》の子三郎資宗《すけむね》（資方《すけまさ》とも）にはじまるとされる。以後、芦野氏は那須氏の一族として、代々「資」を通字《つうじ》とした。しかしながら、戦国時代末期の当主は盛泰《もりやす》を名のっているので、そのころには那須氏からの独立性を強め、「盛」を通字とする奥州蘆名氏との関係を深めていた可能性が考えられる。

●—芦野氏居館

　ともかく、成立以降、基本的には那須氏にしたがっていた芦野氏だが、天正十八年（一五九〇）の豊臣秀吉《とよとみひでよし》の小田原《おだわら》北条氏攻めでは、小田原に参陣して本領を安堵《あんど》されている。いっぽう、那須氏の当主資晴《すけはる》は、小田原参陣、つづいて秀吉が滞在する宇都宮への参向《さんこう》を怠り、一時的に改易《かいえき》となった。かわって、資晴の嫡子藤王丸《とうおうまる》（のち資景《すけかげ》）が奥州会津へと向かう途中の秀吉に大田原城（栃木県大田原市）で対面し、なんとか那須氏の再興を許された。

　秀吉は、同年八月四日朝に宇都宮を出発後、四日当日と翌五日の二日間を大田原城で過ごし、六日に奥州白河《しらかわ》（福島県白河市）へと向かった。那須藤王丸が秀吉への対面を果たしたのはこのときであり、芦野盛泰は白河へ向かう途中の秀吉を六日に芦野で出迎えた。

　盛泰は、秀吉一行のために、休憩所として茶屋を設け、接待にあたったという。茶屋がおかれたのは、大田原からの街道が丘陵を越えて、まさに芦野の里へ下りようとする丘端部で、いまも「太閤台《たいこうだい》」の地名がのこる。八溝山《やみぞさん》系が望める絶好の景勝地である。

　鎌倉時代の芦野氏居館から戦国時代の芦野城にいたる芦野氏の城館は、中世の関東と奥州を結んだ奥の大道を押さえる重要拠点のひとつであり、とくに下野から奥州白河へいたる下野側の入口ともいうべき交通の要衝でありつづけた。

（江田郁夫）

【参考文献】　小川英世「那須町に所在する中世城館跡について」（栃木県歴史文化研究会編『歴史と文化』一九　二〇一〇年）

●義経街道を押さえる城館

伊《い》王《おう》野《の》城《じょう》

〔那須町指定史跡〕

〔所在地〕栃木県那須郡那須町伊王野二〇〇三
〔比　高〕約一三〇メートル
〔分　類〕山城
〔年　代〕一五世紀後半～寛永四年（一六二七）
〔城　主〕伊王野氏
〔交通アクセス〕ＪＲ宇都宮線黒磯駅下車、棚倉線「伊王野小学校前」バス停、徒歩五分・駐車場有

【急峻な山城】　南流する奈良《なら》川と三蔵《みくら》川の合流地点の内側、芦野《あしの》からつづく丘陵地帯の最南端に伊王野城は位置する。標高は最高地点の「遠見《とおみ》の郭《くるわ》」が約三七〇メートルで、霞ケ《かすみが》城《じょう》の異名をもつ。現在は山麓の南西部に駐車場と案内板が整備され、そこから登れるようになっている。

かつての伊王野氏の居館は、山麓の南東部にあり、現在は伊王野小学校が建つ。伊王野小学校から、山麓の馬頭観音堂《ばとうかんのんどう》を経由して、つづら折りの道を登るのがかつての大手道にあたるとみられ、急坂を登りきると三の丸にいたる。三の丸は、城内最大の面積をもつ郭で、周囲には土塁がめぐる。三の丸の東北隅には虎口《こぐち》があり、遺構の状態もよい。

三の丸の北に二の丸があり、階段状の平坦地から構成される。二の丸最高部の北側には土塁、そしてその先は深い空堀になっている。空堀を渡ると本丸で、北側に土塁があるほか、周囲には深い空堀がめぐる。那須氏の有力一族だった伊王野氏の居城にふさわしい山城である。

【伊王野氏の居館】　伊王野氏は、鎌倉時代中頃の那須氏当主資頼《すけより》の子資長《すけなが》にはじまる。資長は、肥前守《ひぜんのかみ》を称した資頼の次男で、嫡子《ちゃくし》太郎資光《すけみつ》の弟にあたる。このため、資長は、公的には「那須肥前二郎左衛門尉《じろうざえもんのじょう》資長」と名のっている。

父資頼から那須荘の北部伊王野郷を与えられた資長は、郷内に居館を構えて本拠とし、資長の子孫はのちに伊王野氏を称した。伊王野氏の居館は、延応元年（一二三九）の築城と伝えられる。東西一二六メートル、南北一一一メートルの規

模を有し、いまも北側には土塁と堀がのこる。大手は南側で、古代の官道《かんどう》である東山《とうさん》道は居館から南に約一〇〇メートルの地点を東西に走っていた。つまり、伊王野氏は、古代の官道東山道と中世の幹線交通路奥の大道の分岐点に居館を構えたのである。

東山道は、伊王野地区では、義経《よしつね》街道ともよばれており、治承四年（一一八〇）に源義経が兄頼朝に合流するため、奥州平泉から鎌倉に向かったさいに通過したと伝承されている。その関係で、たとえば、伊王野城山麓にある馬頭観音堂は、義経の愛馬が病気になったときに供の常陸坊海尊《かいそん》が六日七夜にわたって病気治癒の祈願をした場所と伝わる。ほかにも義経街道周辺には数多くの義経伝説がのこされている。たぶん、伊王野氏がこの地に居館を構えた鎌倉時代中頃の時点では、依然として東山道（義経街道）の役割は無視しがたいものがあり、それゆえ資長は奥の大道と東山道の分岐点に位置する伊王野郷を父資頼から分封《ぶんぽう》されたのだろう。

●—伊王野氏居館の堀と土塁

たしかに、那須氏の諸系図によると、資長の弟資家《すけいえ》・資成《すけなり》の家系は、それぞれ稲沢・川田を名のったと伝えられる。稲沢・川田（ともに大田原市）もやはり東山道・奥の大道沿いの場所で、伊王野にもほど近い。つまり、当時の那須氏は、那須荘北部の開発を進めるのと並行して、周辺の水陸交通の拠点ともいうべき、伊王野・稲沢・川田の諸郷の支配を一族によって固めたのである。

【伊王野氏の盛衰】 資長からはじまる伊王野氏は、那須一族のなかでも有力で、伊王野氏の惣領職は、嫡子の高頼《たかより》や高頼の嫡孫資宿《すけやど》らに受け継がれた。南北朝時代の当主資宿・資直《すけなお》父子は、一族の惣領である那須氏のもとで北朝方として活躍し、資宿の代官は奥州での合戦にも従軍している。

室町時代前期に伊王野氏は、一時、白河結城氏の一族である小峰《こみね》弥《や》太郎《たろう》を養子としたが、結局、那須一族内の対立の影響で弥太郎の家督継承は実現しなかった。その後、長享元年（一四八七）ごろまでには、伊王野城は築城されていたらしく、

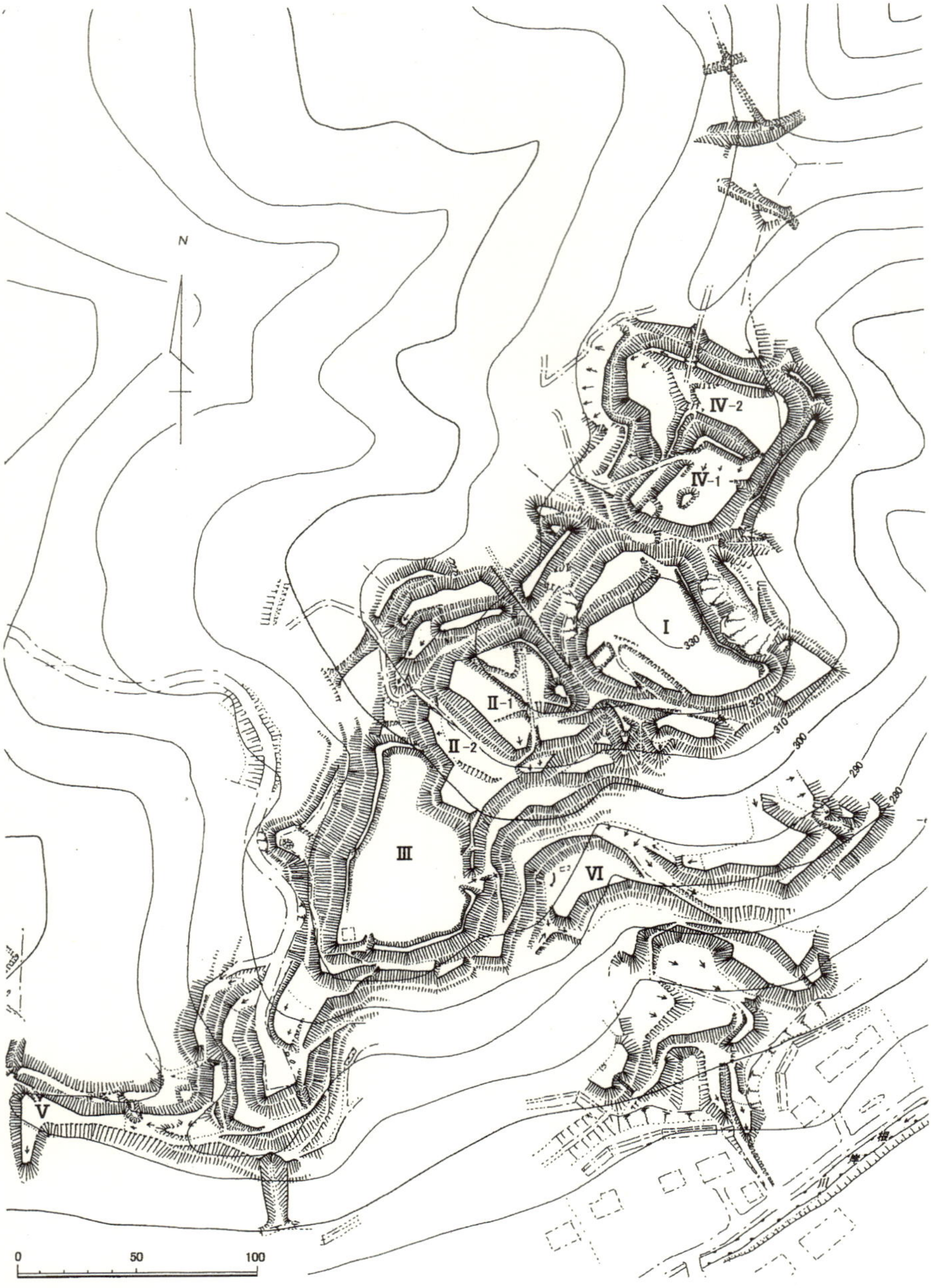

●—伊王野城縄張図（参考文献より転載）

伊王野氏は山麓の居館から山上に本拠を移したと伝えられる。

戦国時代には、主家である烏山《からすやま》城主（那須烏山市）の那須氏のほか、一族の芦野・福原《ふくわら》・千本《せんぼん》氏、那須氏の重臣大関・大田原《おおたわら》氏らとゆるやかな連合関係を結び、俗に那須七党などと称された。戦国時代最末期の当主である資信《すけのぶ》は、天正十八年（一五九〇）の豊臣秀吉《とよとみひでよし》の小田原《おだわら》北条氏攻めにさいし、秀吉にしたがって本領を安堵《あんど》され、また、慶長五年（一六〇〇）の関ヶ原の合戦にあたっても徳《とく》川家康《がわいえやす》の会津上杉《あいづうえすぎ》氏攻めにしたがって軍功をあげている。

●—伊王野城の空堀

とくに会津上杉氏攻めでは、伊王野城は上杉領である奥州白河《しらかわ》（福島県白河市）への最前線に位置し、緊迫した状況がつづいた。そして、関ヶ原の合戦がおこった九月十五日の前日から当日にかけて、両軍の境界領域である関山《せきさん》（福島県白河市）一帯で上杉軍と伊王野勢との武力衝突が発生し、伊王野勢は三九名の戦死者を出しつつも上杉軍の侵入を撃退したという。徳川氏の覇権を決定的にした関ヶ原の合戦において、地味ながらも徳川主力軍の後顧の憂いをなくした那須衆・伊王野氏の功績は大きく、この軍功によって伊王野氏の知行高は、当初の七〇〇石から二五三〇石へと加増された。

ただし、資信の子資重《すけしげ》は、関山合戦での負傷が原因でまもなく死没してしまう。伊王野氏の家督は、資重の子資友《すけとも》が継いだが、資友の子数馬《かずま》は後継ぎに恵まれず、とうとう伊王野氏は寛永十年（一六三三）に無嗣断絶《むしだんぜつ》にいたった。伊王野城は、伊王野氏の断絶に先立って、すでに寛永四年（一六二七）に廃城となり、伊王野氏は山麓の居館にふたたび居所を移していたと伝えられる。

（江田郁夫）

【参考文献】小川英世「那須町に所在する中世城館跡について」栃木県歴史文化研究会編『歴史と文化』一九（二〇一〇年）

●徳川家康に備えた上杉勢の城

鶴《つる》淵《ぶち》城《じょう》

〔所在地〕栃木県日光市上三依
〔比　高〕五〇メートル（最高所）
〔分　類〕平城
〔年　代〕慶長五年（一六〇〇）
〔城　主〕塩谷義綱、桜井吉晴、山田修理介、栗林政頼、鹿沼右衛門尉
〔交通アクセス〕会津鬼怒川線「上三依塩原温泉口駅」下車、徒歩三〇分

【国境の城】 栃木県今市から会津西街道《あいづにしかいどう》を北上し、上三依の集落を越えた地点に鶴淵城はある。ここから数キロで福島県との県境にあたる山王《さんのう》峠となる。国境地帯にふさわしい山塊を縫って男鹿《おが》川が南流する。会津西街道そして野岩《やがん》鉄道会津鬼怒川《きぬがわ》線が男鹿川に並行して南北に連なる。その男鹿川がつくる狭い谷の底部に城はある。

【街道を塞ぐ】 源頼朝が奥州藤原氏を攻めた時、平泉側は二重の堀線を東西に普請《ふしん》し、鎌倉勢の北進を妨げようとした。この阿津賀志《あつかし》山防塁（福島県国見町）は厚樫《あつかし》山中腹（標高一七〇メートル）を北西端として、南東端の阿武隈《あぶくま》川旧河道にいたるおよそ三・二キロを線上に結ぶ防塁である。鶴淵城はこの二重堀と類似した構造をしている。

南北方向に走る会津西街道と直交し、街道を塞ぐように土塁と堀が東西に横切る。東西両側の山の頂にも関連する何らかの施設があったことと推測されるが、遺構は観察されない。山腹からわずかに竪堀《たてぼり》がみられるのみである。

城跡付近では、谷の東端から道そして川の順に並ぶ。その男鹿川の西岸から大規模な土塁と堀が始まる。大規模な角馬《かくうま》出《だし》も西岸に普請される。角馬出はおよそ二〇×二〇メートル余の長方形をしており、北・東・西の三方へ口を開く。西側と北側は土橋でつなぎ、東側は坂虎口《さかこぐち》となって道は南方向へとつづく。形状から北側が内側、南側が外側と判断される。土塁と堀もこの関係を裏付けている。谷の西端に近い地点に土塁に張り出しが設けられ、堀がコの字を呈する。おそらく

この場所と馬出の二ヵ所で南方向を監視したのであろう。

構造から北側が内側と判断されたが、北の方向はすぐに山王峠であり、会津に至る。地理的な関係から、会津の勢力が下野方面の敵方の進攻を妨ぐために築いたと考えられる。とすれば、源《みなもとの》頼朝《よりとも》の奥州合戦、関ヶ原の合戦、戊辰戦争のいずれかの時の城館と考えられよう。

【直江兼続の命令】　このうち、関ヶ原の合戦に際して、関連する史料が知られる。徳川家康の会津攻めに備え、上杉勢は白河口などに普請を行ない侵攻に備えた。

慶長五年（一六〇〇）七月二十二日、直江《なおえ》兼続《かねつぐ》は大国《おおくに》実頼《さねより》に鶴淵《つるぶち》山のしかるべき場所を定めて城を構えるように命じる。六日後には普請が開始されたことが報告されており、直江兼続は塩谷《しおや》義綱《よしつな》・栗林《くりばやし》政頼《まさより》・鹿沼《かぬま》右衛門尉《えもんのじょう》に督励の書状を出す。ところがこの間の二十五日に家康は小山で評定《ひょうじょう》を開き、主力は西へと向かっていく。城は命令後わずか一ヵ月余で完成した。悦んだ上杉景勝は以後の警固について指示を出す。その書状を出したのは九月七日。八日後には関ヶ原で決戦となる。

関ヶ原の合戦の時に、直江兼続が命じて徳川家康に備えた城こそが、この鶴淵城なのであろう。

（齋藤慎一）

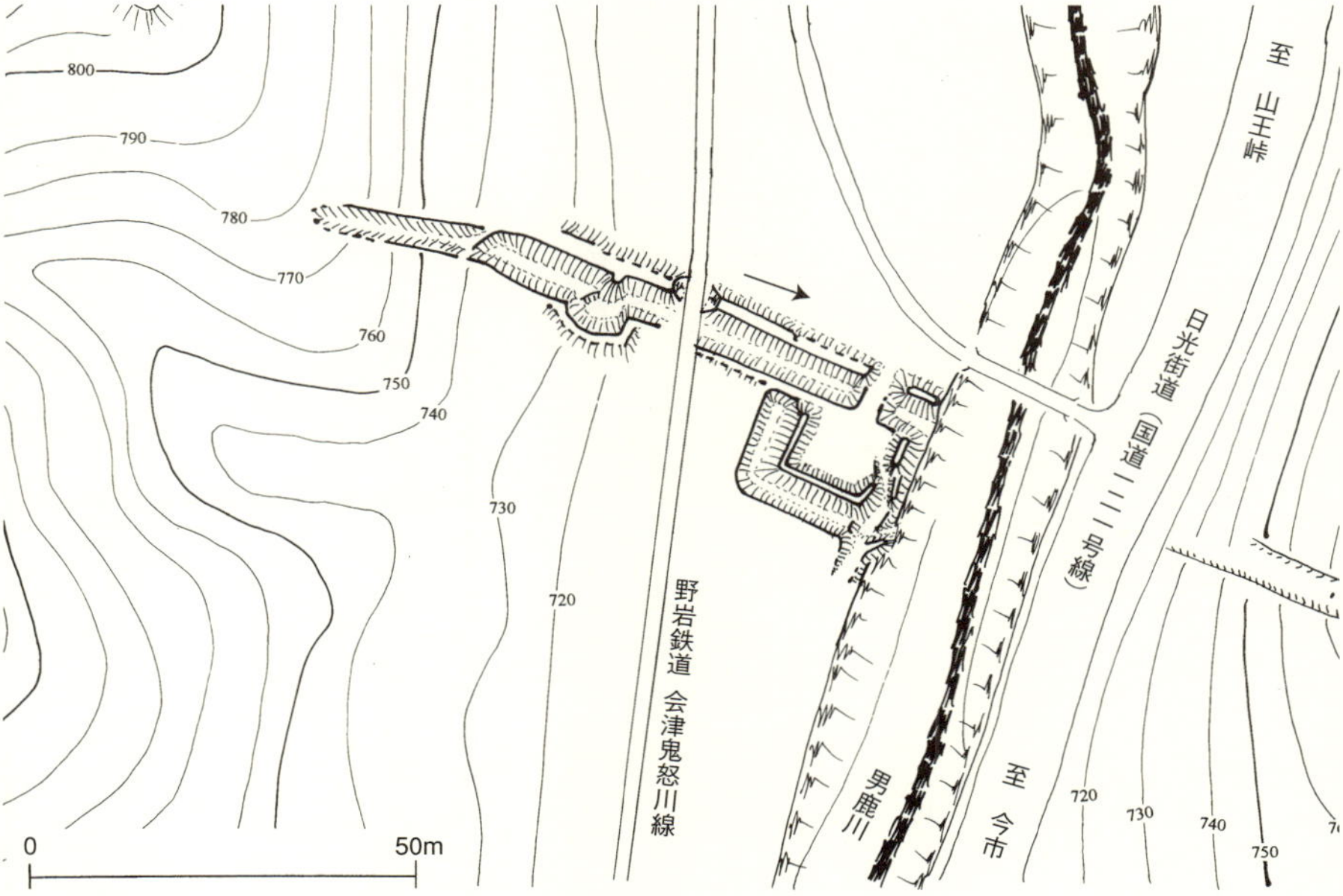

●—鶴淵城（調査・作図：齋藤慎一）

●階段状に高くなる連郭式の山城

武《む》茂《も》城《じょう》

〔栃木県指定史跡〕

〔所在地〕栃木県那須郡那珂川町馬頭字馬頭東・字根古屋
〔比　高〕約五〇メートル
〔分　類〕山城
〔年　代〕中世以降江戸時代初期
〔城　主〕武茂氏、太田氏
〔交通アクセス〕ＪＲ宇都宮駅下車、東野バス「宮の橋」バス停から「馬頭」行きに乗車、「馬頭役場前」下車、徒歩五分

【城の立地】　次頁の図は、那珂《なか》川町馬頭《ばとう》郷土資料館に所蔵されている江戸時代幕末期に作成された「馬頭村絵図面」を基に復元した「武茂《むも》城跡・武茂東城跡一帯模式図」である。二つの城跡は武茂氏の菩提寺である乾徳《けんとく》寺を守るような形で寺の東西の山に占地している。家臣団は「根古屋《ねごや》」一帯に住んでいたと思われる。

城跡の南側には、馬頭宿と便宜的に仮称できる現在の那珂川町馬頭の中心街の町場が存在する。馬頭宿は、大子《だいご》（茨城県大子町）方面から小川《おがわ》（大田原市小川）・喜連《きつれ》川（さくら市喜連川）に向かう道と、常陸大宮《ひたちおおみや》（茨城県常陸大宮市）・常陸太《おお》田《た》（茨城県常陸太田市）からの道が交差する所にある「古町《ふるまち》」（慶応初年に現在の「室町《むろまち》」に改称）や「南町《みなみまち》」がもともとからの町場と思われる。その後、「古町」の南側の「横町《よこちょう》」や、黒羽《くろばね》（大田原市黒羽）方面および烏山《からすやま》（那須烏山市）方面からの道が馬頭宿に合流する所にある「田町《たまち》」、さらには「古町」の東側の「新町《あらまち》」や、武茂城寄りの山際の「新宿《あらじゅく》」がつくられていったと考えられる。「新町」の東側の「曲之手《かなんて》」は形状から考えると、戦国時代頃につくられた町場構造であろう。

ともかく、位置的には現在の馬頭中心街の町場である馬頭宿（古町・南町など）が中世段階までさかのぼることができるかどうかは今後の検討を要するが、武茂城と武茂東城は、街道沿いの都市的な場である馬頭宿を支配管理するには好個な場所に占地していたといえよう。

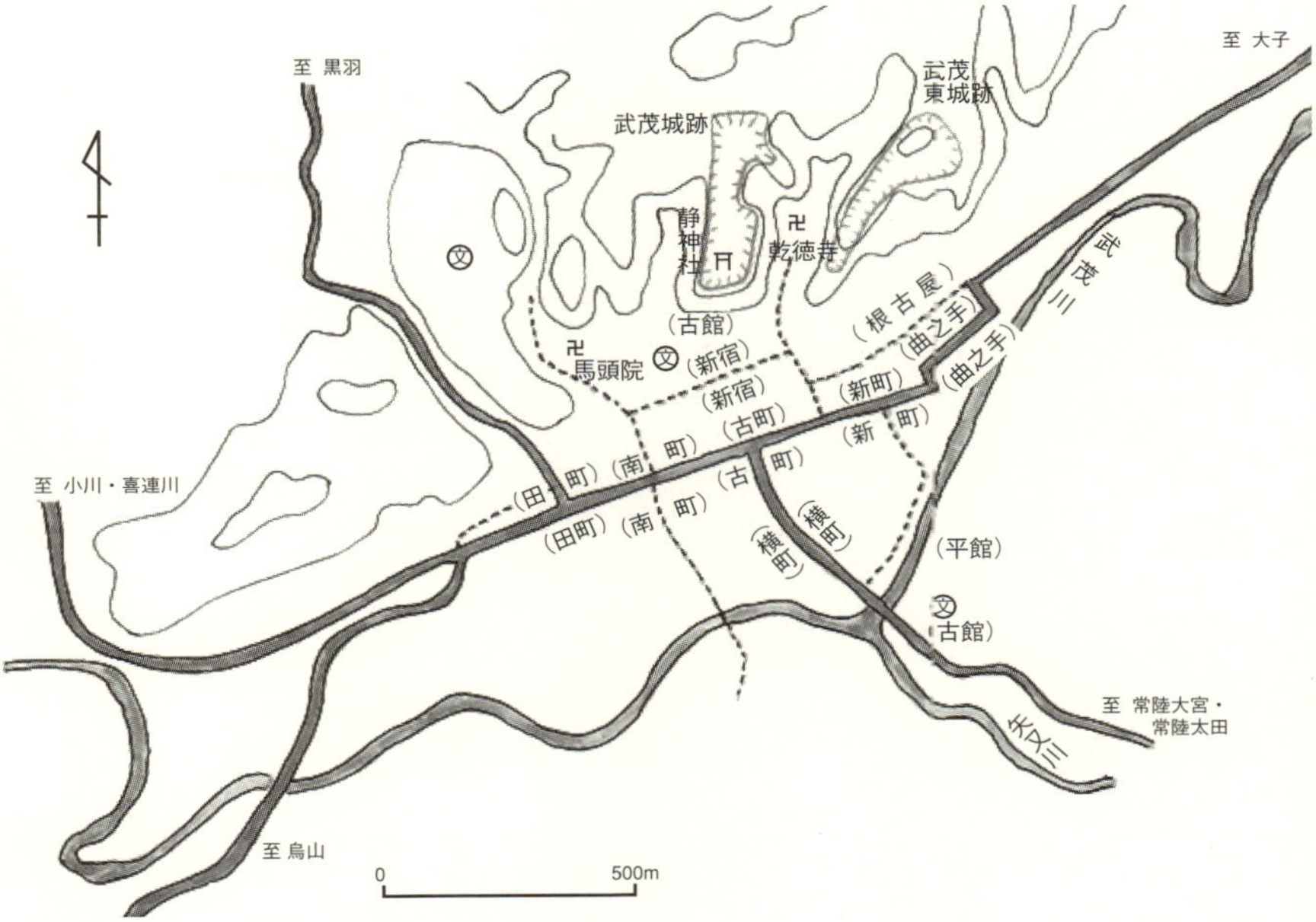

●—武茂城・武茂東城一帯模式図

●—武茂泰宗銅像
（乾徳寺門前）

【歴史と変遷】　江戸時代幕末期に編纂された河野守弘「下野国誌」所収「武茂城」の項の伝承によれば、築城年代は鎌倉時代後期正応・永仁年間（一二八八～九九）で、築城者は宇《う》都宮景綱《つのみやかげつな》の三男で武茂氏の始祖と呼ばれている泰宗《やすむね》であるという。しかし、現地には武茂氏の構えた最初の拠点が、武茂川対岸の古館《こだて》一帯（現栃木県立馬頭高等学校一帯）であるとの伝承が存することや、静《しず》神社の南側にも「古館《こだて》」（「馬頭村古絵図面」）の地名が存在し、ここも武茂氏が居館を構えた可能性が考えられること、および残存する武茂城跡や武茂東城跡の遺構から考えると、武茂城の築城年代は鎌倉時代後期よりももっと時代が下ると思われる。

武茂城の城主は、中世から豊臣前期までが武茂氏で、豊臣後期から関ヶ原合戦後間もない時期までが太田氏であったと語り伝えられている。武茂城の名が同時代の史料に登場するのは、戦国時代天正九年（一五八一）から天正十八年（一五

●—武茂城と武茂東城の平面図（『馬頭町史』から）

●—「馬頭村絵図面」（那珂川町馬頭郷土資料館蔵）

●—武茂城想像絵図（那珂川町馬頭郷土資料館蔵）

●—乾徳寺山門

●—武茂氏一族の墓所（乾徳寺）

九〇）頃のものと推測される三月二十二日付けで宇都宮国綱《くにつな》が北下総結城晴朝《ゆうきはるとも》の家臣松源寺《しょうげん》に宛てた書状写（秋田藩家蔵文書四二）である。書状文面には「其れ已往《いおう》、何方《いづかた》に御在宿候やと、御心元《こころもと》なく候ところ、武茂に抑留致され候由、其の聞え候。肝要至極《かんようしごく》に候。」（原漢文）と記されている。この「武茂」の文言は、武茂城ないし武茂の地と理解でき、武茂城であるとすると、武茂城の存在は天正期には確認できる。

武茂氏は、武茂堅綱《かたつな》が常陸の佐竹義昭《さたけよしあき》から戦国時代天文末期の十二月八日付けで「条々懇切に承《うけたまわ》り候。誠に忝《かたじけな》き次第に候。」（原漢文）と賞されている（「佐竹義昭書状写」秋田藩家蔵文書九）。また、武茂堅綱は永禄六年（一五六三）十一月十二日付けで佐竹義昭から片平《かたひら》（現大田原市片平一帯）・白久《しろく》（現那須烏山市白久一帯および現大田原市白久一帯）両村を宛行《あてが》われている（「佐竹義昭宛行状写」秋田藩家蔵文書九）。これらの事実からは、武茂氏が天文末期までには常陸佐竹氏に服属していたことが推測される。

武茂氏の主君佐竹義宣《よしのぶ》は、豊臣期に入り天下人豊臣秀吉《とよとみひでよし》に属す一方で、佐竹領内の検地を秀吉から命じられ、検地終了後の文禄四年（一五九五）六月には、秀吉から五四万五八〇〇石の領地を安堵された（「豊臣秀吉朱印状写」佐竹文書）。義宣は、これを受けて家臣団の知行割《ちぎょう》と配置換えを実施し、武茂氏は常陸国大賀村に移封となり、代って太田景資《おおたかげすけ》が武茂城の城主として配置された（『馬頭町史』一三二頁）。

その後、関ヶ原の合戦に参陣しなかった義宣は、慶長七年（一六〇七）五月に、西軍方の石田三成《いしだみつなり》や上杉景勝《うえすぎかげかつ》などとの密謀や東軍方にくみしなかった消極的な態度を理由に、徳川家康から出羽国秋田への移封を命じられ、太田景資も同行し、武茂城は廃城となった。

【武茂城の構造】 武茂城跡については『馬頭町史』が詳しいので、この自治体史に依拠し述べてみる。城跡は、武茂氏の菩提寺乾徳寺がある谷津《やつ》を中心に寺を挟むように西側と東側の山一帯を含む地域からなっていたと思われる。

乾徳寺参道が往時の大手と想定され、大手の城門として使われていたものが現在の乾徳寺の山門と伝えられ、室町時代の建築様式をとどめているといわれている。寺の西側の山が現地で一般的に武茂城跡と呼ばれているところである。

静《しず》神社から北側に尾根続きの弱点を補うために堀切《ほりきり》を入れ、階段状に郭《くるわ》（曲輪）群を配置している。静神社から帯郭《おびぐるわ》を登っていくと三の丸に達し、次の二の丸は三の丸とは堀を隔てて北側に位置し、二の丸の北側には「天守櫓《てんしゅやぐら》」と呼ばれている八幡宮が祭られている小祠（物見台跡）があり、その場所と西隣一帯が本丸である。本丸の北側には空堀を隔てて外郭（出丸）が存在する。なお、二の丸と三の丸の周囲は空堀がめぐり、東側乾徳寺寄りに土塁が築かれている。

寺の東側の山（武茂東城）は、南西方向から北東方向に向かって郭群が連なっている。郭は帯郭が主体で、武茂東城跡最高所の本丸を守るために南西側を意識した守りになっている。

なお、前記したように、武茂東城跡の南側が「根古屋」と呼ばれており、家臣団がいた地域と思われる。また、静神社の南側は「馬頭村古絵図帳」によれば「古館」と記されており、城主は戦国時代戦時には武茂城跡や武茂東城跡に拠り、日常的には今の馬頭小学校辺りの「古館」で生活していた可能性が考えられる。

現在、武茂城跡と武茂東城跡は山城のため遺構の残存状況は比較的良い。

（荒川善夫）

●—武茂城本丸

●—武茂城本丸出土の古鏡（乾徳寺蔵）

●方形単郭の居館跡

那《な》須《す》神《かん》田《だ》城《じょう》

〔国指定史跡〕

〔所在地〕栃木県那須郡那珂川町三輪字要害
〔比　高〕約二メートル
〔分　類〕平城
〔年　代〕中世
〔城　主〕那須氏カ
〔交通アクセス〕東北道「矢板」ＩＣから車で三〇分。県道二九三号線沿い。

【城の立地】　栃木県の北東部那珂川町を東西に通る県道二九三号線沿いにある。那珂川町旧小川町地区の中心部から南へ約一・五キロ行った那珂川右岸段丘に位置し、北方には那珂川の支流権津《ごんづ》川が流れている。

　築城年代は、天喜四年（一〇五六）説、長治二年（一一〇五）説、天治二年（一一二五）説の三説があるが、はっきりとしたことはわからない。築城者については、江戸時代前期延宝四年（一六七六）に那須《なす》郡小口村（現大田原市）の名主大金《おおがね》重貞《しげさだ》が、この時期の那須地域の伝承を基に著した「那須記」の記述によれば、那須氏の祖といわれている那須権守貞信《ごんのかみさだのぶ》が築いたとある。また、地元の人々は那須神田城跡を那須氏の城館と語り伝えている。

　なお、那須神田城跡のある那珂川町三輪《みわ》地域は、古代には東山道が通っていたが、中世の道である奥大道《おくだいどう》は別の地域大田原市福原を通っていた。那須神田城跡が初期那須氏の築いたものであったかどうかは、今後の課題といえよう。ちなみに、現存の高い土塁や深い堀からは築城の時期までは知りえないが、廃城になった時期が戦国時代であったことを推測させる。

【那須神田城の構造】　那須神田城跡は、西側（宅地）をのぞき遺構の残存状況がよい。土塁は、基底幅が約一〇メートル、高さが約五メートル、土塁上面の幅が約二メートルで、四隅には櫓《やぐら》があった可能性が考えられる。北側と南側に堀がのこっていて、幅は約一〇メートルである。郭内は、東西が約一三二メートル、南北が約一六二メートルで、南北に長い長方形プランを呈している。虎口《こぐち》は土塁の南側および東側の中央部にある。現況は、郭内および東の土塁の外側が水田になっている。

昭和四十二年（一九六七）一月〜二月にかけて、郭内が畑から水田化されるに先立って緊急発掘調査が行なわれた。その結果、七〜八世紀頃の住居跡や時期不明の柱穴群が見つかり、土師《はじ》器台付坏《つき》・小皿・灰釉《かいゆう》陶器片などが出土した。

那須神田城跡は、前記したように遺構ののこりがよいが、同時代史料で存在が確認されないのが惜しまれる。

（荒川善夫）

●—那須神田城の郭内（北東より）

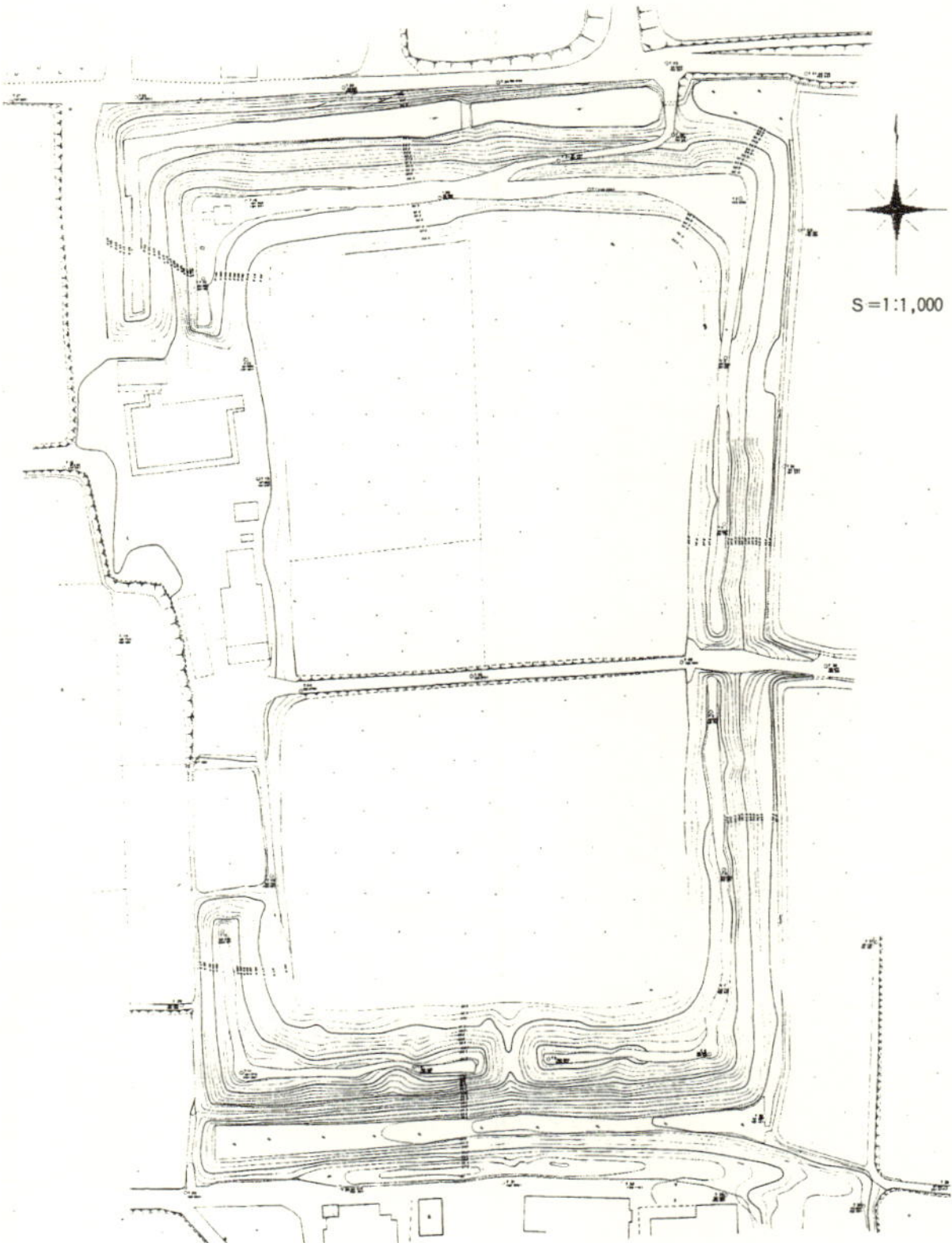

●—那須神田城実測図
（『栃木県の中世白館跡』所収、栃木県文化振興事業団）

●塩谷氏の盛衰を見届けた堅牢な山城

川《かわ》崎《さき》城《じょう》

〔矢板市指定史跡〕

〔所在地〕栃木県矢板市川崎反町、館の川地内
〔比　高〕約四七メートル
〔分　類〕山城
〔年　代〕一二世紀末以降文禄四年（一五九五）まで
〔城　主〕塩谷氏
〔交通アクセス〕ＪＲ東北本線矢板駅から矢板市営バス片岡線「木幡」下車、徒歩一五分

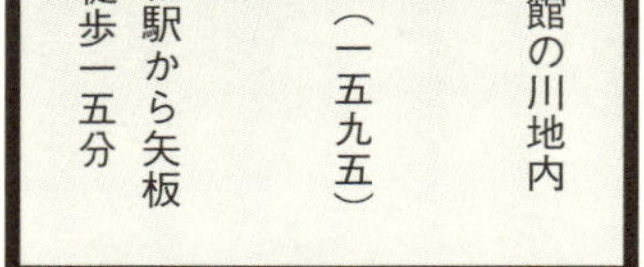

【川崎城の立地】　高原山《たかはらやま》から続く、喜連《きつれ》川丘陵の北西端に位置している。城の範囲は、北は川崎神社北の市道、南は県道大宮・木幡線南側の堀江《ほりえ》山（約一五〇〇メートル）、東は宮川、西は弁天《べんてん》川と小開析《しょうかいせき》谷まで（約一七〇〜二七〇メートル）となっている。

城の北側は断崖で、眼下には肥沃な農耕地がひろがっており、城主塩谷《しおのや》氏の重要な経済基盤となっていた。いっぽう、西側の傾斜は緩やかで、そのために主郭のすぐ西側から削平地を数段に構え、空堀と土塁で厳重に防備されているが、さらにその西側部分については、残念ながら東北自動車道のために失われてしまった。

城郭内はほとんど山林で、主郭部を含む約六ヘクタールの土地は市有地化され、川崎城跡公園となっている。また東北自動車道をはさんで城の西側には、塩谷氏の菩提《ぼだい》寺である長興《ちょうこう》寺があり、塩谷氏歴代の墓碑がある。

【川崎城の構造】　城域中央の丘陵頂部（標高二三六・六メートル）に、東西約四四メートル、南北約一六〇メートルの三日月形の主郭部（本丸）があり、その北から西にかけて土塁がめぐっている。この本丸跡北側からは、矢板市教育委員会の調査により、雨落ち溝をともなう東西一一メートル、南北五・八メートルの掘立柱《ほったてばしら》建物跡が見つかった。

本丸の西側には、南北に湾曲した一の堀がめぐっていて、その外側には丘陵を掘りのこした土塁があり、特に南側は大規模なつくりとなっている。そして、その土塁の南側には、

帯郭が三段にめぐり、さらにその南には弁天川が東流している。また東側には出丸がある。

　本丸の北西には、一の堀をはさんで長軸約八八メートル、短軸約二二メートル、長方形状の二の丸がある。その北に、二の丸より一段（約五メートル）低い、長軸一一九メートル、短軸約八～二〇メートルの二の丸北曲輪がある。二の丸の北、約七メートル下を二の堀が丘陵を横切っている。

　二の堀の北西には、長軸約一二〇メートル、短軸約三七メートルの三の丸が北西から南東に広がっている。その北東下には約五段の曲輪が並び、北側の約八メートル下に三の堀が

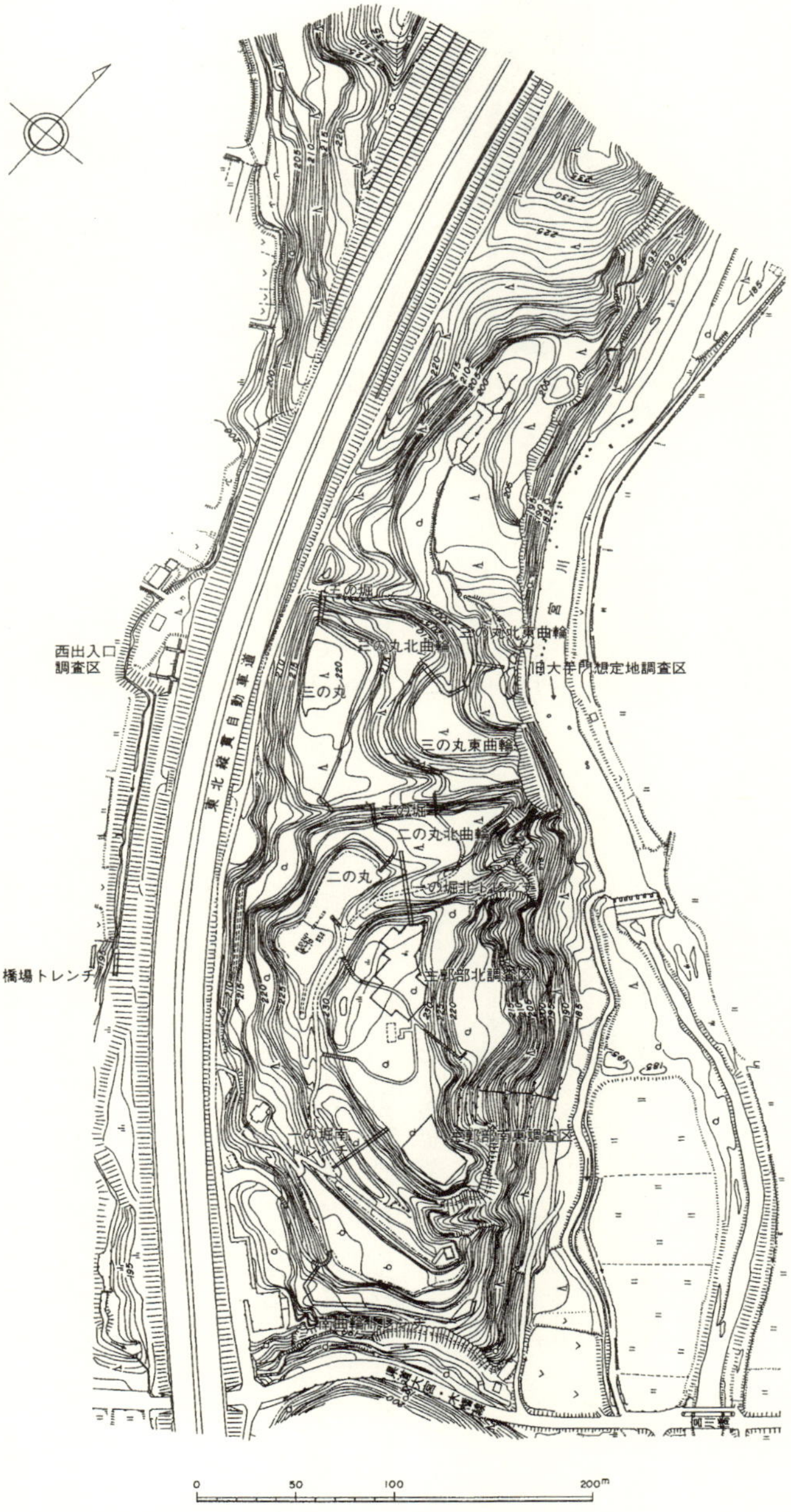

●―川崎城平面図（提供：矢板市教育委員会）

●—川崎城一の堀

丘陵を切っている。この三の堀の東半分、東西約一八メートル、南北約一五〇メートルの部分は、溜池《ためいけ》状の湿地帯となっており、「大《おお》蓮華《れんげ》池」と呼ばれる水の手曲輪と考えられている。その東部からは湧水が宮川に流れ落ちている。

県道より南側の部分は、ほとんどが自然地形であるが、一部に郭や堀がみられ、特に堀江山には複雑な形状の竪堀や郭がのこされている。

なお、この川崎城は、塩谷城、あるいは蝸牛《かたつむり》城とも呼ばれることがある。

【大手門の位置はどこか】　さて、江戸時代に刊行された『下野一国』という地理書には、川崎城の入口に関して「一　大手口東むき也」と記されており、これまで大蓮華池の南東部が大手門と想定されてきた。

ところが平成二年（一九九〇）度に矢板市教育委員会が行なった調査によれば、この想定地には大手門と推定できる証拠は確認できなかったという。いっぽう、平成六年度には三の丸の西、弁天川の東の平坦地と、そこから南南西に約一二〇メートル離れた「橋場」という地名をのこす所に、人工的な屈曲部や道の跡らしきものを確認した。少なくとも一時期、城の西側に出入口があったと考えられよう。

なお、発掘調査にともなって出土した土師質土器《はじ》、土鍋《どなべ》、常滑甕《とこなめがめ》などの遺物の年代は、いずれも一五世紀前半から一六世紀、すなわち室町・戦国期のものと考えられている。

【塩谷氏の分立】　築城者とされる塩谷朝業《ともなり》は、下野宇都宮《うつのみや》氏の基礎を固めた宇都宮朝綱《ともつな》の孫にあたる。もともと塩谷地方には源姓塩谷氏がいたが、朝業はその養子となり、これを取り込む形で宇都宮系塩谷氏が成立したと考えられている。『吾妻鏡』をたどると、朝業の名字は、建暦二年（一二一二）を境に宇都宮から塩谷にかわっているので、塩谷氏成立の時期もおそらくこのころであろう。朝業が川崎城を築いたとされる正治・建仁年間（一一九九～一二〇四）も、ほぼこれと一致している。鎌倉時代を通じ、宇都宮氏は下野各地に一族を配置していくが、塩谷氏は氏家氏に次いで早い時期に成立した庶子家である。

朝業は独立御家人《ごけにん》として幕府に仕え、三代将軍源実朝とは和歌を通じて深い親交があった。兄宇都宮頼綱《よりつな》（蓮生）とともに宇都宮歌壇の中心的存在で、『新〇《しんまる》和歌集』には三三首の和歌が載せられている。また晩年には、『信生法師集《しんじょうほっししゅう》』という紀行文も残している。

朝業以後の塩谷氏も御家人として活躍したが、鎌倉末期の時点で塩谷氏が荘官をつとめる塩谷荘は、北条得宗領になっているので、おそらくはその反発から幕府打倒に加わり、その後は北朝・幕府方として行動したものと思われる。

【一族や那須氏との抗争】 室町期に入ると、塩谷氏は強盛となり、同じ宇都宮一族の武茂《むも》氏と確執を起こして、ついには塩谷教綱《のりつな》が応永三十年（一四二三）五月、武茂氏出身で宇都宮宗家を継いだ持綱《もちつな》を殺害するに至った。しかし、その教綱も長禄二年（一四五八）五月に宇都宮本宗家により誅され、そのあとに宇都宮正綱の四男孝綱《たかつな》が入る。孝綱は、はじめ重臣として宇都宮氏を支えたが、後に芳賀氏と結んでこれと対立した。

孝綱以後、塩谷氏はふたたび宇都宮氏に臣従し、那須氏と激しく争った。那須氏の勢力圏と向き合う川崎城の東側が急峻な崖となっているのは、理にかなっている。

なお、この後塩谷氏は、川崎城主と喜連川（現さくら市）の倉ケ崎《くらがさき》城に分かれて対立した。『那須記』によれば、天正十三年（一五八五）三月、塩谷氏と那須氏は薄葉ケ原《うすばがはら》で激しく衝突し、九月には川崎城付近でも戦っている。

天正十八年（一五九〇）、塩谷義綱《よしつな》（孝綱の子）は、宇都宮国綱とともに北条《ほうじょう》氏を討った秀吉《ひでよし》のいる小田原《おだわら》に参陣して豊臣体制下に入ったが、文禄四年（一五九五）に改易となった。これにより川崎城も廃城となった。なお塩谷氏は、喜連川塩谷氏とともに佐竹氏に仕え、秋田へ転封となる。

●―川崎城遠景（東側より）

川崎城の周囲には、幸岡《こうか》城、岡城、矢板城、御前原《ごぜんばら》城など一四の支城跡が確認されており、これらは盛衰をともないつつも、約四〇〇年間にわたり塩谷地方を支配してきた塩谷氏とその一族・家臣団組織の強さを物語っている、といえよう。

（松本一夫）

【参考文献】矢板市教育委員会『川崎城跡・御前原城跡発掘調査報告書』（二〇〇二年）

●八高山の山頂と丘陵斜面を活かした山城

烏《から》山《やま》城《じょう》

〔所在地〕栃木県那須烏山市城山
〔比　高〕約一〇〇メートル
〔分　類〕山城
〔年　代〕中世以降江戸時代末期まで
〔城　主〕那須氏、織田氏、成田氏、松下氏、堀氏、板倉氏、那須氏、永井氏、稲垣氏、大久保氏
〔交通アクセス〕ＪＲ烏山線「烏山駅」下車、徒歩一五分

【歴史と変遷】　江戸時代前期延宝四年（一六七六）に那須《なす》郡小口村（現那珂川町）の名主大金重貞《おおがねしげさだ》が、この時期の那須地域の伝承を基に著した「那須記」の記述（巻之五）によれば、烏山城は、有力な那須氏の庶子家である那須資之《すけゆき》の弟資重《すけしげ》が、兄資之との抗争の最中、烏山の「高山」（現在の烏山市街地の北西にある八高山《はっこうさん》）が要害堅固であることに着目し、応永二十四年（一四一七）二月上旬から城を築き始め、翌応永二十五年正月十七日に城に移り住んだことに始まるという。烏山城の築城年代については異説もあり、明応年中（一四九二～一五〇一）那須資実《すけざね》築城説（滝田永世氏所蔵「那須系図説」資実の項、蓮実長著・蓮実彊増補『増補那須郡誌』所収、小山田書店、一九八八年）などがある。築城年代については、史料的な制約ではっきりとしたことは分からないのが実情である。

同時代の史料で烏山城の名が初めて登場するのは、天文八年（一五三九）十月十八日付け小山高朝《おやまたかとも》書状（白川文書）である。この時期の北関東領主層の抗争の中で、宇都宮俊綱《うつのみやとしつな》・佐《さ》竹義篤《たけよしあつ》・小田政治《おだまさはる》軍が、那須政資《まさすけ》と結び、政資の子の那須高資《たかすけ》の拠る烏山城を攻めたと記されている。発掘調査でも烏山城跡の古本丸《こほんまる》から大量に出土したかわらけの年代が一六世紀代のものが多いことを考慮すると、烏山城は戦国時代には存在していたといえる。

烏山城の名は、永禄期には、永禄四年（一五六一）八月二十六日付け佐竹義昭《よしあき》書状（松野文書）や永禄四年～同六年頃のものと思われる霜月六日付け佐竹義昭書状（阿保文書）の

中に登場し、那須氏が那須衆や近隣の領主から本拠の烏山城の名にちなみ「烏山」と呼ばれていたことが指摘できる。

永禄十三年（一五七〇）八月十二日付け佐竹義重《よししげ》書状写（秋田藩家蔵文書二〇）には、佐竹氏の烏山城攻撃のようすが記されており、佐竹氏が烏山城を攻めるに際してまず城のまわりの「烏山宿」（烏山城下の町場）や「根小屋《ねごや》」（家臣団集落）を打ち散らしたと記されている。この事実からは、この時期烏山城の周囲には「烏山宿」や「根小屋」が存在したことがわかる。

天正期にも那須氏は近隣の領主から「烏山」の城名で呼ばれていた。この点は、天正八年（一五八〇）閏三月二十三日付け水谷全珍《みずのやぜんちん》書状（瀧田文書）や天正十三年三月二十八日付け多賀谷重経《たがやしげつね》書状（那須烏山市所蔵平野家文書）の中で、「烏山御舘」と呼ばれていたことより指摘できる。なお、天正十八年の小田原《おだわら》合戦の直前ないし最中に作成されたと思われる「関東八州諸城覚書」（毛利家文書）には、那須氏の持ち城としてフルネームで「からす山城」の名が見える。

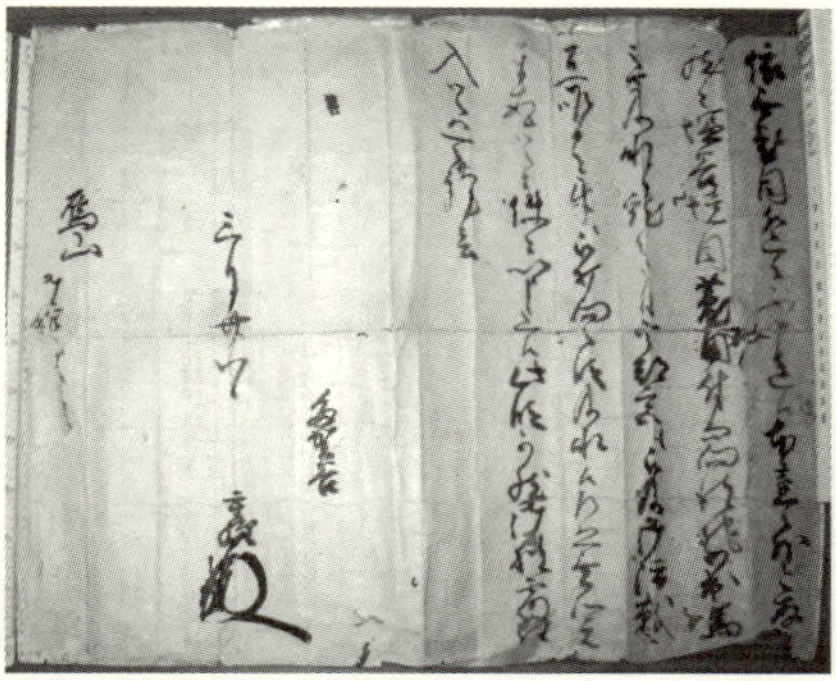
●―多賀谷重経書状
（那須烏山市所蔵平野家文書）

時期が降って慶長八年（一六〇三）卯月二十八日付け那須資晴《すけはる》願文写《がんもんうつし》（那須文書）には、那須資晴自身願いがかなって烏山城に戻ることができたならば、「新宿」に宮原《みやばら》八幡宮の鳥居を建立する旨が記述されており、江戸時代初期慶長八年四月段階には烏山城下に「新宿」が存在したことが指摘できる。

【秀吉による没収後】 烏山城主那須資晴は、小田原の豊臣秀吉の陣に参陣しなかったために、天正十八年（一五九〇）八月に資晴は秀吉によって所領を没収され、いったんは滅亡する。以後の烏山城主や烏山城の歴史については『烏山町史』（烏山町刊、一九七八年）に詳しいので、『烏山町史』の成果に依拠し記してみる。

那須氏没落後の烏山城主には織田信長の二男織田信雄《おだのぶかつ》、次いで成田《なりた》氏、松下《まつした》氏が入ってきたが、近世城下町としての骨格づくりを行ったのは、松下氏転封後に入部してきた堀《ほり》氏である。特に堀親昌《ちかまさ》は、寛永十七年（一六四〇）に烏山城に追《おお》手門《てもん》と神長《かなが》門を創建し、それまでの城への登城道が釜ヶ入《かまがいり》からのみであったものを、城の東側に七曲《ななまがり》と十二曲《じゅうにまがり》の二つの

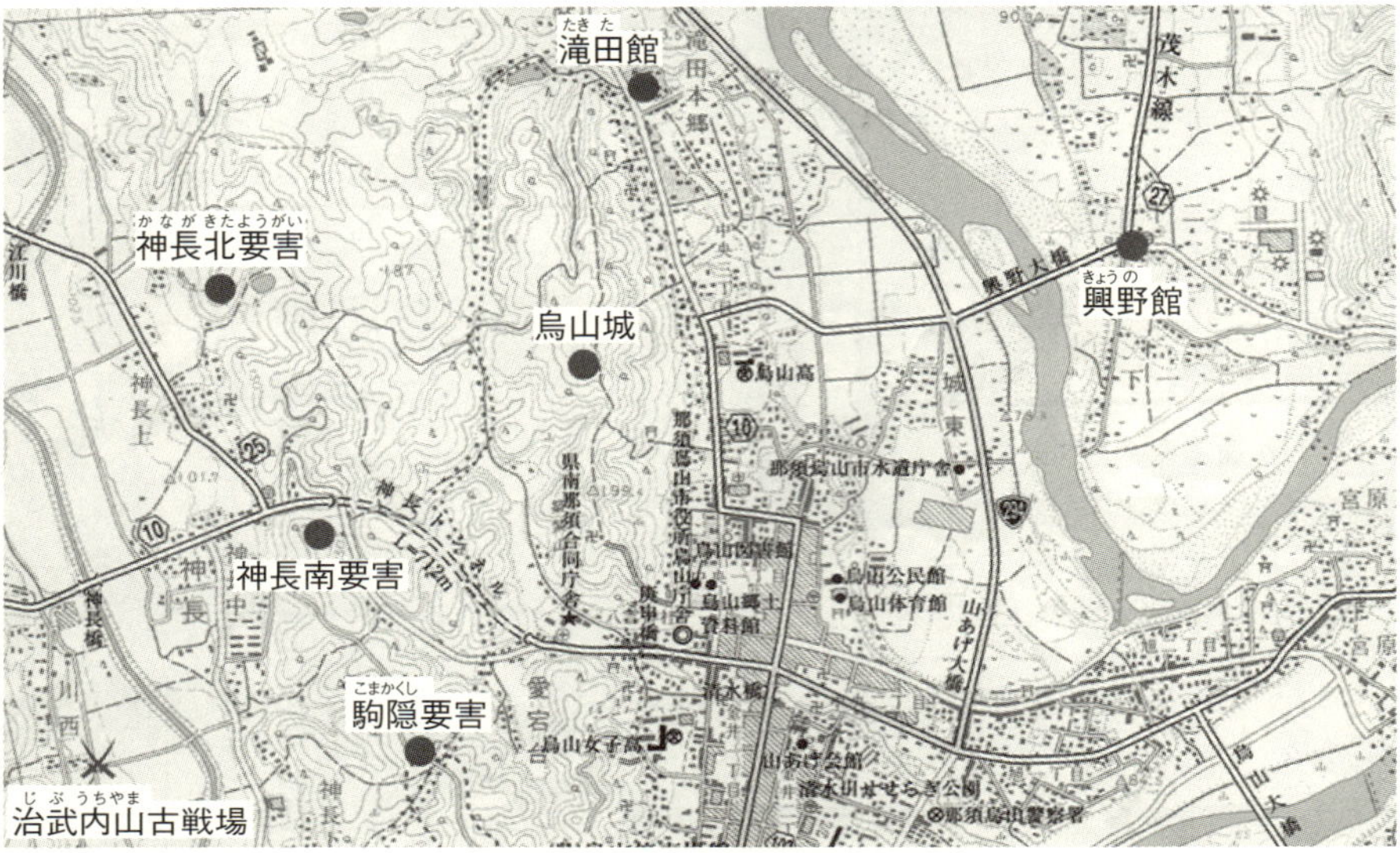

●―烏山城および関連史跡位置図
（平成22年3月「烏山城跡」現地説明会 資料より、那須烏山市教育委員会生涯学習課作成）

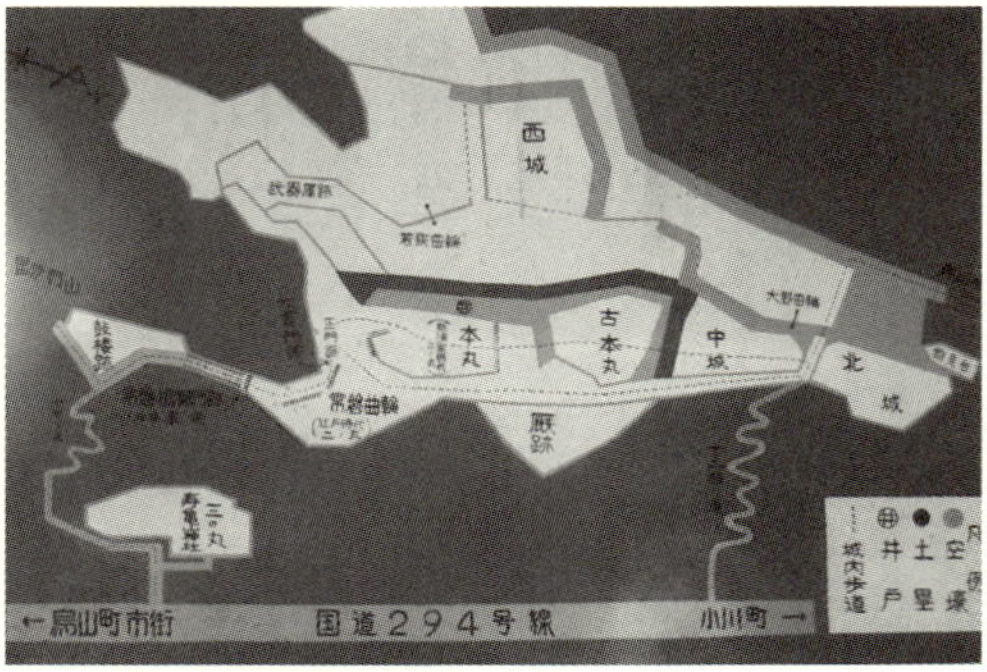

●―烏山城現地案内図

登城道を新設した。また、堀親昌は万治二年（一六五九）には城の麓に三の丸（藩庁と御殿が置かれた所、現寿亀山《じゅきさん》神社一帯）を建設し、城主は以後普段三の丸に居住することにした。

　堀親昌が信濃飯田《いいだ》（長野県飯田市）に転封になった後に烏山城主となったのが板倉氏である。特に板倉重種時代の延宝年間（一六七三〜八一）には烏山城下の区画整備事業が行なわれ、現在に至る烏山城下町の形態が形造られた。すなわち、従来からの地方知行制を廃止して全家臣を城下に居住させた。また、城内福泉坊《ふくせんぼう》にあった天性《てんしょう》寺と泉渓《せんけい》寺町にあった泉渓寺を城郭外の現在地に移し、現在の八雲《やくも》神社境内地内にあった能泉寺を富士山下《ふじやました》の現一乗院地に移し、その跡地を侍屋敷地（屋敷町）にした。また、城郭内と町民住居の境に竹矢来《たけやらい》ないし築地塀《ついじべい》を造り、郭内と町民住居を明確に区分した。

　天和元年（一六八一）板倉重種は武蔵岩槻《いわつき》（埼玉県さいたま市岩槻区）に転封になり、代って戦国時代の旧主那須氏が城主となり烏山城に入部してきた。那須氏の後は、永井氏、稲垣氏、大久保氏の順に烏山城主は交替し明治維新を迎えていく。なお、大久保氏が享保十一年（一七二六）に前藩主稲垣《いながき》氏から引き渡しを受けた烏山城の城郭は、古本丸《こほんまる》・二の丸・北城《きたじょう》・三の丸などであった（「法曹後鑑」など）。

●—吹貫門付近の石垣

【烏山城の構造】　烏山城は、遠くから見た城の姿形が臥《ふ》している牛の形に似ているので別名臥牛《がぎゅう》城と呼ばれている。城は、那珂《なか》川の右岸約一キロの所にある独立丘陵である標高二〇六メートルの八高山の山頂とその丘陵斜面を活かして造られている。現在の遺構は、明治初期の廃城時のものである。東西約三五〇メートル、南北約六〇〇メートルの範囲内に遺構が見られる。次頁の烏山城縄張図は、中世城郭研究会の中田正光氏が村田修三編『図説中世城郭事典』第一巻（新人物往来社、一九八七年）所収「烏山城」の項で提示した縄張図である。ここでは、中田正光氏の説も参照しつつ記述してみる。郭《くるわ》群の中で、享禄年間（一五二八〜三二）の火災で建物が焼失した後に建物が再建されなかったと伝承されているⅡ（古本丸）と、明応年間（一四九二〜一五〇一）の城域拡張のさいに築かれ、古本丸が使用されなくなったあとに実質的に主郭《しゅかく》になったといわれているⅠ（本丸）、およびⅠの西側にある郭（ⅥとⅨ）が初期の山城であったであろうという。

　次に造られた郭は、Ⅲ（中《なか》城）、Ⅳ（北《きた》城）、Ⅴ（大野《おおの》曲輪）、Ⅷ（常盤曲輪《ときわぐるわ》）などである。

　これら郭群の周囲には、地形を巧みに活用して竪堀や横堀、堀切、土塁などが設けられた。なお城内には、江戸時代前期以降に造られたり使われたりしたと思われる石垣《いしがき》や礎石《そせき》も見られる。

【古本丸の発掘調査】　那須烏山市教育委員会により、平成二十二年（二〇一〇）一月から三月にかけて烏山城跡の保存のために古本丸の部分の発掘調査が行なわれた。東西約六〇メートル、南北約七〇メートルの古本丸内に十字のトレンチを

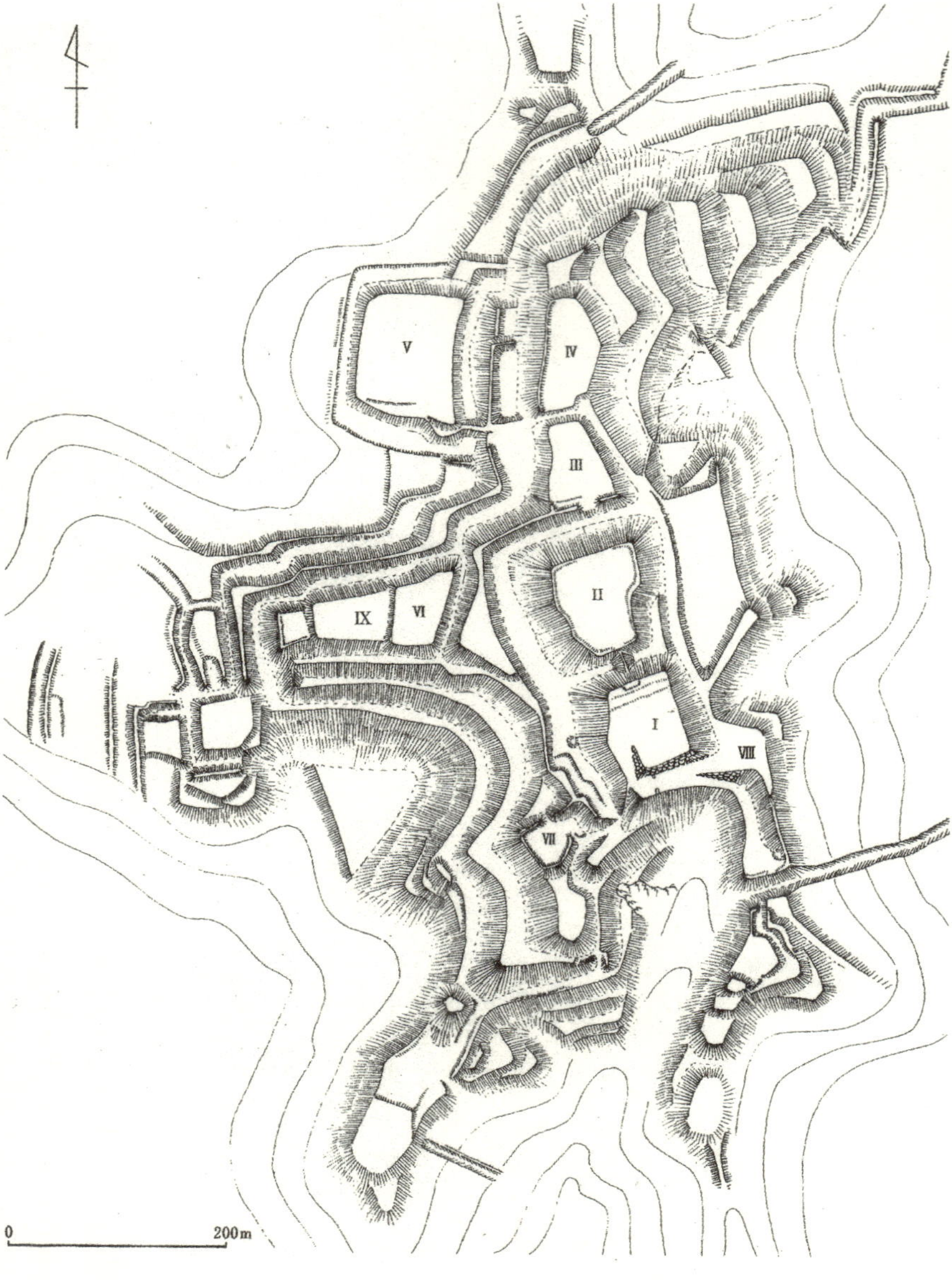

●―烏山城縄張図
（中田正光氏作図一部改変、『図説中世城郭事典』第1巻所収、新人物往来社、1987年）

入れ、土塁の断ち割り調査などを行なった。

調査の結果、郭の大きさを拡張するために、時期は不明ながら古本丸内東側の部分で大規模な盛土を施した土木工事が行なわれたことが確認された。また、かわらけ、陶器《とうき》、瓦《かわら》の破片、釘《くぎ》などの鉄製品、銅銭などが出土した。なお、かわらけは一六世紀代のロクロ成形のもので、一ヵ所からおびただしく出土し、戦国時代の那須氏が宴会や祭祀をしたのちに廃棄した可能性も考えられ、貴重な情報が得られた。

（荒川善夫）

●—かわらけ一括出土状況
（那須烏山市教育委員会提供）

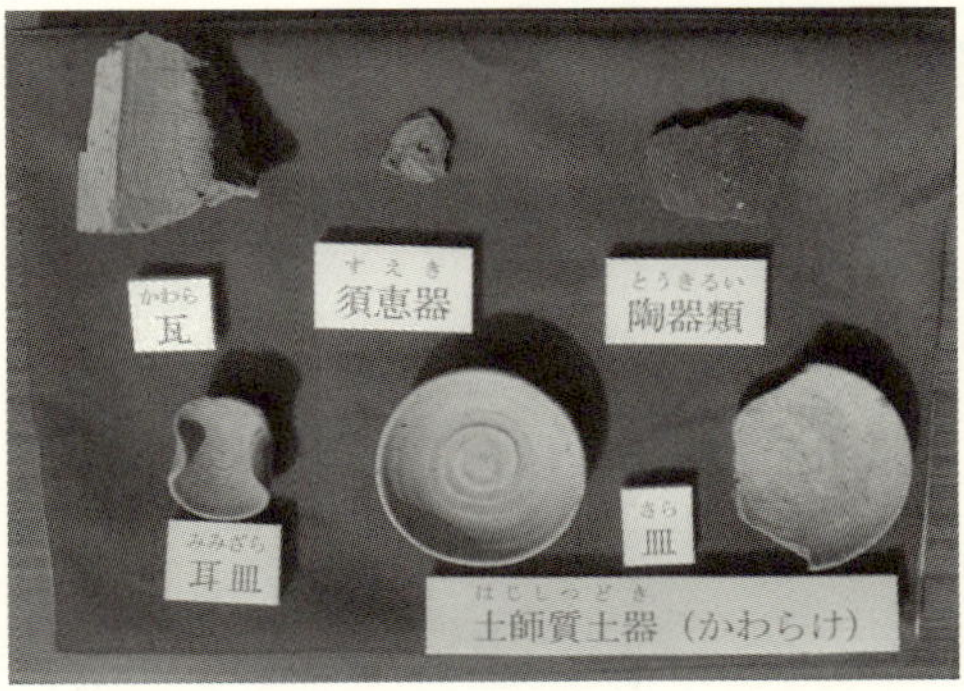

●—古本丸出土の主な遺物（同上）

●—土塁の断ち割り状況（同上）

●—南北方向に入れたトレンチ（同上）

●千本氏ゆかりの連郭式山城

千《せん》本《ぼん》城《じょう》

〔栃木県指定史跡〕

〔所在地〕栃木県芳賀郡茂木町大字町田字尾軽・字石末
〔比　高〕約一一〇メートル
〔分　類〕山城
〔年　代〕中世以降江戸時代初期
〔城　主〕千本氏
〔交通アクセス〕真岡鉄道「茂木駅」下車、車で一五分

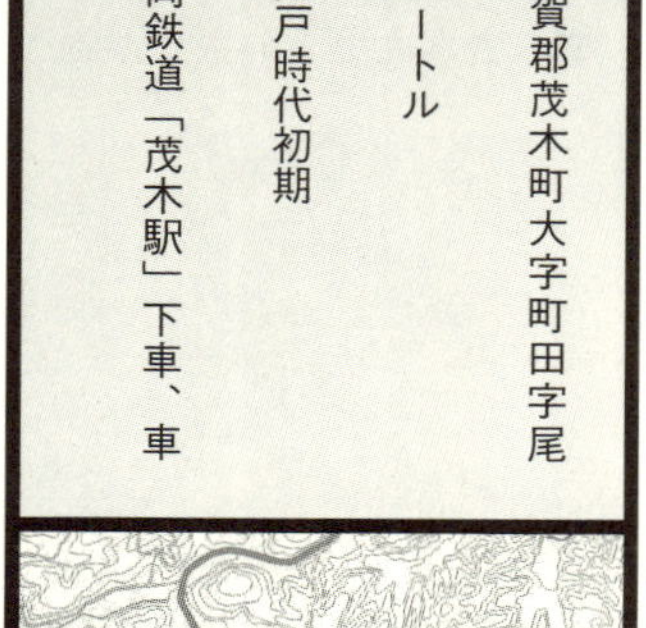

【立地】 千本城跡は、茂木町の北西部、国道二九四号線（通称「烏山《からすやま》街道」）の東側、大字町田地区の丘陵上に存在する山城である。別名須藤《すとう》城・教ヶ岡《きょうがおか》城とも呼ばれている。位置的には、烏山街道と市貝《いちかい》（田野辺）方面からの道が交差する場所に存在した中根《なかね》宿（千本《せんぼん》宿ともいう、茂木町大字千本字中根一帯）を掌握するには、好個な位置に占地している。また、烏山街道沿いの城跡北側の菖蒲田《しょうぶた》や城跡北西側の赤石の集落も押えられる位置にある。なお、城跡北東側の大字町田字尾軽《おがるい》地区が武家屋敷の存在した場所で、大字千本の大門《だいもん》地区が千本城の大手門《おおてもん》があったところといわれている（次頁「千本城跡一帯模式図」）。

【築城年代】 明治十五年（一八八二）二月八日付けで建碑された本丸に所在する「須藤十郎為隆《じゅうろうためたか》・千本明隆《せんぼんあきたか》碑」には、城が建久八年（一一九七）に那須与一宗隆《なすのよいちむねたか》の兄須藤十郎為隆により築城されたと刻まれている（田代善吉『栃木縣史』第七巻古城址編所収「須藤城」の項）。千本城の建久八年須藤十郎為隆築城説が正しいか否か、また建碑のさいの拠り所とした史料が何であったかは不明である。しかし、明治十五年段階の千本城の存在する茂木町須藤地区の伝承として、千本城建久八年須藤十郎為隆築城説が存在したことだけは指摘できる。

【歴史】 千本城でのできごととしては、戦国時代天文二十年（一五五一）正月下旬に、千本常陸守（資俊《すけとし》カ）が、馬好きの主君で烏山城主であった那須高資《なすたかすけ》に「能馬《よきうま》」を手に入れたの

でご覧にいれたいと申し出て「千本館」に招き、馬を見せた後に酒を飲ませ酔い伏している高資を暗殺した事件がよく知られている。当該事件は、江戸時代前期延宝四年（一六七六）に那須郡小口村（現那珂川町）の名主大金重貞《おおがねしげさだ》が那須・八溝地域に伝わる伝承を記した「那須記」（巻七「千本謀叛付資胤那須家継事」）に記載されている。この事件は、同時代の史料で確認できない。事件が起こった「千本館」が現在の千本城と同じ場所ないし千本城の一郭なのか、それとも別な場所なのか、はっきりとしたことはわからない。

●—須藤十郎為隆・千本明隆碑

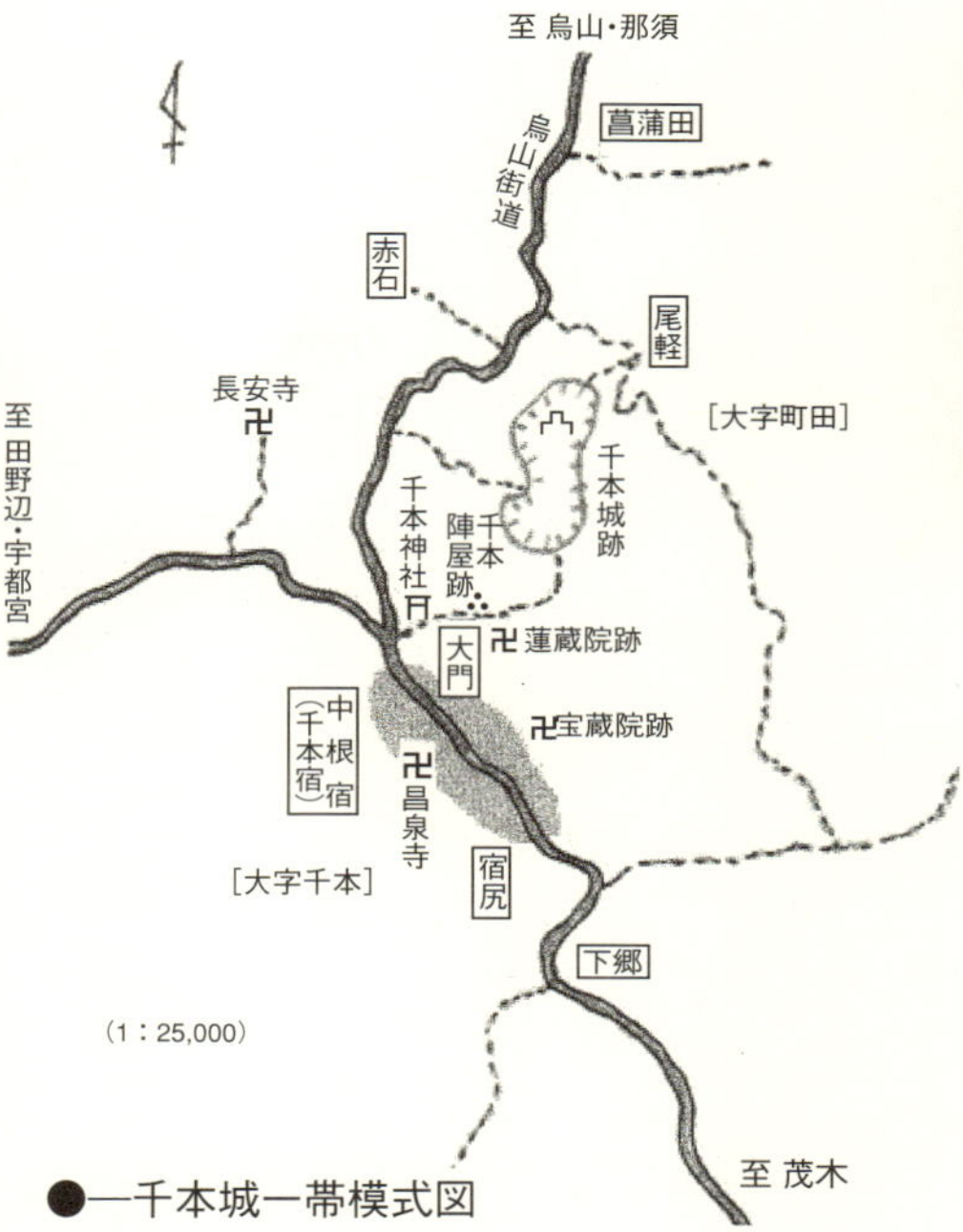

●—千本城一帯模式図

なお、千本城の名が同時代の良質な史料で初めて登場するのは、戦国時代永禄末期である。すなわち、常陸の佐竹義重《さたけよししげ》が永禄十年（一五六七）頃の八月十二日付けで配下の赤坂宮内太輔に書状（「佐竹義重書状写」秋田藩家蔵文書二〇）を送り、千本城に肉薄するほどの攻撃をしたと記している。また、日付が近いことから、この時期のものと思われるが、七月二十五日付けで佐竹義重が家臣の小貫斯頼《おぬきつなより》に千本城一帯での戦功を賞し、「右馬允《うまのじょう》」の官途を与えている（「佐竹義重官途状写」秋田藩家蔵文書四三）。千本城の名は、戦国時代末期天正十八年（一五九〇）の小田原合戦に際して豊臣秀吉方の毛利氏関係者が関東の主な城郭を調査し書き上げた「関東

●—太平寺本堂（那須烏山市滝）

八州諸城覚書」（毛利家文書）にも「千穂之城」「せんほ城」と記されており、当時は「センボジョウ」と呼ばれていた。

千本氏（資俊《すけとし》・資政《すけまさ》父子）は、戦国時代末期天正十三年（一五八五）十二月に、那須氏内の路線闘争から、那須資晴に命じられた冨久原《ふくはら》・大関《おおぜき》・大田原《おおたわら》の三兄弟により、烏山の滝寺（現那須烏山市太平寺）に誘い出され粛清されたといわれており（「那須記」巻十三「千本父子被討事付田野辺討死事」など）、那須氏系千本氏は断絶する。

この後、千本氏の家督は、那須資晴《すけはる》の計らいで茂木氏の子に与えられ、千本氏は茂木氏系千本氏として復活する。千本氏は、天正十八年の小田原合戦では、常陸の佐竹義宣に従属して豊臣秀吉の小田原の陣所に赴き、豊臣期には常陸佐竹氏に従属する国衆として位置付けられた（「佐竹義宣・宇都宮国綱参礼次第注文写」佐竹文書）。千本氏は、慶長二年（一五九七）十月、豊臣政権内部の権力闘争に巻き込まれ、豊臣秀吉により宇都宮氏や伊王野《いおうの》氏とともに改易に処せられてしまう（「佐竹義宣書状写」佐竹文書）。改易後の千本氏は、千本氏関係の諸系図の伝承によれば、慶長五年（一六〇〇）の関ヶ原の合戦の東国版ともいえる徳川家康と会津の上杉景勝との抗争では、黒羽《くろばね》城（大田原市）に赴き、奥州境目の防衛にあたったと語り伝えられ、千本氏は戦後徳川家康により再興を許される。

千本氏は、江戸時代初期寛永十年（一六三三）に当主義等《よしとも》が早世する。義等の死後後継者争いが起り、江戸幕府により改易に処せられてしまう（「寛永諸家系図伝」所収千本系図、「寛政重修諸家譜」所収千本家譜）。しかし、義等の弟和隆《かずたか》が、三代将軍徳川家光から寛永十五年十二月に千本家の再興を許され、江戸時代は幕府の旗本になっていく（「寛政重修諸家譜」所収千本家譜）。

その後の千本氏は、千本城の麓に陣屋を置き、大谷津氏を代官に据えて支配させ、自らは江戸屋敷で生活していく。

【千本城の構造】 千本城跡は、北側最高所にある本丸とその南側に連なる郭《くるわ》群からなる連郭《れんかく》式の山城である。本丸は、現在羽黒神社が存在する。本丸の形状は、南北に細長い不整な山形状を呈し、南側に虎口がある。本丸の西側斜面は切岸になっていて、東側は二重のテラス状の腰郭になっている。

二の丸は、本丸よりも約五メートル低く、東西に細長い郭になっている。厳密には中央部の坂状の本丸虎口へと続く施設を挟んで、東側の土塁で囲まれた郭と、西側の土塁・切岸で囲まれた郭の二つの部分とからなっている。

また、二の丸の虎口は東側にあり、その虎口から南に行くと、二の丸より二メートルくらい低い、東西に腰郭をもつ

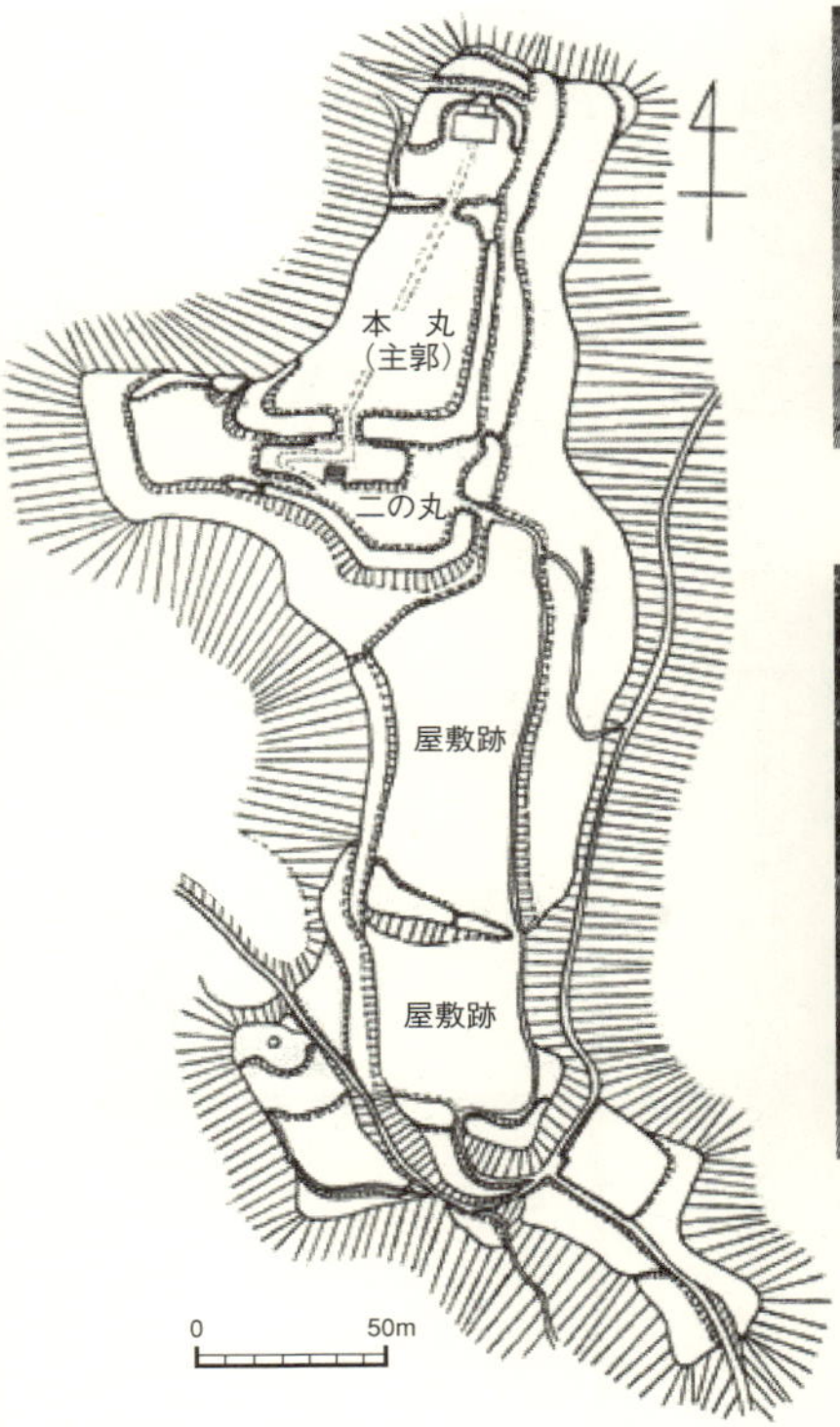

●―千本城略測図（塩沢清氏作図、『茂木町史』第二巻所収）

●―長安寺にある千本氏墓所（茂木町千本）

●―本丸虎口に立つ羽黒神社鳥居

●―南側「屋敷跡」から見た土塁と虎口

「屋敷跡」と呼ばれている郭がある。この「屋敷跡」の南側の郭も「屋敷跡」といわれている。なお、南側の「屋敷跡」の南西側には階段状の外城部分がある。外城峯《とじょうみね》と呼ばれている所は那須高資の霊をまつる天正八幡宮があった場所といわれており、現在も礎石の一部が確認できる。この外城峯からの眺望はすばらしく、冬の天気のよいときには遠く富士山も見ることができるという。

千本城は全体的に見て遺構の残存状況がよく、遺構の形状や大きさからは戦国時代山城といえよう。（荒川善夫）

●八田知家の末裔茂木氏の居城

茂木城《もてぎじょう》

〔茂木町指定史跡〕

〔所在地〕栃木県芳賀郡茂木町小井戸四六一―一
〔比　高〕約八〇メートル
〔分　類〕山城
〔年　代〕一四世紀前半～慶長十五年（一六一〇）
〔城　主〕茂木氏
〔交通アクセス〕真岡鉄道「茂木駅」下車、徒歩一〇分・駐車場有

【桜の名所城山公園】　茂木町の中心部を流れる逆川《さか》のすぐ北に標高約一六五メートルの桔梗山《ききょう》がそびえる。かつての茂木城である。現在は、城山公園として整備され、山頂までは車で登ることができる。山頂からの眺望にすぐれ、町民には桜の名所として親しまれている。

茂木城は、山城とはいえ、山頂部は最大で東西約四四〇メートル、南北約四二〇メートルの規模を有する。本丸にあたる主郭部は、山頂の南西に位置し、東西約八二メートル、南北約三一メートルの長方形で、西側と北側を中心に高さ約三メートルの土塁が現存している。空堀をへだてて主郭部の北に位置する二の丸は、東西約一八メートル、南北約五五メートルで、城の西側を守る。城の北側にある三の丸は、前面に深い空堀を二重に設けて防備を固めている。以上の諸郭に囲まれた山頂中央部の約一〇〇メートル四方の平坦地は、千人溜りと呼ばれており、中央には溜池跡がのこされている。構造的には、城の東側が本来の大手口《おおてぐち》にあたると考えられ、大手口は両側の出丸によって守られていたとみられる。

【茂木氏の居城】　城主の茂木氏は、源頼朝《みなもとのよりとも》に仕えて鎌倉幕府の有力御家人《ごけにん》となった八田知家《はったともいえ》の三男知基《とももと》にはじまる。知基は、父知家が頼朝から拝領した下野国茂木郡（茂木町）の地頭職《じとう》を譲り受けて本拠地とし、茂木氏を名のった。

茂木城の築城は、知基が茂木郡を領した鎌倉時代の建久年間（一一九〇～九九）と伝えられるが、実際には南北朝時代の一四世紀前半ごろの築城と考えられる。類例からみて、そ

れまでは茂木城の山麓、もしくは近在に居館を構えていた可能性が高い。一説には、「館《たて》」の地名がのこる茂木城の北東台地上（荒橿《あらかし》神社付近）にもともとの居館があったとする見方もある。ともかく、茂木城が茂木氏入部以来の居城だったのかどうかはなお検討の余地があろう。

初代知基以降、茂木氏は二代知宣《とものぶ》、三代知盛《とももり》、四代知氏《ともうじ》、五代知貞《ともさだ》と代を重ね、知貞の時期に南北朝の内乱を迎えた。内乱にあたって知貞は、足利尊氏《たかうじ》にしたがい、北朝方として各地を転戦している。とくに知貞・知政《ともまさ》父子が南朝方の北《きた》畠顕家《ばたけあきいえ》軍と宇都宮周辺で戦っていた建武三年（一三三六）十一月には、南朝勢によって茂木城はいったん落城しており、すでにこの時期には茂木城が築城されていたことがわかる。たぶん、戦乱の激化にともない、茂木氏が拠るべき新たな要害として茂木城は築城されたと考えられる。

南朝方の軍勢に占領された茂木城だが、留守を守っていた一族・家臣らの反撃によってまもなく南朝勢は退散し、その後城内には茂木氏の一族・家臣だけでなく、近隣の軍勢も立てこもっている。翌建武四年（一三三七）二月には、奥州から参陣した北朝方の軍勢もやはり茂木城に隣接する荒橿神社付近に陣を構えて、攻め寄せた南朝勢を撃退している。すでに茂木城は、北関東地方における北朝方の重要拠点となっていた。

【一五世紀の戦乱と茂木氏】　茂木氏は、知貞以後も北朝方として室町幕府・鎌倉府にしたがい、領地を守った。なかでも茂木氏は、鎌倉公方《かまくらくぼう》足利氏との主従関係を強め、歴代公方からは実名の「基」や「満」の一字を拝領して、それぞれ基知《もととも》、満知《みつとも》と名のっている。しかし、幕府と鎌倉府の対立が深刻化すると茂木氏の立場は微妙なものになっていった。

公方持氏が将軍義教《よしのり》に背いて討たれた永享《えいきょう》の乱（一四三八～三九）では、茂木氏は持氏《もちうじ》にしたがったために一時、領地を没収され、茂木荘は常陸の佐竹《さたけ》氏らに与えられている。ただし、その後、持氏の遺児安王丸《あんおうまる》らが与党と下総結城《ゆうき》城に籠城した結城合戦では、茂木氏は結城城を攻める幕府軍に従軍しているので、幕府方となっていたことがわかる。また、宝徳元年（一四四九）には、持氏の子成氏《しげうじ》が鎌倉公方に就任し、鎌倉府が再興されており、このころまでには茂木氏も領地を回復していたとみられる。

公方成氏と関東管領上杉氏との分裂にはじまる享徳《きょうとく》の乱（一四五四～八二）では、茂木氏は当初、上杉氏・幕府方となり、成氏に敵対している。このため、康正二年（一四五六）正月ごろから成氏方の軍勢による茂木城攻めが本格化し、三月には城をめぐって激戦が繰り広げられた。城攻めにあたる

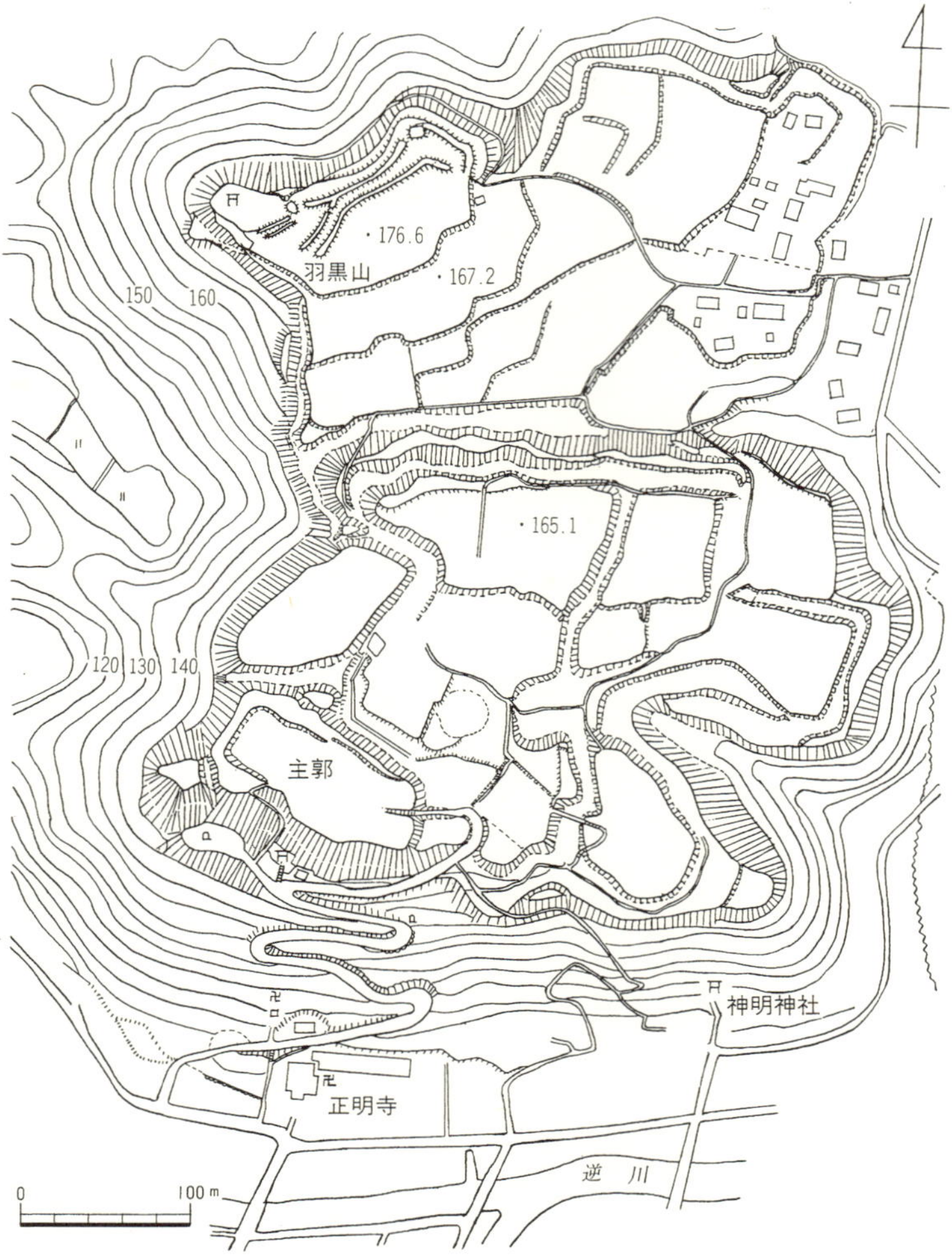

●—茂木城略測図（『茂木町史』より転載）

●—主郭

●—遠景

那須《なす》持資《もちすけ》にあてた成氏の書状には、三月三日の合戦で持資の親類・家臣数名が負傷したことや城の近辺に陣取って毎日矢《や》戦《いくさ》が行なわれていることなどが具体的に記され、昼夜におよぶ戦闘がつづいていた。しかし、それでも城を攻め落とすことはできず、かえって四月になると持資とともに従軍していた宇都宮氏の軍勢が、成氏の許しもえずに勝手に撤退してしまう始末だった。このため、持資らは力攻めをあきらめ、兵糧攻めによって同年八月にようやく茂木氏を降伏させることに成功した。茂木氏は、半年以上にわたる籠城戦を戦い抜いたのである。

【戦国時代の茂木氏】 享徳の乱以降、東国は戦国時代を迎えるが、この間に茂木氏は荘内の一円支配を実現するとともに、周辺の領主とも新たな関係を築いた。まず隣国の佐竹氏と同盟関係を結び、最終的には佐竹氏に服属している。また、一族である常陸の小田《おだ》氏とも基本的には友好関係を保った。領地を接する那須氏や那須一族の千本《せんぼん》氏などとも緊密な関係を維持し、とくに千本氏とは姻戚関係にあった。いっぽう、結城氏や宇都宮氏配下の益子《ましこ》氏などとは境界争いなどが原因でしばしば関係が緊張し、両氏は茂木領への侵攻を企てて、茂木領境で何度か軍事衝突を起こしている。

茂木氏は、佐竹氏配下の部将として戦国時代を生き抜き、戦国末期の天正年間（一五七三～九二）には一七代治良《はるなが》が当主となっていた。天正十八年（一五九〇）の豊臣秀吉《とよとみひでよし》の小田《おだ》原《わら》攻めでは、治良は佐竹氏当主の義宣《よしのぶ》に従って秀吉への謁見を果たした。こののち佐竹氏は、茂木領を含めた常陸・下野両国内の領地二一万貫文あまりを秀吉から安堵《あんど》されている。結局、茂木氏は茂木荘入部以来、約四〇〇年間にわたって領地を維持しつづけたことになる。

【茂木城の廃城】 文禄三年（一五九四）に佐竹氏領内で太閤検地が実施され、翌年には佐竹氏家臣団の大規模な知行《ちぎょう》替えが行なわれた。茂木治良は常陸小川城（茨城県小美玉市）へと移され、新たに須田盛秀《すだもりひで》が茂木城の城代となっている。しかし、関ヶ原の戦いの影響で、佐竹義宣は慶長七年（一六〇二）に秋田に移封となり、城代の須田氏もこれにしたがった。その後、同十五年（一六一〇）には、細川忠興《ただおき》の弟興元《おきもと》を藩主とする茂木藩が成立し、陣屋が新造されるにおよんで、茂木城は廃城となったという。

（江田郁夫）

【参考文献】『茂木町史・第二巻』（一九九七年）、江田郁夫「南北朝・室町時代の茂木氏」『栃木県立博物館研究紀要』一八（二〇〇一年）

●東国の南朝方六城の一つ

西明寺城《さいみょうじじょう》

〔益子町指定史跡〕

〔所在地〕栃木県芳賀郡益子町大字益子
〔比　高〕二一〇メートル
〔分　類〕山城
〔年　代〕一三世紀から一六世紀末まで
〔城　主〕益子氏、春日氏
〔交通アクセス〕真岡鉄道「益子駅」下車、徒歩六〇分・駐車場有

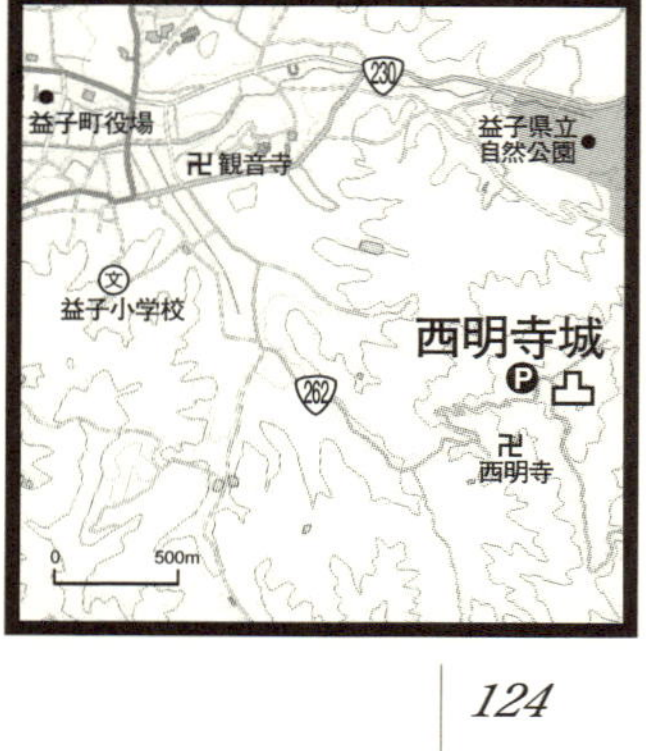

栃木県

【南朝方六城の一つ】　関東平野の北端に位置する益子《ましこ》町は、東方に阿武隈《あぶくま》山地から連なる山々が広がる。西明寺城は、益子町中心部の東方にそびえる高館《たかだて》山（標高三〇一・八メートル）の山頂を中心として周囲の尾根上、斜面、そして谷合いに所在する山城である。坂東《ばんどう》三十三札所第二十番の西明寺が南西端部の郭にあり、南北朝期の文献にも西明寺城とみえることから、このように呼ばれている。西明寺には、平安時代後期以降の仏像があるが、現在のこされている建造物は一五世紀後半以降のものである。

西明寺城がある益子を本貫《ほんがん》の地とした益子氏は、古代氏族の紀氏を出自とする一族で、平安時代後期には宇都宮《うつのみや》氏と姻戚関係を結んだ。奥州藤原氏との合戦で最大の攻防の場となった阿津賀志《あつかし》山の戦いで国衡《くにひら》の陣を破り、戦勝に多大な貢献をしたことから、源頼朝より旗を賜っている。鎌倉時代には西明寺が坂東三十三札所に位置付けられ、この付近に益子氏の本拠があったものと推定される。鎌倉時代末期、足利尊氏《あしかがたかうじ》にしたがい鎌倉幕府を破った後、南北朝の戦いでは南朝方として活躍した。延元三年（一三三八）北畠親房《きたばたけちかふさ》が東国に進出、翌四年（一三三九）西明寺城は南朝方の春日顕国《かすがあきくに》に攻略され、以後東国における南朝方六城のうち北の拠点として文和元年（一三五二）まで大きな役割を果した。その後、戦国時代には、ふたたび益子氏の居城として使用された。

城跡は、高館山の山頂付近に位置する主郭、古い主郭とされる権現平旧主郭、谷合いにある大門口館跡など、中心とな

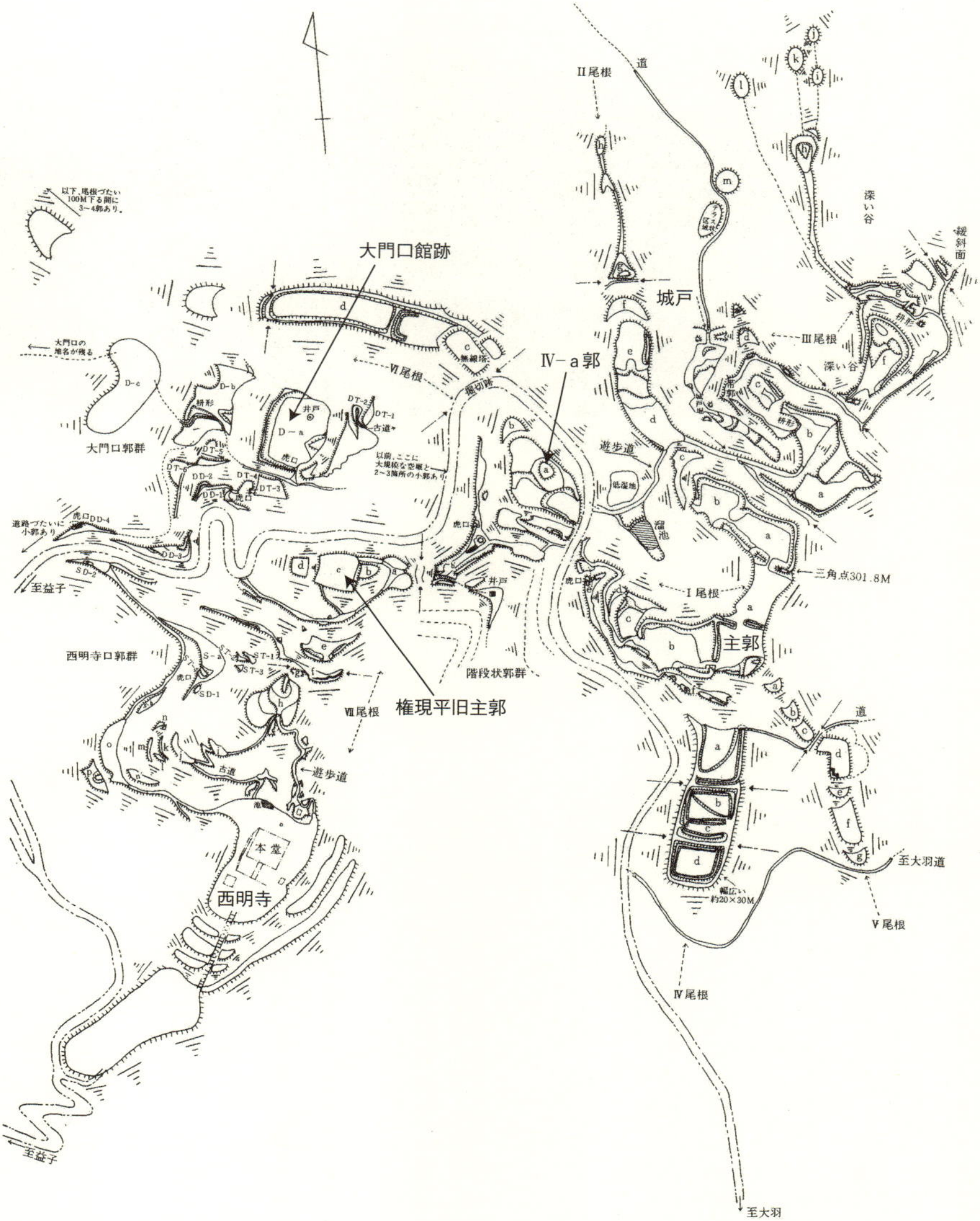
以下、尾根づたい
100M下る間に
3～4郭あり。
大門口館跡
大門口の
地名が残る
Ⅵ尾根
大門口郭群
井戸
古道
虎口
以前、ここに
大規模な空堀と
2～3箇所の小郭あり
道路づたいに
小郭あり
至益子
Ⅱ尾根
道
城戸
Ⅳ−a郭
遊歩道
溜池
深い谷
緩斜面
Ⅲ尾根
三角点301.8M
Ⅰ尾根
主郭
階段状郭群
権現平旧主郭
西明寺口郭群
Ⅶ尾根
本堂
西明寺
幅広い
約20×30M
至大羽道
Ⅴ尾根
Ⅳ尾根
至大羽

●—西明寺城遺構概念図

●—西明寺城の遠景

る郭が数ヵ所確認されている。現在遺されている城郭の遺構は、ほとんどが戦国時代に改修を受けたものと考えられる。

【西明寺城の構造】

高館山の最高所に位置する主郭は、東西三一・五メートル、南北三三メートルとほぼ正方形で、北・西・南側の三方に土塁がある。南東端部の土塁は基底幅が広くなっており、物見台《ものみだい》跡と推定される。北側の土塁は中央に食違《くいちがい》の虎口《こぐち》をもち、比高差がない東西三〇メートル、南北三六メートルの郭へつながり、もともとは南北に長い一つの郭であったと考えられる。主郭からは、北・北西・西・南・南東へと伸びる尾根があり、その上には段状に郭が造られ、堀切によって区画されている。主郭の規模はさほど大きくないが、主郭から伸びる尾根がいく筋もあり、そこに築かれた土塁をもつ郭の数が非常に多いという特徴がある。主郭から北西に伸びる尾根と北に伸びる尾根との間の谷には城戸が設けられ、こちらが大手方向であったと推定される。

　主郭から南西方向にある西明寺へと伸びる尾根は、郭が段状に造られているが、約一七〇メートル離れたⅣ—a郭は、東西四〇メートル、南北六五メートルと規模がやや大きく、一時期の中心的な郭と推定される。さらに約三〇メートル西の鞍部には大規模な堀切が造られ、その西に古い主郭と伝えられる権現平旧主郭がある。権現平旧主郭は、中央部の標高が二四二・六メートル、主郭との比高差は約六〇メートルある。大きさは、東西四五メートル、南北二四メートル、東側はやや高い平場となっており、物見台跡と推定される。権現平旧主郭の西側は一段の腰郭が、南側は西明寺にかけて数段の郭が設けられている。

　Ⅳ—a郭の西方、権現平旧主郭の北西方向に位置する谷筋では、館跡が確認されている。西方の集落からこの谷筋へと登る場所は「大門口」と呼ばれており、西明寺あるいは西明寺城に至る主要なルートであったと推定される。大門口館跡は東西三四メートル、南北四八メートルとほぼ長方形を呈す。北から東にかけては斜面を削り出し、西から南にかけては平坦地を造成した後土塁が設けられている。土塁の南東部には小規模な虎口がある。郭の中央部やや東寄りでは石組み井戸跡が確認されている。上部は南北二・五メートル、東西二・二メートル、長方形状に石を組み、下部中央に円形の落ち込みをもつ。内部から一六世紀と推定されるかわらけと磁器片などが出土している。

【新旧の西明寺城】　大門口館跡とその東側にあるⅣ―a郭、南の尾根上にある権現平旧主郭、そして南西方向の西明寺へと至る尾根上に設けられた小規模な郭群からなる西側の遺構群は、旧時代の西明寺城に関する遺構と推定される。これに対し、高館山最高所に設けられた主郭を中心として、いく筋もの尾根上に築かれた郭群は、新たに造り加えられた新西明寺城に関する遺構と考えられる。報告書では、前者を南北朝期より前、後者を南北朝期以降のものとしている。新西明寺城にみられる大規模で複雑な構造をいつの時代のものと評価するか、他の南北朝期の城館とのさらなる比較検討が必要であろう。

【西明寺城の意義】　高館山一帯に造られた西明寺城跡に関する遺構群は、鎌倉時代から戦国時代におよぶもので、全体の規模が大きく、郭の構造は複雑で、かつ遺構の保存状況も良い。中世における下野国を代表する山城の一つであろう。南西部の郭にある坂東三十三札所西明寺との関係、在地領主であった益子氏、南朝方として在城したとされる春日氏との関連など解明すべき課題も多く、歴史上も重要な城跡として位置付けられよう。

（大澤伸啓）

●―主郭南東端部の物見台と周辺の石組

栃木県

●宇都宮氏の重臣芳賀氏の城

飛《とび》山《やま》城《じょう》

〔国指定史跡〕

〔所在地〕栃木県宇都宮市竹下町
〔比　高〕約二〇メートル
〔分　類〕平山城
〔年　代〕永仁年間（一二九三―九八）～天正十八年（一五九〇）
〔城　主〕芳賀氏、芳賀高家
〔交通のアクセス〕JR宇都宮駅西口バスターミナルからJRバスで道場宿経由祖母井行き「下竹下」下車、徒歩一〇分

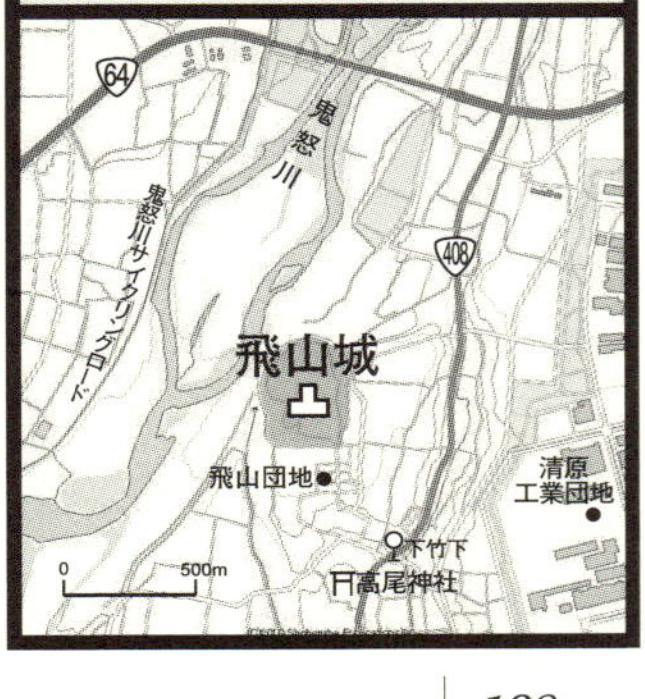

【陸路と水路の要衝の地】　飛山城跡は、宇都宮市の中心部より東方約七キロ、竹下町地内に所在する。この地は昭和二十九年の「昭和の大合併」以前、芳賀《はが》郡に属していた。

城跡の西～北崖にかけての遠望は絶景で、宇都宮市街が一望できるほか、その奥に日光連山や那須《なす》連峰の山々が見られる。そして眼下には鬼怒《きぬ》川の清流が流れる。川と城跡の比高は約二〇メートルを測り、見晴らしの良い河岸段丘上に城は築かれている。

もう少し微細に地形を見ると、城跡の東方約五〇〇メートルには、鬼怒川の支流により開折された谷が入り、また、南側にも開折谷が入ることから、宝積寺《ほうしゃくじ》台地から独立した島状の台地北西端に城跡は立地する。このような地形を考慮すれば、城の指定範囲は、外堀（6号堀）により囲まれた約一四ヘクタールであるが、城として機能した範囲は、この独立した台地全体であったと思われる。

現在、東側の開折谷の中を国道四〇八号（真岡《もおか》―高根沢《たかねざわ》線）がとおっている。芳賀氏が中世において支配した領域を考えれば、真岡城―飛山城―勝山《かつやま》城をつなぐ道があったことは確実で、飛山東側の開折谷の中をとおっていたと考えられる。ちなみに真岡城―飛山城間は約一四キロ、飛山城―勝山城間は約一三キロで、飛山城は真岡城と勝山城のほぼ中間にあたり、宇都宮城のほぼ真西約七キロに位置する。

また、鬼怒川は江戸時代に河岸《かし》が発達し、物資輸送の中心を担っていた。中世にさかのぼる水運に関する文献は今のと

●―飛山城遠景（北から）

ころないが、飛山では多くの常滑甕《とこなめがめ》が出土するほか、流通の拠点遺跡で出土が確認される石鍋《いしなべ》などが出土しており、中世においても物資輸送の一翼を鬼怒川が果たしていた可能性は高い。このように水陸両方の交通の要衝にあたるこの場所に、芳賀高俊《たかとし》が永仁年間（一二九三―九八）に城を築いたと伝えられている。なお、発掘調査で出土する遺物は、一三世紀以降からのものが多く、城の築城伝承とほぼ一致する。

【同慶寺】　飛山城跡の北東方約七〇〇メートルに瑞龍山養《ずいりゅうさんよう》徳院同慶寺《とくいんどうけいじ》がある。永仁年間に大同妙哲禅師《だいどうみょうてつぜんじ》が開基し芳賀高俊が建立したとされる臨済宗の寺である。高俊は永仁六年（一二九八）に六八歳で亡くなり、法名《ほうみょう》を養徳院雄山宗泰《ゆうざんそうたい》と号し、本寺の院号の由来でもある。

境内には一四基の五輪塔《ごりんとう》や宝篋印塔《ほうきょういんとう》からなる芳賀氏累代の墓碑（宇都宮市指定）があるほか、正安二年（一三〇〇）～康安元年（一三六一）にかけての板碑《いたび》が所蔵されている。

また、堀・土塁や井戸が一部のこっており、城館としての機能があったと考えられ、飛山城の支城とする説や飛山城以前の芳賀高俊の居館とする説などがある。なお、同慶寺内の古井戸に鍋蓋《なべぶた》を落とすと、飛山城の北崖下の深淵に浮かんでくるという伝承があり、飛山城と同慶寺とが非常に深い関係にあることを物語っている。

【南北朝動乱期と芳賀高名】 元弘三年・正慶二年（一三三三）に宇都宮高綱《たかつな》（のちの公綱《きんつな》）は、鎌倉幕府の命を受けて摂津《せっつ》の天王寺《てんのうじ》付近で楠木正成《くすのきまさしげ》と対峙する。『太平記』には正成が「宇都宮は坂東《ばんどう》一の弓矢取りなり。紀清両党《きせいりょうとう》の兵、もとより戦場に臨んで命を棄つること塵芥《ちりあくた》よりもなお軽くす」と評し、正面きっての合戦を避けたことが書かれている。紀清両党の紀は益子《ましこ》氏、清は芳賀氏のことであり、その勇猛ぶりが全国に知れ渡っていたことがわかる。

この年の五月に鎌倉幕府は滅亡し、時代は建武《けんむ》の新政、そして南北朝動乱の時代となる。宇都宮公綱は建武新政権下で雑訴決断所《ざっそけつだんしょ》の一員となり、その後足利尊氏《あしかがたかうじ》と後醍醐天皇《ごだいごてんのう》が対立すると、公綱は後醍醐天皇側として行動する。延元元年・建武三年（一三三六）に足利尊氏と後醍醐天皇の講和が成立すると、公綱は捕えられいったんは尊氏に属するが、ふたたび後醍醐天皇や新田義貞《にったよしさだ》と行動をともにする。

延元三年・暦応元年（一三三八）、南朝方の勢力拡大のために北畠親房《きたばたけちかふさ》が常陸国小田《おだ》城に入る。そして延元四年・暦応二年（一三三九）に南朝方の春日顕国《かすがあきくに》が北朝方の八木岡《やぎおか》城や益子城などを攻め、さらに宇都宮・飛山軍と戦いこれを退けている。翌年顕国軍は飛山城管轄下の石下《いしおろし》城を攻略し、その周辺を西明寺《さいみょうじ》城の支配下においている。さらに、興国二年・暦応四年（一三四一）八月十一日に飛山城は顕国軍に攻められ落城している。発掘調査では、この時期と考えられる遺構が確認されているほか、出土した遺物の中には被熱しているものがあり、落城との関連が想起される。なお、この間の戦いにおいて、芳賀氏の居城である御前《ごぜん》城の名が出てこない。南西約三キロの八木岡《やぎおか》城が攻められていることと考えると、この時期の芳賀氏は飛山城に本拠を置いていた可能性がある。それを裏付ける資料として、出土遺物の中には青磁の酒会壺《しゅかいこ》・梅瓶《めいびん》・香炉《こうろ》・仏花瓶《ぶっけびょう》などの威信財や愛媛県大山祇《おおやまずみ》神社の奉納物と同様な青銅製水瓶の一部が見つかっている。

なお、公綱が南朝方として行動しているのに対し、子の氏綱《うじつな》は足利方として戦っている。この一連の戦いのとき氏綱は一四歳前後であることから、その後見役である芳賀高名《たかな》が宇都宮家中において大きな役割を担っていたと考えられる。「沙弥宗心《しゃみそうしん》書状写」からは「宇都宮并鵈（飛）山輩」と両者が一体として行動をしていたことがわかる。高名の父高久《たかひさ》は宇都宮氏出身で公綱の父である貞綱《さだつな》とは兄弟であることから、公綱と高名は従兄弟同士となる。芳賀氏はその後も高貞《たかさだ》、興綱《おきつな》、高武《たかたけ》など宇都宮氏からの養子を向かえ入れており、宇都宮氏の重臣というだけではなく、宇都宮氏の一族（家風）としての立場でもあった。

【芳賀高家】　芳賀系図では、芳賀高名の子には、高貞（伊賀守）と高家（駿河守）がいる。高貞は先に述べたように実は宇都宮貞綱の長男で、高名の養子となり芳賀氏の家督を継ぐ。そして高名の実子は高家であるという。また、高家は飛山城主と明記されている。一方高貞は、『続群書類従』によると、「伊賀守高貞代に真岡城を取立、五所より引越」とあり、真岡城を居城としたと考えられる。

●—飛山城全景（真上から空撮）

　高家の行動については『太平記』などで断片的にしかわからないが、観応二年・正平六年（一三五一）の薩埵山《さった》の戦いにおける活躍により、宇都宮氏綱が越後・上野守護となり、氏綱は高名の子高貞・高家を両国の守護代に任じている。一三五五～五七年にかけて越後国加地《かじ》、小泉荘、豊田荘に関する駿河守高家の遵行《じゅんぎょう》状や打渡《うちわたし》状などの文書が確認されており、越後国内での活動の一端が窺われる。

　康安二年・正平十七年（一三六二）に畠山国清《はたけやまくにきよ》が失脚し、上《うえ》杉憲顕《すぎのりあき》が復帰すると、宇都宮氏綱の越後守護職も罷免される。これに対し、宇都宮氏綱を擁し、芳賀高名・高貞・高家が上杉復帰の阻止に動くが、貞治二年・正平十八年（一三六三）の武蔵岩殿山《いわどのやま》（現東松山市）合戦で鎌倉公方足利基氏《あしかがもとうじ》軍に敗れ、その時の戦いで高家は戦死してしまう。

高家の頃の飛山城は、現在の城の半分（曲輪Ⅱ～Ⅳを中心

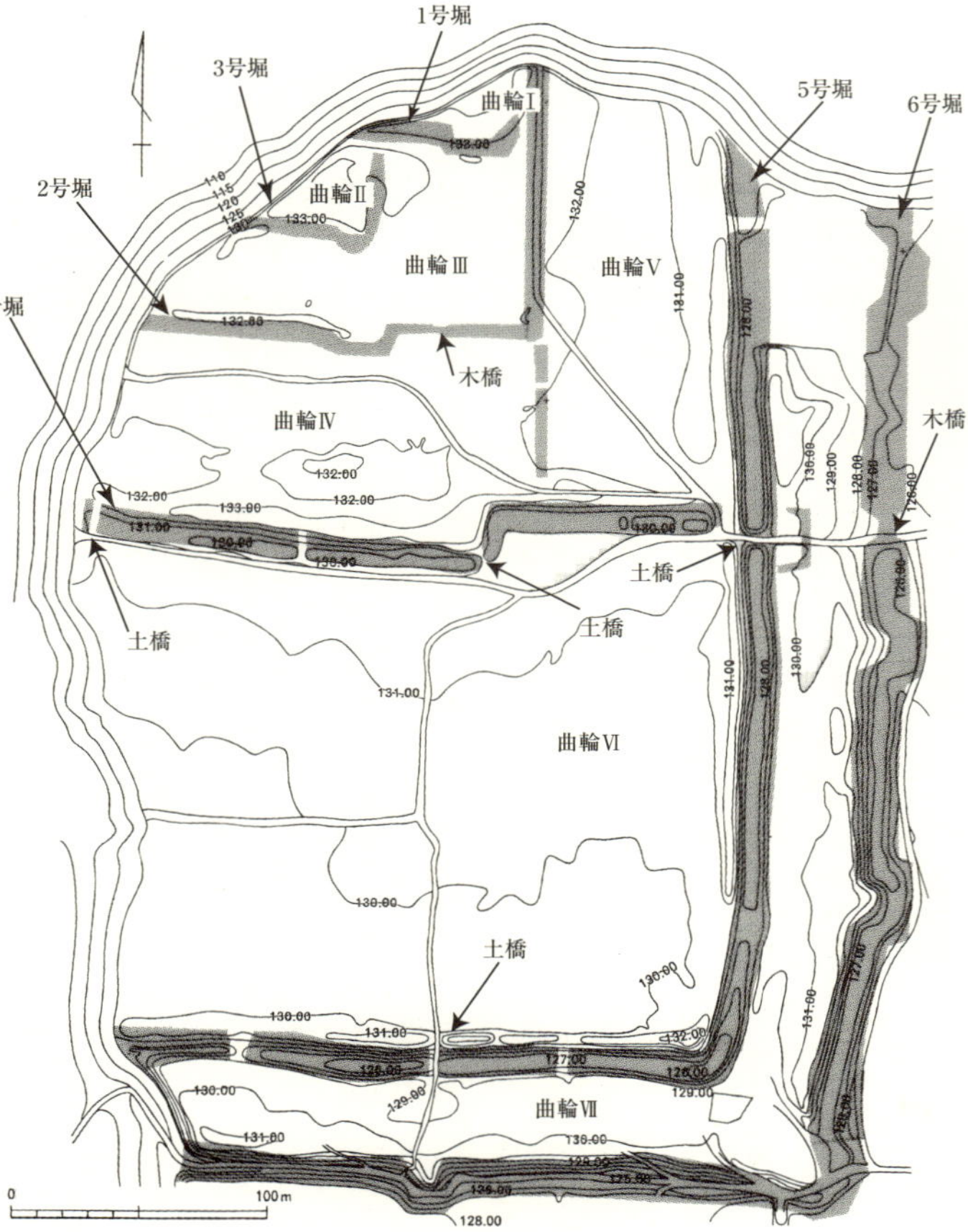

●―飛山城測量図

とする部分）ほどの規模であったと考えられる。また、出土遺物を見ると、陶磁器関係は古瀬戸中様式Ⅱ～Ⅳ期、常滑6～8型式のものが多く出土し、古瀬戸は後期様式以降極端に減少する。このことから、高家の死を契機としてこの城の機能が変化したことがわかる。なお、高家の子高清《たかきよ》は氏家郷勝山に移り住み勝山城主となる。勝山城は飛山城と同じ鬼怒川左岸の段丘上に築かれた城である。

【宇都宮城奪還】 天文十八年（一五四九）、五月女坂《そうとめざか》の合戦において宇都宮尚綱《ひさつな》が戦死すると、那須氏と手を結んだ芳賀高照《たかてる》は宇都宮城を占拠し、さらに天文二十一年（一五五二）には、壬生綱雄《みぶつなお》が北条氏康《うじやす》の意を受けて宇都宮城に入城する。

このようななか、芳賀氏当主であった高定《たかさだ》は、尚綱の遺児伊勢寿丸《いせじゅまる》（のちの広綱《ひろつな》）を擁して真岡城にこもり宇都宮城奪還の機会をうかがい、弘治元年（一五五五）に高照を真岡城

に誘い出し謀殺、さらにその二年後の弘治三年（一五五七）に、古河《こが》公方《くぼう》足利義氏《あしかがよしうじ》の命に応じた佐竹義昭《さたけよしあき》が広綱・高定を支援するため五〇〇〇の兵を率いて飛山に在陣し、これにより綱雄は宇都宮城を退却、広綱は宇都宮城に帰還することができた。

現在私たちが目にする城の縄張《なわばり》はこのころのものと思われる。城の東と南側が二重の空堀（5・6号堀）により防御され、北と西側が鬼怒川により守られる。そして、中央に城を北と南に分ける大きな堀（4号堀）があり、さらに北側の郭は三本の堀（1〜3号堀）と一条の溝により五つの曲輪（曲輪Ⅰ〜Ⅴ）に分けられる。このうち、曲輪Ⅰ〜Ⅲが主郭部分と考えられる。対照的に南側は東西約二二〇メートル、南北約二〇〇メートルの大きな郭（曲輪Ⅵ）のみである。この郭内には、広場的空間や倉庫と考えられる竪穴《たてあな》建物群が存在した。5号堀と6号堀の間に帯郭（曲輪Ⅶ）が形成される。6号堀には櫓台《やぐらだい》と思われる突出部が約一〇〇メートル間隔で五基設置されている。また、北から2番目の櫓台より約四〇メートル北の位置で木橋跡が確認され、「横矢掛《よこやが》け」を意識した造りとなっており、同慶寺と結ぶ古道との関係からもここが大手口《おおてぐち》と考えられる。

この時期、規模は最大となったが、遺物の量はあまり多くないことから、城の機能は、戦闘時など一時的な使用に変わっていたと思われる。天正十五年（一五八七）の芳賀高継《たかつぐ》の書状には、家臣である平石主膳正《ひらいししゅぜんのしょう》に対し、「在城之者」が話し合って普請などにあたるよう書かれており、このことを裏付けている。

【破却令】 天正十八年（一五九〇）、豊臣秀吉は後北条氏を滅ぼした後、鎌倉、江戸を経由し七月二六日に宇都宮に到着。八月四日までここに滞在し、「宇都宮仕置」を行なう。

その中に「佐竹・宇都宮ならびに家来のものども、多賀谷・水谷」の諸氏に対し、「いらざる城は破却せよ」との命令がある。

発掘調査の結果、主郭部分を囲む1〜3号堀や4号堀・6号堀が土塁を崩して人為的に埋められていることが判明した。これは「城破り」の状況を示しているといえ、このことから、飛山城も秀吉の「破却令」の対象となり廃城となったと考えられる。

（今平利幸）

【参考文献】 市村高男「文献史料から見た飛山城の歴史と性格」『史跡飛山城跡保存整備基本計画』（宇都宮市教育委員会　一九八八年）、今平利幸『飛山城跡』（同成社　二〇〇八年）

●戦国末期の宇都宮氏の本城

多《た》気《げ》山《さん》城《じょう》

〔所在地〕栃木県宇都宮市田下町城山ほか
〔比　高〕約二〇〇メートル
〔分　類〕山城
〔年　代〕康平六年（一〇六三年）?〜天正十八年（一五九〇）
〔城　主〕宇都宮国綱
〔交通のアクセス〕ＪＲ宇都宮線宇都宮駅西口から関東バス荒針経由鹿沼行で「森林公園入口」下車、徒歩二〇分

【多気不動尊】　この城は、康平六年（一〇六三）に宇都宮《うつのみや》氏の祖宗円《そうえん》が築城したという伝承があるが定かではない。城の北東中腹には、現在多気山持宝院不動寺《じほういんふどうじ》（真言宗）がある。この寺内には平安後期作の不動明王《ふどうみょうおう》坐像が安置されている。この仏像は宇都宮初代宗円が前九年の役（一〇五一〜六二）のさいに、源頼義《よりよし》にしたがい下向し、勝山《かつやま》（現在のさくら市氏家字勝山）で戦勝祈願を行なった時のもので、その後、長治二年（一一〇五）に二代宗綱《むねつな》が、当寺に移し本尊にしたものであるといわれている。

なお、寺伝によれば、弘仁十三年（八二二）に、勝道上《しょうどうしょう》人《にん》の弟子尊鎮《そんちん》が馬頭観世音を本尊として開山したといわれている。また、多気山の南東約一キロの大谷《おおや》寺内には平安初期〜鎌倉期にかけて彫られた千手観音《せんじゅかんのん》像をはじめとする大谷磨《ま》崖仏《がいぶつ》（国特別史跡・重文）があり、この一帯が古代から中世初頭にかけては宗教的な空間であったことがわかる。

【本拠の移転】　『宇都宮記』には、国綱《くにつな》が天正四年（一五七六）二月三日に普請《ふしん》を始め二十三日間という短期間でこの城を完成させたとある。一ヵ月弱という日数は、一五〇ヘクタールにおよぶ城域を築城するにはあまりにも短すぎるので、基本部分はそれ以前にできあがっていたと思われる。また、国綱はこのとき九歳であることから、父広綱《ひろつな》が計画し実施したものと思われる。なお、その年の八月七日に広綱は病死したとされている。

江戸後期に書かれた「宇都宮弥《や》三郎国綱《さぶろうくにつな》御家臣記」（柿沼

輝家文書）には「多気兵庫頭」が居住していたことが記載され、宇都宮氏の家臣という家伝の「若目田《わかめた》氏系譜」（若目田久四郎家文書）には、「元亀四（一五七三）癸酉《みずのととり》年八月広綱殿の命に依り多気城主軍功有り」と記されている。このことから、元亀年間には多気山城は存在し、宇都宮氏の家臣が居住していたと考えられる。

●─多気山城遠景（南西から）

　このころ宇都宮家中は、北条方・反北条方のどちらに属するか意見が分かれ、元亀三年（一五七二）には北条寄りの皆川《みながわ》俊宗《としむね》が宇都宮領内に侵攻し、これに対し、佐竹・宇都宮方が皆川方の深沢《ふかざわ》城ほか一一の城郭を攻撃している。また、壬生《みぶ》氏内部も宇都宮方の鹿沼《かぬま》城主徳雪斎周長《とくせつさいしゅうちょう》と北条方を志向する壬生城主壬生義雄《よしお》が対立し、天正七年（一五七九）に義雄が周長を殺害し、鹿沼城に入城する。このような時代の流れのなかで、先に述べた多気山城の強化改修工事が行なわれている。

　天正十二年（一五八四）六月～七月にかけて、佐竹・宇都宮連合軍と北条氏直《うじなお》軍が下野国三毳山《みかもやま》南麓の沼尻《ぬまじり》で対陣し、天正十三年（一五八五）には、佐竹氏が壬生氏の本拠である鹿沼を攻撃、これに対し、十二月に北条・壬生・那須勢が宇都宮に攻め込み城下が放火されている。このような北条氏の攻勢が強まるなか、宇都宮氏は本城を宇都宮城から多気山城に移す。「日光山《にっこうさん》常行堂常住三十講表白」の奥書には「天正十三年酉乙《とりきのと》八月二十八日宮ヨリ田野山ヲ城ニ取」とあり、そのことを裏付けている。また、「桜井武兵衛覚書」に「新宇都宮たけ」、「清水正花武功覚書」に「宇都宮新城」と登場する。なお、本拠を移した後の宇都宮城は有力家臣である玉《たま》生《にゅう》氏に任せたようである。

　多気山城での攻防の記録はあまりのこっていないが、「中里文書」や「玉生家系図」などから、天正十四年から天正十七年にかけて北条氏の攻撃を受け、それを撃退していることがわかる。このことからこの城の堅固さをうかがい知ることができる。

天正十八年（一五九〇）に北条氏が滅亡後、豊臣秀吉は七月二十六日〜八月三日まで宇都宮城に滞在し「宇都宮仕置《しおき》」を行なっている。「今宮祭祀録《いまみやさいしろく》」には「上より御奉行衆《ごぶぎょうしゅう》七月十三日に宮へ御越《おこ》し候《そうろう》、御帰りし以来、悉《ことごと》くたげ（多気山城）宮へ移り申し候」とある。ここでいう「宮」は宇都宮城のことであり、秀吉滞在後に多気山城より宇都宮城に本城を戻したことが窺える。

【宇都宮国綱】 国綱は、永禄十一年（一五六八）に宇都宮広綱と佐竹義昭《よしあき》の娘との間に嫡子として生まれる。『下野国誌』には父の広綱が天正四年（一五七六）に三二才の若さで亡くなり、国綱が幼少であったため、その死が伏せられていたと書かれている。『佐竹系譜』には元亀三年（一五七二）に「宇都宮広綱病あり」とあることから、広綱は元亀以降病に伏していたことがわかる。また、その死後は、母である佐竹義昭の娘南呂院《なんろいん》と宿老が佐竹義重《よししげ》の後見を受けて政務を取り行なっていたようである。その後の佐竹氏の動きを見ると、天正五年（一五七七）の北条氏の関宿《せきやど》・古河《こが》着陣に対し宇都宮氏を支援し、翌年には佐竹義重が壬生氏攻撃のため出陣するなど、下野国内で反北条の旗頭として活動を行なっている。

宇都宮氏が多気山に本拠を移す時期は、国綱一八歳の頃となる。『今宮祭祀録』によると、同年に国綱が佐竹義重とともに「田気《たげ》ノ御堂」を建立したとある。このとき義重は三〇代後半で、国綱にとっては「東方之衆」の旗頭《はたがしら》であるとともに伯父であり、かつ幼少より指導を仰いだ父親的な存在であったと考えられる。父祖伝来の居城である宇都宮城から多気山城に本拠を移したのには、北条氏の脅威だけではなく、それに対抗する佐竹氏の戦略的な意向もあったと考えられている。

天正十八年（一五九〇）の豊臣秀吉《とよとみひでよし》の小田原北条氏攻めにおいて、国綱は義重とともに秀吉に謁見し、豊臣方として行動する。国綱は石田三成《いしだみつなり》の配下として忍《おし》城攻めなどに参加している。北条氏滅亡後は、秀吉より旧領を安堵《あんど》されたほか、羽柴侍従《はしばじじゅう》の称号を許可されている。

その後、秀吉の朝鮮出兵に参戦するが、慶長二年（一五九七）に秀吉より突然領地没収・追放の命が下り、国綱は改易となる。

【城の防御】 標高三七七メートルの多気山の山頂付近は、御《ご》殿平《てんだいら》と呼ばれ、本城の主郭部分をなす。主郭は土塁により二分され、北側に最高位の場所があり、物見台的な役割を果たしていたものと考えられる。さらに北側の尾根上に延びる郭とは堀切《ほりきり》により切断される。江戸初期の慶安四年（一六五

●—多気山城縄張図（宇都宮市教育委員会『多気城跡』1997年より転載）

●—主郭南側の竪堀と土塁（南から）

一）に成立した『下野一国』によれば、「本丸東西六拾間南北三拾間」とある。東西約一〇九メートル×南北約五四メートルとなり、山頂部南側の平坦なスペースを指していると思われる。主郭の南側には坂虎口《さかこぐち》、桝形《ますがた》虎口など幾重にも虎口が設けられ厳重に防御されている様子がうかがわれる。

主郭の南側の尾根には横堀と竪《たて》堀、連続する腰郭が設けられ防御を固めている。平成二十二年（二〇一〇）の調査で図中Ⅲの南側の竪堀および郭の一部が調査された。郭は階段状に連続して六段設けられ、斜面を切り盛りして幅の狭い平坦面を形成している。竪堀はその西側に掘られ、郭側に高い土塁、堀を挟んで対岸には低い土塁をもつ。堀の規模は上幅約一〇メートル、下幅約二・五メートル、深さ約五メートルの箱堀である。堀の埋土下層に焼土が混入していることから、この城で戦闘があったことをうかがわせる。また、郭部の調査で、一六世紀代のかわらけが出土しており、城の使用時期を考える手がかりとなる。

主郭から南西に延びる尾根には広い郭（図中Ⅳ）があり、そこから派生する南東の尾根上には大小の郭が階段状に連続する（図中Ⅵ）。また、主郭から南東に延びる尾根上にも階段状に郭が連続する（図中Ⅴ）。

これらの郭群を防御するように多気山中腹（標高二二五メートル付近）の南麓部を大規模な横堀（堀A）がめぐる。その総延長は約二キロにわたる。その東端には東へ突出する方形の張出し部が二ヵ所ある。平成三年度にこの付近が調査され、幅約八メートル、深さが四・五メートルの薬研堀が確認されている。土塁は内側と外側にあり、内側の土塁は幅約六メートル、高さ約二メートルで、内側斜面で三列の石積みが確認されている。そして、土塁の切れた部分で柱穴が確認され、この部分が木戸などを設けた虎口部分であることが判明している。

また、この横堀の南西付近の坂虎口の一ヵ所で、鍵の手状に曲がる土塁の一角に六～七段の石を積み上げた石積遺構が確認されている。城内にはこのような石積遺構が他にも何ヵ所か確認される。ちなみにこの地域は、大谷石《おおやいし》が採掘される場所として有名で、多気山を形成する岩盤（通称「多気石」）を使って、虎口など要所部分の補強をした可能性は高い。

さらに西南麓の標高一九〇メートル付近にも横堀（堀B）がめぐらされ、西南方向（鹿沼《かぬま》方面）をより強く意識した造りとなっている。

【割田遺跡】　平成四年（一九九二）度に城の外郭部分に当たる割田《わった》遺跡が調査された。この調査では、多気山から独立した南東側の丘陵上で堀・土塁が三百メートルにわたり確認さ

●—割田遺跡の堀・土塁（北東から）

れている。堀の規模は上幅約七メートル、下幅約〇・二メートル、深さ約四・二メートルの薬研堀《やげんぼり》で、土塁は幅六〜七メートル、高さ一・五メートル、外側にも、高さ約一メートルの土塁がめぐり、堀の内外に土塁をもつ。これは、先に見た多気山城の堀の構造と類似し、同時期の普請と考えられる。また、「折り」と土橋が一ヵ所確認されている。本遺跡以外にも周辺の丘陵上には堀があった可能性があり、これらが多気山城の外郭線を成していたと考えられる。この外郭線と東の姿川、西の赤川に囲まれた城の規模は東西約一・五キロ、南北約二キロとなり、関東屈指の大城郭といえる。

この外郭線に囲まれた城の南側には、現在でも「下河原《しもがわら》」「粉河《こかわ》寺」「清願《せいがん》寺」「裏町」「扇町」「塙田《はなわだ》」「源石《げんこく》町」といった宇都宮城下と同じ地名がのこっている。このことは、国綱の本城移転が、防御強化の城の機能移転だけではなく、まさに城下町を含む宇都宮氏の本拠の移転であったことを物語っている。

（今平利幸）

【参考文献】荒川善夫「中世下野の多気山城に関する一考察」『歴史と文化』第二号（栃木県歴史文化研究会　一九九三年）、『多気城跡』（宇都宮市教育委員会　一九九七年）、荒川善夫・関口和也「第7節宇都宮氏による多気山城の築城」『鹿沼市史』通史編原始・古代・中世（鹿沼市史編さん委員会　二〇〇四年）

●果たして小山氏の支城か？

犬《いぬ》飼《かい》城《じょう》

〔所在地〕栃木県宇都宮市上欠町根古屋
〔比　高〕約一五メートル
〔分　類〕平山城
〔年　代〕康暦元年（一三七九年）？〜天正元年（一五七三）？
〔城　主〕小山氏？、犬飼康吉？
〔交通のアクセス〕JR宇都宮駅から関東バス楡木車庫または運転免許センター行きで「聖山公園入り口」バス停下車、徒歩約一〇分

【伝承による城の主】　明治期に書かれた『姿川《すがたがわ》村誌』によると、この城は康暦元年（一三七九）に小山義政《おやまよしまさ》により築城されたと伝えられているが確たる証拠はない。

　その後、元亀年間（一五七〇―七三）の初めに城主小山政《まさ》長《なが》が北条氏政《うじまさ》と戦って敗北したと『宇都宮郷土史』にあるが、政長は養嗣子高朝《たかとも》が天文四年（一五三五）頃に家督を継ぎ、その前後に亡くなったといわれていることからすると、この記載には年代的な矛盾がある。

　そして、元亀四年（一五七三）に犬飼康吉《いぬかいやすよし》が城主となったが、宇都宮勢に攻められ廃城になったといわれているがこれも定かではない。この時期、隣接する地域を治める鹿沼《かぬま》城主が宇都宮氏寄りの立場をとる徳雪斎《とくせつさい》周長《しゅうちょう》であることから考えると、仮に犬飼康吉なる人物が城主であったとしても、この時点では小山氏関係の城ではないと思われる。

【城の構造】　現状で城の遺構が明瞭にのこる範囲は約二・五ヘクタールで、主郭は北西に張出しをもつ一辺約五〇メートル四方の方形で、北東部と南西部に土橋による虎口《こぐち》をもつ。また、南東隅に井戸がある。主郭をかこむ堀は、幅が約一〇メートル、深さが約五メートルを測る。主郭の西と北側をかこむ郭は、北側に櫓台《やぐらだい》状の突出部をもち、西側に土橋による虎口を設ける。南側には一段低い低地部との境に横堀を設け、広く細長い外郭を形成する。

【城の位置からわかること】　現在この城は、宇都宮市南西部の鹿沼市との境界近くに位置し、姿川と武子《たけし》川に挟まれた舌《ぜっ》

状《じょう》台地の南端部に築かれた平山城である。城の所在する上欠《かみかけ》町は、近世初期において欠下《かけした》村または欠之下村と呼ばれており、明治二十二年に河内郡姿川村となる。『姿川村誌』

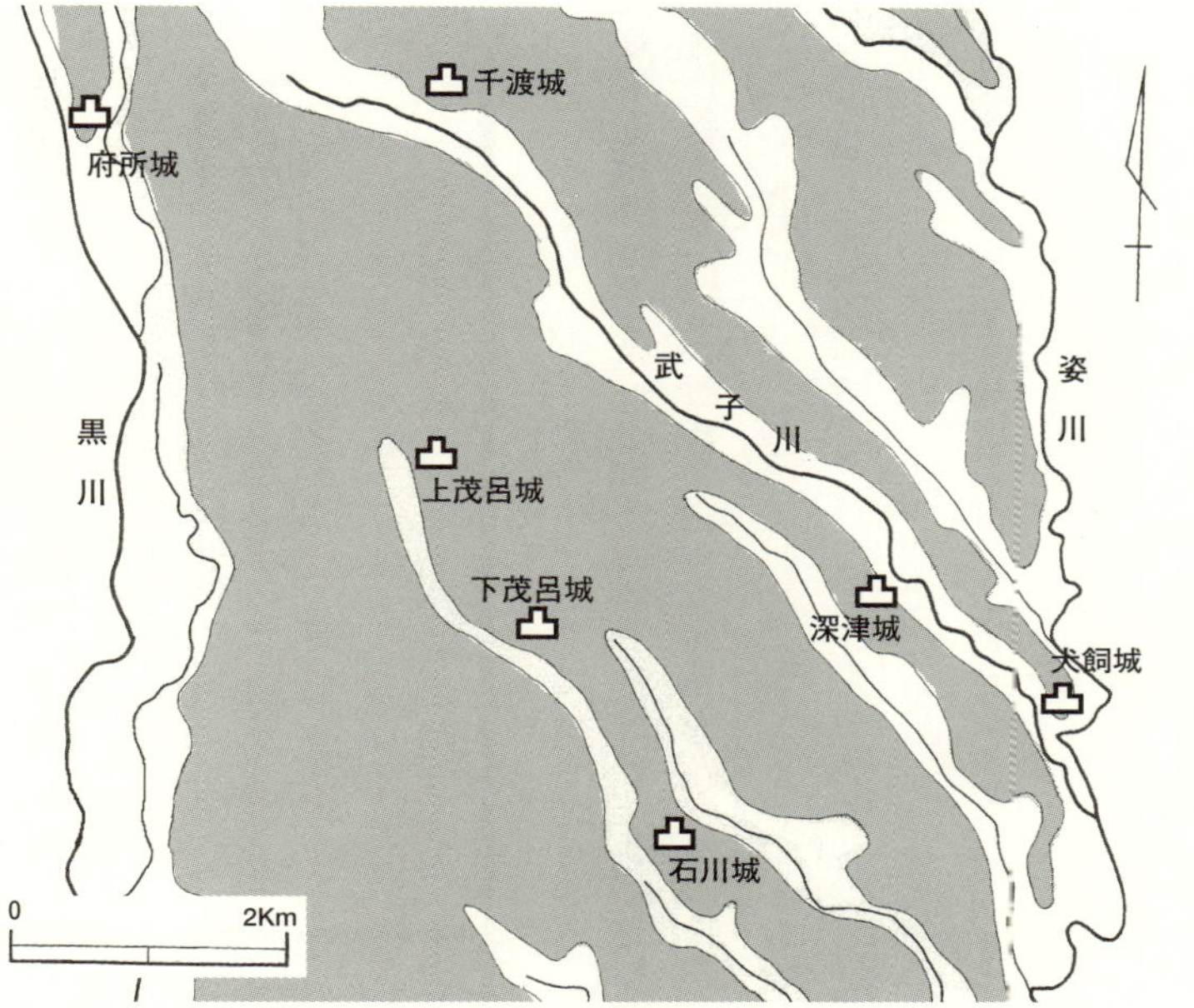

●—犬飼城周辺の宇都宮系城館分布図

には「犬飼《いぬかい》郷城趾」とあり、その城名から中世犬飼郷内に位置していたと考えられるが、郷内の北東端に位置し、犬飼郷一二郷を治めるには不便な位置のように思える。

江戸時代に大金重貞《おおがねしげさだ》が書いた『那須記』の『鹿目落城言付君嶋備中守城入言』に天正四年頃の宇都宮方の城として、深《ふか》津《づ》城、石川城、師ノ《もろ》（下茂呂）城、上師ノ（上茂呂）城、府郡（府所《ふどころ》）城、千渡《せんど》城など武子川左岸の城が登場する。本城は武子川の左岸であり、深津城とは一・五キロしか離れておらず、城の構造的にも西もしくは南を意識した造りになっている。これらのことから類推すると、少なくとも天正年間においては宇都宮方の勢力範囲内に位置していた城であったと思われる。

なお、『那須記』の中には、横田《よこた》城主・西川田《にしかわだ》城主と並んで懸下《かけした》城主江馬藤兵衛尉《こうまとうひょうえのじょう》の名が見られる。横田城・西川田城は姿川右岸にあるが犬飼城と近い位置関係にある。また、先に述べたように近世はこの地が欠下村であったことからすると、この城が懸下城と呼ばれていた可能性がある。

（今平利幸）

【参考文献】『姿川村誌』（小川利平　一九〇七年）、『鹿沼の城館』（鹿沼市史編さん委員会　二〇〇二年）

●深い堀と高い切岸を持った中世城郭

西《にし》方《かた》城《じょう》

〔所在地〕栃木県上都賀郡西方町本城
〔比　高〕約一五〇メートル
〔分　類〕山城
〔年　代〕一五世紀後半以降一六世紀
〔城　主〕西方氏
〔交通アクセス〕東武日光線「金崎駅」下車、車で一〇分

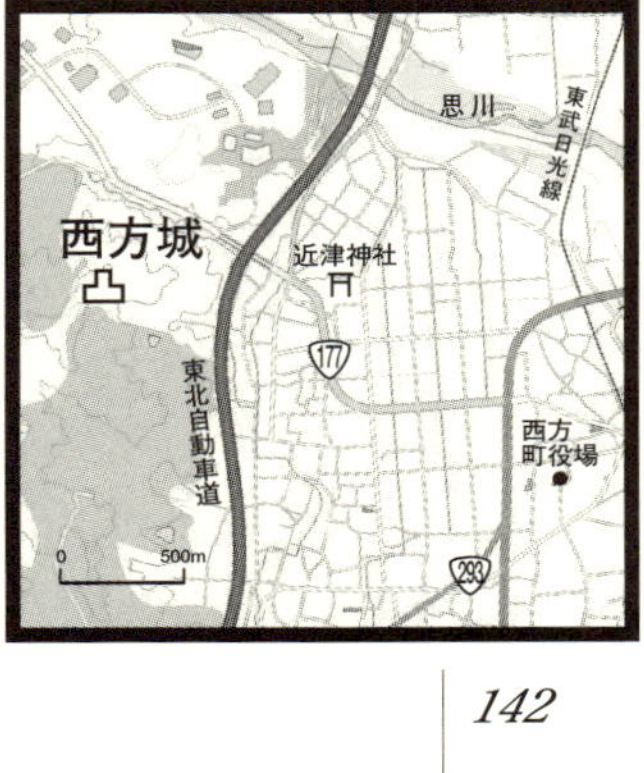

【城の立地】 栃木市西方町の西部、県道上久我《かみくが》都賀《つが》栃木《とちぎ》線(通称「宿並《しゅくなみ》」街道)がとおる「本城《ほんじょう》」地区の西側丘陵上に築かれた山城である。位置的には、近世初期に開かれた例幣《れいへい》使《し》街道よりも以前にさかのぼることが可能な中世の「宿並」街道の都市的な場である中宿・新宿・裏町などの城下を支配管理するには好個な場所に占地している(次頁図「西方城一帯模式図」)。西方城の東側麓には戦国時代に築かれた二条城(「新城《にいじょう》」の語が変化したものか)が存在するが、平時は二条城、戦時は急峻な西方城と使い分けしていた可能性も考えられる。

【築城年代】 江戸時代中期以降に編纂された「西方記録《にしかたきろく》」(阿久津《あくつ》武一家文書)の伝承によれば、鎌倉時代後期に活躍した宇都宮氏当主に宇都宮景綱《かげつな》がいるが、景綱の三男武茂泰宗《むもやすむね》の子といわれている遠江守烏丸景泰《からすまかげやす》が初めて西方城を築いたという。時期的には鎌倉時代後期であるという。しかし、近年市村高男氏は関係系図などを検討し、西方氏は宇都宮氏の一族武茂泰宗の子貞泰《さだやす》(景泰、法名蓮智《れんち》)が始祖で、鎌倉時代末期までの西方氏が事務官僚系の在京御家人であったこと、室町幕府が成立して以降の西方氏はその実務的手腕を評価され幕府引付方の官僚に抜擢・編成されたが、幕府の東国行政機関である鎌倉府が成立する過程で貞泰の子の宗泰が東国に帰還し、鎌倉公方から下野国内に所領を与えられ実質的な下野西方氏がこの時に成立したことなどを明らかにした(市村「越相同盟と下野国西方氏」、『高知大学教育学部研究報告』

六三号、二〇〇三年)。

この市村氏の説に依拠すれば、西方城の築城年代は明らかにできないが、南北朝期以降になろう。なお、西方城の名が古文書の上で初めて登場するのは、天正元年(一五七三)頃に年代推定できる九月七日付けで常陸の佐竹氏に宛てた「徳《とく》雪斎《せっさい》周長《しゅうちょう》書状写」(白河証古文書)で、小田原北条方の小山・粟志《あわじ》川方面への攻勢が強まる中で西方城や南摩城(鹿沼市)が堅固に持ちこたえられていることが記されている。この事実からは、戦国時代天正元年頃には西方城が存在したことが指摘できる。

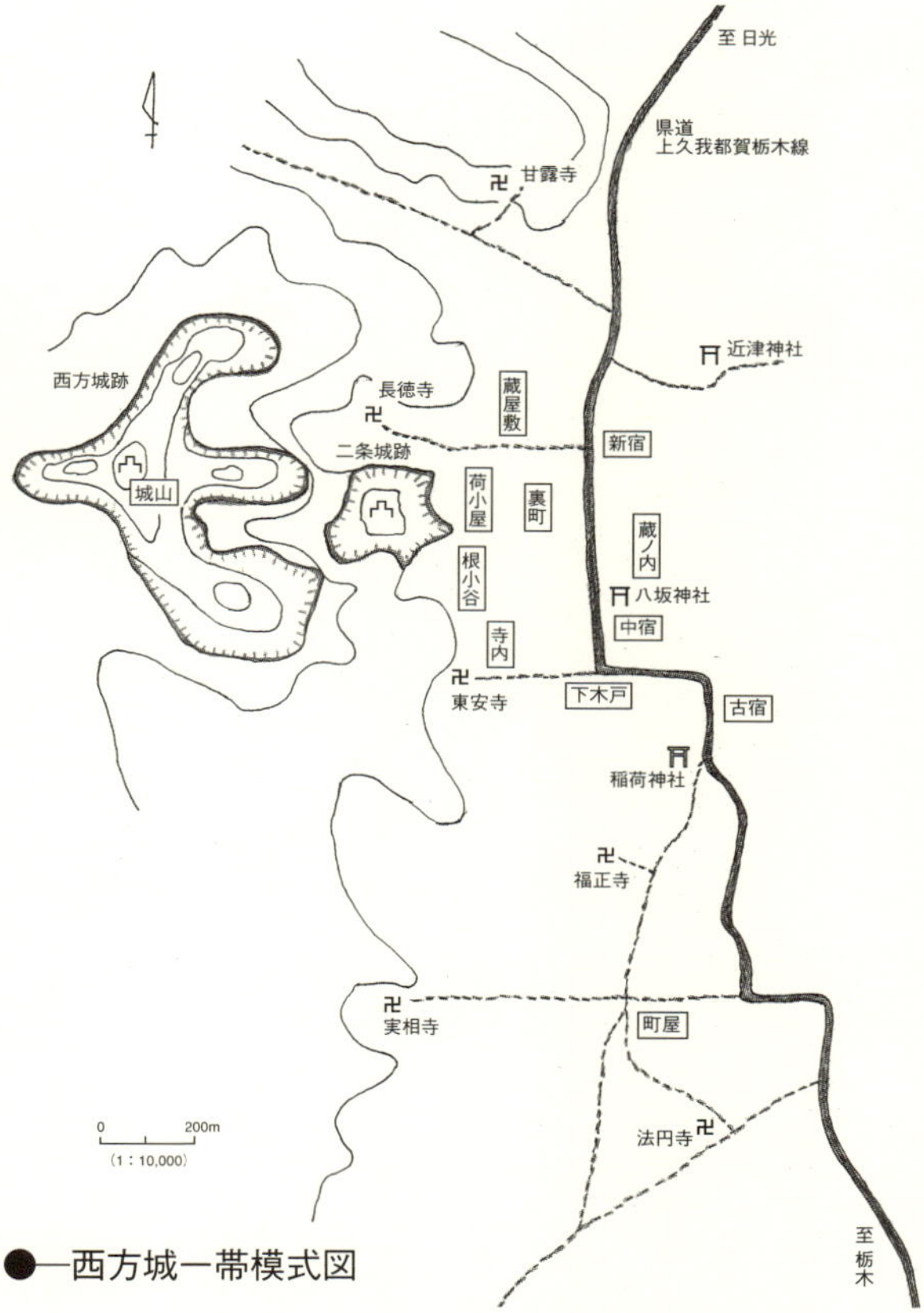

●—西方城一帯模式図

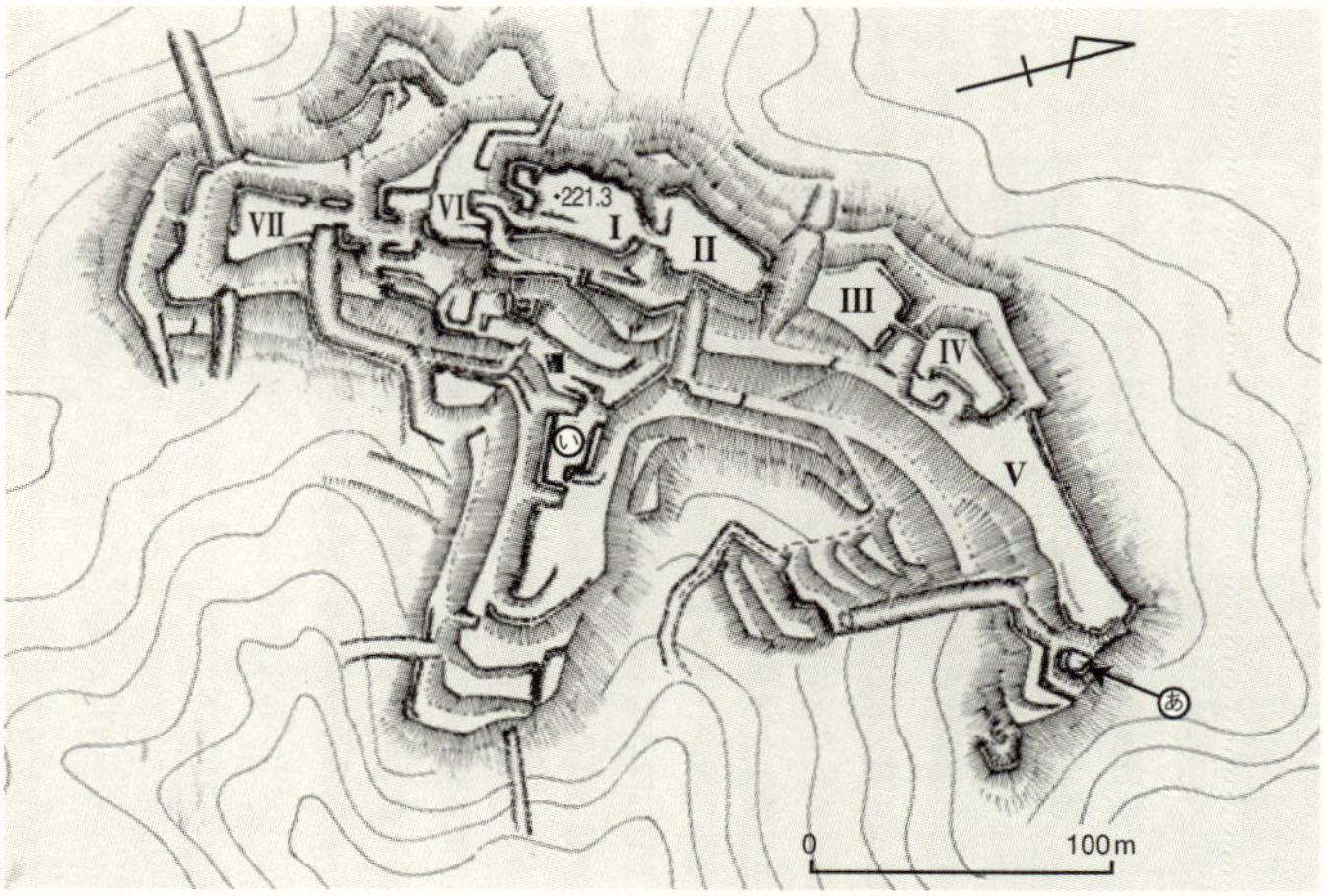

●—西方城縄張図(中田正光氏作図、村田修三編『図説中世城郭事典』第一巻所収、新人物往来社)

●—西方城絵図（栃木県立文書館所蔵）

【西方城跡の構造】 西方城跡は、西側と南東側がゴルフ場の造成で破壊されているが、比較的遺構の残状況は良い。城跡へは、北東麓の長徳《ちょうとく》寺の所の通称「阿《あ》入道《にゅうどう》口」と呼ばれるところから登っていくとよい。

尾根沿いに郭群や腰《こし》郭が並び、それぞれが深い堀で隔てられている。敵の侵入に備え、土塁・堀・切岸《きりぎし》（城壁）を巧みに組み合わせて通路を屈曲、複雑化し、横矢をかけやすくしている。虎口《こぐち》の形態は基本桝形《ますがた》虎口を多用している。

なお、本丸（主郭）より少し東に下った所には石組みの井戸跡がのこっている。

【西方氏の赤羽への移転】 豊臣秀吉は、天正十八年（一五九〇）七月下旬から八月初旬にかけて宇都宮城に滞在し、小田原北条氏滅亡後の関東や東北の戦後処理＝宇都宮仕置をした。宇都宮仕置では、北条方にくみした下野中央部の壬生《みぶ》氏や壬生氏と縁の深かった下野北西部の日光山や同国南部の小山氏が滅ぼされたり所領を減らされたりした。

こうした壬生氏や日光山および小山氏の旧領であった壬生・鹿沼《かぬま》・日光・小山・榎本《えのもと》領などを秀吉から与えられ、北条方の常陸小田氏やその重臣菅谷《すげのや》氏の旧領であった藤沢《ふじさわ》・土《つち》浦《うら》領も加え、旧来の結城《ゆうき》領とともに関東の中央部を南北に縦断する形で新領国の形成を秀吉から安堵《あんど》されたのは下総北部

●—二の丸北側の空堀

の結城氏であった。結城氏は戦国時代末期の当主は晴朝《はるとも》であった。晴朝は徳川家康の二男で当時秀吉の養子になっていた羽柴秀康《ひでやす》を結城氏の養嗣子として迎え名跡を継承させて隠居し、秀康に新たな領国の支配を委ねた。

戦国時代の西方氏の所領西方は、宇都宮氏の勢力圏内に属していたが、壬生氏の壬生領と鹿沼領を飛び越す飛地のような陸の孤島状態で最も西側に位置していた。西方氏は、天正十八年（一五九〇）の小田原《おだわら》合戦では、他の宇都宮氏の一族や重臣といっしょに小田原の豊臣秀吉の陣に出仕し、秀吉には敵対していなかった。しかし、秀吉が結城氏に小山・榎本・壬生・鹿沼・日光領を地続きで与えていく中で、陸の孤島のような状態で宇都宮氏一族の西方氏の所領が結城領国内に存在することをいさぎよしとしなかったのであろうか。西方氏の所領西方は、豊臣秀吉の宇都宮仕置の結果、下総北部の結城氏に与えられることになった。

所領を失った西方氏は、主家の宇都宮氏から代替措置として芳賀《はが》郡赤羽《あかばね》（市貝町）などの村々を与えられ移っていく。

（荒川善夫）

●多くの階段状の郭からなる中世城郭

皆《み》川《がわ》城《じょう》

〔栃木市指定史跡〕

〔所在地〕栃木県栃木市皆川城内町
〔比　高〕約八四メートル
〔分　類〕山城
〔年　代〕一五世紀後半以降天正十八年（一五九〇）まで
〔城　主〕皆川氏
〔交通アクセス〕両毛線・東武線「栃木駅」下車、車で一五分

【城の立地】　栃木市の西部、主要地方道七五号線（通称「皆川街道」）と一般県道一二六号線が交差する地点北側の標高一四七メートルの山（通称「城山《しろやま》」）に築かれた中世城郭である。

　築城年代は、江戸時代幕末期に記された河野守弘著「下野国誌」所収「皆川城」の項によれば「皆川四郎左衛門尉《みながわしろうさえもんのじょう》宗員《むねかず》はじめて築く、寛喜年間なり。」とあるが、地元の伝承によれば、長沼系皆川氏の始祖宗員が築いた居館は、皆川城の主郭《しゅかく》から東南に五〇〇メートル離れた「白山台《はくさんだい》」と呼ばれている所であるという。

　皆川城は、次頁図の「皆川城一帯模式図」からもわかるように、立地的には栃木方面から葛生《くずう》・小野寺《おのでら》方面に分岐する交通の要衝でもあり都市的な空間でもある現在の小字「宿《しゅく》」や小字「町屋《まちや》」を掌握するには好個な位置にある。二つの小字名が戦国時代までさかのぼり、北側の小字「馬場」や小字「上馬場」なども皆川城と関連し、東側の小字「柳堀」や柏《かしわ》倉《ぐら》川・藤《ふじ》川も皆川城が存在していた時代に同城の堀的に活用されていたとすると、関所跡と呼ばれている所もあり、皆川氏は通行人の安全確保を図ると同時に代償として関銭を徴収するのに好都合な位置に城を構えていたといえる。

　また、城の東側には小字「荒宿」や、通称「横宿」や「新宿」と通称されている都市的な空間が存在する。さらに、永野川の東側には小字「新町」や小字「新町裏」などの都市的な空間も存在する。これらの都市的な空間が存在した時期比

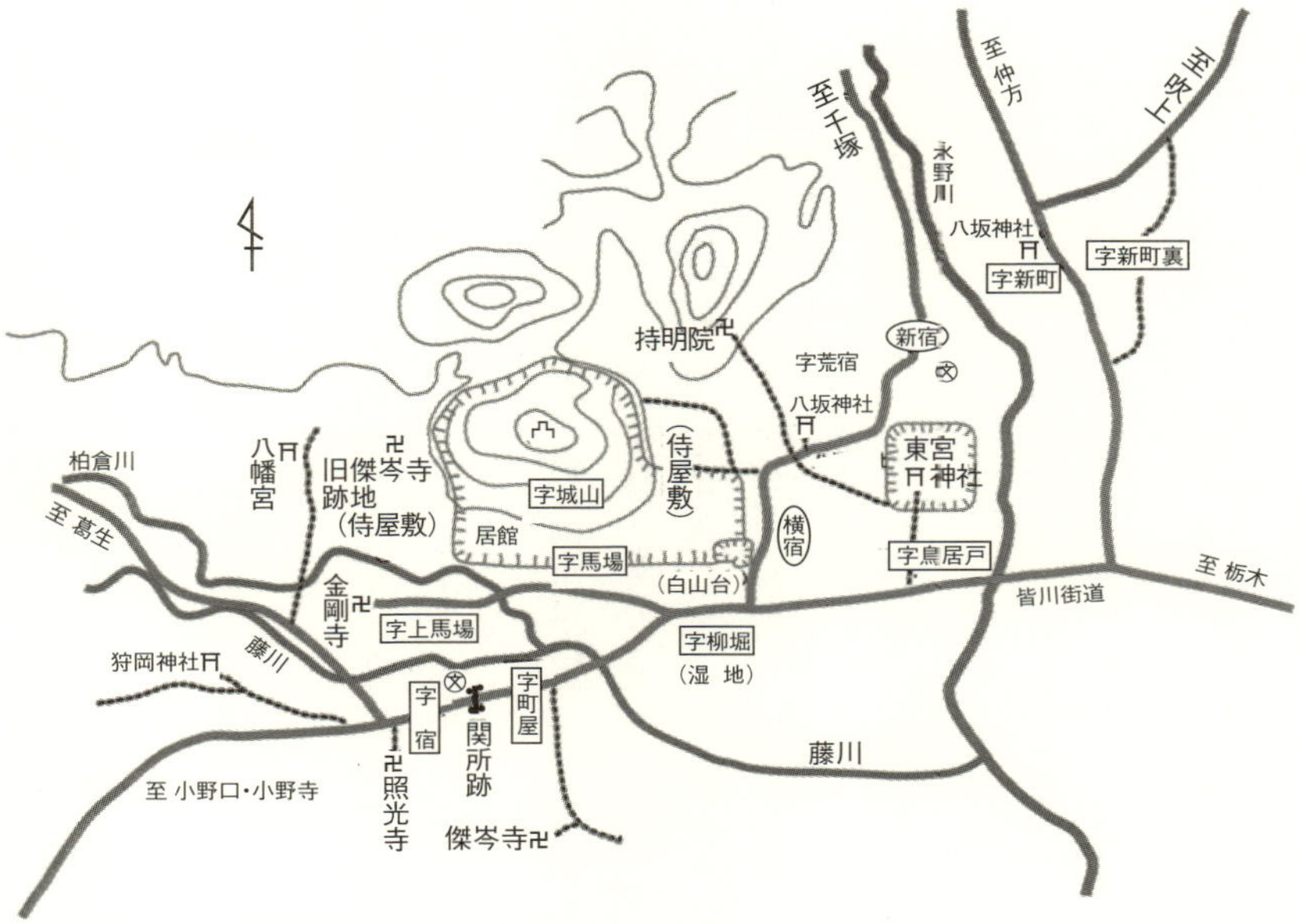

●—皆川城一帯模式図（1：10,000）

定については慎重に検討しなければならない。しかし、もし戦国時代までさかのぼりうるとすると、皆川氏は三つの都市的な空間を押える好個な位置に城を構えていたといえる。

【皆川城の構造】 中田正光氏作図の図「皆川城縄張図」からもわかるように、城全体が山頂から階段状の帯郭や腰郭を配する構造になっているのが特徴である。そのため、地元では皆川城は「法螺貝《ほうがい》城」とも呼ばれている。また、城を敵方に占領されたときを想定し、敵方が帯郭内を縦横に行き来するのを妨げるために、軍事的な意味合いから数条の竪堀が掘られている。山頂のフラットな面が主郭（本丸）で、その西側の通称「お花畑」と呼ばれている広大な平地が二の郭（二の丸）で、その西側の小高い平地は「西の丸」と呼ばれている。城の上の方に井戸跡もあるが、皆川氏は普段麓にあった生活するのに便利な居館に住んでいたといい伝えられている（現在の栃木市皆川地区公民館一帯）。

【戦国時代の皆川氏】 皆川氏の勢力規模は、動員できる軍勢数や持ち城数から見ると、関東地域では下野の宇都宮氏や北下総の結城《ゆうき》氏などよりも下に位置するものの、近隣の壬生氏とは同じ位の勢力規模を有し、関東地域では中程度の軍事力を保持していた戦国期の権力者といえる（「関東八州諸城覚書」毛利家文書）。また、越後の上杉謙信が永禄三年（一五六〇）

の秋から翌年の春頃の第一次関東出陣に際して味方してきた関東の武将について、当時の武士たちの関係を踏襲して記述させた「関東幕注文《かんとうまくちゅうもん》」（上杉家文書）によれば、皆川氏は「宇都宮へ 寄衆」と記されており、宇都宮家中の中では外様《とざま》の同盟者の地位にあった。

皆川氏は、戦国時代天文期から弘治期（一五三二―五八）までは、関東の上位の権力者である古河公方をあおぎつつ、宇都宮家中の一員として家中内の内紛や近隣の壬生氏との所領争いなどに規定されながら行動した。

永禄三年に越後の上杉謙信が関東に出陣して来て相模小田原城の北条氏康《ほうじょううじやす》との間で関東の覇権をめぐって相争うようになると、皆川氏は宇都宮家中内にいながらも越後上杉氏と相模北条氏との抗争に巻き込まれ行動していく。永禄十二年（一五六九）に甲斐の武田氏に対抗するために上杉氏と北条氏との間に越相同盟が結ばれるが、皆川氏の行動パターンはこの時期までは同じであった。

永禄年代末期から元亀年代、天正年代初期になると、関東における政治情勢は北条氏優位に展開してくる。このような状況下、皆川氏は、北条氏に近づき北条氏寄りの動きをすることにより、宇都宮氏から自立化し独立の自立した戦国時代の地域の権力者になることをめざしていく。皆川氏は、元亀

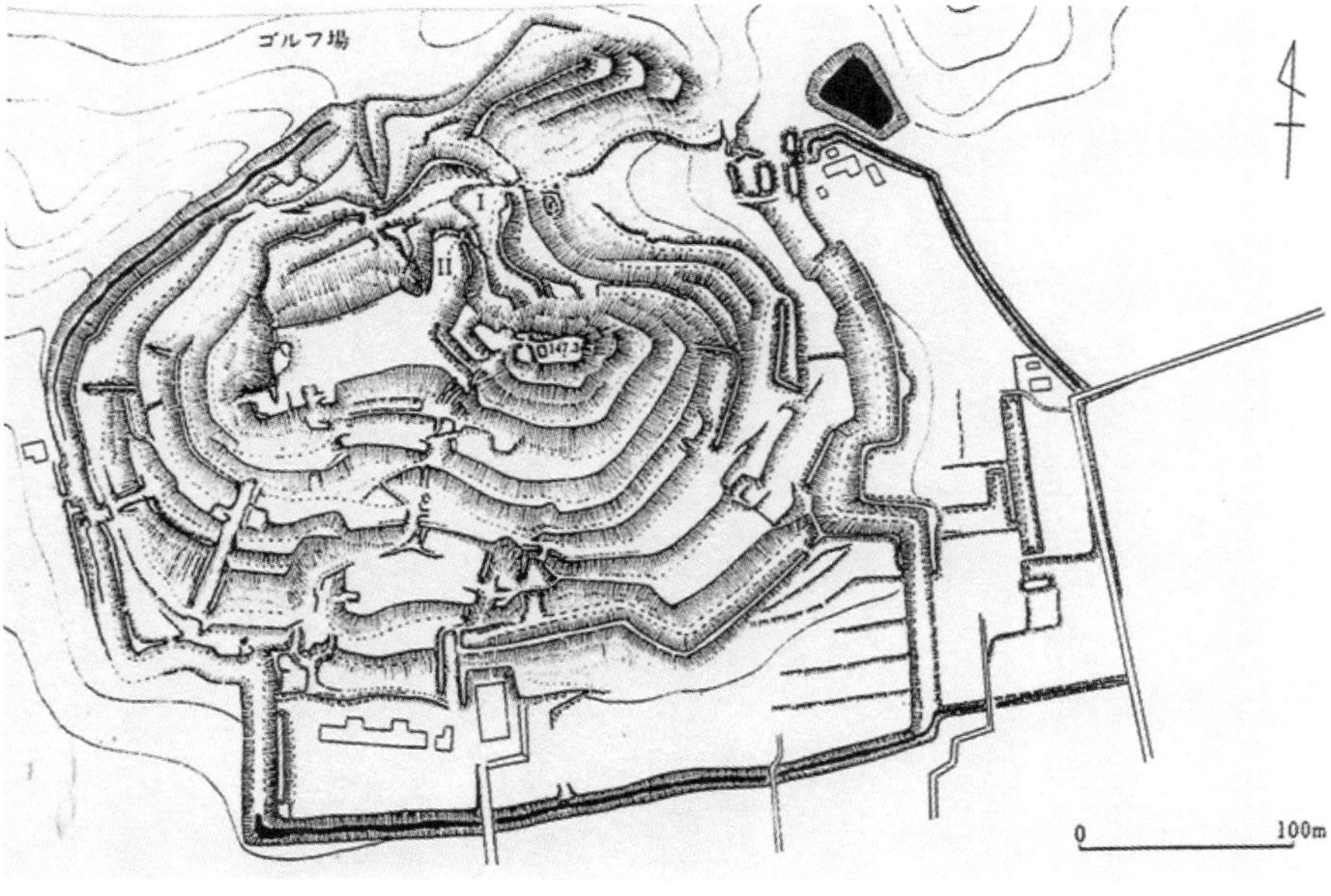

●—皆川城縄張図
（中田正光氏作図、村田修三編『図説中世城郭事典』第一巻所収、新人物往来社）

三年（一五七二）正月に宇都宮当主が病弱なことにつけこみ宇都宮城を占拠し、越後上杉氏寄りの宇都宮氏家臣岡本宗慶を殺害し、翌月には宇都宮城を退去していく。しかし、事態は皆川氏が思うようには進展せず、宇都宮広綱《ひろつな》は常陸《ひたち》の佐竹義重《よししげ》とともに同年末から翌元亀四年にかけて反攻に出、皆川氏が領有していた支城の深沢《ふかさわ》城（栃木市都賀町深沢）ほか皆川領内の多くの支城を攻略し、皆川城のみが攻略されずにすんだ。

●—皆川城内の帯郭

　この後、関東における北条氏の勢威はますます大きくなっていく。皆川氏は北条氏の北上に危機感をいだき、天正六年（一五七八）に常陸佐竹氏を盟主とした宇都宮・結城氏など北関東の領主たちが連合して北条方と対峙した常陸小川台《おがわだい》合戦（茨城県筑西市）以降、反北条氏の旗幟《きし》を鮮明にしていく。皆川氏は、天正九年には徳川家康の仲介で天下人への道を歩み出していた織田信長に接近するなどしたが、北条氏の圧力の前に天正十四年（一五八六）五月に北条氏に服属していく。

　天正十八年の豊臣秀吉軍の襲来に際しては、皆川氏当主広《ひろ》照《てる》は小田原城の守備を命じられ皆川城を留守にする。城主不在の皆川城は、秀吉方の上杉景勝《かげかつ》・浅野長吉《ながよし》などの軍によって四月七日ないし四月八日に落城した。いっぽう、小田原城にいた皆川広照は秀吉軍の圧倒的な軍事攻勢の前に、四月八日ないし四月九日の夜に、配下の者百人余りを率いて秀吉に降伏した。

（荒川善夫）

●北条家と戦った宇都宮・佐竹の陣所

沼《ぬま》尻《じり》合《かっ》戦《せん》の陣《じん》所《しょ》

〔所在地〕栃木県栃木市大多和・甲・都賀
〔比　高〕二メートル
〔分　類〕平城
〔年　代〕天正十二年（一五八四）
〔城　主〕佐竹義重、宇都宮国綱
〔交通アクセス〕東武日光線「藤岡駅」下車、徒歩五〇分

【沼尻の合戦】　川口から東北自動車道を宇都宮《うつのみや》に向けて走り、館林《たてばやし》インターチェンジを越えたところで、前方に独立する山が見える。『万葉集』にも登場する三毳山《みかもやま》である。天正十二年（一五八四）、この山塊の南東山麓にあたる下野国沼尻（栃木県藤岡町）で、東国の覇権をめぐって雌雄《しゆう》を決する合戦があった。

対陣した軍勢は西側が北条氏政《ほうじょううじまさ》・氏直《うじなお》の北条家、東側は佐竹義重《さたけよししげ》・宇都宮国綱《くにつな》を中心とする北関東の領主たちである。合戦は三ヵ月にわたって行なわれた。両軍勢の沼尻着陣は遅くとも五月初旬であったらしい。五月十二日の段階で、すでに陣城《じんじろ》が構えられ、両者が対陣する形が整っていた。北条方の軍勢は相模・武蔵・上野・下総・上総・安房の領国全土から動員されたもので、どの軍勢も当主本人が出陣していると佐竹方は情勢を分析している。

【東西で連動する合戦】　ところで、この沼尻の合戦と時期を同じくして、上方では小牧《こまき》・長久手《ながくて》の合戦が行なわれていた。この合戦は小牧周辺の戦場のほか、列島各地に軍事行動を派生させている。沼尻の合戦もその一環として捉えられる。当時、北条氏は徳川家康と同盟関係であった。他方、佐竹方も秀吉に与していた。両派ともに対陣中も互いに戦況を報告しあっていた。

【合戦の終結】　七月十五日、戦場北側にある岩船《いわふね》山を北条方が手に入れた。佐竹方は沼尻から宇都宮へ撤退するさいにこの岩船山の南麓を経由する。そのため、佐竹・宇都宮氏は退

路を塞がれた格好になった。戦略的に大きなダメージとなった。この戦果が引き金となり、合戦は二十二日に和平、翌二十三日に開陣となった。

【陣所】 現在、沼尻の地名は小字として残っている。その地の東側には渡良瀬《わたらせ》川の支谷が三毳山に向けて延び、渡良瀬川と合流する付近には「沼」「蓮沼」という小字がある。

この支谷の東側には合戦に関わる「陣場」の小字が数ヶ所にのこる。史料に見える戦場となった沼はこの「沼」「蓮沼」の場所であり、陣場地名は佐竹氏の陣城の名残であろう。現地には溝などが見られるが、明確な遺構は確認できない。

対する北条方の陣所についても明らかにできないが、地形から三毳山を中心とし、沼に面する西側が先陣だったと推測される。

（齋藤慎一）

【参考文献】齋藤慎一『戦国時代の終焉』（中公新書　二〇〇五年）

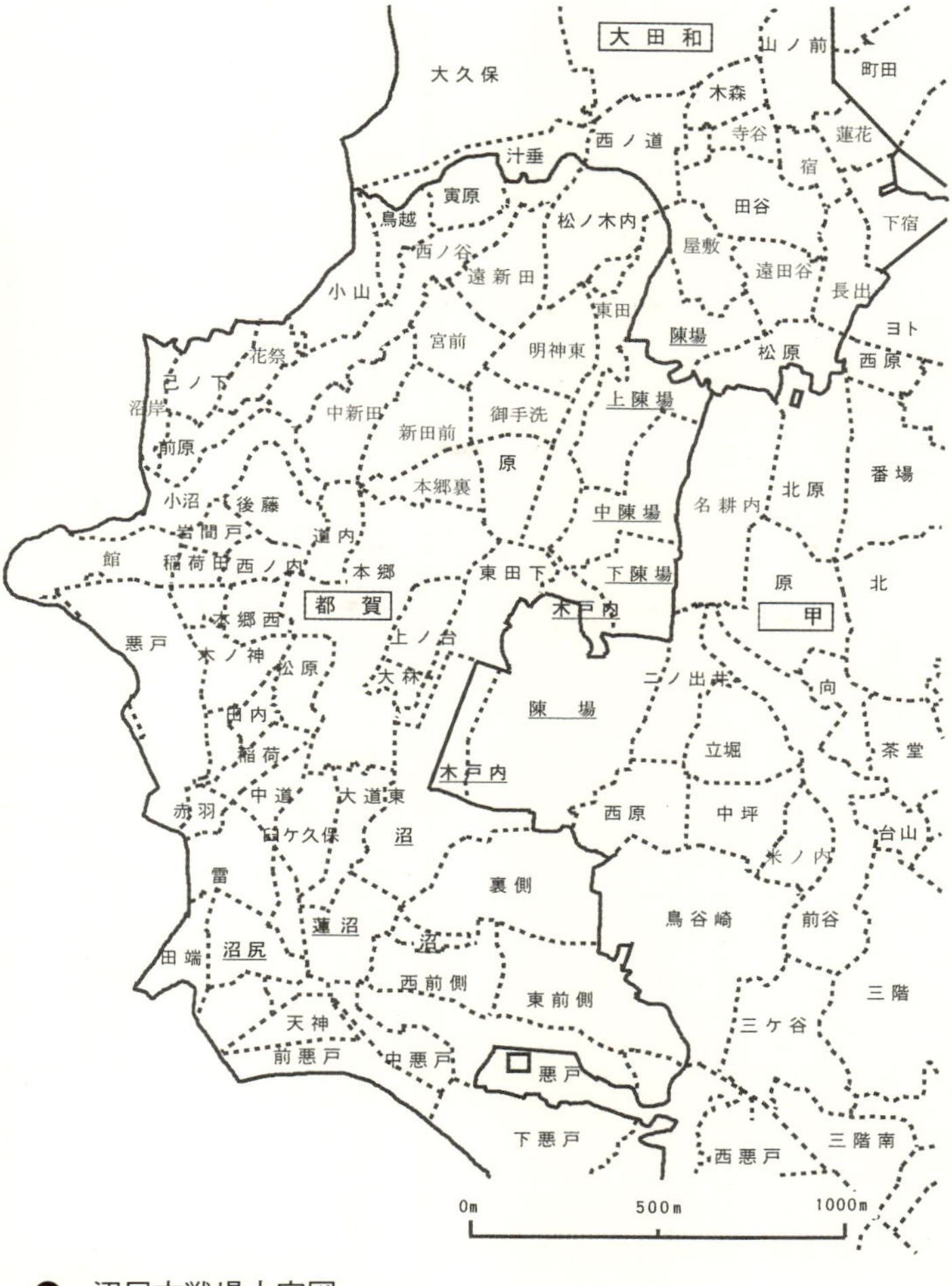

●—沼尻古戦場小字図

●下野小山氏の歴史を刻んだ城郭

祇《ぎ》園《おん》城《じょう》

〔国指定史跡〕

〔所在地〕栃木県小山市
〔比　高〕一五メートル（祇園城）
〔分　類〕段丘城
〔年　代〕一三世紀後期～一七世紀前期
〔城　主〕小山氏、北条氏照、本多正純
〔交通アクセス〕ＪＲ宇都宮線「小山駅」下車、徒歩一〇分

【思川に臨む台地上の城々】　小山《おやま》駅の正面を西に進むと、思《おもい》川に架かった観晃《かんこう》橋が見えてくる。橋の右手前の小高い丘が小山城跡公園、すなわち小山氏の居城祇園城跡である。そこから小山市役所前を通過し、須賀《すが》神社南側から思川べりの道をしばらく南に進むと、藪《やぶ》に覆われた長福城（長福寺城）跡に至る。そのまま道なりに進めば国道五〇号バイパスに突き当たり、その向こう側に木々に覆われた鷲城跡が見える。その少し東には小山氏の居館跡とされる神鳥谷曲輪《ひととのやくるわ》跡、さらに小山市と結城市の境界近くには中久喜城跡がある。

　これらの城館跡のうち、祇園城・鷲城・中久喜城は小山義政の乱関連遺跡として一括され、国指定史跡となっている。それゆえここでは、この三ヵ城の歴史や構造を探りながら、小山氏の歴史や中世小山氏の本拠について見ていくことにする。

【現存する祇園城の遺構】　現存する祇園城の遺構は、図（一五五頁）のように、観晃橋の手前に聳える河岸段丘に連なっている。一番南に突き出しているのが主郭《しゅかく》（本丸）に当たり、その北側の郭との間には上幅二〇メートル近い空堀が掘られている。主郭は周囲が土塁で取り囲まれ、特別の空間であることを示している。取り分け北側の土塁を大規模に築造し、第二郭からの敵の侵入に備えた形となっている。第二郭は北側に自然の谷を利用して大きな堀を造成し、その南西部にはＬ字状の空堀を掘って馬出《うまだし》を設け、この中をへて主郭に入るようになっていた。

●—祇園城「小山御殿跡」北東隅にのこるL字状の堀跡

第二郭の北には大きな堀を挟んだ段丘上に、空堀で区画された二つの郭があり、一段高い西側の郭は「塚田《つかだ》曲輪」と呼ばれ、小山氏一族の塚田氏が配置されていたことを想定させる。その東側の郭は、東半分の遺構が消滅しており、詳細不明である。この二つの郭の北には、やはり自然地形を利用して広めの空堀が掘られ、その北側に配置された大きな郭とを区切っている（史料で「北曲輪」とあるのはこれを指すと考えてよい）。この「北曲輪」の南西にもL字状の空堀があり、その南西部の張り出しに橋が架けられ、「塚田曲輪」へ入るようになっていた。「北曲輪」には、小山氏の菩提寺《ぼだいじ》天翁院《てんおういん》とその境内墓地が拡がっており、東半分の遺構は北辺の空堀が確認される以外、ほとんど消滅している。

いっぽう、主郭の南東一〇〇メートル余のところに「小山御殿」跡がある。ここは元和八年（一六二二）、将軍徳川秀忠《とくがわひでただ》が日光参詣の途次の休息・宿泊施設として設置されたことが判明しているが、その北西部に第二郭などと共通したL字状の空堀があることなどから、すでに戦国期から祇園城の一部として使用されていたのではないかと考えられている。

【発掘成果や絵図・地割りから祇園城を復元】 国指定史跡となってから、祇園城とその周辺地区の発掘調査が進み、この城の起源が一三世紀後期にまでさかのぼりえることが判明した。しかし、調査区が限られているためその頃の実態はなお不明であり、一四世紀後期の小山義政《おやまよしまさ》の乱にさいし、確かな史料のうえに初めて祇園城の名が現れる(「喜連川文書」ほか)。

ただ、そこで問題となるのは、建武四年(一三三七)三月に北畠顕家が小山氏を攻めたとき、「小山城に寄せ来る」(「飯野八幡宮文書」)、「小山城合戦」(「熊谷家文書」)など記されるように、すでに「小山城」という城郭があったことであり、また、その一年前に白河結城宗広が下総結城氏を攻めたとき、茂木知貞が「小山の御館え馳せ参じた」(「茂木文書」)と書き留めた「小山の御館」という城館が存在した事実である。素直に考えれば、「小山城」は祇園城を指す可能性が高く、この城が一三世紀後期から使用されていたという発掘成果とも矛盾はしない。

しかし、問題は「小山の御館」「小山の館」と呼ばれる城館をどう考えるかであろう。これには二つの考え方があり、一つは「小山の館」を防御施設で固めたものが「小山城」であるとする理解、もう一つは「小山城」=祇園城とは別に小山氏の居館であり、政庁でもある「小山の館」が存在したという理解である。前者の理解に立てば、祇園城が小山氏の支配と生活の拠点であったことになり、後者の理解に立てば、祇園城とは別に小山氏の居館がその周辺にあったことになるが、この点の解明は今後の調査を待つしかなかろう。

小山義政の乱による正統小山氏の断絶後、結城氏流小山氏が祇園城に入り、居城として定着させる。それに伴って、祇園城は本格的な稼働期に入り、おおむね①一四世紀末〜一五世紀半ば、②一五世紀後半〜一六世紀前半、③一六世紀後半以降という段階をたどる。①は結城氏の統制下に小山氏が小山領を支配していた段階、②は結城合戦を機に小山氏が自立し、やがて結城氏と同盟して戦国を生きた段階、そして、③は北条氏に屈した小山氏が、北条氏傘下の領主として活動した段階に相当する。

近世前期の絵図や明治初期の地積図の地割りを検討してみると、③の段階の祇園城の城域は、南北が「小山御殿」跡から天翁院の立つ郭(「北曲輪」)まで、東西は思川から国道五〇号線付近まで拡がっていたことが判明する。発掘調査によれば、①の段階から小山城跡公園の東側に寺院・墓地や人々の生活の跡があったことが分かっているが、一四世紀前半には奥大道沿いに天王宿と呼ばれる宿があり、そこに須賀神社や持宝寺など複数の寺社があったことからみて、おそらくはそれらの施設に関する遺構であろう。

しかし、その付近まで城域が拡大されるのは、おそらく②以降の段階であり、取り分け一六世紀初期に結城氏から小山氏を継いで、戦国小山氏を発展に導いた高朝の時代と、それに続く秀綱前半期にかけてのことであろう。そして、北条氏が小山領を制圧し、祇園城に大改修を加えたとき、天王宿を土塁・空堀によって城域に囲い込むとともに、第二郭・「北曲輪」・「小山御殿」などにL字状の空堀を掘り、虎口《こぐち》（出入口）や郭間の連絡路に北条氏式の高度な築城技術を持ち込み、現在見られる遺構のような城郭になったのである。

祇園城は、天正十八年（一五九〇）の北条氏滅亡による小山氏の没落後、結城秀康《ゆうきひでやす》の管轄下に入り、慶長六年（一六〇一）の秀康の越前転封とともに本多正純《ほんだまさずみ》の居城となる。本多氏の時代に城域南端部を利用し、「小山御殿」が整備されたとみられるが、そのほかどこが改修されたのかは必ずしも明確ではない。そして、本多氏の宇都宮転封によって祇園城は廃城となったのである。

（市村高男）

【参考文献】『中世の祇園城』（小山市立博物館　一九九九年）、『小山氏城跡範囲確認調査報告書Ⅰ』（小山市教育委員会　二〇〇一年）、『祇園城跡関連遺跡』（小山市教育委員会　二〇〇五年）

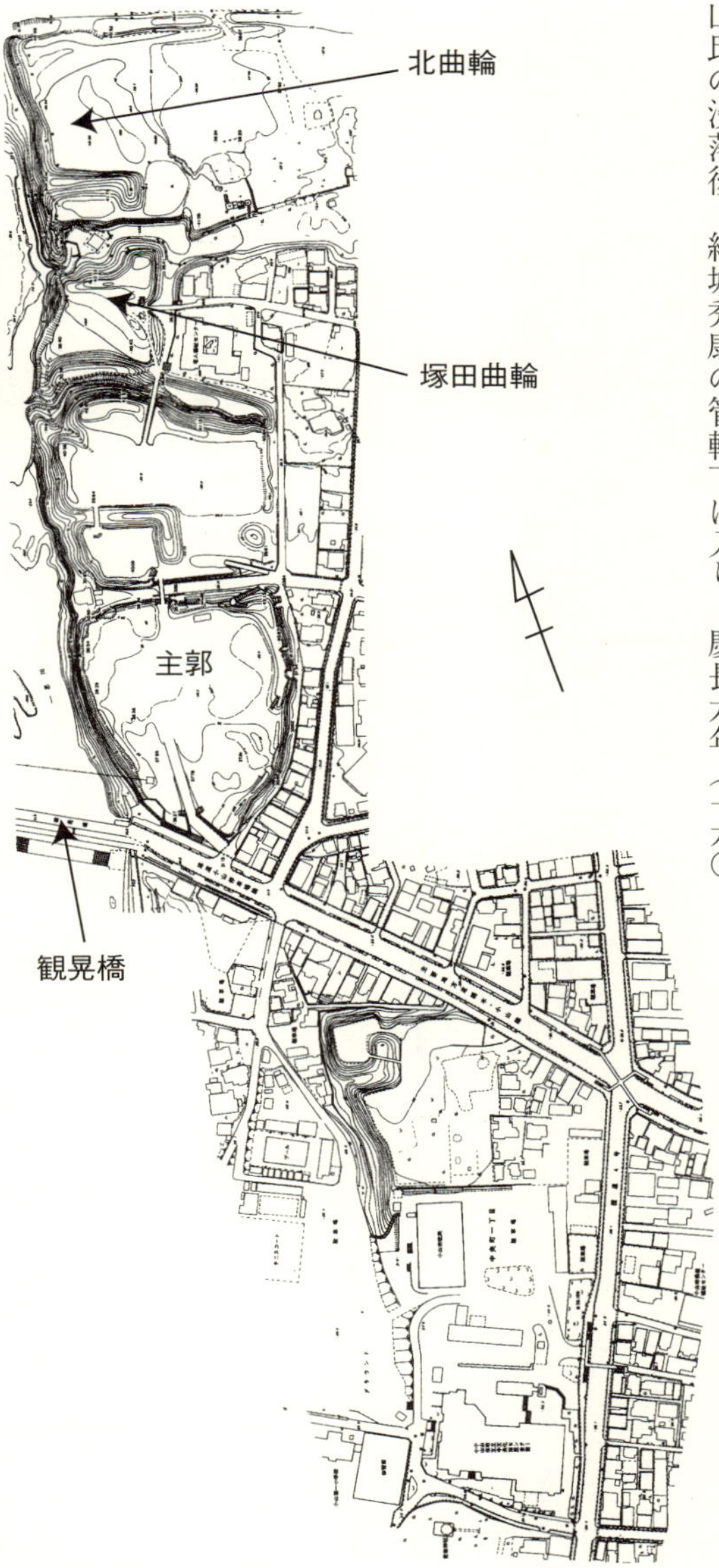

●—祇園城実測図
（『小山氏城跡範囲確認調査報告書Ⅰ』より）

●戦国時代をかたる傑作の名城

鷲《わし》城《じょう》

〔国指定史跡〕

〔所在地〕栃木県小山市
〔比　高〕一三メートル
〔分　類〕段丘城
〔年　代〕一三世紀後期〜一七世紀前期
〔城　主〕小山氏（鷲城）
〔交通アクセス〕ＪＲ宇都宮線「小山駅」下車、徒歩三五分

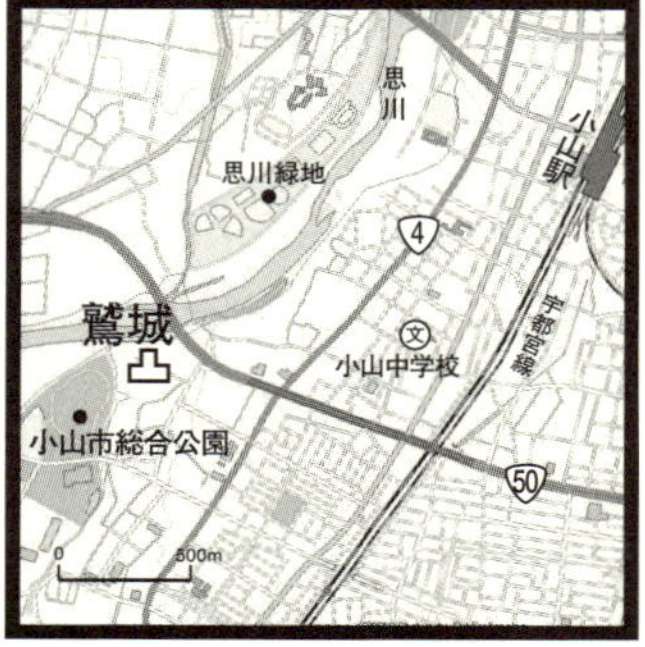

【鷲城の歴史とその遺構】　この城は、康暦二年（一三八〇）に始まる小山義政の乱の舞台となり、一躍脚光を浴びることになった。ふつう城の名が同時代史料に登場することは少ないが、東国を揺るがせた小山義政の乱の舞台であっただけに、この時期の多くの史料にその名を書き留められている。それらの史料を見ると、鷲城は堀・壁で区画された「内城《うちじろ》」と「外城《とじょう》」からなり、「切岸《きりぎし》」を擁した堅い守りと、「戸張口《とばりぐち》」「西《にし》戸張口」などと呼ばれる防御を固めた出入口があったことが読みとれる。

現在の遺構は、鷲神社が建つ広々とした郭、それとは空堀・土塁で区切られた南側の郭との二つから成り、それぞれの区画に字中城・字西城（この辺は外城《とじょう》と呼ばれる）という地名がある。前者が「内城」に、後者が「外城」に相当する郭であると考えてよかろう。字中城＝「内城」は、北側と西側が思川に面した「切岸」で、東側から南側にかけて、さらに西側の南半分を大きな土塁・堀によって囲まれている。現存する土塁の基底部は約三〇メートル、高さは五〜六メートルほどあり、鷲神社の参道入り口当たりが東側の虎口であった。一五、六年前、この付近にマンション建設が計画され、保存運動が起こって、この城や祇園城の重要性が広く認識されて、国指定史跡になったことはまだ市民の記憶にのこっている。

もうひとつの虎口《こぐち》は西側にのこっている。鷲神社の少し南側に進むと土まんじゅうのような土塁《どるい》があり、その南側から

西側の低地へ降りていく通路がそれであり、その降り口を塞ぐようにして長さ七〇～八〇メートルの大きな土塁がのこっている。この西側の虎口一帯は、「内城」の南側の巨大な土塁・堀と合わせて、この城の見所の一つである。

「内城」は、東西約三五〇メートル、南北約二五〇メートルの巨大な郭《くるわ》であるが、東側の入り口から一五〇メートルほど入ったところに段差が設けられていた名残があり、少なくとも二区画に区切られていたことがうかがえる。

「外城」は、かなりの部分が宅地となっているため、東から南側を取り囲んでいた土塁・堀のうち、一部の土塁が残存するのみであるが、思川に面した西側には、高い段丘面を利用した「切岸」がのこっており、在りし日の鷲城を思い浮かべることができる。

しかし、現存する鷲城の遺構がそのまま小山義政の乱の時代にさかのぼるのではなさそうである。「内城」「外城」の間にある巨大な土塁・空堀といい、「内城」の西側ののこりの良い虎口といい、戦国時代の改修と考えざるを得ないであろう。実際、発掘調査でも一五世紀以降の遺物が出土している。それゆえ、この城がいつ築かれ、義政の乱の頃はどのようになっていたのかは、今後の調査を待つしかない。

（市村高男）

【参考文献】『中世の祇園城』（小山市立博物館　一九九九年）、『小山氏城跡範囲確認調査報告書Ⅰ』（小山市教育委員会　二〇〇一年）、『祇園城跡関連遺跡』（小山市教育委員会　二〇〇五年）

●—鷲城実測図
（『小山氏城跡範囲確認調査報告書Ⅰ』より）

●戦国時代をかたる傑作の名城

中《なか》久《く》喜《き》城《じょう》

〔国指定史跡〕

〔所在地〕栃木県小山市
〔比　高〕約五メートル
〔分　類〕段丘城
〔年　代〕一三世紀後期〜一七世紀前期
〔城　主〕小山氏、結城氏
〔交通アクセス〕ＪＲ水戸線「小田林駅」下車、徒歩二五分

【中久喜城の遺構と城主の変遷】　中久喜城は、小山義政の乱に際して鷲城・祇園城とともに登場する岩壺《いわつぼ》城に比定され、小山義政の乱関係城館群の一つとして国指定史跡に指定されている。もっとも、その確たる証拠はなく、現存する遺構から見る限り、やはり戦国時代の城であると考えるべきであるが、結城合戦に際し、筑波《つくば》潤朝が足利安王丸《あしかがやすおうまる》・春王丸《はるおうまる》にしたがって「中岫《なかくき》」（中久喜、当時は結城方）へ出陣している事実（「諸家文書纂」）から見て、すでに永享十二年（一四四〇）四月には城郭が築かれていたことは間違いない。

その後、中久喜城はしばらく歴史の舞台から見えなくなり、一世紀余りをへた永禄期に小山氏の城として再登場する。折しも小山秀綱《ひでつな》は、上杉謙信《うえすぎけんしん》と北条氏康《ほうじょううじやす》・氏政《うじまさ》父子との狭間にあって、永禄九年（一五六六）五月に北条氏へ屈服し出家すると、嫡子政種《まさたね》を新たな当主に立て、自らは中久喜城へ隠居することになった。すなわちこの時期の中久喜城は、小山氏の隠居城として機能していたが、永禄十二年の上杉・北条両氏の和睦を機に、秀綱の祇園城復帰が実現し、それよりしばらく小山氏の重要城郭として守備されていく。

ところが天正四年（一五七六）、北条氏が祇園城を攻略して秀綱を常陸へ追いやった頃、混乱の隙を衝いて結城晴朝《はるとも》が中久喜城を奪取し、まもなく養嗣子朝勝《ともかつ》（宇都宮国綱《うつのみやくにつな》の弟）を新たな城主として配置した。天正十五年頃、晴朝は病気になったのを機に朝勝へ家督を譲り、これと入れ替わりに結城城から中久喜城へ入って隠居した。しかし、豊臣秀吉《とよとみひでよし》の関東襲

来が間近に迫った天正十七年末〜十八年初め（一五八九〜九〇）、朝勝は宇都宮へ戻り、隠居の晴朝が結城城主として返り咲くと、秀吉の養子・羽柴秀康《はしばひでやす》（徳川家康《とくがわいえやす》次男）を新たな養嗣子として迎え入れ、これに結城城を譲り渡してふたたび中久喜城へ隠居し、秀康が越前福井へ転封となる慶長六年（一六〇一）までここで生活したのであった。晴朝が秀康にしたがって越前へ移転すると、中久喜城は廃城となった。

中久喜城は、下野・下総の国境に近い下野側の台地先端部に立地する。城域の中心近くをＪＲ水戸線が貫通しているため、遺構の主要部が消滅しているが、先端部に大きな土塁で囲まれた主郭があり、その北側に二つくらいの郭が配置されていたと考えられる。規模はそれほど大きくはないが、小山・結城氏の隠居や次期当主が居城としていた城だけに、実際よりも大きく、風格さえ感じられる城である。（市村高男）

【参考文献】市村高男「当主の居城と前当主（または継嗣）の居城」（千葉城郭研究会編『城郭と中世の東国』所収　高志書院　二〇〇五年）

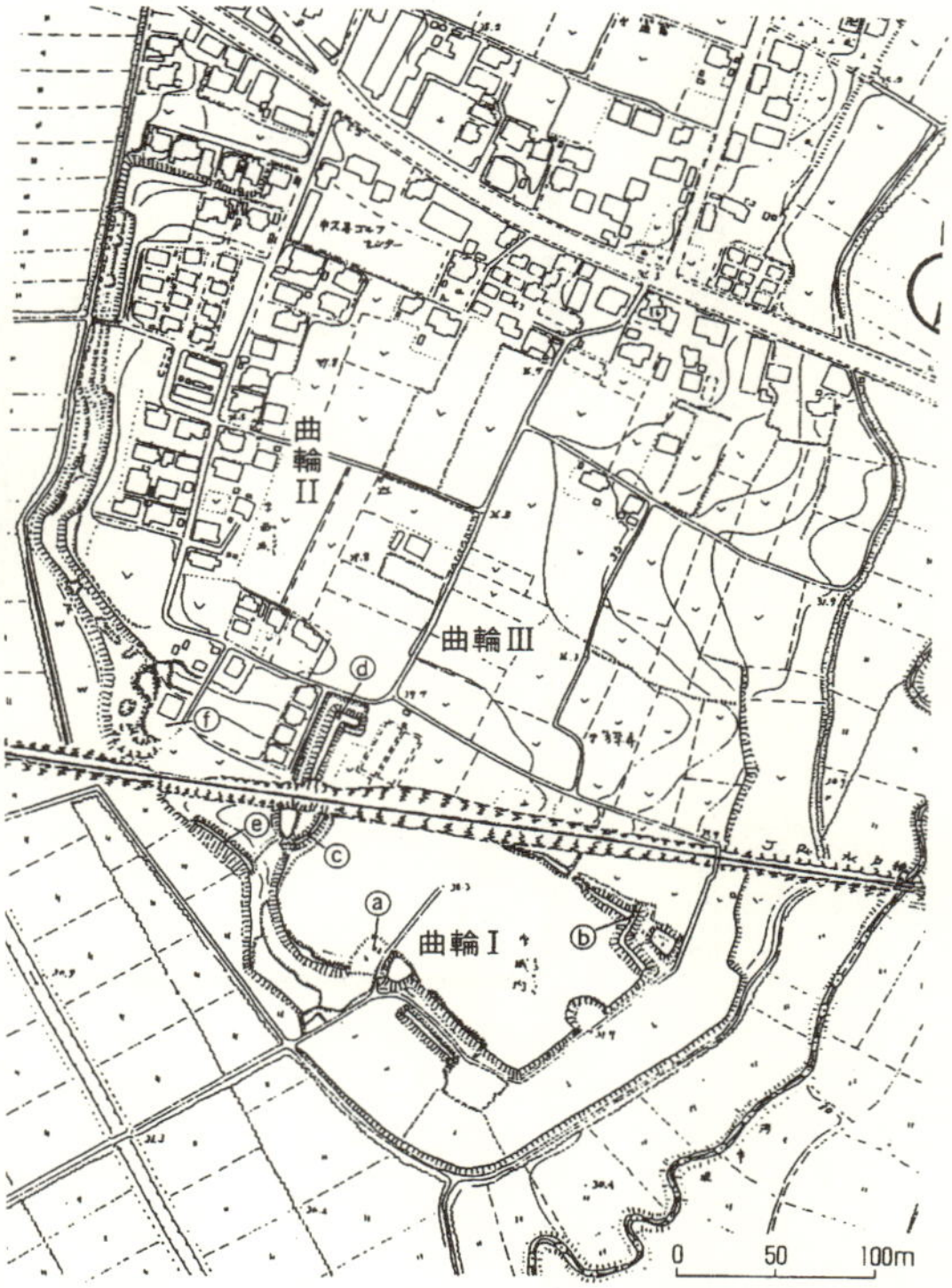

●―中久喜城縄張図（八巻孝夫作図「鷲尾・祇園城・中久喜城」より転載）

●―中久喜城主郭内の風景

栃木県

●中世・上佐野の拠点

豊《とよ》代《しろ》城《じょう》（佐野源左衛門常世《つねよ》館）

〔佐野市指定史跡〕

〔所在地〕栃木県佐野市豊代町一九
〔比　高〕約三メートル
〔分　類〕平城
〔年　代〕一二世紀後半〜一五世紀後半
〔城　主〕佐野氏
〔交通アクセス〕東武鉄道佐野線葛生駅下車、秋山線・仙波会沢線「奥平前」バス停徒歩五分・駐車場有

【佐野源左衛門常世の館】　南流する秋山《あきやま》川左岸の段丘上に豊代城は位置する。東西一一三メートル、南北一五九メートルの規模をもつ中世の館跡である。現在、館跡の大部分は畑地になっているが、周囲には上辺二一メートル、下辺五メートル、高さ一・五〜二メートルの土塁《どるい》がのこされている。館跡の西側には、佐野源左衛門常世《さのげんざえもんつねよ》の守り神と伝えられる矢越天神《やごしてんじん》がまつられている。また、東南側には、常世とその母の位牌、そして守り本尊の薬師如来と地蔵尊を安置する実相院《じっそういん》があったという。現在、位牌は館跡内にある正雲《しょううん》寺公民館に保存されている。

佐野源左衛門は、謡曲《ようきょく》「鉢木《はちのき》」の登場人物として知られている。謡曲では、鎌倉幕府の執権《しっけん》だった北条時頼《ほうじょうときより》が諸国を行脚《あんぎゃ》している途中、大雪のために源左衛門の屋敷に一夜宿を求めた。このとき、源左衛門は大切に育てた鉢の木を焚《た》いて、時頼をもてなす。零落《れいらく》した身の上ながらも、幕府への変わらぬ忠誠心を時頼に語った源左衛門は、のちに幕府の召集に応じて鎌倉へと馳せ参じ、時頼から恩賞を与えられたという。

佐野源左衛門の実在については諸説あるけれども、一般的には上野国佐野（群馬県高崎市）の武士とされており、じつは豊代城と直接の関係はない。とはいえ、この館跡が所在する豊代が、中世では佐野荘（佐野市）に属しており、特に豊代を含む秋山川上流一帯が上佐野とよばれていたことと、謡曲「鉢木」の流布が、この地と佐野源左衛門とを結びつけた

●—豊代城の土塁

とみられる。

たしかに豊代城は、佐野荘を支配した佐野氏の有力一族である上佐野氏の居館だったと考えられ、周辺には中世佐野氏に関連する史跡が濃密に分布している。規模の点でも、佐野惣領家の居館とされる清水《しみず》城（興聖《こうしょう》寺城）を凌駕《りょうが》し、佐野荘内にのこる館跡としては最大である。

【常世の墓と菩提寺】 佐野源左衛門常世の墓と伝えられるのは、館跡の南に隣接する同市鉢木町の梅秀山願成寺《ばいしゅうざんがんじょうじ》（臨済宗）境内の石塔である。三基の墓塔《ぼとう》のうち、向って左側の板《いた》碑《び》は、常世の母の供養塔とされる。上部と右半分を欠損しているが、高さ八六センチ、幅六一センチの比較的大型の板碑である。石材は緑泥片岩《りょくでいへんがん》で、右脇侍《わきじ》とみられる勢至菩薩《せいしぼさつ》の種字《しゅじ》がのこり、かつては阿弥陀三尊《あみださんぞん》を刻んだ板碑だったとみられる。正和四年（一三一五）の年号をもつ。

中央の宝篋印塔《ほうきょういんとう》は、常世の墓碑とされる。相輪《そうりん》と塔身《とうしん》を欠くが、それでも高さ約一五〇センチを測る。安山岩《あんざんがん》製で、大型の塔である。向って右側の宝塔《ほうとう》は、常世の妹の墓碑とされる。凝灰岩《ぎょうかいがん》製で欠損部分が多く、わずかに塔身の一部と笠部がのこるのみだが、類例からすると一三世紀後半頃のものと考えられる。

願成寺の前身は、延寿山安心院蓮華坊《えんじゅさんあんしんいんれんげぼう》（天台宗）と称しており、佐野氏の先祖藤原秀郷《ふじわらひでさと》の開基で、秀郷の母の廟所《びょうしょ》だったという。それを建長年間（一二四九～五六）に常世が臨済宗に改宗させて、佐野氏代々の菩提寺にしたとされる。

【詰めの城・阿土山城】　佐野荘を南流する秋山川と荘内を南北に貫く街道とを押さえる豊代の地は、まさに水陸交通の要衝であり、上佐野の重要拠点だった。しかしながら、豊代城自体は平《ひら》城であり、さしたる要害の地に占地しているわけではない。このため、戦乱の時代を迎えると、非常のさいに立てこもる要害、いわゆる詰《つ》めの城が必要になってくる。豊代城の詰めの城の役割をはたしたのが、豊代城の北東約一・五キロに位置する阿土山《あどやま》城だったとみられる。

アド山は、標高三七一メートル、比高約二一〇メートルで、「阿土山」「安戸山」などの字があてられている。阿土山城は、天慶《てんぎょう》年間（九三八～九四七）に安戸太郎純門《すみかど》の築城と伝えられるが、確証はない。その後、長嶋（上佐野とも）、青木氏などの城主をへて、戦国時代末期には佐野氏の一門天徳寺宝衍《ほうえん》が数年間居住したのち、廃城となったとされる。

山麓西側には、清滝山金蔵院聖法寺《こんぞういんしょうぼう》（真言宗）がある。佐野氏代々の祈願所で、慶長年間（一五九六～一六一五）には天徳寺宝衍が隠棲《いんせい》したとの伝えもある。阿土山城の廃城の時期は、この天徳寺宝衍の在寺期間にあたるのかもしれない。

現在、アド山に登るには、金蔵院前から西側の尾根筋を登るのが一般的であり、かつての登城ルートもやはり西側からだったと考えられる。現に、登城ルートには三つの堀切と石垣の遺構がみられる。山頂の主郭部の面積は狭く、阿土山城はあくまで非常のさいの要害だった。

【総鎮守今宮神社】　阿土山城の山麓を流れる仙波《せんば》川を、北西に約二キロほどさかのぼった仙波地区には、佐野荘の総鎮守だった今宮神社がある。今宮神社の祭神は天津児屋根命《あまつこやねのみこと》で、藤原秀郷が平将門《たいらのまさかど》征討のために天慶三年（九四〇）に勧請《かんじょう》したと伝えられる。社殿自体は江戸時代の再建になるが、かつての荘厳な雰囲気をいまにとどめている。往時は、佐野荘の総鎮守として、藤原秀郷をはじめ、一族・家臣や荘内の住民たちの崇敬を集めていた。

注目されるのは、今宮神社から北に約二キロをへだてて出流山《いずるさん》千手院満願寺（真言宗）があることで、満願寺は勝道《しょうどう》上人が天平神護《てんぴょうじんご》二年（七六七）に開山したという。勝道は、山岳信仰の霊場日光山を開いたことでも知られ、奇しくも勝道の開山とされる満願寺と日光山中禅《ちゅうぜん》寺はともに坂東三三札所でもあった。

坂東三三札所の成立は一三世紀前半ごろとされており、すでにそのころには一七番札所の満願寺と一八番札所の日光山

●—阿土山城遠景

●—今宮神社本殿

は観音信仰の巡礼路で結ばれていた。そして、一六番札所である上野水沢寺（群馬県渋川市）から満願寺に到着する直前に、佐野荘内の豊代城、阿土山城、今宮神社の付近を通過したのである。つまり、豊代城が所在する上佐野は、鎌倉時代以来の交通の要衝であり、かつ、宗教的にも重要な場所だった。豊代城は、その上佐野を支配する拠点の役割を果たしていたといえる。

（江田郁夫）

【参考文献】大澤伸啓「佐野源左衛門常世の墓と豊代館跡そして満願寺について」（唐沢考古会編『唐澤考古』二七　二〇〇八年）、江田郁夫『中世東国の街道と武士団』（二〇一〇年）

●関東の要の一つとなった壮大な山城

唐《から》沢《さわ》山《やま》城《じょう》

〔所在地〕栃木県佐野市栃本町、吉水町、富士町
〔比　高〕約一八〇メートル
〔分　類〕山城
〔年　代〕一五世紀後半以降慶長十二年（一六〇七）まで
〔城　主〕佐野氏、上杉氏、北条氏
〔交通アクセス〕東武鉄道佐野線「田沼駅」下車、徒歩四〇分（車で一〇分）

【唐沢山城の立地】　足尾山系南端に位置する、標高二四二メートルの唐沢山一帯に広がる広大な山城である。根小屋《ねごや》城、栃本《とちもと》城、牛が城などとも呼ばれる。本丸や南城（引局）、二の丸には、東日本では数少ない高石垣がのこり、関東七名城の一つに数えられている。本丸のある頂上からは、南に関東平野が展望できる。城跡一帯は「唐沢山県立自然公園」として豊かな自然がのこり、特に桜や紅葉の時期には行楽客も多い。

また、この城は、西側山麓部の家臣団屋敷が集中していた根小屋地区が、かなり良好な状態でのこっている。さらには佐野《さの》氏を中心に上杉《うえすぎ》氏、北条《ほうじょう》氏とめまぐるしく城主の変遷があり、そのたびごとに城には改修が加えられて大規模化したことが文献史料の上からもたどれるという点で、きわめて大きな歴史的価値をもつ城跡ということができよう。

【山全体を巧みに城塞化】　唐沢山の山頂部を削平した、ほぼ方形状の地区が本丸で、現在は唐沢山神社が建つ。本丸北東部は、石垣で複雑に構成された搦手《からめて》である。南下には南城（引局）、北側直下に武者詰《むしゃづめ》と呼ばれる腰郭、西側直下には土《ど》塁《るい》で囲まれた方形状の二の丸がある。また、二の丸の西側部分には、これを囲むような形で三の丸がある。なお、本丸から二の丸、三の丸の南側斜面には、東から一つ目堀、二つ目堀、三つ目堀が並んでいる。さらに三の丸の西側には、堀をはさみ天徳丸《てんとくまる》、侍《さむらい》屋敷、天狗《てんぐ》岩（物見櫓《ものみやぐら》）、蔵屋敷《くらやしき》がある。この蔵屋敷に出る部分には、桝形《ますがた》の石塁が残されている。

●—西側からみた唐沢山城全景（提供：佐野市教育委員会）

天徳丸の北には、大炊井と呼ばれる井戸、兵粮《ひょうろう》蔵や組屋敷、避来矢山（標高二二九メートル）と呼ばれる出丸がある。

南城の南東および南西の尾根筋には、それぞれ腰郭が数段以上あり、特に南東部には尾根を切断する堀切が見られる。

いっぽう、本丸跡の東側の尾根筋には、車井戸、お花畑（薬草園）、金の丸（御宝蔵）、杉曲輪、北城などが、それぞれの間を堀で切って築かれている。北城の先には「鳩の峰」と呼ばれる郭らしき丘頂があり、北側と南東側は堀で切られている。

以上見てきたように、唐沢山城は、自然地形をうまく利用し、唐沢山頂を中心にその尾根筋と斜面に郭を配し、この間を堀で巧妙に区切って築かれている。

【高石垣とその築造年代】 さて、唐沢山城の特徴の一つは、高石垣が築かれている点である。このうち本丸では高さ八メートル以上もあり、唐沢山のチャートを用い、算木《さんぎ》積みの方法がとられている。これは織豊期城郭の特徴であることから、築かれたのは天正十八年（一五九〇）から慶長七年（一六〇二）までの一三年間、つまり佐野房綱《ふさつな》（天徳寺宝衍《ほうえん》）とその養子信吉《のぶよし》の時代とほぼ特定できる。ただし細かく見ていくと、同じ高石垣でも石垣のラインは本丸が直線的であるのに対し、二の丸北部ではやや曲線を描いている。また、勾配《こうばい》角度も本

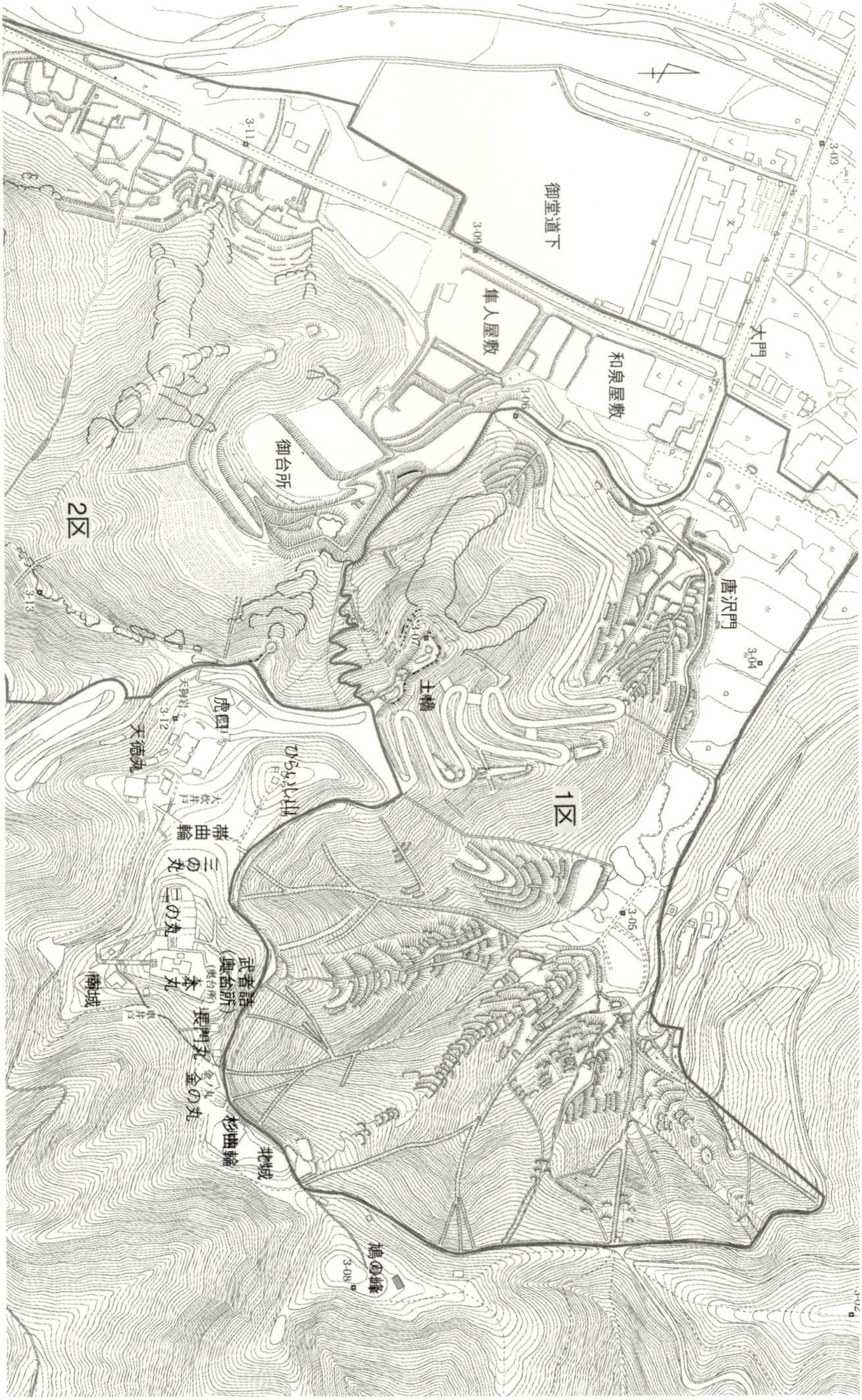

●―唐沢山城縄張図（提供：佐野市教育委員会）

丸南西部と南城（引局）西部とでは、明らかに異なる。こうした違いは、築造年代が異なる可能性を示しており、これらの高石垣すべてが織豊期のある時点で同時に築かれたわけではないかもしれない、とする説もある。

いっぽう、北東尾根の先端部や北西尾根先端の土櫓《つちやぐら》に見られる石垣は、中心部の高石垣とは違い、粗割の小石材を乱雑に積みあげたもので、北条氏時代の遺構とみられている。

【竪堀と城主との関係】　次に、城内各所にのこる竪堀《たてぼり》に注目してみたい。本丸から南西へ伸びる尾根筋には三ヵ所、竪堀と巧妙に折り曲げられた堀切《ほりきり》、土塁などで構成された虎口《こぐち》がある。これらのつくりは、城内の他の虎口とは明らかに異質で、北条氏系の城郭によく見られるものであるという。

また、北城北側にある竪堀などは、長くて深いという、北条氏系とは異なる特質をもっており、上杉氏がつくった可能性が指摘されている。さらに、北城東側斜面にある連続竪堀は、一時唐沢山城にいた上杉謙信《うえすぎけんしん》の家臣色部勝長《いろべかつなが》の本拠、平林《ひらばやし》城にも見られることから、これらも勝長による普請《ふしん》でつくられたのではないか、という意見がある。

【大手の変更】　唐沢山城関係の絵図を見ると、本丸へ上がる道筋は四本あるが、このうち大手道は、これまで山の南東方面（富士口）からの道で、したがって大手門《おおてもん》も、その途中にあったと考えられてきた。しかし、近年の佐野市教育委員会の調査により、城の西側（栃本方面）に大手門の位置がほぼ特定され、大手道もここから麓の和泉《いずみ》屋敷・隼人《はやと》屋敷を左手にして進み、それらを過ぎた所から左折して本丸に至る道が想定されるようになった。なお、本丸へ向かう参道から鋭角に曲がって二の丸へ通じる砂利道があるが、その少し手前に現在でものこっている道路状の傾斜地が、往事の大手道の一部とみられている。ただし、いくつかの徴証から、富士口に大手があったことも間違いないようなので、城の最終段階には、それが栃本側に移っていたものと思われる。

【根小屋地区】　さて、この城のもう一つの大きな特徴は、山麓部の根小屋と呼ばれる遺構が比較的よくのこされている点であろう。多くの山城の場合、山麓部は近世以降の開発が進んでしまうため、中世段階の様子を知ることは困難なことが多い。しかし唐沢山城の場合は、江戸時代に唐沢山が彦根《ひこね》藩の御留《おとめ》山となり、狩猟や伐採が禁じられたため、ほとんど手つかずではないかと思われるような部分も見られるのである。

この地区は、北側から和泉屋敷、源兵衛《げんべえ》屋敷、隼人屋敷と続く。このうち最も調査が進んでいる隼人屋敷は、約一〇〇メートル四方の平坦地で、南、北、東側に堀がのこる。また

●—隼人屋敷石垣（写真提供：佐野市教育委員会）

発掘の結果、礫《れき》群や石列、東西に伸びる石垣（西へいくほど石段数がふえ、最大約一〇段）が見つかった。その性格は、現段階では不明な部分が多いが、地表にのこる郭よりも古い段階の郭縁辺部も確認されている。遺物では、かわらけの破片数が九〇〇〇点以上と多いのが注目され、年代的には、城主ないしは重臣が生活していた可能性が高い。年代的には、ほとんどが一五〜一六世紀のものであることなどを考えると、北条氏以前、すなわち佐野氏の段階から築造されていたと推測できよう。

この隼人屋敷から南東方向に上がっていったところに、御《み》台所《だいどころ》（下屋敷）と呼ばれている郭がある。注目すべきは、この郭を囲うように本丸方向に対しても大規模な堀と土塁が築かれている点で、これは隼人屋敷や御台所の独立性、格式の高さを示すと評価されている。すなわち、城主とその家族、一族や重臣などがこの地区に居住し、山上の本丸へは城番となった家臣が詰めていた、などという姿が想定されよう。

またその南東、道をはさんだ田沼高校南側には、御堂道下《みどうみちした》と呼ばれる地区があり、北側と西側には土塁がのこっている。

さらに隼人屋敷から南に約一五〇メートル進むと、家中屋《かちゅう》敷と呼ばれる南北約三〇〇メートル、東西約一五〇メートルという大規模な遺跡がある。この地区は大変保存状態がよく、おびただしい数の堀や土塁、木橋跡、石積などが確認されている。なお家中屋敷の南には、根小屋地区南端を区切るとみられる大規模な竪堀（長さ約六〇メートル、上幅約一〇〜二〇メートル、下幅一〜二メートル、逆三角形状）があり、北側には土塁ものこっている。

【城主の変遷】 唐沢山城をはじめて築いたのは、一〇世紀ごろ田原藤太《たわらとうた》とも称し、下野守にもなった藤原秀郷《ひでさと》といわれているが、明確な証拠はない。はっきりしているのは、『松陰《しょういん》私語』文明三年（一四七一）の記事にある「天命《てんみょう》之上之山、佐野城」が唐沢山城を指すとみられることであり、そうなると一五世紀後半には築かれていたことになる。

城主は、佐野荘一帯を治めていた秀郷流の佐野氏である。ところが永禄四年（一五六一）以降、前年より関東への侵攻を始めた上杉謙信の軍勢により、唐沢山城はたびたび攻められることとなった。ただし、その攻略が容易でなかったことは、永禄七年八月七日付謙信書状に「とても険しいところだが、苦労して攻めた」とあるころからも明らかである（「蕪木文書」）。しかし、この年ついに佐野氏は降伏し、城は上杉氏の管理下に置かれ、色部氏や五十公野《いじきみの》氏など揚北衆《あがきた》が在番した。謙信は、関東平野のほぼ中央に位置する佐野の地を、倉内（群馬県沼田市）、厩橋《まやばし》（同前橋市）とともに関東経営の重要拠点と位置づけており、この時期に城には改修の手が入った。

永禄十年（一五六七）になると、今度は北条氏の攻撃が始まった。その激しさは、同年十二月二日付謙信書状に「本丸だけの状態になってしまった」と書かれているほどであった（「歴代古案」）。この後まもなく上杉氏は、城を北条氏に明け渡した模様である。この時、本来の城主であった佐野昌綱《まさつな》に預け置かれたが、永禄十二年に越相同盟が結ばれたため、城はふたたび上杉軍がおさえた。ここで再度、在番衆色部勝長による改修が施されたが、その後上杉勢は退き、佐野氏が城主に返り咲いた。そして佐野昌綱、続いてその子宗綱《むねつな》が天正年間中ごろまで活躍したが、同十三年（一五八五）、足利・館林城主長尾顕長《あきなが》と争い、戦死してしまう。この後、北条氏康の子氏忠《うじただ》が佐野氏を継いで唐沢山城主となり、この時おそらく根小屋地区の大改修が行なわれたものとみられている。

同十八年（一五九〇）、秀吉《ひでよし》の小田原《おだわら》攻めの後は、佐野宗綱の叔父で、織田・豊臣政権とも近かった天徳寺宝衍（佐野房綱《ふさつな》〔政綱《まさつな》〕）、次いでその養子富田信吉《のぶよし》が城主となった。この間に、本丸や南城（引局）、二の丸などに見られる高石垣が織豊系技術を用いて築かれたものとみられている。

慶長七年（一六〇五）三月、唐沢山城から南東方向へ約四・四キロ離れた春日岡の地へ移ることを命じられ、同十二年には唐沢山城を廃して平地の佐野城へ移った。（松本一夫）

【参考文献】 佐野市郷土博物館『唐沢山城と佐野氏』図録（二〇〇九年）

●佐野宗綱戦死の地

正《しょう》光《こう》寺《じ》城《じょう》

〔所在地〕栃木県佐野市下彦間町二〇三一
〔比　高〕約二〇メートル
〔分　類〕平山城
〔年　代〕戦国時代
〔城　主〕佐野氏
〔交通アクセス〕東武鉄道佐野線田沼駅下車、飛駒線「上宿」バス停下車、徒歩一〇分・駐車場有

【大塚山正光寺】　佐野市と足利市の境界須花《すばな》峠の北側山麓に位置し、彦間川を間近にのぞむ小丘陵上に正光寺（真言宗）はある。貞応二年（一二二三）に理心上人の開山と伝えられ、境内では古墳時代後期の円墳《えんぷん》が一二基確認されている。境内の北側には、空堀《からぼり》と土塁《どるい》で囲まれた郭が現存し、正光寺の建つ丘陵が中世の城郭だったことがわかる。

一説に、長尾氏の拠る須花《すばな》城への押さえとして佐野氏が築いたといい、当時は悪戸《あくと》城とも呼ばれていたらしい。現存する郭の規模は、東西約二四メートル、南北約二四メートルで、彦間川に面した北側は丘陵の傾斜を利用し、のこる三方を空堀と土塁で守る構造になっている。横矢がかかる虎口《こぐち》の縄張《なわばり》は、戦国時代のものとみられる。この郭が主郭部にあたり、かつては丘陵全体を城域にしていたと考えられる。

主郭部から少し下ると、戦国時代頃の小型の五輪塔《ごりんとう》一〇数基がならぶ一画があり、天正十三年（一五八五）末の須花坂の戦いで戦死した佐野宗綱《さのむねつな》主従の供養塔と伝えられる。宗綱が討ち死にしたのは須花峠の山麓で、その後、里人が供養の花を手向けたところから花立の地と呼ばれ、近くには戦死した従者を葬った七ツ塚もある。

【須花坂の戦い】　須花峠は、すでに戦国時代には佐野領と足利長尾領の境界となっており、この峠道を掌握するために築かれたのが須花城だった。須花城は、峠の約七〇〇メートル手前の丘陵部に位置し、比高約六〇メートルの山頂部分を削平して城郭化している、東西約一二メートル、南北約一八メ

ートルの規模をもつ主郭部を中心に、その両側にも郭を設け、それぞれの郭は土塁と空堀によって守られている。佐野領から長尾領に入るためには、峠を越える前にまず須花城下をとおる必要があり、敵方の侵入を防ぐうえで絶好の場所だった。

伝承によると須花城は、建武二年（一三三五）に佐野国綱《くにつな》が築城し、以後、国綱の子孫が城主となったという。しかし、室町時代に一時、廃城となり、大永三年（一五二三）に佐野秀綱《ひでつな》が再興。また、永禄元年（一五五八）には、足利を領する長尾顕長《あきなが》がこれを奪って、家臣の影山氏を在城させたといわれる。須花城の立地や構造からすると、戦国時代の長尾領を守った「境目《さかいめ》の城」のひとつと考えられる。

佐野氏と長尾氏との関係は、小田原北条氏の下野侵攻とともに深刻化し、特に天正十三年（一五八五）に長尾顕長が北条氏に臣従した結果、北条氏への敵対をつづける佐野宗綱との対立は決定的になった。これをうけて、宗綱は天正十三年の大みそかに須花峠から長尾領への侵入を試みるが、合戦の最中に戦死してしまう（須花坂の戦い）。須花坂の戦いにおいて、「下彦間の寄居《よりい》」ともよばれた須花城は長尾氏方の砦であり、わずか一キロに満たない距離でこれと対峙する正光寺城は、須花城攻略をはかる佐野氏方の前線基地（陣城《じんじろ》）の役割を果たしたとみられる。

（江田郁夫）

【参考文献】『田沼町史・第三巻』（一九八四年）

●—正光寺城の空堀と土塁

●—佐野宗綱主従の供養塔

●関東平野北西端の足利を見下ろす山城

足《あし》利《かが》城《じょう》

〔足利市指定史跡〕

〔所在地〕栃木県足利市西宮町他
〔比　高〕二一〇メートル
〔分　類〕山城
〔年　代〕一一世紀中頃以降一六世紀末まで
〔城　主〕藤原姓足利氏、長尾氏
〔交通アクセス〕東武伊勢崎線「足利市」駅下車、徒歩七〇分・駐車場有

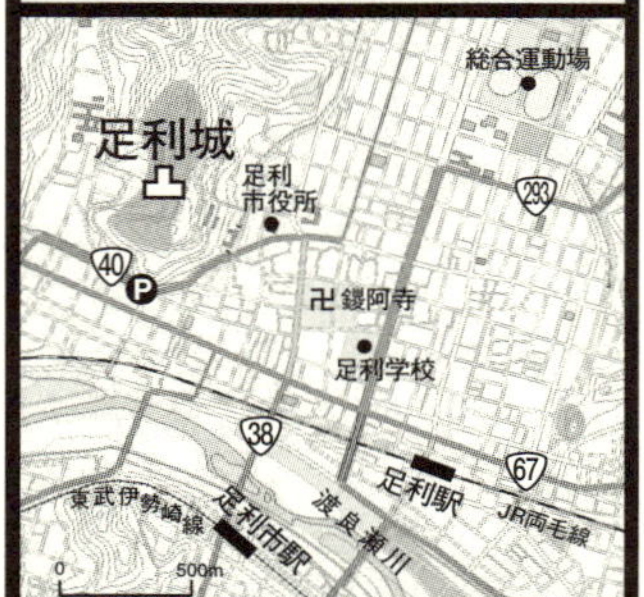

【関東平野北西端の山城】 関東平野の北西端に位置する足利市は、北に足尾《あしお》山地からつづく山々が、南に平野が広がる。足利城は、市街地の北方に聳《そび》える標高二四六・九メートルの両崖《りょうがい》山（要害の転化したものか）の山頂を主郭とし、その周囲に広がる山城である。

もともとは、天喜年間（一〇五三〜五八）に藤原秀郷《ふじわらひでさと》六世の孫・淵名《ふちな》（足利）成行《しげゆき》が築城したと伝えられる。その後、足利荘は源姓足利氏が領有するところとなり、平地の足利氏館（鑁阿《ばんな》寺）に居館を構えた。本城が本格的な城郭として整備されたのは戦国時代である。

文正元年（一四六六）、関東管領《かんとうかんれい》であった山内上杉《やまのうちうえすぎ》氏の家臣・長尾景人《ながおかげと》が足利荘の代官として勧農《かんのう》城に入部する。勧農城は、足利城の南東約二キロに位置する独立丘陵・岩井《いわい》山に造られた平山城である。長尾氏は、景人以後、定景《さだかげ》、景長《かげなが》、憲長《のりなが》、政長《まさなが》、顕長《あきなが》の六代、一二〇数年間足利を領有した。「狩野系図」によれば「下野国足利飯塚《いいづか》山（あるいは小屋山）城主長尾景長云々」とあり、本拠が勧農城から足利城へ移転したのは景長の時代で一六世紀前半頃と推定される。天正十八年（一五九〇）小田原北条氏が豊臣《とよとみ》・徳川《とくがわ》軍に敗れたことによって長尾顕長も転封となり、足利城も廃城となった。現在遺されている城郭の遺構は、戦国時代のものと考えられる。

【足利城の構造】 両崖山頂に位置する主郭を中心として三方の尾根を成形して造った山城である。郭と堀切《ほりきり》、井戸跡などが現存する。主郭は、東西一五メートル、南北二七メートル

とやや南北に長い平地で、御嶽《みたけ》神社などの祠《ほこら》が置かれ、市指定天然記念物タブノキ自生林がある。主郭から北に伸びる尾根は、堀切で三ヵ所切断し、二つの細長い郭としている。主郭から北側に下ると、堀切に接して井戸跡と思われるくぼみがある。その間の斜面にはチャートを数段積んだ石垣があり、主郭から井戸へと至る斜面に土留めを目的として積んだ石垣の可能性が高い。

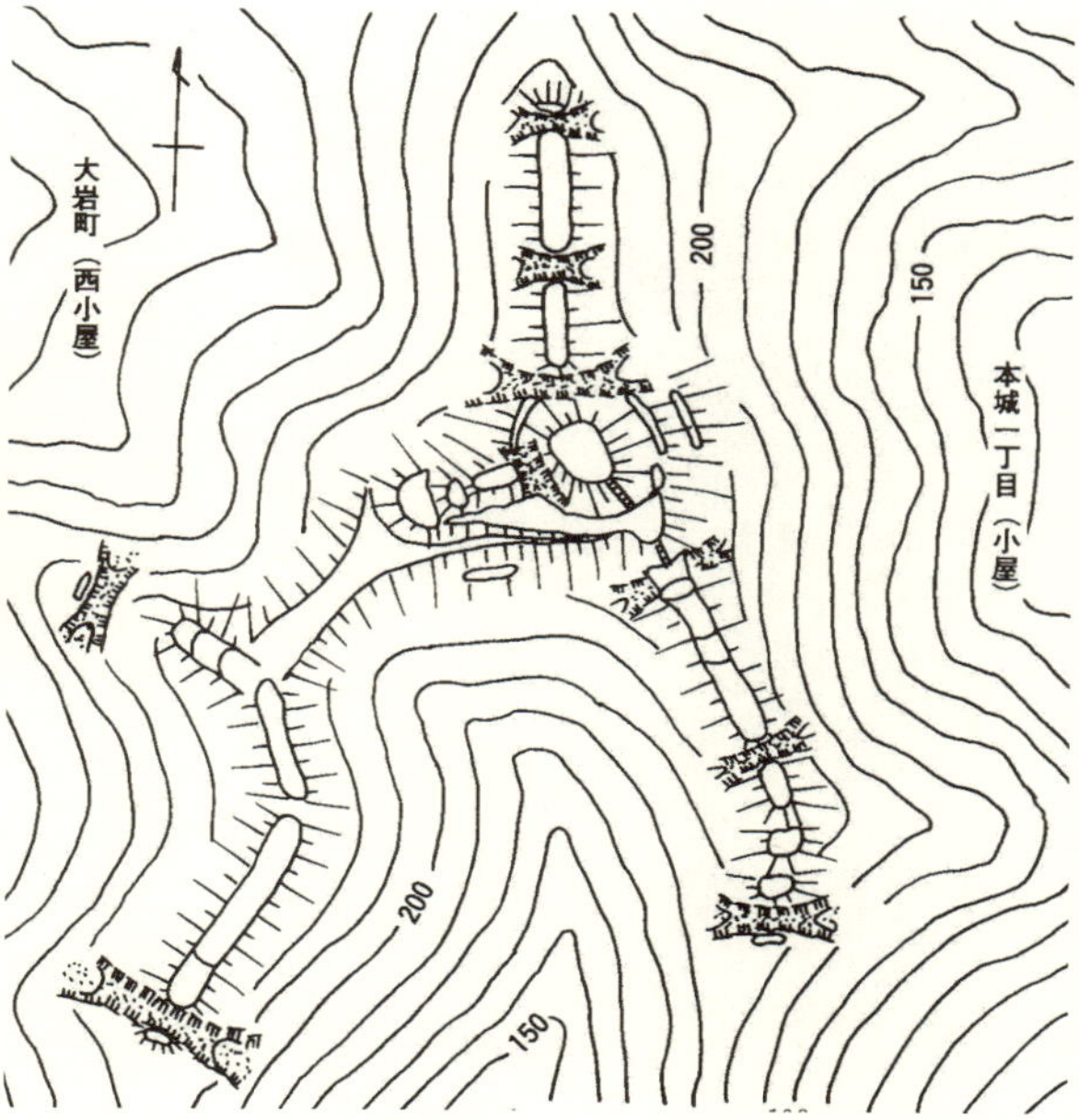

●—足利城の遺構配置図

主郭から西南に伸びる尾根は、まず堀切を設け、その西側に副郭と数段の腰郭を置き、さらに西方では尾根を郭状に成形して、西端に堀切を施す。主郭直下の南から西にかけては、腰郭をまわす。主郭南側の尾根は、堀切を三ヵ所設け、尾根上を数段の郭に成形している。主郭の規模は小さいが、それを中心として三方の尾根に郭を設けた求心的な構造の山城である。

【足利城古絵図にみる足利城】 鑁阿寺が所蔵する「足利城古絵図」（市指定）は、江戸時代前半頃の製作と考えられるが、足利城および当時における足利のまちを知る上で貴重な資料である。足利城に関する建造物や築地塀は、瓦葺《かわらぶき》で重厚な建物として描かれ、誇張が見られるが、道や小字名など現代に伝えられているものも多く、参考になる。

城郭の山裾には堀が廻らされており、足利城への出入りは、ここに架けられた橋を使用していた。現在、西宮から本城一丁目にかけての山裾には、柳原用水がめぐっており、これに外堀の機能があったことがわかる。西の西宮側は、外堀を橋で渡り城門を入ると、中は「家中」や「目付」などの文字がみえ、家臣団屋敷があった区域と考えられる。いっぽう、東の本城一丁目の谷は、外堀を渡って城門を入ると「二の丸」そして「御殿」の文字があり、城主らが居住する区域であっ

●—足利城古絵図（所蔵：鑁阿寺、提供：（財）足利市民文化財団）

たと考えられる。さらに、山の南西側の平地には、城下の町場が形成され、その東端と南端には天王《てんのう》社（現在は八雲《やぐも》神社）が描かれている。現在は緑町から通七丁目そして通五丁目にかけての市街地となっており、同じように家が集中してある。「足利城古絵図」によれば、当時は三日町や八日町、浦町などと呼ばれて城下町を形成し、外郭は築地や柵によって囲われていたことがわかる。

前述した山頂周辺の郭の他に、このような御殿や家臣団の屋敷、さらに城下町を含めれば、両崖山から足利市街地の西部にかけての大きな範囲すべてに、城郭に関連する施設があったことが確認できる。

【足利城の意義】　戦国時代、長尾氏によって再構築された足利城は、両崖山の尾根上を中心に郭を設け、その山麓の谷には御殿や家臣団の屋敷、そして西南の平地には城下町が形成されていた。近世以降城郭は廃城となり継承されなかったが、城下町はその後、現在の足利市街地西部へと発展しており、足利の町の形成に大きな役割を果した。

（大澤伸啓）

●—主郭北側斜面の石垣

●—足利城の遠景

●堀と土塁に囲まれた平城

足《あし》利《かが》氏《し》館《やかた》

〔国指定史跡〕

〔所在地〕栃木県足利市家富町
〔分　類〕平城
〔年　代〕一二世紀末以降現代まで
〔城　主〕源姓足利氏
〔交通アクセス〕東武伊勢崎線「足利市」駅下車、徒歩一五分・駐車場有

【居館から氏寺へ】　足利氏館は、足尾《あしお》山地から流れる渡良瀬《わたらせ》川が形成した自然堤防上、東西北の三方は山に囲まれ、南は関東平野が広がる微高地の中央部に所在する。

一二世紀中頃、鳥羽安楽寿院《とばあんらくじゅいん》領として足利荘が立荘される。当初の在地領主は藤原姓足利氏であったが、治承寿永《じしょうじゅえい》の内乱を経て源姓足利氏が領有するところとなった。足利氏館は、源姓足利氏二代目の足利義兼《よしかね》が一二世紀末頃に築造した館である。義兼の母は熱田大宮司《あつただいぐうじ》家出身で、正妻は北条時政《ほうじょうときまさ》の娘であったことから源頼朝《みなもとのよりとも》と深い姻戚関係にあり、鎌倉幕府の創設を助けた。建久七年（一一九六）館の一角に持仏《じぶつ》堂を設け、これが後に氏寺の鑁阿《ばんな》寺へと発展する。天福二年（一二三四）の大御堂棟札（写）などから本格的な寺院となったのは、源姓足利氏三代目足利義氏《よしうじ》の時と考えられる。方形館の中には、重要文化財の本堂や経堂、鐘楼など中世の建造物が多数のこされている。

【足利氏館の構造】　四周を濠と土塁に囲まれた方形館である。濠を含めた規模は、東辺一八〇・二メートル、西辺二〇七・五メートル、南辺二一四・八メートル、北辺二二〇・二メートルと東西に長い不整方形状で約二町四方と規模の大きな館である。条里遺構や発掘調査の成果によって古代における足利の軸方向は、真北方向から約一四度東へふれる方向へと変化したことが確認されている。足利氏館の東・北・西は後者、南は前者の軸方向を踏襲したため、不整方形になったものと考えられる。周囲にめぐらされた土塁は、下幅八～一〇メー

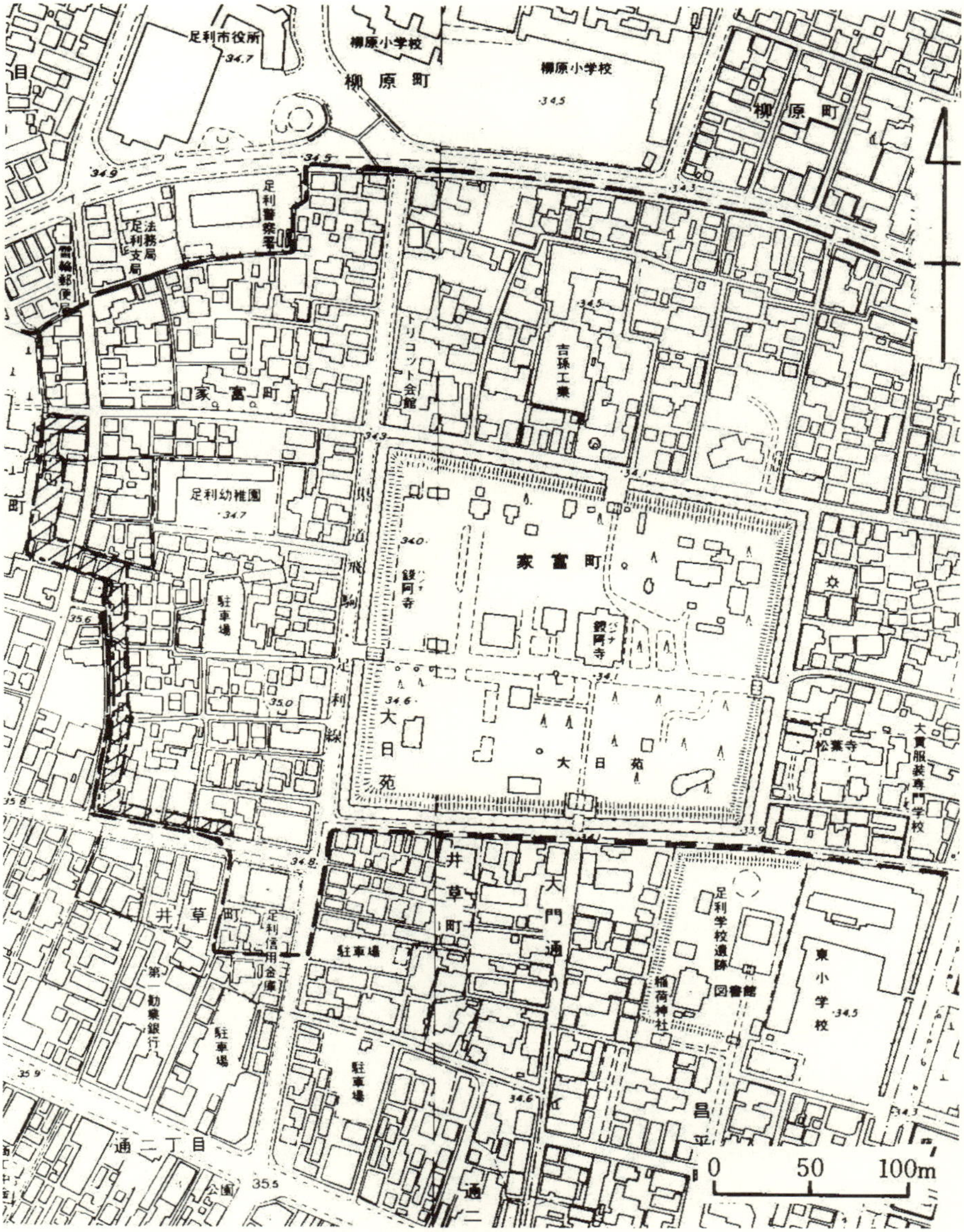

●—足利氏館と鑁阿寺一二坊

●—上空からみた足利氏館（提供：足利市教育委員会）

●—土塁周辺で採集された劃花文青磁片

トル、上幅二～二・五メートル、高さ二～三メートル。濠の幅は、四～五メートルあり、濠の外側は、土揚場としてかつて幅〇・六メートルほどの低い土塁があったという。四辺の中央部を出入口として土塁を設けず、それぞれに橋と門を置く。南は屋根付の太鼓《たいこ》橋（県指定・江戸時代）と楼門《ろうもん》（県指定・室町時代）が、東西は土橋《どばし》と四脚門《しきゃくもん》（県指定・鎌倉時代）が、北辺は土橋と薬医《やくい》門（市指定・江戸時代）である。内部にのこる建造物は、中央やや北よりに本堂（重文・鎌倉時代）、その南東に御水《おみず》屋（市指定・明治時代）と鐘楼《しょうろう》（重文・鎌倉時代）本堂西側に不動堂（市指定・江戸時代）と経堂《きょうどう》（重文・室町時代）、その南側に多宝塔《たほうとう》（県指定・江戸時代）が配置されるなど、火災に遭うことなく中世以来の建造物が多数のこされている。

中世における鑁阿寺の伽藍《がらん》とその周辺を描いた「一山十二坊図」（市指定）や鑁阿寺文書（重要文化財）によれば、方形館の東西および北側には十二坊が配置され、輪番で寺院の運営を行なっていた。その跡地は、現在でも家富町としてのこされている。鑁阿寺の東側を中心に行なわれた鑁阿寺一二坊跡の発掘調査では、坊の外郭や境は堀で区画されていたことを確認することができた。

【足利氏館の年代】 古くから足利氏館は、典型的な平安時代末期における在地領主の方形館とされてきた。しかしながら方形館の出現は新しく、鎌倉時代以前までさかのぼらないという意見もある。足利氏館の土塁や堀の遺構がいつまでさかのぼるかに関して発掘調査は実施されておらず、不明といわざるを得ない。しかしながら、境内地における発掘調査で鎌倉時代のかわらけが出土し、土塁周辺から劃花文青磁が採集されるなど、館内より一三世紀にさかのぼる遺物が確認されている。鑁阿寺は、はじめ堀内御堂と呼ばれたことからも、規模は不明だが堀がめぐらされていたことは確実であろう。築造当初から現在遺されている濠と土塁の姿であったかどうかは不明であるが、骨格となるものは義兼の時代に築かれたものと推定される。

【足利氏館の意義】 一二世紀末頃足利荘の中心部に造営された足利氏館は、その後、氏寺の鑁阿寺となり、多くの建造物とともに現代までのこされてきた。方形館の約二町四方という規模は在地領主クラスでは最大級のもので、足利氏の勢力と財力の大きさを表すものである。中世における平城の様相を良好に伝える史跡として貴重な城館である。

（大澤伸啓）

「城と町の防御」

松岡　進

関東地方の戦国期城下町遺構としてよく知られているのが、小田原《おだわら》城（神奈川県小田原市）の惣構《そうがまえ》である。往時の町の範囲を越え、丘陵地帯までめぐらした土塁《どるい》や堀《ほり》が現在も一部残り、発掘調査でも、掘り上げるのが危険なほど巨大な堀がしばしば出土する。

こうした町を内包するような土塁や堀は、北関東にも実例がある。それらがかつて存在したことをうかがわせる「内宿《うちじゅく》」などの地名も散見される。さらに戦国期の史料では、城攻めに当たって、まず外縁の施設を攻撃し、城本体を「はだか城」にするのが常套手段となっていたのがわかる。ただ、これらが一体何のために築かれたのかは、まだ議論の余地がありそうである。

茨城県結城《ゆうき》市の結城城は、『結城氏新法度《しんはっと》』という饒舌な同時代史料によると、町と防衛上一体的に運用されるべきものと規定されていた。この城と町の北西二キロの地点には、「左前《ひだりまえ》」と呼ばれる土塁の一部が現存し、洪積台地の狭くなる箇所を区切っている。市村高男氏の研究によれば、これと対になる「右前《みぎまえ》」という土塁も、城の南西に二キロ離れて存在した（同氏『戦国期東国の都市と権力』思文閣出版）。

これらが城と町の外縁にあって防御ポイントをなすのは間違いない。しかし、城や町を直接防衛する拠点、あるいは広義の城下領域の境界と考えるには、町から離れすぎている。むしろ、これらを、郭を伴わずに単独で機能する遮断線、すなわち阻塞《そさい》として見ると、茨城県南部を中心に多く検出されている同様の事例との対比が可能になる。

これまで、戦国期の地方都市は、近世城下町の概念を援用して説明されてきた。しかし、その特質は多元性、あるいは二元性にあるとされる。つまり、城を中心にした一元的構造にはならないのである。惣構という視角の拡大解釈が、一元的な城下町支配の虚像を結ぶことにつながってはいないか、改めて検証が必要ではないだろうか。

お城アラカルト

「さまざまな在地の土器」

浅野晴樹

中世城館を象徴する遺物はやきものである。やきもののなかには、中国製の青磁《せいじ》や白磁《はくじ》・染付《そめつけ》の碗・皿、瀬戸《せと》・美濃《みの》産の瓶子《へいし》・碗《わん》・擂鉢《すりばち》、常滑《とこなめ》産の甕《かめ》・壷《つぼ》・片口鉢《かたくちばち》、在地産の皿・片口鉢・擂鉢・鍋《なべ》などがある。なかでも擂鉢は中世を代表するやきもので、食物をすったり、つぶすための道具であった。

中世前半の東日本の太平洋側では、主に東海地方の常滑や瀬戸周辺で生産されたすり目をもたない鉢が広く流通し、城館で使用されていた。ただ、北関東の城館では、そのような東海地方の鉢とともに、在地産の鉢が出土することが大きな特徴であった。

一五世紀になると鉢の器内面にすり目がある古瀬戸の擂鉢が流通し始める。在地産の鉢も古瀬戸擂鉢をまねしたものへと替わった。

その擂鉢とともに内耳土鍋《ないじどなべ》が城館から出土する。説明するまでもなく鍋は食物を煮炊《にた》きするための道具である。鍋は鉄鍋が基本であったが、全国各地に鉄鍋を模倣した土製の鍋が作られた。関東では北関東や房総などの城館から確認される。

このような在地産の土器には、擂鉢や鍋のほかに、釜、香炉《こうろ》、風炉《ふろ》、焙烙《ほうろく》、火鉢《ひばち》などがあった。

中世城館で使用されていたさまざまな生活用具はやきものばかりではない。北関東でも比較的多くの遺物が検出された騎西《きさい》城をみてみると、中国や朝鮮の陶磁器、瀬戸・美濃製の擂鉢や碗・皿、常滑の甕《かめ》、在地産のかわらけ・土鍋・焙烙に加えて、鉄製のはさみ・鍋・鎌・釜、石製の臼・茶臼、木製の下駄《げた》・木槌《きづち》・漆椀《うるしわん》・櫛《くし》・羽子板《はごいた》などやきもの以外の遺物も多く出土している。北関東の城館では、在地産の土器が多用されていたとともに、木や金属などさまざまな素材の生活用具が使用されていたことにも注意しなければならない。

「織豊城郭と関東」

中井　均

戦国時代の日本列島には数多くの城郭が構えられた。それらは山を切り盛りして築かれた土木施設であった。ところが天正四年（一五七六）、織田信長《おだのぶなが》によって築かれた安土《あづち》城はそうした土からなる城とはまったく異なり、高石垣によって築かれ、中心には金箔瓦《きんぱくがわら》の葺《ふ》かれた五重七階の天主がそびえるというものであった。こうした高石垣、天主をはじめとする礎石《そせき》建物、瓦という三つの要素からなる城を織豊系《しょくほうけい》城郭と呼んでいる。織豊系城郭は単なる軍事的な防御施設としての城郭ではなく、統一政権のシンボルとして、見せる城となった。

織豊系城郭は豊臣秀吉《とよとみひでよし》の天下統一とともに西国大名へ伝播《でんぱ》する。特に朝鮮出兵の本営となった肥前名護屋《ひぜんなごや》の築城によって西国の大名たちが動員され、その築城技術が共有されることとなった。さらに安芸《あき》の毛利《もうり》氏が聚楽第《じゅらくてい》を模した広島《ひろしま》城を、土佐の長宗我部《ちょうそかべ》氏が浦戸《うらど》城を築く。こうした西日本の織豊系城郭の築城は西国大名が自らの意思で行なったのではなく、豊臣秀吉の命令によるものであったことはまちがいない。

一方、関東への伝播は天正十八年（一五九〇）の後北条《ごほうじょう》氏滅亡後となるが、関東に入国した徳川家康《とくがわいえやす》は江戸城の修築を行なわず、徳川領国では石垣の城がほとんど築かれることがなかった。家康が織豊系城郭を関東で築かなかったのは、あるいは秀吉へのアンチテーゼであったのではないだろうか。

そうしたなかで下野の唐沢山《からさわやま》城は天徳寺了伯《てんとくじりょうはく》とその養子信種（富田知信の五男）によって天正十八年から慶長七年（一六〇二）の間に修築された。現在のこされている石垣はこのときのものである。ただ、高石垣は導入されたが瓦はまだ葺かれていない。関東において高石垣、天守（礎石建物）、瓦という三つの要素が整うのは、徳川家康による慶長八年（一六〇三）の江戸城の大修築まで待たなければならなかった。

◆群馬県

〜金山城の日ノ池（太田市教育委員会提供）

●群馬県のみどころ

鎌倉時代の上野国の有力豪族は新田《にった》氏で、その館がいくつかのこされ、それが寺となったり（館寺）、あるいは戦国期に城郭化したりした（館城）。本格的な城郭が多く出現するのは享徳の乱以降で、金山城の築城が文明元年（1469）である。西上野の名城といわれる箕輪《みのわ》城もこの戦乱の中で築かれたものと推定される。室町時代以降、上野国は東上野の新田岩松《いわまつ》氏以外は、有力な豪族はなく、中小武士が上州一揆として各地に勢力を張り、これらの諸勢力が各地に支配領域を形成してその中心の城郭を築いていった。本格的な戦国時代に入ると越後上杉氏、甲斐武田氏、相模北条氏の三つ巴の争覇の場となり、生残りをかけた戦いの中で多くの城郭が形成あるいは整備された。

●秀吉天下統一のきっかけになった城

名胡桃城《なぐるみじょう》

〔群馬県指定史跡〕

〔所在地〕群馬県利根郡みなかみ町月夜野下津
〔比　高〕約五〇メートル
〔分　類〕平城
〔年　代〕一六世紀後半～天正十八年（一五九〇）
〔城　主〕鈴木主水
〔交通アクセス〕JR上越線「後閑駅」下車、徒歩三〇分・駐車場有

【利根川の崖上】　利根川《とね》右岸の崖上に立地する。ささ郭《くるわ》付近から利根川を望むと約五〇メートル程度の比高差があり、利根川側からのアプローチが困難な状況を体感できる。この城と歴史上関係性が強い沼田《ぬまた》城は利根川を挟んで南東に五キロの高台に位置する。

伝承では明応元年（一四九二）頃、名胡桃三郎景冬《なぐるみさぶろうかげただ》がこの地にいたといわれているが、その後、永禄九年（一五六六）、天正七年（一五七九）に「なくるみ」などの文言が文書史料に記され、その存在がうかがわれる。そして、この天正七年頃、真田昌幸《さなだまさゆき》が沼田城攻略のため、岩櫃《いわびつ》城から名胡桃城に移ったことがしられ、名胡桃城には昌幸配下の鈴木主水《すずきもんど》が配されることになった。その後、天正十七年には（一五八九）北条方の沼田城主猪俣邦憲《いのまたくにのり》によって落とされ廃城になる。しかし、発掘調査によって二時期程度までの造り替えしか認められないため、長期に使用されていない城であり、一六世紀の後半を中心に使われた城になるであろう。

【秀吉の天下統一につながる重要な城】　この城を著名にしているのは、天正十七年の北条家家臣の猪俣邦憲による攻略事件である。天正十年に武田氏が滅亡すると、真田氏は群馬県北西部の吾妻《あがつま》川流域を支配下に置き、特に、岩櫃城（東吾妻町）を拠点にして、沼田城（沼田市）をめぐって北条氏と争奪戦を繰り広げるようになる。豊臣秀吉は天正十七年この争いを裁定し、利根川を境にして沼田城は北条氏の城となった。沼田城には猪俣邦憲が配されることになったが、その間に秀

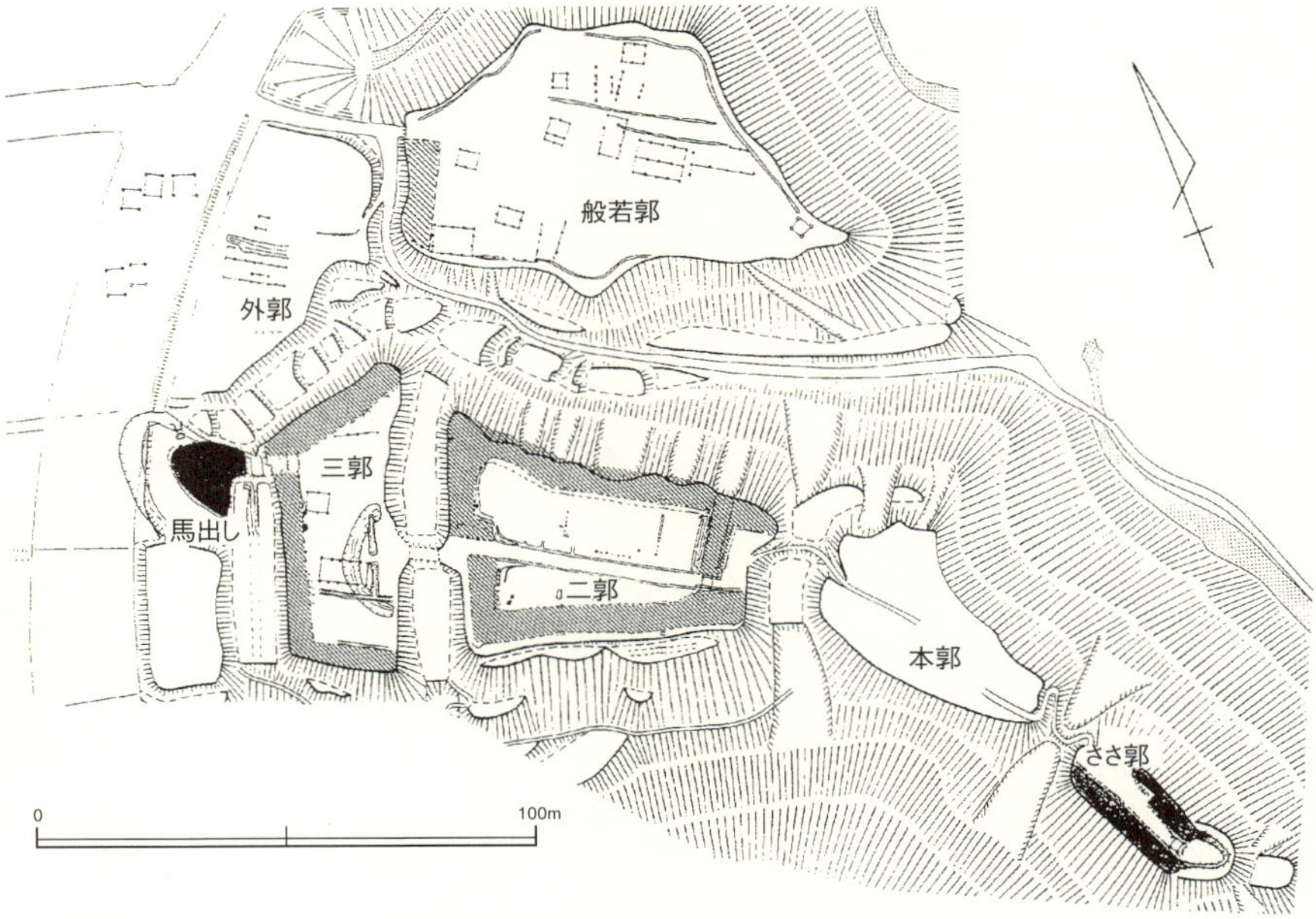

●—名胡桃城全体図（参考文献より転載）

吉は全国の大名を対象にした「惣無事令《そうぶじれい》」と呼ばれる大名間の領土紛争を禁じた法令を出した。

このことによって大名間の私闘は禁じられることになったのだが、天正十七年に猪俣邦憲がこの法令に背き利根川を渡って名胡桃城を攻略した。この事件に激怒した豊臣秀吉は、翌年北条氏を征討することにつながったのである。豊臣秀吉は北条氏を滅ぼすことによって、天下統一を基本的に果たすことになるが、群馬県北部のこの城をめぐり、日本の歴史が変わっていくことになった重要な歴史的意味をもつ城跡である。

【武田氏に関連する城郭と丸馬出】 二の郭、三の郭、般若《はんにゃ》郭と外《そと》郭の一部が発掘調査され、掘立柱《ほったてばしら》建物などが確認されている。また、二の郭から三の郭に出た場所と三の郭から外郭に出た場所には現在埋め戻されその痕跡があまり確認できない丸馬出《まるうまだし》の跡が確認されている。特に前者はきれいな半円形の三日月《みかづき》堀が確認され、武田氏との関連が強いといわれている丸馬出が、武田氏配下の真田氏の城で認められた点は興味深い調査内容となっている。

【城の構造】 二の郭から本郭へ渡る橋脚《きょうきゃく》が発掘調査で確認され、二の郭から本郭へは橋が架かっていたことが推測される。通常郭の出入り口には門が構築されるが、本丸側に構築される。例えば、三の郭から二の郭に渡る場所の三の郭側には構築されず二の郭側に構築される。二の郭から本郭に渡る場所では二の郭側ではなく本郭側である。名胡桃城の発掘調査では本郭から二の郭に渡った二の郭側で門跡が検出された

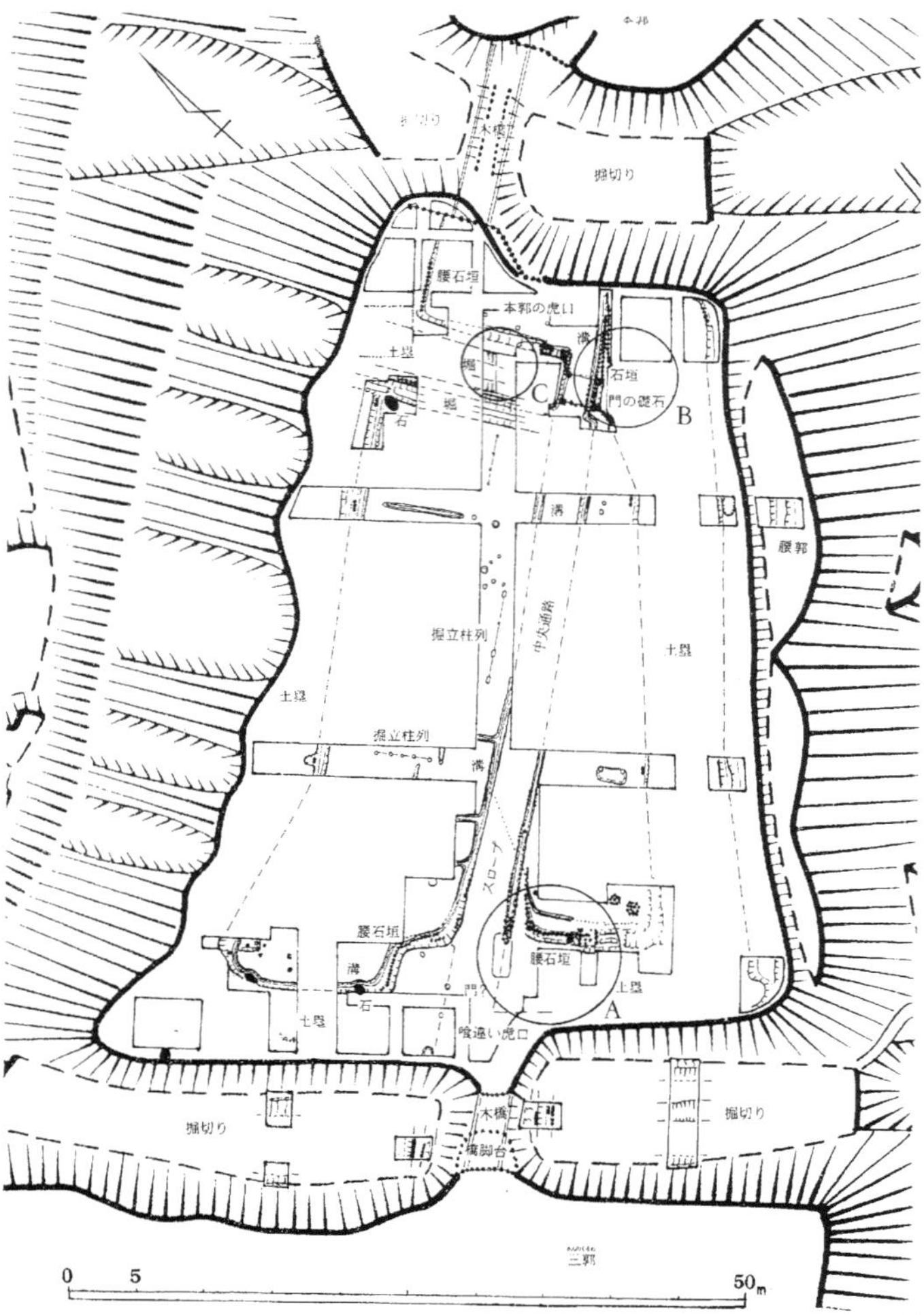

●—二の郭全体図（参考文献より転載）

ことから、本丸の虎口が未調査のため課題がのこるが、現在呼ばれているこの郭は、当時の本郭であった可能性も考えられる。

このように考えると本郭、ささ郭、物見《ものみ》郭と呼ばれている郭は、利根川側からの登城ルートを二の郭（当時の本郭）に攻め込まれるのを防ぐために設けられた郭と考えてもよいかもしれない。いっぽう二の郭を出て、三の郭、さらに外の外郭へ出ていくと比較的平坦地が続き、城に付随する城下町的空間が続いており、こちらの方面が城下からのルートにあたり、大手筋と考えることもできよう。

【石垣が検出されている城】 このほか、現在削平されているためその痕跡は確認できないが、二の郭、三の郭の外周部では土塁の基底部が確認され、その裾には最大高で約一メート

ルの石垣が築かれていたことが判明している。この石垣は川原石を加工しない野《の》面《づら》積《づ》みの石垣である。群馬県の中世末から近世初頭の城郭では城至近の距離で安山《あんざん》岩の川原石が築かれるに採取できるところではこうした野面積みの石垣が築かれるところが多いことがわかってきている。そうした事例の一つとして名胡桃城の調査成果は貴重になっている。

【一六世紀後半の城造りがわかる城】 この城は一六世紀後半の時期に使われていることが史料で記されていることから、現在のこる堀跡や調査で出てきた石垣などがその時期に使われていたことが推測できる城であり、戦国時代の末の頃の関東地方の城造りの方法がわかる意味でも貴重である。特に関東に限らず、大規模な城郭は、天正十八年の豊臣秀吉天下統一後も継続的に使用され、幕末にまでいたる例が多く、戦国時代の城の姿を現在に伝えていないのが大部分である。いっぽう、名胡桃城は中規模な城郭ということも考慮しなければならないが、天守がなく、建物も掘立柱建物で石垣があっても高くないという戦国時代の城造りの様相がよくわかるという意味でも、歴史的な事件の舞台になったということに加えて重要な城跡といえよう。

　現在、発掘調査で確認された石垣や門跡など貴重な成果は埋め戻されて大切に保存されて見ることはできないが、堀跡や郭跡などは非常に良くのこっており、この城跡の概要を現地に訪れるだけで十二分に理解できるようになっている。（秋本太郎）

【参考文献】原眞「名胡桃城址に見る土塁築造技術」『東国史論』第一三号（群馬考古学研究会一九九八年）

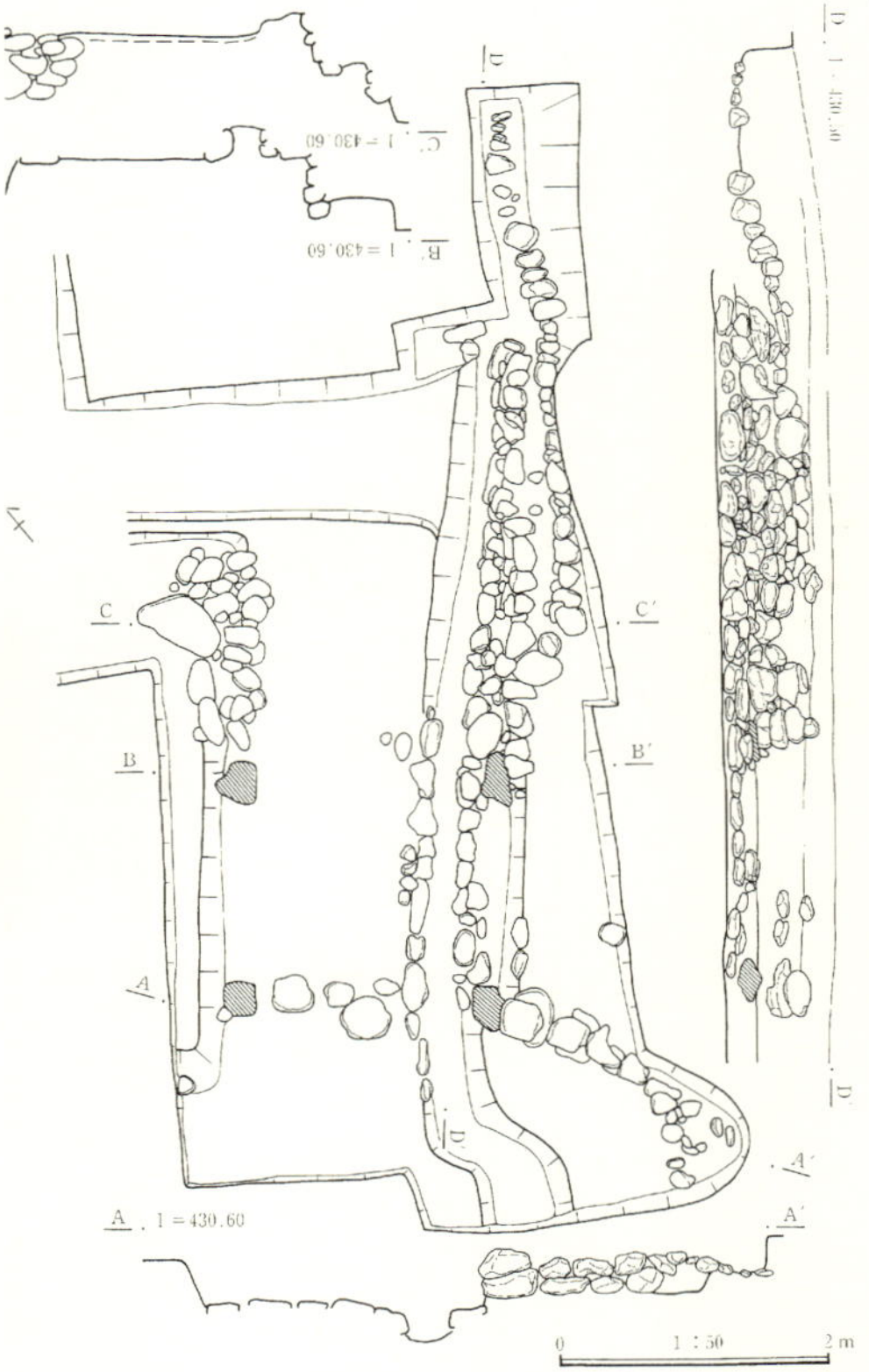

●—二の郭東側の虎口平面図および立面図
（参考文献より転載）

●真田領国に打ち込まれた楔の城

中《なか》山《やま》城《じょう》

〔高山村指定史跡〕

〔所在地〕群馬県吾妻郡高山村中山
〔比　高〕二五メートル
〔分　類〕平山城
〔年　代〕天正十年（一五八二）から天正十八年（一五九〇）以前まで
〔城　主〕北条氏在番
〔交通アクセス〕ＪＲ吾妻線中之条駅から路線バス「高山温泉」下車、徒歩一〇分。ＪＲ上越線沼田駅から路線バス「中山本宿」下車、徒歩二〇分・駐車場有

【交通上の要地に選地】　高山村大字中山は、山間に開けた平坦地である。江戸時代には江戸と越後を結ぶ三国街道《みくにかいどう》が南北を貫き、中山宿は宿場町として栄えた。この道と新田《しんでん》集落で交差して東西を貫く現在の国道一四五号線は、山間をぬけて沼田市と吾妻郡中之条町を結び、中世以前から主要街道である。この交差点から国道を一キロほど西に進むと、北方山麓部から舌状《ぜつじょう》台地が延びて右側の視界をさえぎる。中山城は、この台地を利用して築かれた平山城である。

【横堀を多用した城】　中山城は、地形に合わせて南北に長く築かれている。主郭の位置は中心より北寄りで、台地の付け根に近い。一辺四〇メートルほどの正方形で、北・西・南の三方向に土塁がめぐり、その外側を同じくコの字型に横堀が掘られている。この横堀は城内最大で良くのこっており、見どころとなっている。本郭土塁の北辺と南辺のそれぞれ西角近くには、土塁が途切れている部分があり、虎口《こぐち》と判明する。本郭はこの虎口に掛けられた木橋で、外側に配置された細長い郭と連絡する。本郭の北・西・南には、細長い郭がコの字型にめぐらされ、その外側にさらに横堀が掘られている。しかし、この横堀の外形はコの字型ではなく、ところどころに折れが造られている。堀中は通路として使われており、寄せ手からの見通しを悪くし、攻撃を有利とする工夫であろう。さらに外側には、複数の郭が全体的にコの字型となってめぐり、三重構造となっている。

【特殊な縄張をもつ城】　この城を分析した齋藤慎一氏は、縄

張の不自然さを指摘している。舌状台地を城郭化した場合、最も安全な先端部を主郭とするのが通例である。この城では最も南側で国道と接する逆三角形の郭部分である。しかし、実際の主郭は北側の台地付け根に設けられている。なぜ、主郭の安全性を落としてまで、広大な郭を台地の先端に配したのか。齋藤氏は、最南端の郭に対する築城者の意図を読み解く。主郭は、最南部を守る役目を兼ね備えている。なぜなら、この城は北条氏が敵地真田《さなだ》領国内に築いた「境目《さかいめ》の城」であり、動員した軍勢を常に城内に置く必要があった。敵地では駐屯する軍勢も危険にさらされる。最も安全な場所は結局城内となった。この城がもつ縄張の特殊性は、敵地との境界である点に要因が求められる。

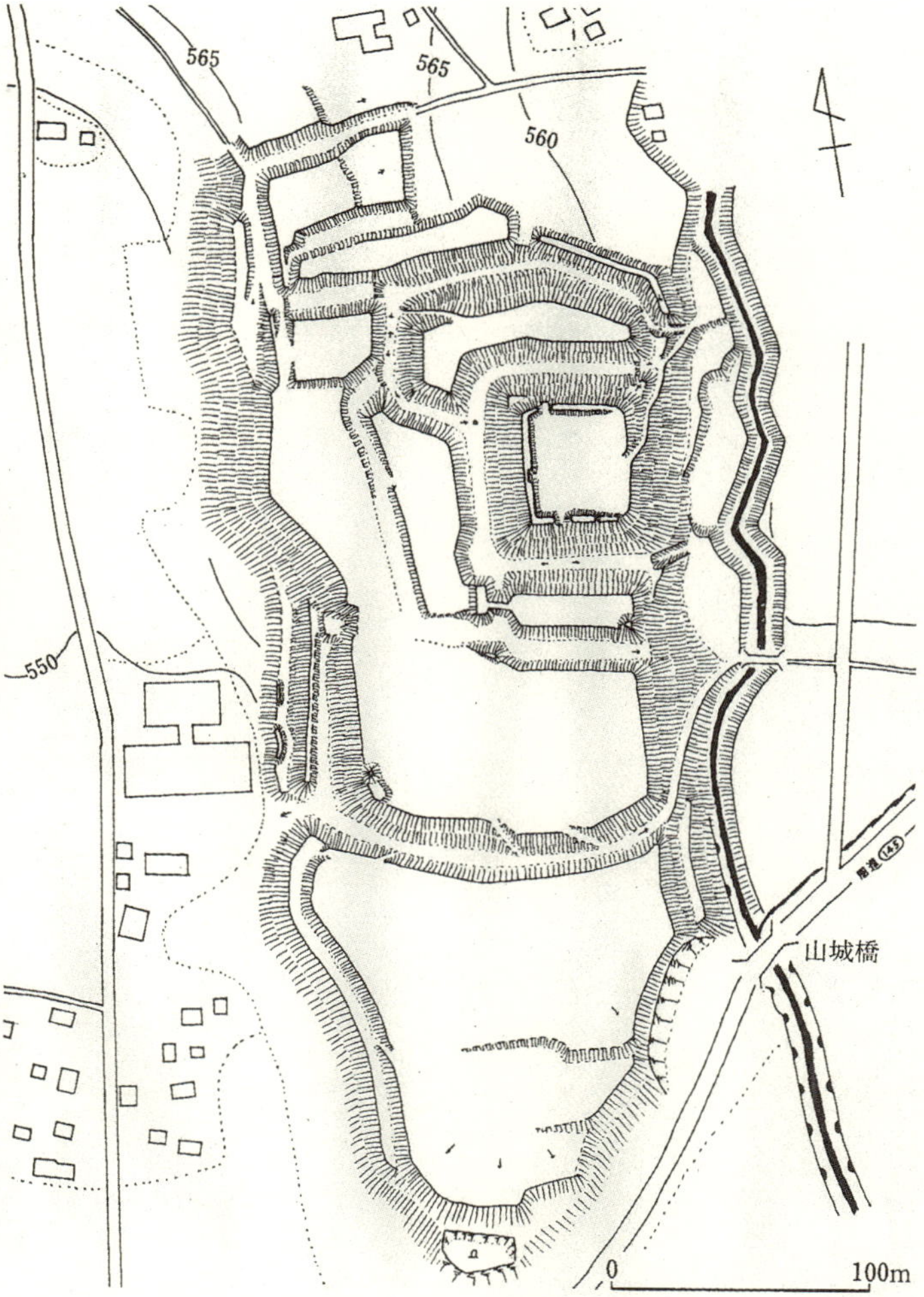

●—中山城縄張図（調査・作図：齋藤慎一）

【動乱の中で築城】 天正十年（一五八二）六月、織田信長が謀反により急死すると、領国化されていた上野国に激震が走った。厩橋《まやばし》城（前橋市）にいた織田家臣滝川一益《たきがわかずます》は、直後に勃発した神流川合戦で北条氏に破れ敗走する。これを追って、信濃国に進んだ北条氏は、真田氏らを来属させ、佐久地域を押さえた。次いで、若神子《わかみこ》（山梨県北巨摩郡須玉町）に進み、新府城《しんぷ》（山梨県韮崎市）に拠《よ》る徳川氏と対峙する。しかし、九月には真田氏が徳川方に転じ、北条氏は十月に徳川氏と和睦する。これにより、上野国内で真田氏と北条氏の争いが激化することとなった。

同十二月、北条氏政・氏直父子は白井《しろい》（渋川市）に進出し、合わせて軍勢を分け、北条氏邦《うじくに》を中山に向かわせた。中山は真田氏が拠点とする沼田城《ぬまた》と岩櫃城《いわびつ》の中間に位置し、真田領国を結ぶ生命線であった。この中山攻めは、白井城主長尾憲《ながおのり》景《かげ》が進言したことで、功を奏して早々に攻略されることとなった。ここに氏邦は城普請《ふしん》に着手し、中山城が築城されたのである。齋藤慎一氏は、築城時期を同年十二月から閏十二月までと結論付けている。

【沼田城攻略を目指す城】　中山城が北条氏によって築城された頃、沼田・吾妻地域では、すでに北条氏対真田氏の抗争が激化しつつあった。同年十月二十七日には、真田方沼田衆が津久田《つくだ》（渋川市赤城町）を攻めるが、狩野大学助《かのうだいがくのすけ》や須田弥《すだや》七郎《しちろう》ら南雲《なぐも》地衆が撃退している。翌二十八日には、北条方の荒木主税助《あらきちからのすけ》・須田加賀守《すだかがのかみ》ら利根川東岸の地衆が、沼田領の森下（昭和村）で戦功をあげている。こうした情勢で中山に進軍した北条氏邦は、利根川東岸の地衆荒木河内守ら二〇〇人余に久屋《くや》・沼須《ぬます》（沼田市）、森下・糸井（昭和村）での所領給付を約して帰属させ、中山を確保して沼田城を攻める意向を伝えている。

同じ頃、北条氏邦は津久田城（渋川市赤城町）を氏照《うじてる》から移管されており、狩野大学助ら南雲地衆も麾下《きか》において、沼田城攻略を進めることとなったのである。

【吾妻地域を維持する城】　中山の西方に隣接する尻高《しったか》（高山村）を本領とする尻高源次郎《げんじろう》は、天正十一年正月本領を安堵されるのにあわせて、中山城に常駐して働くよう指示を受けている。齋藤慎一氏は、この点に着目し、北条氏が中山城を中心に吾妻郡を編成しようとした意図を読み取っている。

北条氏は三月、直参《じきさん》の赤見《あかみ》山城守に中山地衆ら五七人を預けている。詳細な内訳は、中山地衆が一八人、沼田浪人が六人、上川田衆が一一人、下川田衆が一二人、須川衆が四人で都合五七人である。上川田・下川田（沼田市）はともに利根川西岸で沼田城の対岸にあり、中山へ向かう街道筋である。この時点で北条氏は、沼田城の利根川対岸まで押さえていたこととなろう。須川（みなかみ町）は、近世の三国街道を北上した利根川西岸の地で、真田氏が領有する沼田領の北側を押さえる位置にある。

地侍衆を組織していくにあたり、一六人で構成される中山衆を、直接的に支配していくことも考えられる。利根川東岸の南雲衆に、その例が見られる。しかし、あえて赤見氏を筆頭に置いたのはなぜであろうか。赤見氏は、永禄年中には安中氏の被官であり、その後武田氏に仕えて佐久（長野県）に移住し、天正十年に北条氏直参となった経緯がある。しかし、赤見山城守の父は沼田万鬼斉の子である。ここに、当地域とのつながりが認められる。沼田浪人が六人含まれているのが示すとおり、赤見氏には沼田一族という側面があり、北条氏はそれを足がかりに、地域のとりまとめを図ったのであろう。

●―主郭西方の郭と堀

【沼田攻めの後景へ】　天正十一年五月、和田氏は中山城在番の予定であったことが知られ、六月には氏邦が在番衆の交代に配慮するなど、中山城が境目の城として機能していることがわかる。しかしその後、中山城に関する史料は見られなくなる。翌十二年一月、中山城攻めを進言し、自らも沼田攻めを期待されていた国衆白井長尾氏が、沼田境の谷中（所在不明）で真田方の高橋氏・長井氏に敗れている。おそらく、白井から利根川西岸を北上する行軍ルートであろうが、交通上の難所を控えている。以後、北条氏の沼田攻めは利根川東岸が主流になっており、長尾氏の敗北が一つの契機となったのだろう。中山城も同じく、沼田城攻めの前線から一歩後退したものと思われる。

ところで、江戸時代の記録『加沢記《かざわ》』などでは、天正十四年に真田方地衆が赤見氏を討ち、中山城を奪取した記事がある。しかし、これを裏付ける確かな史料は発見されておらず、そうした事実は確認できていない。

（飯森康広）

【参考文献】　齋藤慎一「中山城」『図説中世城郭事典①』村田修三編（新人物往来社　一九八七）、齋藤慎一『中世東国の領域と城館』（吉川弘文館　二〇〇二年）

●吾妻地域シンボルの城

岩櫃城《いわびつじょう》

〔吾妻町指定史跡〕

〔所在地〕群馬県吾妻郡東吾妻町原町
〔比　高〕二〇〇メートル
〔分　類〕山城
〔年　代〕永禄年間（一五五八）～慶長十九年（一六一四）頃
〔城　主〕武田氏、真田氏
〔交通アクセス〕ＪＲ吾妻線群馬原町から路線バス「大戸口」下車、徒歩二〇分・駐車場有

群馬県

【霊山に築かれた山城】　吾妻《あがつま》川北岸にそびえる標高八〇二メートルの岩櫃山は、南面に奇岩が並び立ち、霊山として信仰されてきたのであろう。江戸時代には、西麓に修験《しゅげん》寺院潜《せん》龍院《りゅういん》があった。また、山頂下の岩陰にあたる岩櫃山鷹の巣遺跡では、戦前に弥生時代の再葬墓《さいそうぼ》の発掘調査が行なわれ、岩櫃山式土器の標識遺跡として広く知られている。これも信仰と無縁ではなかろう。

岩櫃城は、岩櫃山の中腹に中枢部が築かれており、山頂部を主郭とする山城の通例に当てはまらない。城域は広範囲におよび、本格的な城域調査は、平成二年（一九九〇）から始まった保存整備計画策定に際して、齋藤慎一氏らの指導のもとに行なわれた。その結果、主郭を中心とした中枢部である「要害地区」、「城下町地区」、東方の最外郭にあたる「新井地区」、北側からの進入に備えた「北側遺構群地区」、支城とされる東方の「柳沢城」地区と、新たに発見された西方の支城「郷原《ごうばら》城」と「古谷館《ふるややかた》」（潜龍院）地区の六つのゾーンが把握され、理解されるようになった。

【竪堀を駆使した城】　主郭は東西一四〇メートル、南北三五メートルの細長い形態である。東北寄りに二五メートル×三五メートルの基壇状の高まりがあり、物見《ものみ》台を思わせる特徴的な遺構である。主郭には南北両側に一ヵ所ずつ虎口《こぐち》があり、南側の虎口は格式を示す象徴的な門と、齋藤氏は位置づけている。主郭の東には三角形の小さな郭があり、この間に折れを持った大堀切《おおほりきり》が設けられ、そのまま南斜面へ竪堀として伸

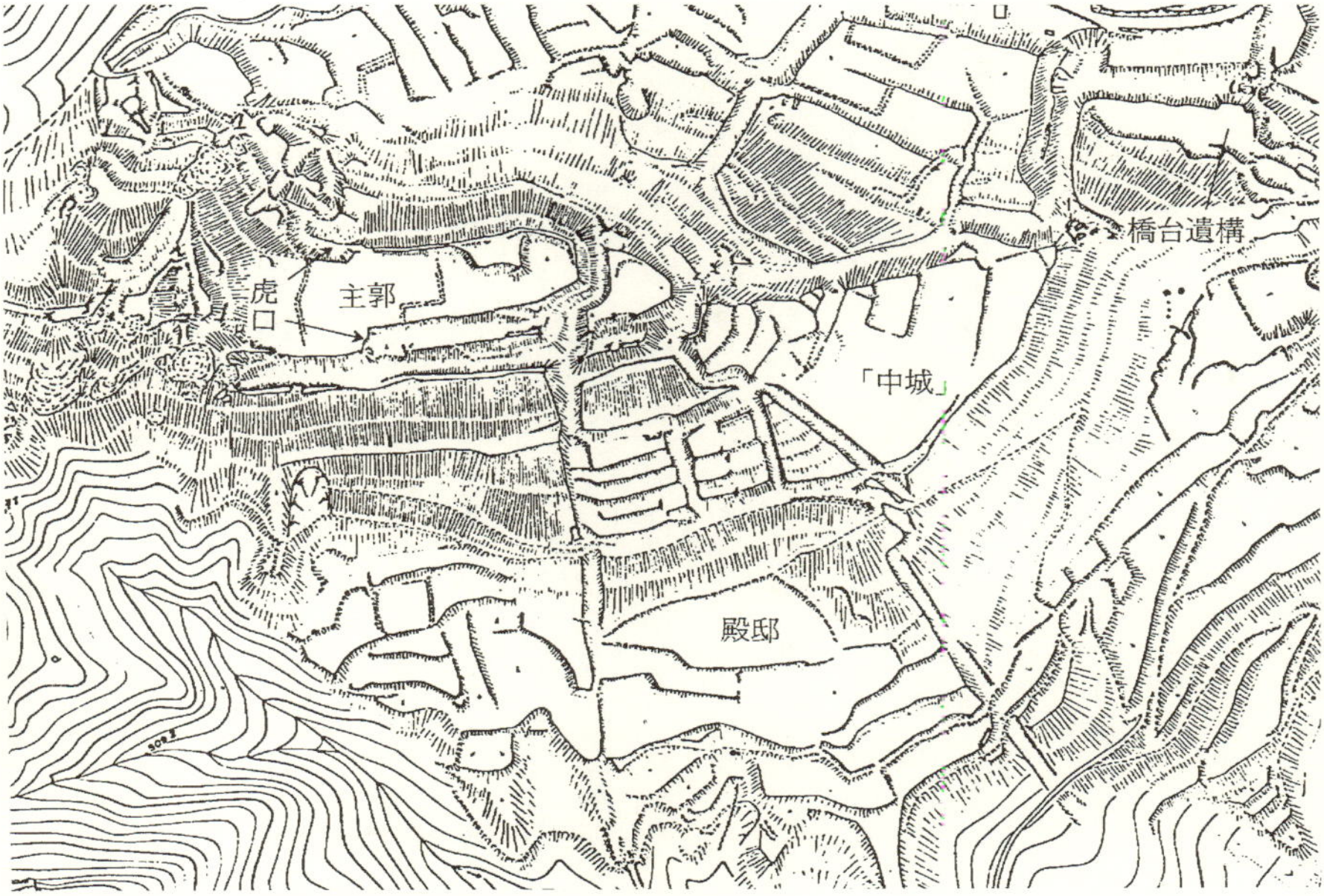

●—岩櫃城縄張図要害部分（齋藤慎一氏作成）

びている。ここからの眺望は開けており、南方に吾妻川を見下ろすことができる。

三角形の郭の角付近から北斜面に二本、南斜面に二本の竪堀が設けられ、横方向の斜面移動を規制している。竪堀によって区画された斜面空間のうち、東中央は緩傾斜の郭で、「中城」と呼ばれている。大手道は、主郭南虎口から堀切を橋で渡り、「中城」を下ったものとみられる。

【高台に造られた城下町】「要害地区」の東方尾根続きに平坦な台地が広がっており、「城下町地区」と位置づけられている。ほぼ中央に岩櫃《いわびつ》神社があり、見学の目印となる。この台地の西から北の斜面すそには、大規模な横堀が掘られ、東側の谷川まで続いている。城下町の東端には水力発電所の貯水池が造られ、地形が変わっているが、その東方に木戸跡と堀切がのこっている。城下町までも明確に広義の城内に取り込む形態は、総構という城郭形態に含めることができよう。この木戸跡から東に向かって坂道を下ると、最東端の「新井地区」となる。

この城下町は小字名「上之宿《うえのしゅく》」といい、史料にのこる「平《ひら》川戸《かわど》」の町場に比定されている。地積図調査の結果、長方形空間に短冊《たんざく》形の地割が認められ、家臣団や商職人層の居住地と目されている。ところで、町場としては高所にある「城下町地区」の立地は、自然発生的な町場とは見なしにくい。齋藤氏は、意図的に設定された町場を想定している。隣国から進出した真田《さなだ》氏が、町衆も移住させたため、城下の安全確保を図ったものと考えられている。

【長大な竪堀を発掘調査】「北側遺構群地区」は、城中枢部への北側からの攻撃に備えたものである。三本の尾根に数本の竪堀が掘られている。非常に長大なものが、特徴的に存在する。それらは平面観察によるものであったが、うち四本が平成四年に発掘調査された。調査はABC三ヵ所に分かれ、それぞれに堀が見つかっている。なかでもA区は調査延長三三〇メートルにおよぶ。調査前は段々畑であったため、発見された堀は段ごとに途切れていたが、一本につなぐと三〇〇メートルを超えている。断面形は整った薬研堀《やげんぼり》で、上幅五～六メートル、下幅三〇～四〇センチ、深さ四～五メートルの規模である。遺物は出土していない。

【軍事目的により築城】吾妻地域の歴史を語る史料として、江戸時代に記された『加沢《かざわ》記』という記録がある。比較的信《しん》憑性《ぴょうせい》が高いとされ、史料として使用されることも多い。岩櫃城もそれを根拠に、斉藤氏によって築城され、永禄六年（一五六三）に武田氏によって攻略されたというのが定説であった。しかし、齋藤慎一氏は文書史料の検討により、新説を明らかにした。『加沢記』所収の史料を除けば、永禄七年まで「岩櫃」という地名がないことに気づいた齋藤氏は、岩櫃城が武田《たけだ》氏によって築城されたとし、現在定説になりつつある。

戦国期に吾妻地域で勢力をもっていた斉藤氏は、岩櫃から西へ約三キロにある岩下（東吾妻町）を根拠にし、岩下衆を組織していた。永禄六年末、岩下城は武田氏に攻略され、その直後武田氏が普請を行なった史料ものこっている。

岩下斉藤氏は没落したが、一族は嶽山《たけやま》城（中之条町）を根拠に、武田氏の侵攻に対して一年以上抵抗を続けた。岩櫃城は、この嶽山城と四万《しま》川を挟んで向かい合っており、その攻略のために取り立てたことが想定されるのである。

【吾妻支配の城】武田信玄が西上州経略を進めていた頃、岩櫃城には真田幸隆《ゆきたか》が置かれ、嶽山城や白井《しろい》城（渋川市）攻略の拠点として活用されていた。また、沼田《ぬまた》方面に近いことから、越後の上杉氏が関東に進出してきた情報をいち早く入手し、武田氏の戦略拠点や甲斐本国に伝達する役目を帯びていた。

天正六年（一五七八）三月上杉謙信《うえすぎけんしん》が病死すると、御館《おたて》の乱のなかで甲越同盟が成立し、武田氏は上野国内で勢力拡大を進める。同七年には沼田城を攻略し、利根川の東方へ勢力を拡大し始める。その頃から岩櫃城を吾妻城と呼び始めたという。齋藤慎一氏は、そこに岩櫃城の機能的な変化を読み取っている。軍事的な必要性が減じていくなか、岩櫃城は軍事的な城館から支配拠点的な城館へと機能的な転換をとげたのだという。先に見た平川戸の城下町も、こうして整備されていったものと考えられている。

いっぽう、天正十年織田氏が滅ぶと、真田氏は戦国大名化して北条氏と争うこととなる。同十二年には大戸《おおど》城（東吾妻町）を直轄化して北条家臣斉藤定盛《さだもり》が在城し、岩櫃との間に新たな軍事衝突が発生してくるのである。

【廃城と町立て】 江戸時代に書かれた記録『吾妻記』では、廃城を慶長十九年（一六一四）とし、徳川家康が岩櫃城下のにぎわいに不信感を抱いたためとしている。大坂の役との関連であったという。いっぽう、町立てされた原町では、諸役免除や借銭免許と引き替えに町衆を集めるなど、経営に苦労している側面もあったらしい。翌二十年には、岩櫃城代とされる出浦対馬守も、原町で新たな屋敷を与えられている。

（飯森康広）

【参考文献】 吾妻町教育委員会『岩櫃城跡—保存整備計画策定報告書—』（一九九二年）、吾妻町教育委員会『岩櫃城跡北側遺構群遺跡』（一九九四年）、齋藤慎一『中世東国の領域と城館』（吉川弘文館　二〇〇二年）

●—主郭北側にみられる基壇状の高まり

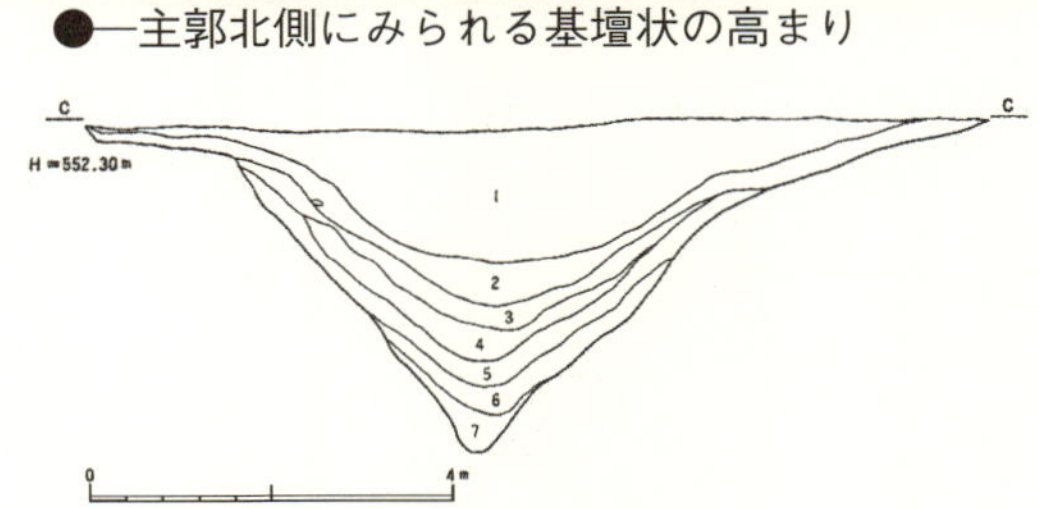

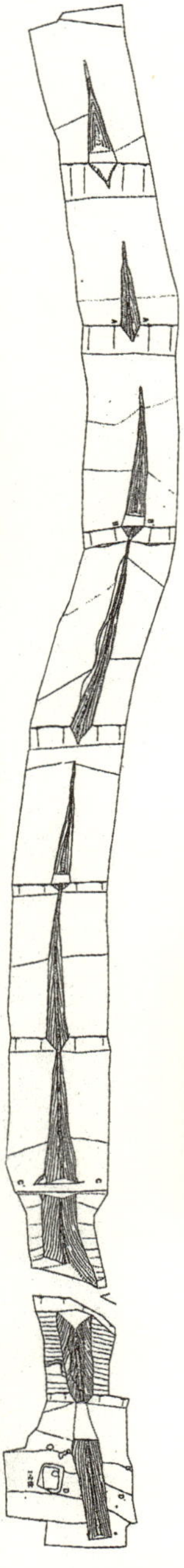

●—北側遺構群遺跡Ａ区竪堀と断面図

●北毛扇の要の城

白《しろ》井《い》城《じょう》

〔渋川市指定史跡〕

〔所在地〕群馬県渋川市白井・吹屋
〔比　高〕約一〇メートル
〔分　類〕平城
〔年　代〕一五世紀後半か～元和九年（一六二三）
〔城　主〕長尾氏、本多氏
〔交通アクセス〕ＪＲ上越線渋川駅から桜の木行きバス「鯉沢」下車、徒歩一五分・駐車場有

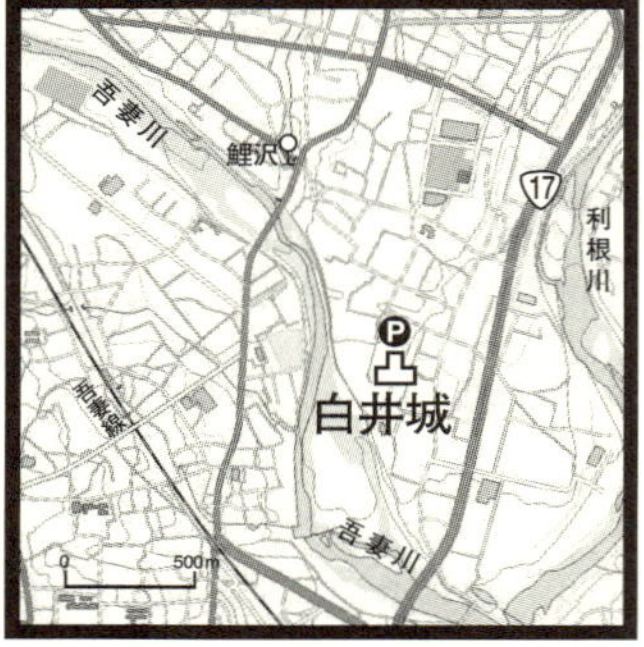

【扇の要】　本丸西側から眼下を臨むと吾妻川《あがつま》の急流に目をうばわれる。この吾妻川と利根川《とね》が合流する崖上に立地するのが白井城である。吾妻川上流の鳥居峠《とりい》を越えると信州へ、そして、利根川に沿って北上すると三国峠を越え越後へと、この城を分岐点に主要街道が分かれている。まさに上信越を結ぶ扇の要ともいうべき場所に白井城は築かれている。

　現在、東遠構の最北端に道の駅があり、そのすぐ西側には江戸時代の三国街道《みくにかいどう》に面した白井宿の面影をのこす町並みをのこしている。この付近を基点に三の丸、二の丸の東側の帯郭状の土塁へアプローチしていくと、本丸北東の三日月堀《みかづき》と呼ばれている堀に行きつき、本丸の桝形虎口《ますがたこぐち》に至る。この桝形虎口は県内の城郭においても良好にのこっている虎口の一つで、径一メートル級の大形川原石を用いた石垣は圧巻である。本丸内には桜などが一部に植わり、シーズンには賑わいをみせている。

【歴史と変遷】　築城年は不明であるが、享徳三年（一五五四）にはじまる上杉《うえすぎ》氏と古河公方《こがくぼう》との戦いである享徳《きょうとく》の乱が契機と考えられている。越後・上野などの守護であり関東管領山内上杉氏の家宰《かさい》職である白井長尾氏の本拠である。享徳の乱の頃、白井長尾氏の景信《かげのぶ》の死を契機に上杉家の家宰職が白井長尾家から総社《そうじゃ》長尾忠景《ただかげ》に代わったことから、景信の子景春《かげはる》が敵対する古河公方方についた。このことから一五世紀末を中心に、景春は鉢形《はちがた》城（寄居町）などを拠点にし、白井城には越後上杉氏が駐留することになった。そして、両者は

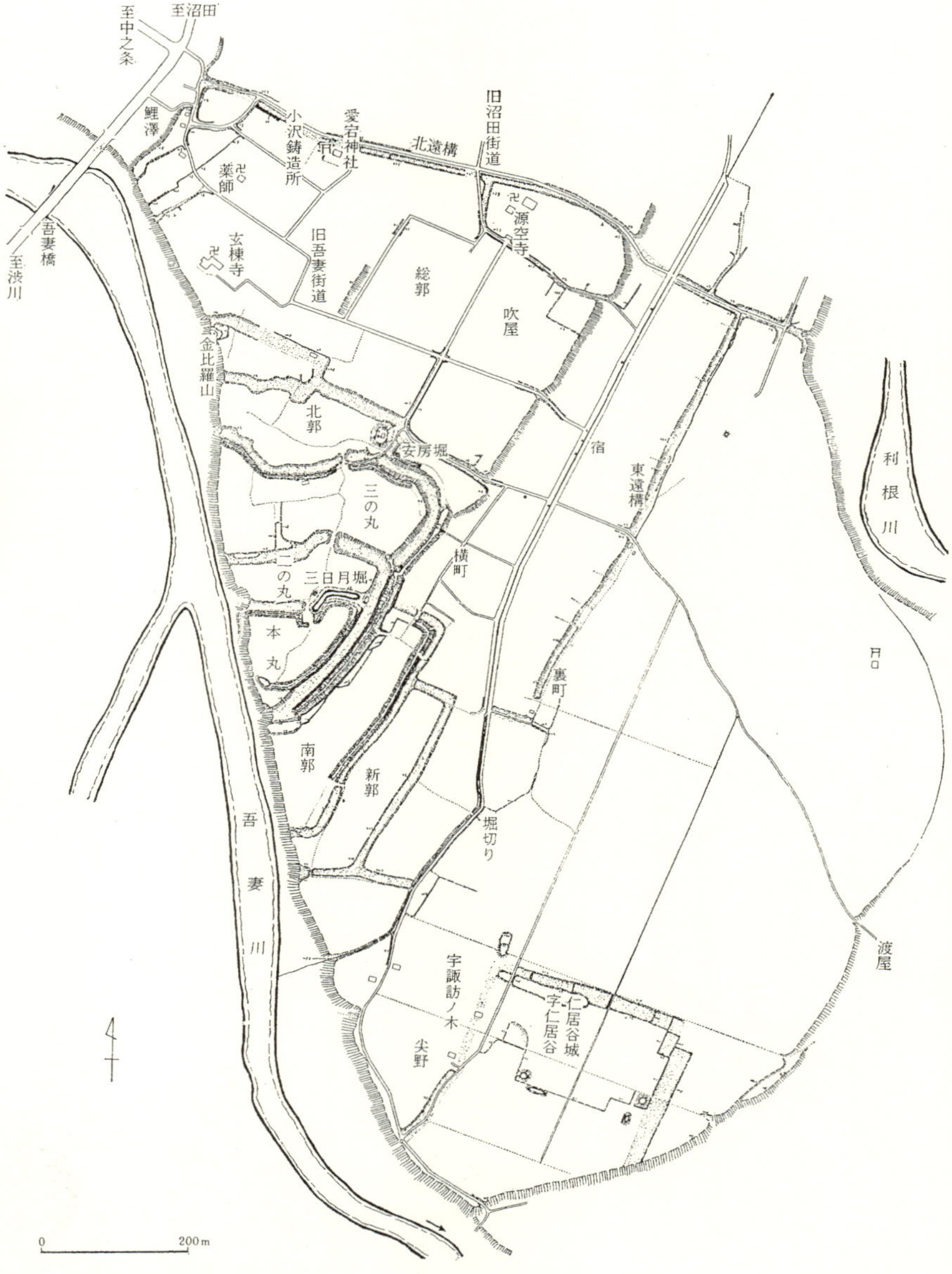

●—白井城縄張図（参考文献より転載）

この白井城を舞台に争奪戦を繰り広げることとなった。
景春が白井城に復帰するのは永正二年（一五〇五）である。景春の子景英《かげひで》、さらに孫景誠《かげまさ》が後を継ぐが、大永七年（一五二七）家臣に害されると、総社長尾氏から城主を迎えることとなった。

永禄三年（一五六〇）の上杉謙信《けんしん》、関東出陣の際には総社・足利長尾氏、長野氏などとともに上杉方にいち早く参陣した。その後上杉氏方の関東計略における拠点城郭として機能したが、翌年から始まる、上杉・武田・北条氏による「三ツ巴の争覇」に巻き込まれていくことになる。永禄九年（一五六六）、上杉方として武田氏の侵攻に抗していた長野氏の箕輪《みのわ》城が落城し、武田氏の西上野侵攻は大勢を決することになった。翌年、総社長尾氏の蒼海《おうみ》城が落城し、白井城も真田《さなだ》幸隆《ゆきたか》・信綱《のぶつな》親子によって落城することになった。その後、長尾氏はほどなくして白井城に復帰するが、武田氏滅亡の天正十年（一五八二）まで、基本的に武田氏に属することになる。さらに、その後天正十八年（一五九〇）までは北条氏に属したが、秀吉の小田原攻めにともない開城することとなった。

関東に徳川家康が天正十八年（一五九〇）に配置されると、白井城には本多《ほんだ》康重《やすしげ》が二万石で城主になった。その後元和二年（一六一六）に西尾《にしお》忠永《ただなが》、元和四年には本多紀貞《のりさだ》が城主になるが元和九年（一六二三）紀貞の病没により廃城となった。

【石垣が語るもの】 以上のように変遷しているが、現在確認される白井城の縄張は最後の徳川期の状況に最も近いことをふまえなければならない。本丸北側中央部の枡形虎口の石垣は、川原石を加工しないで用いた野面積みである。この技法が天正末～慶長初頭頃の箕輪城の石垣と非常に共通性が高く、十六世紀末から十七世紀前半までの時期の可能性が高い。

●―本丸桝形虎口の石垣

近年、本丸周囲に植わっていた杉を伐採したことによって従来に比べかなり見通しがよくなった。このために堀の状況もよく観察できるようになり、堀底付近には石垣に使われていた可能性のある石が散在していることがわかった。のり面最上部のみに石垣を施す鉢巻《はちまき》石垣や堀面最下部のみの腰巻《こしまき》石垣などがあった可能性も考えられる。また、三の丸東側の堀

●—本丸左側の堀

が二の丸・本丸西側の堀に合流する場所にはその堀を仕切るような土橋《どばし》状の盛り上がりがあり、その北側のり面にも石垣がある。これらのことから、本丸周辺の主要部では多くの場所で石垣が用いられていた可能性がある。廃城は近世の初頭の頃であり、今後、発掘調査が進んでいくと、箕輪城と同様に関東における徳川氏の城造りの状況がよくわかる城郭になる可能性を秘めている。また、現在、長尾期の縄張は不明な部分が多いが、調査によって造り替えの状況などがわかるかもしれない。

【特徴のある堀跡】 山崎氏によって示された北側の遠構や東側の遠構は現在、わずかな地形の凹凸によって確認される程度であるが、北郭から本丸までは各郭を区画する堀跡が良好に残存している。その中でも、特に本丸東側に残存する土塁の上から東側の比高差一〇メートル以上で、かつ急傾斜でおちる堀はこの城の堅固さを実感できる場所である。なお、白井城の南東二〇〇メートルには仁居谷《にいや》城という城跡がある。白井城とは何らかの関連が想定されているが、現在、その痕跡はほとんど確認されない。

(秋本太郎)

【参考文献】 山崎一「群馬県」『日本城郭大系』第四巻(新人物往来社 一九七九年)

●北条氏が沼田攻略を目指した城

長《なが》井《い》坂《さか》城《じょう》

〔群馬県指定史跡〕

〔所在地〕群馬県渋川市赤城町棚下、昭和村永井
〔比　高〕二〇〇メートル
〔分　類〕平城（崖端城）
〔年　代〕永禄年間（一五六〇）から天正十八年（一五九〇）
〔城　主〕北条氏在番
〔交通アクセス〕ＪＲ上越線「岩本駅」下車、徒歩一時間・駐車場なし

【高い断崖の城】　群馬県北部の片品《かたしな》川流域および利根川流域は、教科書でも紹介される日本でも有数の河岸段丘地形である。なかでも長井坂周辺は、利根川の両岸が切り立った断崖であり、対岸は国道一七号の難所として知られる綾戸《あやど》である。沼田市から前橋市に向かって赤城山南麓を通行する際、低位段丘がここで一度なくなり、深い谷間と断崖に遭遇し、比高差二〇〇メートルの上位段丘に上がることとなる。長井坂城は南に広がる上位段丘の北西端に位置する。

長井坂城は、この深い谷に向かって延びる東西二〇〇メートル、南北二六〇メートルの半島状の地形を城郭化している。現在は関越自動車道の長井坂トンネルが地下を貫通している。江戸時代には旧沼田街道がとおり、通行の便を図るため、土塁の一部が開削されているが、全体として遺構は非常に良く保存されている。

【横堀を駆使した城】　城域は台地の付け根である南面を掘切ることで区画する。崖端を使用する場合、通例最奥である北西端が主郭《くるわ》とされるが、北西に傾斜する地形のため、城域の中央部西崖際を主郭（図①）とし、全体は囲郭式をとる。主郭の規模は南北約八〇メートル、東西約六〇メートルで、北に傾斜しており、数段に分かれるのかもしれない。土塁は北・東・南三方向を囲っている。東面は横堀の幅だけ北側が張り出しており、食違《くいちがい》の虎口《こぐち》となっている。東には主郭とほぼ同規模の二の郭（図②）があり、その間に本郭とつながる馬出のような小郭があって、本郭の東虎口に達していたら

群馬県

しい。この部分は後世に旧沼田街道が崩したため、理解しにくくなっている。本郭には南西隅にも虎口があり、南の細長い郭（図⑤）につながっている。

二の郭は、畑作され見通しが良く、見学しやすい。虎口は本郭とつながる南西隅のほか、北西隅があり北側の小さな郭（図⑥）と結んでいる。この虎口に現在説明板が設置されている。土塁は東から南を囲み、南西隅からさらに南に延びている。これは珍しい造りであり、終点近くに虎口が設けてある。二の郭の東面南は三の郭（図③）に向かって張り出しており、横矢がかりとなっている。また、北面は本来あった土塁が削られ消滅している。

【南面の郭は複雑】二の郭の南に横堀を隔てて、大きな土塁をもつ④の郭がある。池田誠氏はこの土塁上に櫓を想定し、馬出と判断している。この郭には三方向の虎口があり、南は

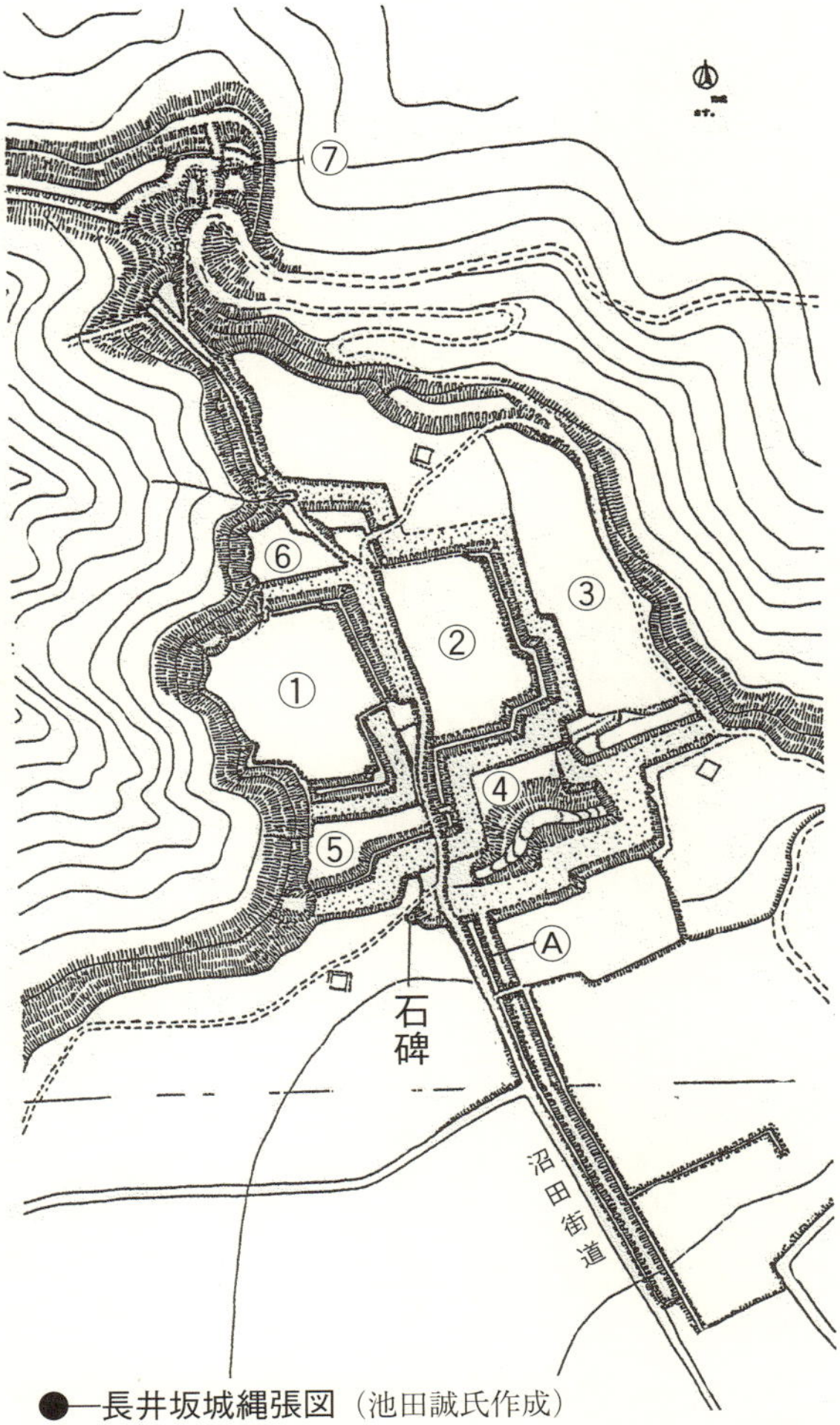

●—長井坂城縄張図（池田誠氏作成）

●—二の郭現況

大手口となる。東虎口は横堀を渡り、東側三の郭（図③）と結んでいる。西虎口は、二の郭の南西隅から延びる土塁に設けられた虎口に対応するもので、池田氏は横堀を木橋で渡したと想定している。この土塁は本来二の郭から⑤の郭までつながっていたが、現在は旧沼田街道に壊され、⑤の郭と切り離されている。この虎口は二の郭とも結んでいたはずである。

三の郭（図③）は二の郭の東から北を、L字形に囲む広い郭である。南面に堀切を設け、北に接して幅広い土塁を築き、東端に虎口がある。土塁は中央部が北に突出しており、西側の虎口を囲んでいる。

三の郭は東面から北面を崖線に接するためか、土塁は造られていない。しかし、防御施設がないわけではなく、昭和五十八年（一九八三）関越自動車道建設に際して行われた発掘調査で、北側の斜面で帯郭と横堀が発見されている。横堀は上幅約四メートル、深さ約二・六メートルの断面逆台形である。規模は他の横堀にはおよばないが、斜面では十分な堀である。遺物は出土していない。

【要害部とは違う大手筋の溝】 大手口から南に二本の溝（図A）が延びている。西側は旧沼田街道であり、東側の溝も地表面ではっきりとした落ち込みとなっている。発掘調査は平成六年と同十五年の二回、試掘調査が行なわれている。最初の調査の結果、西側の溝の底面に路面があり、旧沼田街道であることが再確認された。東側の溝は上幅約七メートル、深さ約二メートルで、断面は薬研堀《やげんぼり》に近かった。

二度目の調査は、溝の終末を確認する意図であったが、調査地点よりさらに南へ延びることが判明した。しかし、南下するほど浅く小規模となるため、溝は次第に消失するとしている。また、城域が大手口横堀から南面へさらに広がる可能性を否定的に結論づけている。東側の溝の規模は、要害部の横堀に比べて明らかに小規模で、区画するための堀割ではない。こうした状況から考えて、西側の旧沼田街道は元来の大手道であった可能性が確認された。

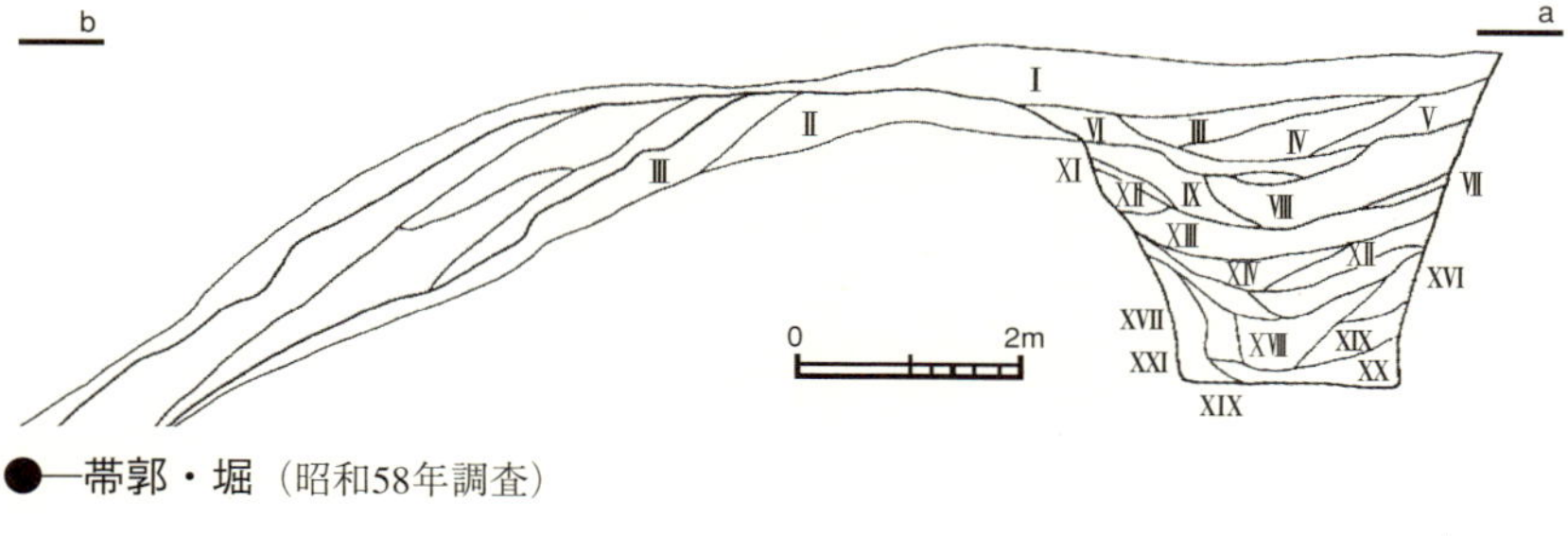

●―帯郭・堀（昭和58年調査）

【境目の城として活用】 築城年代は明らかでないが、江戸時代に書かれた記録『加沢《かざわ》記』には、永禄年間に上杉謙信が入城したと記されている。ただし、確かな史料上の登場は、北条氏と真田氏との抗争が激化してからである。天正十一年（一五八三）七月、津久田《つくだ》地衆狩野隠岐守は長井坂で真田方からの攻撃を防ぎ、北条氏直《うじなお》から賞されている。

長井坂城は、その名のとおり、長井（永井）の坂に築かれた城である。交通の要衝として、従来から旧沼田街道が城内を通行していたといわれている。確かに江戸時代には街道が貫通していた。しかし、それは最短コースをとるもので、南《な》雲《ぐも》宿（渋川市赤城町）と森下《もりした》宿（昭和村）の間にある長井坂は通過点でしかない。中世段階の街道が、永井集落を通過せずに済むのだろうか。坂道は、ほかにも存在している。

三の郭にしっかりと帯郭があるとおり、城は北側へも防備を固めている。街道を取り込むことは、城の守りにプラスではない。永井集落への坂道が東斜面に複数存在する以上、通行を管理するためには、永井南面の台地縁全域を監視しなくてはならない。街道そのものを城内に通す必要はない。

【戦線は北上】 天正十年真田氏が徳川氏と結ぶと、北条氏との沼田争奪戦が激化する。同年十月、真田勢は津久田城（渋川市赤城町）を攻めるが、狩野大学助《かのうだいがくのすけ》ら地衆に撃退され、逆に森下まで攻め込まれる。翌年七月には狩野隠岐守が長井坂で防戦しており、この頃長井坂が取り立てられたのだろう。その後、森下城は北条氏に攻略されるが、同十五年にも須田弥七郎が長井坂在城を命じられている。

天正十七年七月、北条氏は豊臣秀吉《とよとみひでよし》の裁定により、沼田城を譲渡された。しかし、十一月には沼田城代猪俣氏が名胡桃城（みなかみ町）を奪取する。十二月には、長井坂在番予定の阿久澤氏らを阿曾《あぞ》寄居の番勢に替え、真田方からの報復に備えたらしい。その後、豊臣勢の小田原攻めが現実化すると、長井坂在番予定の小幡衆を小田原に呼び、替わって白井長尾輝景に防備を命じている。翌年七月北条氏が滅亡し、廃城となったとされる。

（飯森康広）

【参考文献】昭和村教育委員会『中棚遺跡・長井坂城跡』（一九八五年）、池田誠「長井坂城」『中世城郭研究』第五号（一九九一年）、昭和村教育委員会・赤城村教育委員会『長井坂城跡保存整備基本構想報告書』（一九九八年）、昭和村教育委員会『長井坂城試掘調査報告書』（二〇〇三年）

●赤城山東山麓の要衝

五《ご》覧《らん》田《だ》城《じょう》

〔みどり市指定史跡〕

〔所在地〕群馬県みどり市東町荻原
〔比　高〕約三〇〇メートル
〔分　類〕山城
〔年　代〕一六世紀後半
〔城　主〕阿久沢能登守
〔交通アクセス〕わたらせ渓谷鉄道「花輪駅」下車、徒歩四〇分

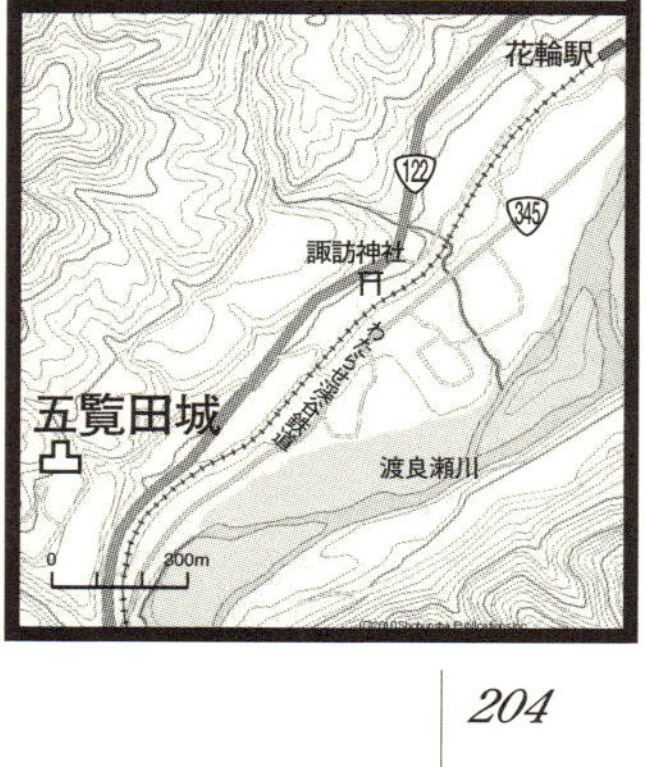

群馬県

【上杉謙信の越山】　戦国時代の関東平野をかけめぐった武将の一人に上杉謙信《うえすぎけんしん》がいる。この謙信の越後国から山越えは越《えつ》山《ざん》と呼ばれた。越山は戦国大名北条家に圧迫される北関東の伝統的な領主層の旗頭《はたがしら》として期待されての行動であり、永禄三年（一五六〇）に初めて関東入りして以降、天正二年（一五七四）にいたるまで、いくどとなく続いた。

　しかし謙信も順風満帆な越山を繰り返したわけではなかった。当時の上野国の情勢は極めて混沌としていた。甲斐武田《たけだ》家は次第に西上野への影響力を強め、箕輪《みのわ》城（群馬県高崎市）を拠点として領国化を推進する。

　他方、南からは小田原北条家の圧力がかかる。越山の当初において東上野は上杉方であったが、金山《かなやま》城（同太田市）の由良《ゆら》家や館林《たてばやし》城（同館林市）や足利城（栃木県足利市）を拠点とする足利長尾家は離反して、北条家に属してしまう。次第に北条家の勢力が広がりつつあった。

　そのような情勢下で、上杉家は沼田《ぬまた》城（群馬県沼田市）と厩橋《まやばし》城（同前橋市）を中心的な拠点とし、佐野城（栃木県佐野市）にまで勢力を広げていたのだった。

【赤城山東山麓の根利通】　中世において上野国と越後国を結ぶ幹線は、厩橋（＝前橋）から利根《とね》川に沿って赤城山西山麓を北上して沼田に至り、三国峠を越す道筋であった。上杉家はこの道を幹線として沼田と厩橋を結び、領国を維持していた。

　ところが西上州が武田領国に編入されるのにしたがって、

利根川沿いの山間部を通過するこの道の確保が困難になった。武田勢による襲撃が行なわれるようになったのだった。厩橋との連絡もままならないという状況は、佐野の維持がより困難になったことを物語っている。

この情勢を背景として上杉家は赤城《あかぎ》山東山麓の道を見つける。沼田から片品《かたしな》川にそって赤城山北山麓を山裾にそって東に進み、支流根利川にさかのぼって根利（群馬県利根村）に至る。ここから南下し小黒川そして渡良瀬川に沿いに下り、大間々《おおまま》（群馬県みどり市）にいたる道筋である。上杉家は根利を拠点としたようで、同所に関所を構え、この道筋を根利通と呼んでいる。この道筋の発見により、上杉家は佐野への影響力を確保することができた。永禄十二年（一五六九）の越相《えつそう》交渉にさいしても、この道筋を使者が往復し、重要な交通路の役割を担った。

五覧田城はこの道筋に沿った地点で、大間々より渡良瀬川をさかのぼった山塊にある。沼田より赤城山東山麓を通過して関東平野へと至る直前の出口を押さえるという重要な位置にあった。根利通と関連深い山城である。

【正面の道筋】 標高五九二・九メートルの独立した山を選んでおり、山頂からは北・東・西の三方向に尾根が伸びる。長さの短い竪堀《たてぼり》が随所に見られる。堀切《ほりきり》や虎口《こぐち》などと関連しており効果的に配置された竪堀である。

このうち東尾根を主要な登城路としている。主郭東側に虎口が一ヵ所、そして東側の主郭から一段下の郭には竪堀と組み合わさった虎口が構えられており、二つの虎口が連結して配置されている。また二つの虎口につづく東側の郭では北・東・南の三方向に土塁がまわる。現在の通路は土塁を跨いで堀底内の土橋を通過して外の郭に連絡するが、コの字状に廻る土塁の南西部に開口部がある。おそらくこの場所が虎口で、当時の通路であろう。虎口からは梯《かけはし》のような構造で堀切を渡り外側の郭に通じていたと考えられる。五覧田城ではとりわけの見所が、以上の連続する虎口である。

主郭近くにある三つの虎口を出た後、道はさらに尾根上を下り土橋をへて城外に通じ、山麓へと下っている。

【遮断の構造】 東側の尾根に比べて、北と西は明確な道筋が見られない。主郭の両方向にある堀切は遮断が主目的となっている。西側はさらに二本の堀切を連続して配置し、遮断を強化している。

他方、北側はしばらく自然地形のままつづくが、尾根の先端に郭を配置し西側に竪堀を配置する。おそらく監視所の機能をもった場所であろう。しかし、通路は見られない。

この西および北の方向は登城路を設定するのではなく、侵

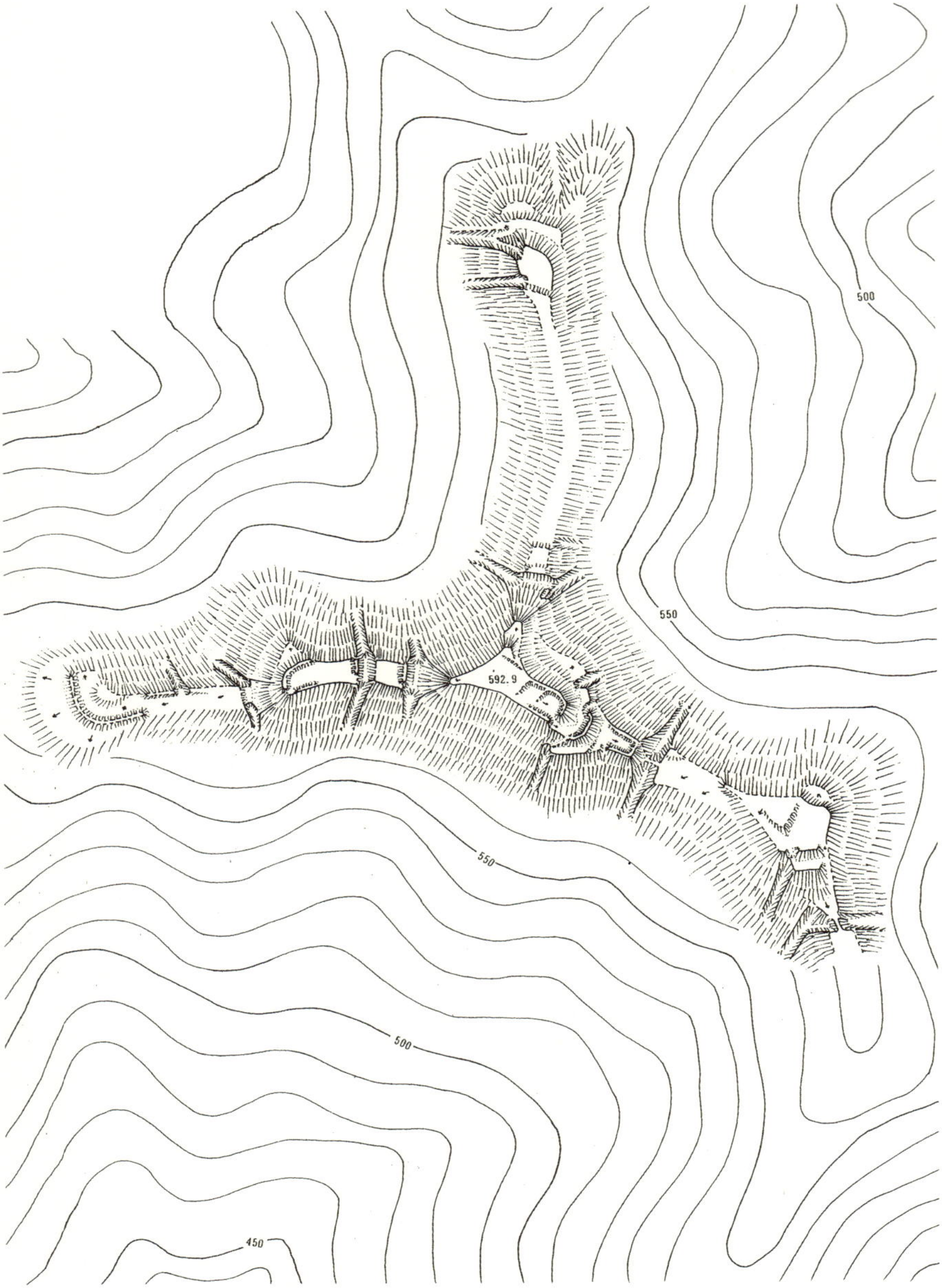

●—五覧(乱)田城（調査・作図：齋藤慎一）

入を拒否する造りと考えられる。したがって五覧田城では東側尾根以外を正式な道筋として認められていないことが遺構観察から結論づけられる。

【街道の要衝】 天正年間になるとしばしば五覧田城で合戦が行なわれる。

天正二年（一五七四）三月、上杉謙信の越山にともない、深澤城（群馬県大間々町東町宿廻）とともに五覧田城は落城する。深沢城は五覧田城と大間々の中間にあたる。そのため謙信は根利通の確保のために両城を攻めたのであろう。落城後、謙信は五覧田城自体を重要視せず、確保しなかった。謙信自らが五覧田城を捨てたと書状に記している。そのためであろうか、まもなく北条方の由良家が五覧田城を再興する。再興は当然のことながら根利通の通行にかかわり、上杉家としては喜ばしくない事態である。早くも同年九月には沼田勢が同城に押しかけている。しかしこれを由良勢は撃退し、上杉家の影響力を排除した。

五覧田城の重要性を北条家も認知していた。天正七年には北条氏政が直接に指示を出し、北条氏邦に命じて番手を派遣させる。この命令は御館の乱を受けてと記載されており、対上杉政策の重要地として認識されていたことがうかがえる。また従来、五覧田城は由良家が阿久澤《あくさわ》家を通じて支配していたが、この命令では北条家が直接に関与すると由良家に通告している。根利通と五覧田城の重要性がうかがえる。

【境目の城】 また天正十二年（一五八四）に勃発した沼尻の合戦にさいしても五覧田城は重要性を帯びた。この時、東上野の由良家および足利長尾家は北条家から翻意し、佐竹義重《さたけよししげ》に属した。両家の翻意は佐竹家らの北関東勢と越後上杉家の連絡が根利通を通じてより活発になることを意味するものだった。

当然ながら北条家は連絡を阻止するため五月三十八日に五覧田城の取り立てを阿久澤彦二郎《ひこじろう》に命じている。阿久澤家は上杉謙信が根利通の活用を始める当初より、この道筋に深く関与していた、この道筋の権益者だった。七月に阿久澤氏らが五覧田城を攻め落としているが、おそらくはこの取り立て命令によっての行動だろう。阿久澤彦次郎から五覧田城を攻め落としたとの報告を受けた北条氏照は、人衆を派遣して堅固の備えをするとともに、五覧田城の普請を命じている。

根利通の要衝である五覧田城は北条領国の境目の城に位置付けられていたのだった。

（齋藤慎一）

【参考文献】齋藤慎一『中世を道からよむ』（講談社　二〇一〇年）

●赤城南麓を代表する城

大胡城《おおごじょう》

〔群馬県指定史跡〕

〔所在地〕群馬県前橋市河原浜町
〔比　高〕約一五メートル
〔分　類〕平山城
〔年　代〕一五世紀〜寛延二年（一七四九）
〔城　主〕大胡氏、牧野氏、酒井氏
〔交通アクセス〕上毛電鉄「大胡駅」下車、徒歩二〇分・駐車場あり

【天然の要害】　上毛三山の一つである赤城山《あかぎ》は広大な扇状地《せんじょうち》を有し群馬県を代表する山である。この赤城山に由来する火《か》砕流《さいりゅう》堆積物によって構成される軽石流台地を巧みに利用したのが大胡城である。城東側には荒砥《あらと》川の急流が流れ、その流れによって侵食された崖は本丸東側の急傾斜な斜面を構成している。また、城の北西部を区切る風呂《ふろ》川は、二の丸南側でクランクしながら、三の丸東側を通り、城内を区切る天然の堀となっている。

【歴史】　平安時代、平将門《たいらのまさかど》の乱を平定した藤原秀郷《ふじわらひでさと》からの系譜といわれる大胡氏が築城したと考えられているが、築城年については史料が少ないことから不明な点が多い。また、その後の城主の変遷も不明な点が多い。基本的には大胡氏が築城し、その後一六世紀中頃に大胡氏の一部が江戸の牛込《うしごめ》（新宿区）に移るが、そのまま大胡城にのこる大胡氏が天正十八年（一五九〇）まで当所を拠点にしていたと考えられている。

　いっぽう、大胡城と厩橋《まやばし》城（前橋市）は上野中央部の重要な拠点と位置づけられていたようで、厩橋城城主北条《きたじょう》高広と大胡氏の関係が強かったことがうかがえる史料もある。北条高広は当初上杉謙信に関東計略の最重要拠点の城として厩橋城を与えられ、重責を担っていた。しかし、永禄年間に始まる西からの武田氏、南からの北条《ほうじょう》氏の侵攻によって、まさに最前線に置かれる非常に厳しい立場へと変化した。その結果、ある時は武田方に、またある時は北条《ほうじょう》方へとつき戦

国時代の動乱に対処した。大胡城もそうした北条氏とともにその戦国の動乱に巻き込まれていただろう。

天正十八年に北条氏《ほうじょう》が豊臣秀吉《とよとみひでよし》によって滅ぼされると関東には徳川家康《とくがわいえやす》が配置され、大胡城には牧野康成《まきのやすなり》が二万石で入封した。牧野氏はその後、子の忠成の代の元和二年（一六一六）に越後に転封された。その結果、大胡領は前橋藩主酒井氏の領地に組み込まれ、大胡城は元和六（一六二〇）に御殿を前橋城へ移され、寛文九年（一六六九）以降は前橋藩から城代が置かれる城になった。そして、寛延二年（一七四九）に酒井氏が姫路に転封されると大胡城は事実上廃城となった。

●―本丸西側の堀

【発掘調査の成果】
本丸《ほんまる》と北城《きたじろ》の間には現在、用水路が流れているが、この整備に伴って発掘調査が行なわれている。その時の調査では、堀が掘り返されるなど造り替えの状況が確認され、出土した遺物などから、大きく三時期の変遷が確認された。一期は一五～一六世紀中頃の大胡氏時代、二期は一六世紀後半の北条高広・大胡《おおご》常陸介高繁《ひたちのすけたかしげ》、三期は一七世紀前半までの牧野氏時代と推測されている。この調査成果で重要なのは今の大胡城が幾多の変遷を経た最終段階、すなわち牧野氏段階の姿に最も近いということが判明した点であろう。二の丸の東側には枡形虎口外周に築かれた石垣が良好に残存しているが、こうした現地表に現れている遺構は牧野氏時代には使われていた遺構と考えてよいであろう。したがって、戦国時代の大胡城がどのような姿であったかは不明な点も多い。

【石垣が随所に使われた城】　さて、前述した地点以外にも多くの地点で発掘調査が行なわれている。二の丸の南縁のやや西寄りの所は現在、一〇メートル四方の窪地になっているが、この場所は水の手門と呼ばれる虎口にあたる。この虎口から崖下の風呂川へとおりる通路があったか、もしくは三の丸へ渡るための大規模な橋がかかっていた場所になるであろう。この虎口は昭和六十二年（一九八七）度に発掘調査され、虎口の西側に沿って長さ九メートルにわたる石垣などが検出されている。

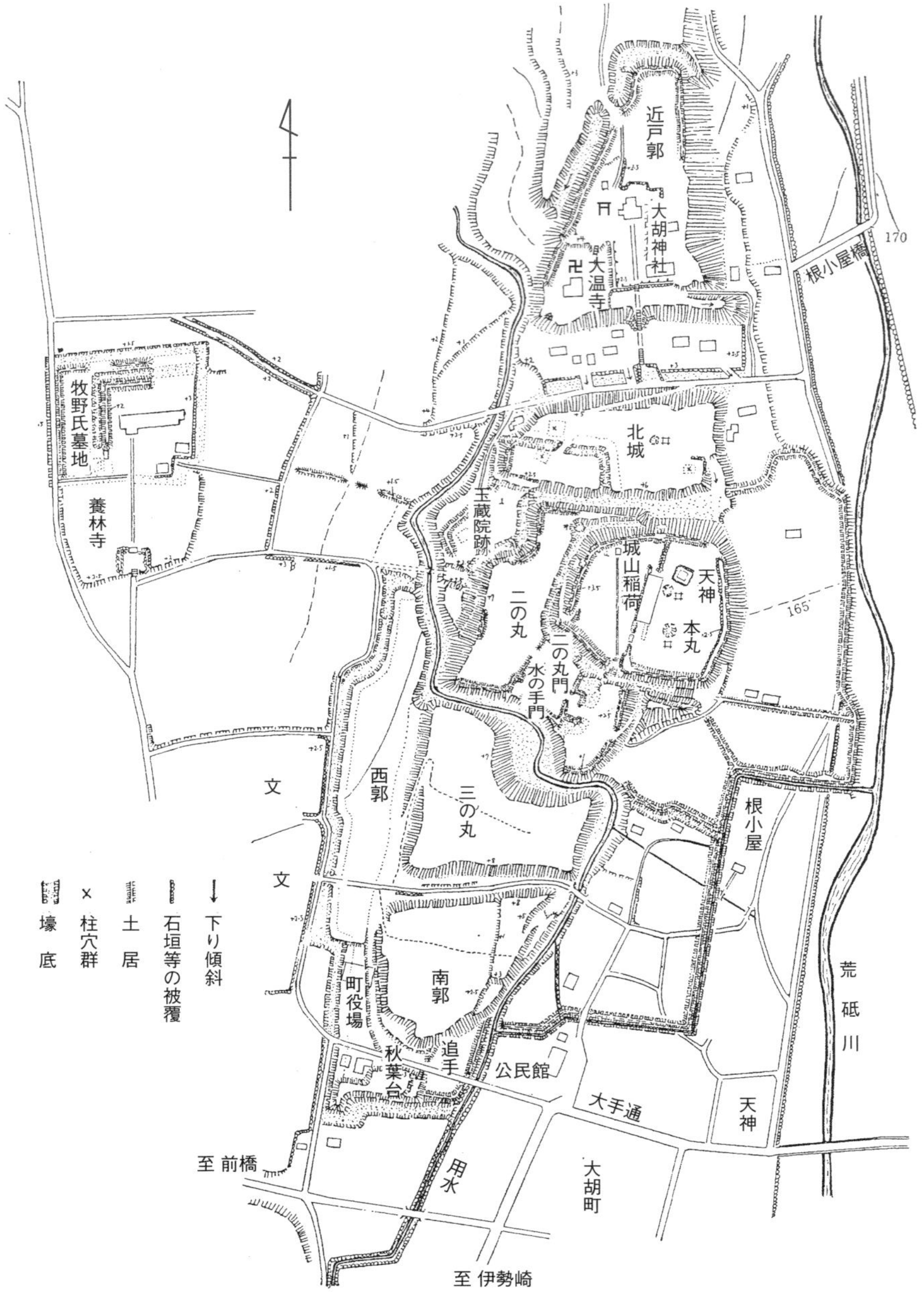

●—大胡城縄張図（山崎 一　1979「群馬県」『日本城郭大系』第4巻　新人物往来社）

群馬県

三の丸は全面発掘されているが、この郭においても石垣で被覆された土橋などが検出されている。南郭においても、南東隅と北西隅の虎口において石垣が検出されている。その他、北城では南東隅の虎口、および郭南西部を区画する堀において三の郭と同様に土橋を被覆する石垣が検出されている。また、本丸の土塁では、階段状に積まれた石垣が確認されている。このように城内各所で特に虎口周辺を中心に石垣が使われていることが判明している。現在、そうした石垣は二の丸の桝形虎口で確認できる程度であるが、発掘調査によって石垣を随所に用いていたことが明らかになったのである。

●―二の丸桝形虎口の石垣

石垣に使われている石は、城のすぐ東側を流れる荒砥川から採取された輝石安《きせきあん》山岩《ざんがん》が主に用いられているが、荒砥川、およびさらに東に流れる粕《かす》川の流域は群馬県の中でも中世石造物が濃密に分布する地域の一つになっている。特に、この流域では南北朝期にかけて盛行する赤城塔と呼ばれる独特の宝塔が分布している。また、荒砥川が旧利根川に合流する付近には戦国期の石造物の未製品が大量に出土している小島田八日市遺跡があり、この流域は中世を通じて石造物生産の一大拠点であった地域といえる。そうした基盤を元に、また、豊富に採取できる川が至近に存在することから、石垣が随所に築かれたのであろう。

【城の現在】　大胡城が所在する場所は平成十六年の市町村合併前は大胡町の中心地であった。そのため、県指定史跡になっている本丸・二の丸、他に近戸《ちかと》曲輪、玉蔵院《ぎょくぞういん》曲輪を除くと多くの郭は何らかの施設などが建設され、遺存状況は良好とはいえない部分もある。しかしながら、丹念に地形をみていくと、堀の痕跡などは充分に確認できる。また、本丸周囲については、県内では白井城本丸と並び極めて良好にのこる二の丸の桝形虎口の他、本丸の土塁、堀などこの城の魅力を十二分にのこしている城である。

（秋本太郎）

【参考文献】山下歳信『大胡城跡保存管理計画書』（大胡町教育委員会　一九八八年）

●石垣を多用した山城

金《かな》山《やま》城《じょう》

〔国指定史跡〕

〔所在地〕群馬県太田市金山町四〇―一八ほか
〔比　高〕約一七〇メートル
〔分　類〕山城（連郭式）
〔年　代〕文明元年（一四六九）築城、天正十八年（一五九〇）廃城
〔城　主〕新田岩松氏、横瀬氏・由良氏（横瀬を改姓）、小田原北条氏
〔交通アクセス〕東武伊勢崎線太田駅北口下車、北方へ三・二キロ、実城まで徒歩約一時間・駐車場有

【関東平野に突き出た山城】　金山城は関東平野に突き出るように存在する独立（金山）丘陵に築かれた戦国期の山城である。足尾《あしお》山系の最南端に位置し、平野部から山地への地形変換点にあたる。南には大河利根《とね》川が東流し、北には渡良瀬《わたらせ》川が南東へ流れている。

縄張《なわばり》は、金山山頂部を中心として、樹根《じゅこん》状に伸びる尾根や斜面・谷などを巧みに取り込み、全体で三〇〇ヘクタールにおよんでいる。山頂部の標高は二三九メートルを有し、麓《ふもと》との比高差は約一七〇メートルである。

この地域は、利根川の渡河《とが》点を有することから、上野・下野・武蔵三国間を結ぶ陸路の交差点となっており、律令時代から内陸交通の要衝となっていた。金山丘陵の北には「東山道」が東西に通り、西側には新田駅路から分岐して武蔵国府に向かう「東山道武蔵路」が通っていた。金山丘陵を中心に、北・西・東を辺とするトライアングルの交通路網が存在し続けている。

【金山城事始】　金山城の築城については、建武三年（一三三六）の佐野安房《さのあわ》一王丸《いちおうまる》軍忠状に「新田《にった》城を攻め落とす」とある「新田城」を、金山に築かれた城であるとする考えもあるが、現在までの発掘調査においては、一四世紀の遺構の存在は明確にしえていない。そのため、一般的には、『松陰《しょういん》私語《しご》』の「金山城事始《ことはじめ》」にある記録をもって築城年としている。

享徳の乱末期に、新田氏の後裔岩松家純《いわまついえずみ》（礼部《れいぶ》家）が、岩

松持国（京兆家《けいちょう》）を滅ぼして岩松両家の統一を図り、新田氏本領（新田荘）の継承者として新田荘のランドマークである金山に築城した。縄張は、重臣横瀬国繁《よこせくにしげ》、長楽寺の僧松陰西《せい》堂《どう》らによるという。『松陰私語』によれば、文明元年（一四六九）二月二十五日に「地鎮之儀《じちんのぎ》」を行ない、七十余日の普請により大方が完成し、八月の吉日には「祝言《しゅうげん》」を行なっている。この祝儀は城の完成のみならず、礼部家・京兆家両派の統一と結束を固めるものであった。上座中央に「屋形《やかた》」家純が座り、左右には岩松流（京兆家）と新田流（礼部家）両派が座った。当時家純は、将軍足利義教《あしかがよしのり》の命により古河公方《こがくぼう》足利成氏《しげうじ》討伐軍として関東に下向し、関東管領上杉憲政《かんとうかんれいうえすぎのりまさ》の本拠であった利根川右岸の五十子《いかっこ》の陣（本庄市）に長陣しており、ここから祝儀に出向いている。この頃、古河公方成氏方との攻防は、利根川を境に展開されていた。

【明応の乱と享禄の変】　文明八年（一四七六）、長尾景春《ながおかげはる》の反乱により五十子の陣が崩壊すると、翌九年一月、家純は、明《あき》純《ずみ》・尚純《ひさずみ》父子以下を伴い金山城に帰城する。六月には古河公方足利成氏方に合力し、七月には、金山城にすべての家臣を集め、上天下界《じょうてんげかい》の神々や八幡大菩薩《はちまんだいぼさつ》の前で、一味同心《いちみどうしん》を図るため「御神水《ごしんすい》」の誓いを行なっている。この時、古河公方（足利氏）以外への合力を禁ずることや、横瀬国繁を「代官」とすることなど、「御神水の旨三箇条」を定め、軍事・支配体制の一元化と強化を図っている。御神水の儀に、上杉方へ復帰の誘いを受けていた明純・尚純父子は、金山より五町ばかりの「御庁」にあって登城せず（『古河公方足利氏の研究』）、一家の軍事的指揮権の統一を第一とした家純に勘当され、鉢形《はちがた》城の上杉憲政に身を寄せることになる。

やがて尚純は、古河公方成氏の裁可を得て許され金山城に戻る。城主家純の「名代《みょうだい》」としての地位をあてがわれたが実権はなく、明応四年（一四九五）、国繁の子成繁《なりしげ》を除こうとして、金山の東側金井に陣を張り、妻方の佐野小太郎《さのこたろう》、反横瀬派家臣と謀り金山城を攻めさせる。「中城」まで奪還したが、城全体の制圧に失敗し佐野荘へ隠居する。これを明応《めいおう》の乱（屋裏《おくり》の錯乱）という。尚純隠居後は昌純《まさずみ》が継いだ。昌純も形骸化した城主に飽き足らず、横瀬泰繁《やすしげ》の暗殺を謀るが、事前に発覚し殺されてしまう（享禄《きょうろく》の変『松陰私語』）。これ以降横瀬氏は、反横瀬派や岩松家臣も取り込み、泰繁は実質的な城主の地位を強めて行く。

明応六年（一四九七）足利成氏が没すると、古河公方家内部に分裂が起こり弱体化する。関東管領上杉憲政も、天文十四年（一五四五）、河越《かわごえ》合戦で北条《ほうじょう》氏に大敗し、平井《ひらい》城に退去したが、天文二十一年（一五五二）長尾景虎《かげとら》を頼って越後

大日沢
北城
金山総合公園
（ぐんまこどもの国）
井戸沢
彦七浦山ノ砦
実城
二の丸
馬場曲輪
三の丸
物見台
御台所曲輪
西矢倉台
馬場下
南曲輪
聖天沢
鍛冶曲輪
東矢倉台
西城
見附出丸
史跡金山城跡
ガイダンス施設
八王子山ノ砦
0
100
200m

●—金山城全体図

に逃れると、小田原北条氏の上野への侵攻は本格化し、上野の勢力図が大きく変わり出すことになる。

【上杉氏・小田原北条氏・武田氏の狭間で】 永禄三年（一五六〇）、上杉憲政より名跡《みょうせき》と管領職を譲られた上杉政虎《まさとら》（謙《けん》信《しん》）は、古河公方に足利藤氏を擁立し、関東管領職として公儀を名目に関東平定に乗り出す。この時、横瀬成繁は上杉方に参陣し、「関東幕注文《かんとうまくちゅうもん》」に新田衆として筆頭で名を連ねている。

永禄六年（一五六三）、横瀬泰繁の子成繁は信濃守に任じられ、長楽寺の「旦那《だんな》」と称されるようになる（『永禄日記』）。永禄八年（一五六五）には、その子国繁《くにしげ》が将軍足利義輝から御供衆《おともしゅう》に加えられ、刑部大輔《ぎょうぶのたいふ》の任官を受けた。これを機に、新田氏の故地にちなみ「由良《ゆら》」と改姓し、戦国大名としての地位を固めていった。

元亀元年（一五七〇）五月、越相同盟が完成するが、その交渉期間は約二年半におよび、上杉氏と小田原《おだわら》北条《ほうじょう》氏との実務的な交渉は由良成繁が繋ぎ役となった（由良手筋）。双方の直接交渉の場として金山城が使われた。しかし、翌二年、北条氏康《うじやす》が死去すると越相同盟はあえなく崩壊し、北条氏と武田氏との甲相同盟が成立し、上野は上杉氏との抗争の場に戻ることになる。

上野は、越後府中―沼田《ぬまた》―厩橋《まやばし》という北からの伸張ラインを構築した上杉氏と、小田原―八王子―寄居《よりい》、栗橋《くりはし》―古河《こが》という伸張ラインを構築した北条氏、さらにその隙間を、西から武田氏が侵攻するという三巴《みつどもえ》の構図となり、三氏の勢力範囲の伸張と後退が繰り返された。

その狭間の中で金山城は、情勢変化を巧みに読み、そのつど上杉氏、小田原北条氏と同盟することによって領国の存立と勢力拡大を図ることになる。

【北条家の支城化】 しかし天正十二年（一五八四）正月、由良成繁の子国繁と館林《たてばやし》城主・長尾顕長《あきなが》（弟）は北条氏に拘束され、下野進出の拠点として館林・金山両城の借用を迫られた。これを本領の没収と解した金山城は、母の妙印尼《みょういんに》（輝《てる》子《こ》）を中心に結束して籠城を決した。六月には、金山城攻めの主力である北条氏邦《うじくに》は、攻め落とした反町《そりまち》城を本拠に、搦手《からめて》である長手《ながて》口から攻め上がろうとし、一方氏照《うじてる》は、南東の熊野口から攻めようと迫ったが、いずれも撃退し膠着《こうちゃく》状態となった。由良方はよく守っていたが、国繁と顕長の帰還と本拠地の譲渡を条件に和睦となり（年末頃）、金山城は明け渡され、国繁は桐生城に退いた。翌年十一月には金山城に在番衆《ざいばんしゅう》が置かれ、北曲輪《きたぐるわ》に宇津木《うつぎ》下総守氏久《うじひさ》、根《ね》曲輪に太《おお》井豊前《いぶぜん》、西城に高山遠江守定重《たかやまとおとうみかみさだしげ》が在城となった。天正十五年八月には、清水《しみず》太郎《たろう》左衛門《ざえもん》尉《のじょう》正次《まさつぐ》が城主を命じられ、城普請の総指揮を取って守備を固めた。しかし、北条氏の時代は長く続かず、天正十八年（一五九〇）、豊臣秀吉《とよとみひでよし》の攻撃によって滅亡し、五年あまりで豊臣方の前田利家《まえだとしいえ》に接収され、廃城となった。

【実城域の郭群】　金山山頂部に構築されているのは実城《みじょう》を中心とする中核的な郭群である。拘橘沢（大手谷）の谷頭を土塁で堰止め、日ノ池を設け、実城（本郭）、二の丸（郭）、三の丸（郭）、御台所《みだいどころ》曲輪、南曲輪が、日ノ池を中心に「コ」の字状に配している。山頂からは樹根状に伸びる尾根には、実城域の曲輪群を守るように堀切や雛壇《ひなだん》状の郭が構築されている。

　最頂部には実城（本郭）がある。明治八年新田神社が創建され、現在は、他に赤城《あかぎ》神社、御岳《おんたけ》神社、稲荷《いなり》社が祀られている。西には堀切《ほりきり》があり、裏馬場《うらばば》に抜けると実城北側の石垣がのこっている。この石垣は、堀切東側（実城西側）法面《のりめん》にのこる石垣と出隅《ですみ》をなすが、角の部分は破城時に取り崩されている。いっぽう御台所曲輪と南曲輪の南斜面には帯郭が三段に構築してある。最下段の帯郭は東西一八〇メートルと長く、法面は石垣となっている。そのほぼ中央に「南木戸《みなみきど》」と呼ばれる虎口がある。内桝形の様相を呈している。虎口の正面西側石垣は、神社造営時に取り去られ、参道の石段などに利用されてしまったが、東側は延長八〇メートルの石垣がのこっている。その先に東矢倉《やぐら》台が突き出るように存在する。東矢倉台の南には、急峻な谷が入り込んでいる。この対岸には、南の大八王子山に続く尾根が伸びており、尾根に沿って石積み土塁が三二〇メートル伸び、市道で分断された先に、石積み土塁を伴う延長八〇メートルの縦堀が大八王子山の頂部付近まで構築されている。

【大手虎口と大手通路】　大手虎口《こぐち》は、谷地形の底の部分に造られており、最も低い面に大手通路を通している。通路の北側には下段・上段・三の丸、南側には下段・上段・南曲輪、両側とも三段の郭が大手通路を見降ろすように配され、厳重な構えとなっている。

　大手通路は両側に郭の石垣が壁をなして全長三五メートル伸び、大手通路東端土塁Ⅱに突き当たる。幅は一・五メートル～一・八メートルの石敷が施され、登り坂の有段通路である。通路の中ほどでは幅を絞り込み、さらにカーブをつけているため遠近感をつかみ難くしている。大手虎口の入口部分には、通路北縁において門の礎石（川原石）が二基見つかった。対となる南側は後世の水道管敷設により失っている。発掘調査において、下からさらに二時期の礎石が確認されており、大手虎口東端土塁Ⅰ・Ⅱの崩壊により、通路面を上げる結果となり、同時に門の位置も順次奥に移動したと考えられる。虎口正面左（北）側の石垣についても、北西隅が崩れ、後退させて積み直している。左右石垣の西端面が直線に揃っていないのはそのためである。

大手道路東端土塁Ⅱの両端に突き当たった通路は南北に分かれ、土塁Ⅱの両端には虎口がある。北側には、三の丸（郭）から壇状構築の土塁Ⅰが並行して喰い違いに伸びており、この間を鍵の手に通路がとおる。これは最終期の通路である。いっぽう南に折れた通路は、南曲輪北法面石垣に突き当たって左に折れ、日ノ池のある水ノ手曲輪に出て、日ノ池を四分の三周回って御台所曲輪に入る。この虎口は埋め戻された古い虎口である。

●—実城域航空写真

【大手虎口の土塁】 大手虎口には、東端と西端に画するように土塁が築かれている。特徴は、石垣を伴い、壇状構築されている点である。特に東端の二つの土塁（土塁Ⅰ・Ⅱ）のうち、土塁Ⅰについては全長二四メートルもある巨大な土塁で、五つ壇を形成している。最上部との高低差は八メートル以上もある。いっぽう、谷を塞ぐ土塁Ⅱは、全長約二二・五メートル、基底幅約六メートルを有する。また、この土塁は二段築成となっている。

【石垣の改修】 先述した土塁Ⅰでは、石垣改修の過程が調査によって明らかとなった。この土塁に直交するように掘り下げると、土塁の下から五条の石垣列が見つかり、計五回もの改修工事を受けて最終的な形態になったことがわかった。積み直すたびに根石を据える地面が約一〇センチずつ上昇しており、大手通路同様に、土砂崩れが発生し石垣を改修するたびに石垣構築面を上げざるを得なかったものと思われる。

また、石垣構築技法にも特徴的な変化が観察された。金山城跡内では、石垣下端部の石を一五～二〇センチ手前に突き出して積む技法（「アゴ止め石」）が各所で確認されている。土塁Ⅱにおいては、この技法が三回目改修以降の石垣（Ⅳ期石垣）に確認することができた。このことは、石垣構築技術の画期《かっき》として注目される。

【日ノ池】　金山山頂から南西に伸びる谷の谷頭には、日ノ池と呼ばれる池が存在する。標高二二五メートルにあるにも拘わらず、冬でも水が涸れることはない。平安時代（九世紀後半）には、水に関わる民間信仰があった聖なる池であった。土製の馬形《うまがた》（「土馬《どば》」）が出土していることから、雨乞い信仰であったろうと考えられる。金山城は、信仰の池を実城域の中心に据えて縄張《なわばり》したことになる。この日ノ池は、径一六・五×一七・五メートルの不正円形を有する石組みされた池であり、その周りに、石敷《いしじき》平坦面とさらに石垣が周囲を巡る二段構造となっている。また、石敷されたテラス面の北東部と南西部には、石組《いしぐみ》井戸址があり、さらに南西部には石階段、南東部には堀切の堀底道《ほりぞこみち》が接続している。日ノ池でも改修の痕跡が認められ、初期には、池の底に下りるスロープが南西部に存在したことが分かっている。

【月ノ池】　月ノ池は大手虎口の北西側にあり、標高は二〇五メートルに地位している。北側には三の丸下大堀切が繋がる。この月ノ池は、径六・八メートル×七メートルの不正円形を呈する。日ノ池同様に石積みと石敷する二段構造をなす。改修工事の痕跡は、月ノ池においてもみることができる。月ノ池は東に位置が動いており、元は大堀切の長軸線上に構築されていた。改修前の月ノ池の規模については、石積を全て調査できないため全容は不明であるが、径約一〇～一一メートルを有し、二段構造にはなっていなかったようである。

【北城（中城・坂中）】　北城は、実城の北東尾根・観音《かんのん》山にあり、『松陰私語』の「中城」、『永禄日記《えいろくにっき》』の「坂中」に想定される所である。また、宇津木下総守が在番となった「北曲輪」にあたる。

北城は三段の郭構成であり、これに帯郭が張り付いている。二段目の郭からは、北（矢田《やた》堀方面）へ伸びる尾根道が取り付いており、取り付き部付近には小堀切を設けている。三段目の郭の北側斜面には「長石《ながいし》」と呼ばれる凝灰岩《ぎょうかいがん》の柱状節《ちゅうじょうせつ》理《り》の露頭《ろとう》（長さ四〇メートル）があり、籠城《ろうじょう》時に、この場所で馬の背を米で洗い流し、城内の水の豊富さを見せつけたという「流米《りゅうまい》伝説」がのこっている。北城の東尾根を下りると、麓に狢《むじな》ヶ入《いり》館がある。横瀬貞氏《さだうじ》の館とする伝えがある。

現在は永福寺となっているが、境内東端などに土塁と堀の痕跡をとどめている。

【馬場曲輪から西矢倉台を画する堀切】　三の丸（郭）から西に伸びる尾根上に東から馬場曲輪、馬場、物見台、馬場下、西矢倉台などの郭群が構築されている。東端は三の丸西の大堀切で画され、東端は西矢倉《やぐら》台西堀切に画された全長二三〇メートルの細長い空間である。この間に、四条の堀切と一条の竪堀《たてぼり》をもって尾根を分断し区画（空間）を設けている。

　堀切は、西から東へと実城に近づくにつれて深さと幅を増大させており、最大の堀切である三の丸下の大堀切《おおほりきり》では、天《てん》端《ば》幅一九メートル、深さ一五メートルを有している。大堀切の特徴は、堀切底面頂部に、幅一・八メートル、残存高一・四メートルの石積みされた畝状《うねじょう》土塁《どるい》が存在することである。中央部は大きく破却《はきゃく》を受けているが、本来は一・八メートルを超える高さを有していたと思われる。堀底の往来を分断するものである。これとは対照的に、西矢倉台西堀切では、尾根の南側肩下にあった通路をいったん尾根に上げ、新設した堀切の堀底道を通すように改修している。これを下ると、南斜面の桟道《かけはし》を使って西矢倉台下堀切を渡り、西矢倉台の南虎口へ登る通路に取り付く。

【西矢倉台】　西矢倉台と呼ばれる郭は、西矢倉台下堀切と物《もの》見台下《みだいした》堀切に画された比較的平坦な空間である。この郭の西端部に西矢倉《にしやぐら》台はあり、南側に郭肩部から石積みされた壇状土塁が堀切に沿って伸びている。郭南端の肩部に沿ってこの西矢倉から馬場下への通路が設けられている。通路の谷側法面は石積みで擁護《ようご》されており、石積みには新旧の二時期がみとめられた。新通路は山側（北側）に位置をずらしている。

【馬場下】　物見台下堀切と三の丸下大堀切とに画された細長い空間は、大きく上下二段の帯状郭となっており、上段郭は馬場、下段郭は馬場下と呼ばれる。一二〇メートルにおよぶ細長い郭であるためこのように呼ばれるようになったと思われる。発掘調査の結果、馬場の痕跡は認められなかった。

　馬場下は、竪堀が楔《くさび》のように喰い込んでおり、中間部で東西二分割に区画している。西矢倉台から馬場下に向かうと、正面には馬場下西端の矢倉台があり、その脇が馬場下の西虎《こ》口《ぐち》となっている。西虎口手前は物見台下堀切である。深さ七メートルにおよび、岩盤を掘り抜いた見事な堀切である。この堀切には、通路と法線《ほうせん》をずらせて石積の土橋《どばし》を設けており、これを渡らなければならない。馬場下の西虎口を抜けると南側には腰《こし》石垣が二三メートル竪堀まで続く。堀切手前で通路は二つに分岐する。竪堀の木橋を渡るルートと、堀底を下るルートとに分かれる。木橋ルートが城内連絡通路、堀底ルートが一般通路であろう。木橋を渡った所には馬場下東の虎口がある。石積み基壇で絞り込まれている。馬場下東曲輪においては、西側（虎口側）に礎石立《そせきだち》建物、東側に掘立柱《ほったてばしら》建物が見つかっている。一間《けん》×四間の小屋である。通路は小屋の脇を真っ直ぐ進むと行き止まりとなり、両小屋の間を斜めに上がれば、上段面の馬場から、西の物見台や東の馬場曲輪へ至ることができる。馬場下東曲輪の南端部においては、腰石垣ではなく、柵列を巡らせている。一方堀底ルートは、竪堀東側に虎口石積み基壇から三段構築された石垣が伸びており、この下を通らなければならない。馬場下東西曲輪とも通路に妙を凝らした空間である。

【馬場・物見台】 馬場の西端、物見台下堀切の直上に物見台は位置する。平面形が台形に石積みされた基壇があり、物見矢倉の柱穴が確認されている。柱穴の遺構表示施設があり、ここからは北側の急峻な崖下に搦手道や長手谷を眼下にする。目を遠くに転ずれば、北から西へ、赤城山《あかぎやま》、子持山《こもちやま》、小野子山《おのこやま》、榛名山《はるなさん》、浅間山《あさまやま》、妙義山《みょうぎさん》など上野の名山を眺望することができる。空気が澄んでいれば、群馬県庁や高崎観音山の白衣観音《びゃくいかんのん》も目にすることができる。北東には日光男《にっこうなん》体山《たいさん》も、山並みの上に頭を覗かせている。

物見台基壇から馬場北側の肩に沿って七〇メートルにおよぶ石塁が伸びている。幅一二〇～三〇センチ、高さは九〇～一〇〇センチが想定される石塁である。付近からは青銅製鉄砲玉（径一二ミリ）や大筒《おおづつ》玉（径三〇ミリ）なども出土しており、この石塁は搦手道を意識した施設であったと思われる。馬場の中央付近には、一間×二間の小さな礎石立建物がある。南側斜面に掘られた竪堀先端部の直上に位置しており、竪堀に架かる木橋と、竪堀の堀底道《ほりぞこみち》を監視する小屋であったと思われる。

【西城・見附出丸】 県道金山城阯線を登り詰めた所が西城である。駐車場の上（西端）に食違《くいちがい》土塁をもつ虎口がある。西側（外側）に堀切を伴っており、掘りのこしの土橋を渡って郭に入る。土塁には鉢巻き石積みが西側法面に見られる。土塁には改修が認められ、北側土塁の南端は石積みを伴わない土塁となっている。虎口も二時期がある。旧虎口は肩部をやや下がった所にあり、南側土塁中に埋まっている。堀切の深さは浅く、また、曲輪内の建物跡なども希薄であった。

西城虎口から西へ一〇〇メートルの所に見附出丸《みつけでまる》がある。尾根頂部から一二メートル下がった中腹に堀切を掘って西端を分断している。北にも尾根が伸び、ここにはクランク状の堀切と土塁を構築している。見附出丸の虎口は北西端にある。通路は、西から来ると堀切に突き当たり、これを北に巻いて郭の北側に回り込み、北西端の虎口（北虎口）に取り付く形になる。この北虎口東側には堀切と土塁の「折《お》れ」があり、横矢《よこや》掛《が》けを可能にしている。虎口部分の土塁には石積みがのこる。また、土塁は、虎口から堀切に沿って郭先端部を囲うように南側にも伸びており、土塁上には柵列痕が検出されている。その外側には、岩盤を刳《く》り抜いて横堀を穿《うが》っている。この横堀は掘りのこしを作り土橋としており、以東を筋違い（喰い違い）に掘ることで、ここに虎口を設けている（南虎口）。金龍《きんりゅう》寺や大光《だいこう》院《いん》裏山へ通じる道筋にあたると思われるが、通路の痕跡は横堀を過ぎると斜面の中に途切れている。

●—物見台（調査時）

【八王子山ノ砦】　実城域の南に、谷を挟んで大八王子山（標高一八四メートル）・中八王子山（標高一七九メートル）・小八王子山（標高一七三メートル）が鍵の手状に連なる。中央の中八王子山を中心に遺構が存在する。これらの遺構は、太田《おおた》口《ぐち》（新田口《にったぐち》）、熊野口《くまのぐち》、富士山口《ふじやまぐち》の防御ラインとなっている。特に、中八王子山から大八王子山への尾根に構築された延長二〇〇メートルの横堀は特徴的である。三ヵ所に土橋を設けており畝状遺構の様相を示している。大八王子山から実城へ繋がる尾根上に構築された石塁と一連の外郭ラインを形成する遺構でもある。

【大手口】　大手口は、「新田口」または「太田口」と呼ばれる。中八王子山から東山へ連なる尾根と西山に挟まれた谷地形である。日《ひ》ノ池を源とする枸橘《からたち》沢が南流している谷である。大手谷とも呼ばれ、『永禄日記』に記載される「呑嶺御屋形《どんれいおやかた》」（由良成繁の館）や、「御入《おんいり》」（その子国繁の館）、根小屋《ねごや》や義哲が買い物をした太田の「町」または「市」（『永禄日記』）の存在が想定される空間である。

　また、麓《ふもと》には史跡金山城ガイダンス施設がある。本城の理解を深める展示を体感することができるので、ぜひ併せて見学していただきたい。

（宮田　毅）

㉝水堀と土塁が城の名残

反《そり》町《まち》城《じょう》

〔国指定史跡・新田荘遺跡〕

〔所在地〕群馬県太田市新田反町町八九四ほか
〔比　高〕五メートル
〔分　類〕平城（輪郭式）
〔年　代〕応永二十四年（一四一七～）～天正十二年（一五八四）
〔城　主〕大館氏明、横瀬六郎貞氏、由良氏家老野内修理亮時英
〔交通アクセス〕東武伊勢崎線「木崎駅」下車、徒歩約四五分（北方へ三・二キロ）・駐車場有

【水堀が囲む本曲輪】　日光《にっこう》例幣使《れいへいし》道《どう》木崎《きざき》宿より、県道桐生・新田木崎線を二・四キロほど北上すると、西側に幅広い水堀が目に入ってくる。本郭《ほんぐるわ》を囲む内堀である。現在本郭は、真言宗・照明《しょうみょう》寺境内地となっているが、水堀や高い土塁《どるい》が城跡の名残を止めている。反町《そりまち》城は、中世の屋敷跡を城郭化した平城である。反町の地は、村田郷に属していたと考えられ、応永十一年（一四〇四）の村田郷検地目録（『正木文書』）の堀内殿・宮田殿・村田修理亮殿のそれぞれの屋敷が確認される。また、本郭南東の一角（南郭の東）は「加賀屋敷」と呼ばれており（『新田町史　通史編』）、堀内氏（村田氏）の屋敷を核とし、複数の武家屋敷を取り込んで城郭化したものと考えられる。この堀内氏は、新田岩松氏の一族として、享徳の乱の中で活動している（『松陰私語』）。天文（一五三二～五四）の頃には、由良《ゆら》氏の家老野内《やない》（矢内）修理亮時英《しゅりのすけときひで》が城代《じょうだい》として居し、天正十二年（一五八四）頃には、柳井（矢内）豊後守が城番を務めたとする記録がある。金山《かなやま》城の出城として重要な機能を果たしたと思われる。

反町城は新田荘《にったのしょう》の中心的な位置にあり、標高五〇メートルの低台地上に立地する。利根川の渡河点である平塚や、東国初の禅院長楽《ちょうらく》寺と、金山城との中間的な位置にある。

城の規模は東西四五〇～五〇〇メートル、南北六五〇～七〇〇メートルになる。内堀・外堀・遠堀と、三重の堀で画された輪郭《りんかく》式の縄張を呈する。西方二〇〇メートルには、遠堀の一部を兼ねる「ケェドカワ」が南南東へと流れる。

●—本郭の水堀（北東から）

本郭の遺構は比較的明瞭にのこっており、東西一三八（一一五）メートル、南北一一五メートルを有する。東側南端部は方形に突出し「折《おり》」をもつ。また、北西隅は「隅欠《すみかき》」となり、「凸」形を呈している。虎口《こぐち》は南東隅と西側中央部の二ヵ所にあったと想定される。南東部の虎口は、土塁が削平されていることもあり、虎口形態は不明である。西側の虎口は、講堂（こもり堂）南西部に土塁が窪んでいる箇所があり、ここを虎口と想定する。虎口への土橋は、南東部には現存するが、西側では、まっすぐ虎口に向かう土橋が存在したか、現在土橋状になっている「隅欠」部南端に存在したか判然としない。

土塁は北半部の遺存状態が最も良い。赤城《あかぎ》神社が建立されたり、庭園が造成されたりと、後世の改変があるものの、往時の土塁形状を良くのこしていると思われる。土塁の基底部幅は一四メートル、高さ三〜五メートルを有する。現状では、北西、北東の隅付近がやや高くなっている。南側土塁については、享保五年（一七二〇）に土塁に沿って道が付けられており、そのさいに土塁の裾が削られたことによるのか、現存基底幅は一〇メートル、高さ二メートルと、北土塁に比して規模が劣る。また、内堀の南側にも土塁がのこっている。

【灌漑用水の機能をもつ水堀】 内堀の幅は、北・西側とも現状で一二メートル、南側が九メートルを有する。道造成で埋められた可能性があり、本来一二メートル幅を有していたと思われる。「隅欠」のある北西部では一五メートルとやや広く、東側の「折」部では三〇メートルの幅を示す。この部分

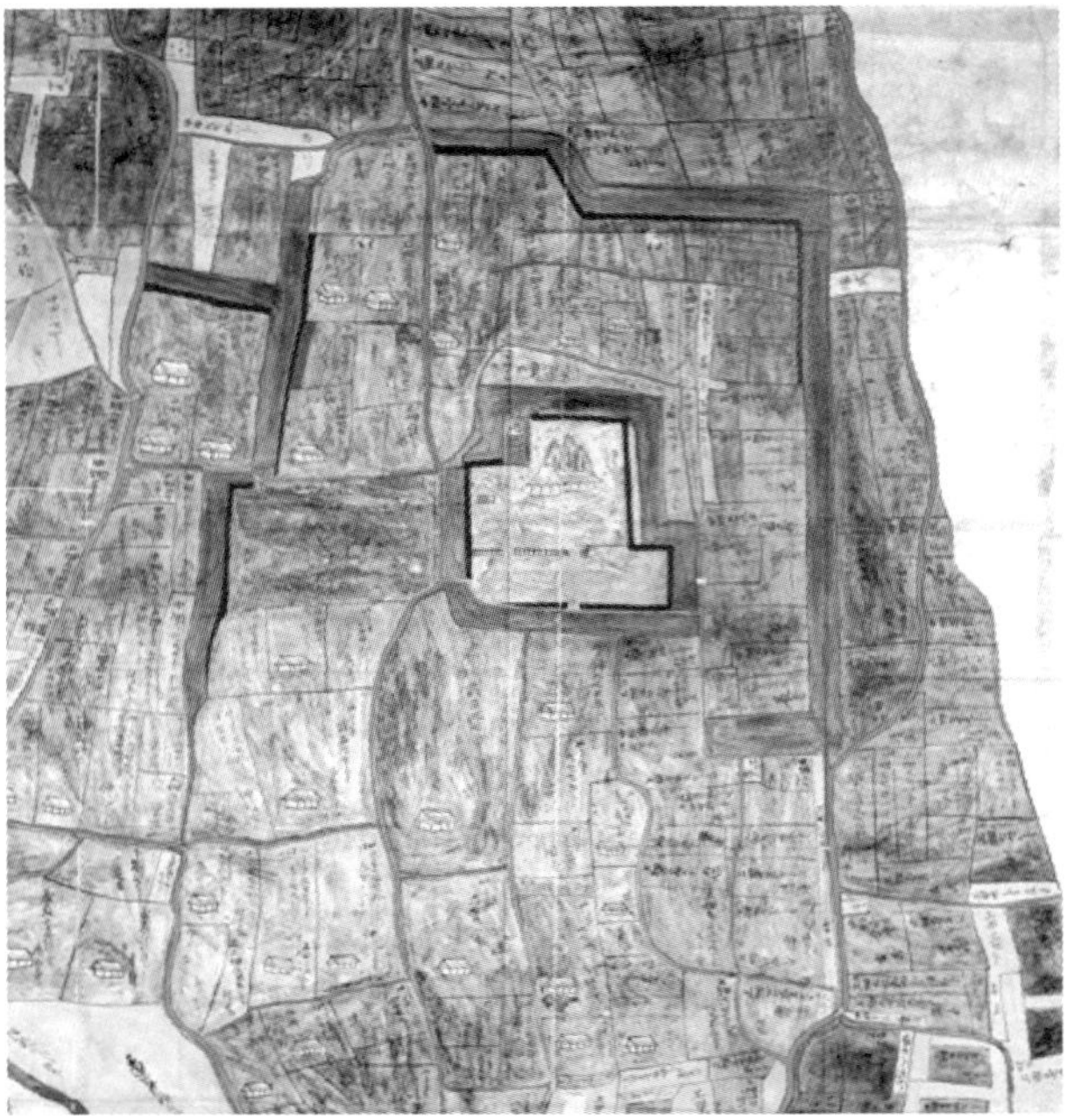

●—明治4年地引絵図（太田市教育委員会提供）

●—反町城南上空から（太田市教育委員会提供）

群馬県

は、耕地整理と脇の県道改修時に堀幅が拡幅されたことによる。水口は北西部に二ヵ所ある。堀への引き水は、反町の北にある市野井《いちのい》など、大間々《おおまま》扇状地扇端部の湧水を集めて引き入れている。出水口は、南堀に二ヵ所、西堀に一ヵ所ある。いずれも並行する三筋の堀を成して南流し「ケェドカワ」へと流れ込んでいる。現在でも主郭の水堀は、貯水池・調整池としての機能を有しており、農業用水として下流域の水田に供給されている。往時においても、単なる防御施設としてだけでなく、重要な灌漑用水機能を果たしていたと考えられている。

【地名にのこる縄張】 本曲輪および周辺の小字名《こあざ》（明治四年地引絵図）や土地の呼称をみると、「要害」、「北曲輪」、「南曲輪」など、城郭用語がのこされており、縄張を伝えるものとして理解できる。また、外堀の北には「カジヤガイト」、北西には「ゴウシガイト」、西には「ヤマガイト」の小字名が連なって存在する。「カイト」は「垣内」と解することができ、遠堀の内側に、堀や土塁で囲まれた曲輪（屋敷）の存在が想定できる。さらに、土塁やその名残と思われる地膨れには、「桃山」、「桜山」、「ヒシボリ山」、「カンカチ山」など、「山」の付く呼び名があり、「堀式（堀敷）」「出口」、などの呼称地と併せ、縄張を明らかとする手がかりである。

【北条氏邦の侵攻】 天正十二年（一五八四）正月、金山城主由良国繁《くにしげ》と館林《たてばやし》城主長尾顕長《ながおあきなが》が厩橋城に拘束されると、両兄弟の母・妙印尼《みょういんに》照子をはじめ一族家臣の籠城を決した（『石川忠総留書』）。三月には北条氏邦《ほうじょううじくに》が、平塚《ひらつか》、徳川《とくがわ》、大舘《おおだて》付近の利根川を渡り新田領に侵攻してきた。大舘・木崎・江田の民屋を焼き払い、ついに反町城を落とした。氏邦はここに陣を張り、金山城攻撃の拠点とした。

【照明寺】 照明寺は、由良成繁によって、永禄年間に市野井から本郭の西に移され、正徳四年（一七一四）の焼失に伴い、現在地に再度移された。「不鳴《なかず》の池」のある本堂裏の庭園も、この時に造成されたと思われる。発掘調査の結果、江戸時代後期の造成であることが明確となった。

本尊は「厄除薬師《やくよけやくし》」として広い信仰をあつめており、毎年正月四日、境内は大変な賑わいを見せる。また、五月には、藤の老木が見事な花をつけ、堀の水面に紫の花房が揺れる光景を見ることができる。

なお本史跡の指定は、城址としてではなく、中世館跡としての国史跡指定であり、「新田荘遺跡」を構成する一一ヵ所の内の一つ「反町館跡」として、平成十二年に指定されている。

（宮田　毅）

●中世館跡の名残を留める平城

上《かみ》江《え》田《だ》城《じょう》

〔国指定史跡・新田荘遺跡〕

〔所在地〕群馬県太田市新田上江田町九二四―一ほか
〔比　高〕西側水田面との比高差四メートル
〔分　類〕平城
〔年　代〕天文年間（一五三二）～天正十二年（一五八四）
〔城　主〕矢内四郎左衛門（矢内修理亮の子）
〔交通アクセス〕東武伊勢崎線「世良田駅」下車、徒歩約四〇分（北方へ二・八キロ）・駐車場数台分有

【石田川左岸の高台にある平城】　上江田城は木崎《きざき》台地の西端に位置する。四世紀には集落が形成された台地であり、六世紀後半には古墳群が形成されていた。上江田城本郭《ほんぐるわ》面の標高は五二メートルを有している。台地西側には石田《いしだ》川が形成した低地帯が南北に伸びている。台地と低地とは崖をなして接しており、その比高差は約四メートルを有する。石田川は、江田地区の東を南流する大川とともに、新田荘開発の重要な用水源となった川である。両河川とも大間々《おおまま》扇状地扇端部湧水帯から発しており、大川《おお》は重殿《じゅうどの》（池）を、石田川は矢太神《やたじん》沼《ぬま》を水源とする。湧水量の豊富な水源である。現在もその役割は変わらず、利根《とね》川左岸の水田地帯を潤している。

また、東方三〇〇メートルには、江戸時代に、足尾から利根川の平塚河岸まで銅を運んだ銅山《あかがね》街道が南北に通っている。

【屋敷の城郭化】　「上江田」は仁安三年（一一六八）新田義重置文（正木文書）に「えたかみしも」（江田上・下）として初めてみえ、この頃にはすでに上・下の二つの郷に分かれていたと思われる。上江田城は、中世武家の屋敷跡を利用し、戦国期に城郭化した城であるというのが一般的である。ここに屋敷を構築したのは、新田義重《にったよししげ》（新田氏の祖）の孫・得川《とくがわ》下野守頼有《よりあり》であるという。一四世紀には、江田三郎光義《えださぶろうみつよし》（行《ゆき》義《よし》）の屋敷となった。江田行義は、新田義貞の鎌倉倒幕挙兵にしたがい中国・四国まで転戦している（『太平記』）。江田氏は、新田氏庶子世良田《せらた》氏の庶子である。一五世紀には、金山《かなやま》

●—上江田城南上空から（太田市教育委員会提供）

城主となった横瀬氏の四天王の一人、矢内四郎左衛門《やないしろうざえもん》が屋敷を改修して拡張し、城郭化したと伝える。天正十二年三月（一五八四）、北条氏邦の金山城攻めにさいし、反町《そりまち》城に先んじて落とされた。

本郭は、東側と西側に「折《おり》」をもっており、長方形の南半が東へずれたような平面形状を呈する。東西が七一〜七五メートル、東西が九五メートルを有する。周りには土塁《どるい》と堀をめぐらせている。南土塁中央のやや東寄りに土塁の途切れと土橋《どばし》があり、平虎口《ひらこぐち》となっている。土塁の現存高は約二メートルであるが、北東隅と南東隅はやや高く、約三メートルを示す。東側の土塁には、折の入隅部に低い箇所がある。また、同所の堀底面にも土橋の痕跡を示す地膨れが認められ、この箇所にも虎口を有していた可能性がある。堀幅は場所により若干の相違があり、土塁部を含めた天端《てんば》幅では、北堀が九メートル、南堀が一二メートルでほぼ均一の幅を有する。西堀では、折部を境に南北で幅を異にし、北側が一〇メートル、南側一四メートルを有する。東堀では、北東隅部付近の外側（東側）に本郭の土塁と同じ高さの土塁を有しており、この箇所では幅は一三メートルを示す。この土塁は、本郭東側にある「黒沢屋敷《くろさわやしき》」と呼ばれる郭の土塁である。堀には水を張っていた可能性が高く、現在でも乾季以外は水がたまっている状態である。水口は北東隅付近にあり、排水口は対角の南西隅にあることが確認されている。

西郭は、本郭と堀を隔て西側にあり、西端は崖《がい》をなし、崖下には石田川から引き込んできた用水堀が南流する。郭面は西側に緩やかな傾斜を示し、西端部が四〇センチ下がっている。この西端部にも土塁がめぐり、南端部は折れて本郭南西隅との間を絞っている。西郭への虎口となっていたであろう。現在土塁は、綿貫《わたぬき》中学校造成に伴い削平されてしまい、南半部に地膨れ状となって一部を留めるのみである。

●—本曲輪南空堀（太田市教育委員会提供）

本郭の北側には、台形に土塁で画した郭がある。東西一五〇メートル、南北一〇〇メートルを有する。北西部に土塁を残存する。東西両端に古墳をのこしており、古墳を利用した土塁構築がみられる。その東側に接して、「毛呂《もろ》屋敷」、「柿沼《かきぬま》屋敷」と呼ばれる郭がある。「毛呂屋敷」は東西七〇メートル、南北一〇〇メートルの長方形を有する。「柿沼屋敷」は方五〇メートルを有する。土塁と堀に囲まれており、現在も北側などにのこっている。「毛呂屋敷」では、東西の堀近くに出水（湧水）が存在した。「江田氏系図」によれば、天正年中（一五七三〜九二）に、毛呂繁道《しげみち》が上江田に居住したとあり、この「毛呂屋敷」が想定される。『新田金山伝記』には、「上江田家中」として「茂呂」の名が出ており、重臣であった可能性が高い。

さらに、両屋敷の北側二〇数メートルにも、かつては土塁と堀が東西に伸びており、両屋敷の外側にも郭が形成されていたようである。その北五〇メートルには勝神社がある。宇佐八幡宮より天正十一年（一五八三）に勧請《かんじょう》したと伝える。

いっぽう、本曲輪の南九〇メートルにも、「渡辺《わたなべ》屋敷」と呼ばれる方八〇メートルの土塁と堀をめぐらせた区画があり、本郭の西側以外の三方向には、茂呂《もろ》家（毛呂）氏をはじめ堀をめぐらせた家臣の屋敷群が取り囲むように配されていたものと思われる。これらの屋敷を囲む堀は、本郭の堀に比べると概して幅が狭く、深さも浅いものであり、城郭化の段階であまり堀幅《ほりはば》を広げていないのかも知れない。

本郭は、旧大字上江田字宿通りにあり、地元では「堀之内《ほりのうち》」と呼ばれている。「堀之内」は、堀に囲まれた区域をさすだけでなく、そこに居住する城主の呼称としても使われたようである。南方にある世良田今井城においては城主・大沢内蔵大輔（横瀬勘九郎）を「世良田今井ノ城主、堀ノ内ト云」とする表記があり（『尾島町史通史編』）、上江田城においても「堀之内」に城主が居した可能性が高い。

【義貞様】 本郭北土塁中央頂部に小祠がある。元来は藁《わら》製の小祠であったが、現在はコンクリート製の小祠となっている。毎年、江田氏一族により祀りが行なわれてきた。伝承では、文禄二年（一五九三）十月二十八日、江田三郎光義《えださぶろうみつよし》（行義《ゆきよし》）一〇代の孫となる守下大膳《もりしただいぜん》が、備後《びんご》より勧請《かんじょう》したと伝えている。この小祠は「義貞様《ぎていさま》」として崇敬されており、江田氏の先祖のみならず、新田義貞をも祀るようになったと思われる。明治八年（一八七五）に、金山山頂（金山城実城《みじょう》跡）に新田神社が建立されるにあたり、この小祠から勧請している。

【龍得寺】 本曲輪の南東五〇〇メートルには、曹洞宗寺院江《え》田《だ》山薬師院龍得《さんやくしいんりゅうとく》寺がある。江田氏の菩提寺であったと思われるが、金山城主横瀬泰繁《よこせやすしげ》開山と伝えられる。墓地には、白《はく》色《しょく》凝灰岩《ぎょうかいがん》製で総高一四四センチの五輪塔があり、水輪《すいりん》には、泰繁の戒名である「龍得寺殿」が刻まれている。地輪《ちりん》には「天文十四年（一五四五）巳九月九日 前信州太守威岳宗虎居士由良信濃守 源 泰繁《みなもとやすしげ》」の銘文がある。年号は泰繁が壬生《みぶ》の合戦で戦死したとされる年にあたるが、五輪塔の型式は、鎌倉〜南北朝期に造立されたものであり、銘文は追刻したものと考えられる。この五輪塔は、別所円福寺にある新田氏塁代の墓に造立する五輪塔に匹敵する大きさであり、本来は江田氏の供養塔であったものと思われる。また、横瀬泰繁画像（太田市重要文化財）も伝世している。縦一〇三・八センチ、横幅三四・二センチの絹本着色の大和絵で、甲冑を身にまとった武将姿を描いており、戦国時代初期の製作とされる。さらに、龍得寺の本尊は観音菩薩であるが、延徳四年（一四九二）の墨書銘《ぼくしょめい》があり、龍得寺と上江田城が同時期に存在し、密接な関係にあったことや、金山城の支城として重要な位置を占めていたことがうかがえる。

（宮田 毅）

●寺院となった新田義貞館跡

安《あん》養《よう》寺《じ》明《みょう》王《おう》院《いん》館《やかた》

〈国指定史跡・新田荘遺跡〉

〔所在地〕群馬県太田市安養寺町
〔比　高〕〇メートル
〔分　類〕館跡
〔年　代〕一四世紀前半
〔城　主〕新田義貞
〔交通アクセス〕東武伊勢崎線「木崎駅」下車、徒歩二〇分（西南一・五キロ）、国道三五四線と国道一七号線の交差点

【木崎村安養寺義貞跡】　新田荘木崎村には、中世・近世において安養寺という大きな寺院があり、明王院（大坊）を中心に西に天神坊・薬師坊・月輪坊（稲荷大明神）・満東坊・荒神坊、東に地蔵坊・東照坊・正林坊・観音坊・月輪坊（稲荷大明神、西にもある）などの一二坊が囲み（地図上では一〇坊）、南の大門西には寺屋敷が設置されていた（明王院所蔵）。近代では寺名の安養寺は木崎村の大字名となっている。現在では、この一二坊はすべて消滅し、明王院のみが寺院として存続している。

この安養寺は新田義貞の法号「安養寺殿」にちなむもので、義貞の没後の観応元年（一三五〇）に足利尊氏は新田岩松頼宥に勲功の賞として「木崎村安養寺義貞跡」を与えている（「正木文書」）。これに先んじて尊氏は義貞の菩提を弔うために新田荘八木沼郷の一部を「安養寺殿追善料所」として暦応二年（一三三九）に長楽寺に寄進していることなどから（「長楽寺文書」）、安養寺は、尊氏の意を受けた頼宥が義貞菩提を弔うために建立したと考えられる。

【安養寺森西遺跡の発掘調査と明王院】　この明王院の西南の一角を貫通して上武国道一七号線の開通のために一九八八年に事前発掘調査が行なわれ（『安養寺森西遺跡発掘調査報告書』）、寺屋敷・大門の部分で鎌倉・南北朝期の遺構・遺物を多く確認している。とりわけ、明王院の西南の一角の直角に曲がる大きな堀跡の一部を調査していることから、これが館跡の西南堀と推定され、明王院が義貞館の跡に建てられたも

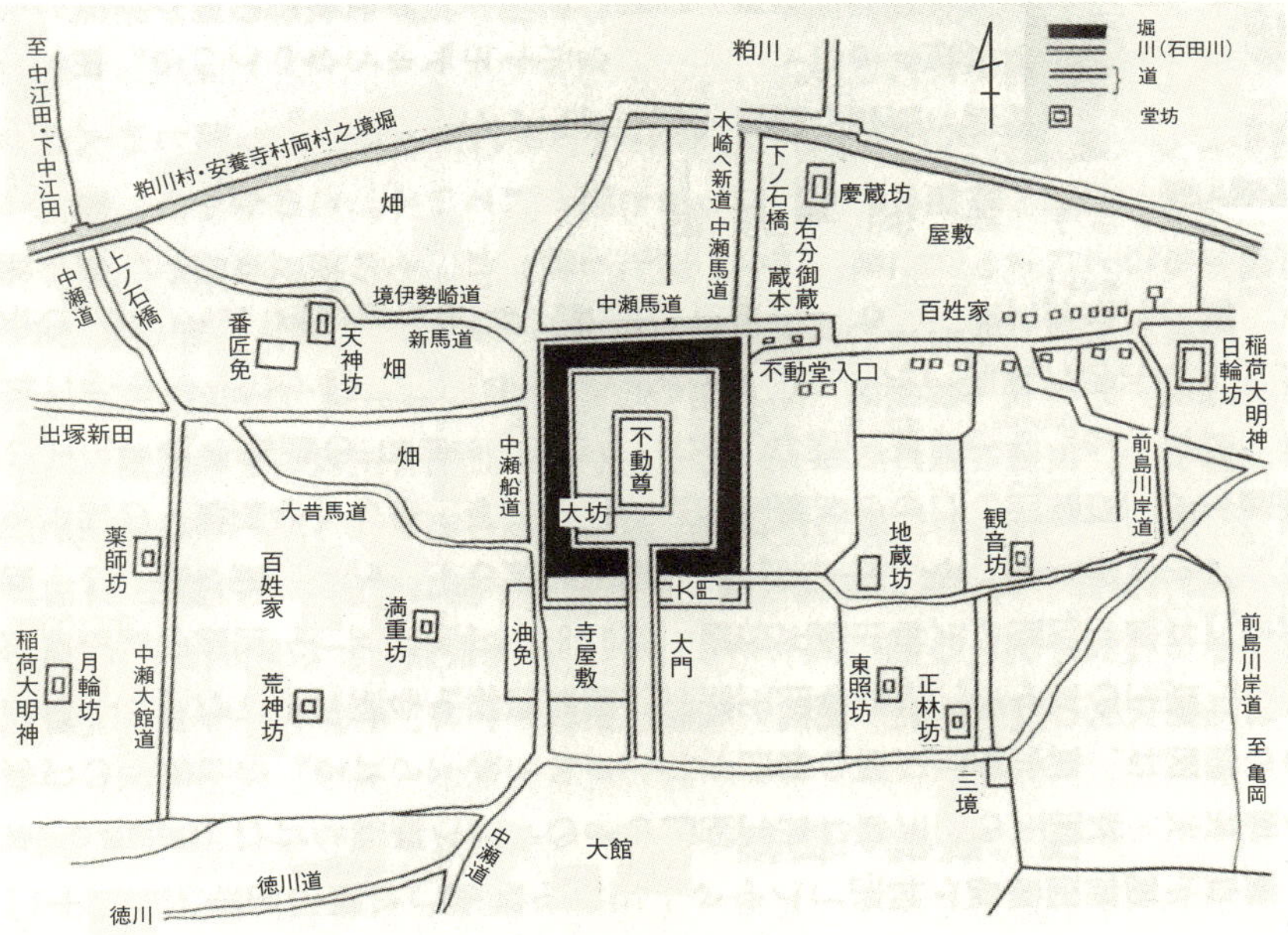

●―安養寺村絵図（明王院所蔵、峰岸純夫トレース図）

のと推定されるに至った。

境内には、推定南北朝期の凝灰岩製の大型五輪塔数基（保存状態が悪い）が建ち並び、またこの境内地から出土したという「康永元年壬午六月五日前刑部卿源義助生年四十二逝去」と刻まれた義貞の弟脇屋義助の供養板碑が保存されている。明王院の堂内には、義貞蜂起の際に越後方面の新田一族に軍勢催促に触れ回ったという「新田触不動」の伝説を持つ不動明王（『太平記』巻十は「天狗山伏の触れ」）やかつて薬師堂にあったという薬師如来像（ともに鎌倉末・南北朝期の作）が安置されている。

【安養寺明王院は義貞館跡】 以上のことから、明王院は鎌倉時代末期の約方二町（二〇〇メートル四方）の規模を有する義貞館が寺に転化した「館寺」というべきものと考えられる。この地は、世良田宿から約二・五キロと近く、『太平記』に執権北条高時の家臣が有徳銭徴収に世良田に入部した際、「我館の辺を雑人の馬蹄に懸けさせつる事こそ返々無念なれ」（巻十）と述べたということと符合する。この寺が立地する小字の「呑嶺《どんれい》」は、中世では寺の異称として用いられた用語である。

（峰岸純夫）

【参考文献】峰岸純夫『新田義貞』（吉川弘文館　二〇〇五年）

●沼地に突出した中・近世城郭

館《たて》林《ばやし》城《じょう》

〔館林市指定史跡〕

〔所在地〕群馬県館林市城内町
〔比　高〕約三メートル
〔分　類〕平城
〔年　代〕一五世紀中葉以降明治初年まで
〔城　主〕赤井氏、長尾氏、北条氏、近世は榊原康政以下
〔交通アクセス〕東武伊勢崎線「館林駅」下車、徒歩二〇分・城内に駐車場有

【城沼の突出部に構築】　館林市の市街地の東南部、広大な低地平野のなかを鶴生田《つるうだ》川が東に流れている。この河川が形成した東西に細長い城沼《じょうぬま》の西北部、その突端にこの平城が築かれている。この沼の南にはツツジの名所として知られる花山公園が立地している。

この城は、中世では一五世紀の後半以降に重要な戦国城郭として存在し、天正十八年（一五九〇）以降は、江戸幕府の重要城郭として榊原《さかきばら》氏（康政《やすまさ》・康勝《やすかつ》・忠次《ただつぐ》）以後、大給松平《おぎゅうまつだいら》氏、徳川綱吉《とくがわつなよし》、越智《おち》松平氏、太田《おおた》氏、井上《いのうえ》氏、秋元《あきもと》氏といった大大名の居城となり、それぞれの代で城とその西の城下町を含めた城図が作成されている。明治維新後は廃城となり、明治七年（一八七四）の大火で大半が焼失しその後城郭は取り壊されていき、神戸製糸工場の敷地となり、現在では石垣の一部を遺すのみとなっている。

【中世館林城の構造】　中世館林城の構造は、近世館林城の城図から推定せざるをえない。城沼に突き出した長さ八〇〇メートル、幅二〇〇メートルほどの棒状の部分に、東から八幡《はちまん》曲輪《ぐるわ》・南曲輪・本丸・二の丸・三の丸が立地する。小水路をはさんで対岸の尾曳曲輪を含めた地域がその領域と推定される。城下町はそれを西北に囲む地域が該当すると思われる。近世城郭は、一挙に郭を西・北に拡大して家臣団屋敷や城下町を形成している。発掘調査も部分的に行なわれ一部の遺構（石組み水路）や中世陶磁器類などの遺物が確認されているが、近世・近代の改変の跡が大きくその全面的復元は困難を極めて

いる。

【享徳の乱における館林城の攻防】　中世史料では館林城は、「立林城」とも記され、佐貫《さぬき》荘の領主直属の林に語源があると思われる。館林城が歴史上に姿を現すのは一五世紀後半の内乱、享徳《きょうとく》の乱のまっただなかの文明三年（一四七一）で、おそらくこれに先んじてこの乱の開始（享徳三年・一四五四）と相前後して築城が行なわれたと考えられる。享徳の乱は、鎌倉公方《くぼう》（後に古河《こが》公方）足利成氏《しげうじ》がその補佐役の関東管領《かんれい》上杉憲忠《のりただ》を誅殺したことから開始された。室町幕府に支援された上杉方は武蔵の五十子陣《いかっこじん》（深谷市）を拠点として、古河を中心に勢力を張る成氏に対抗した。文明三年四月に、成氏方の小山持政《おやまもちまさ》の寝返りを契機に上杉方は大挙利根川を越えて東上野・下野方面に進出し小山領の児玉塚を目指して東山道《とうさんどう》を東に進撃した。これに抵抗する佐野氏（佐野唐沢山《からさわやま》城・八椚《やつくぬぎ》城・甲《かぶと》城）、赤井氏（館林城）との攻防戦が開始された。

●—本丸石組遺構

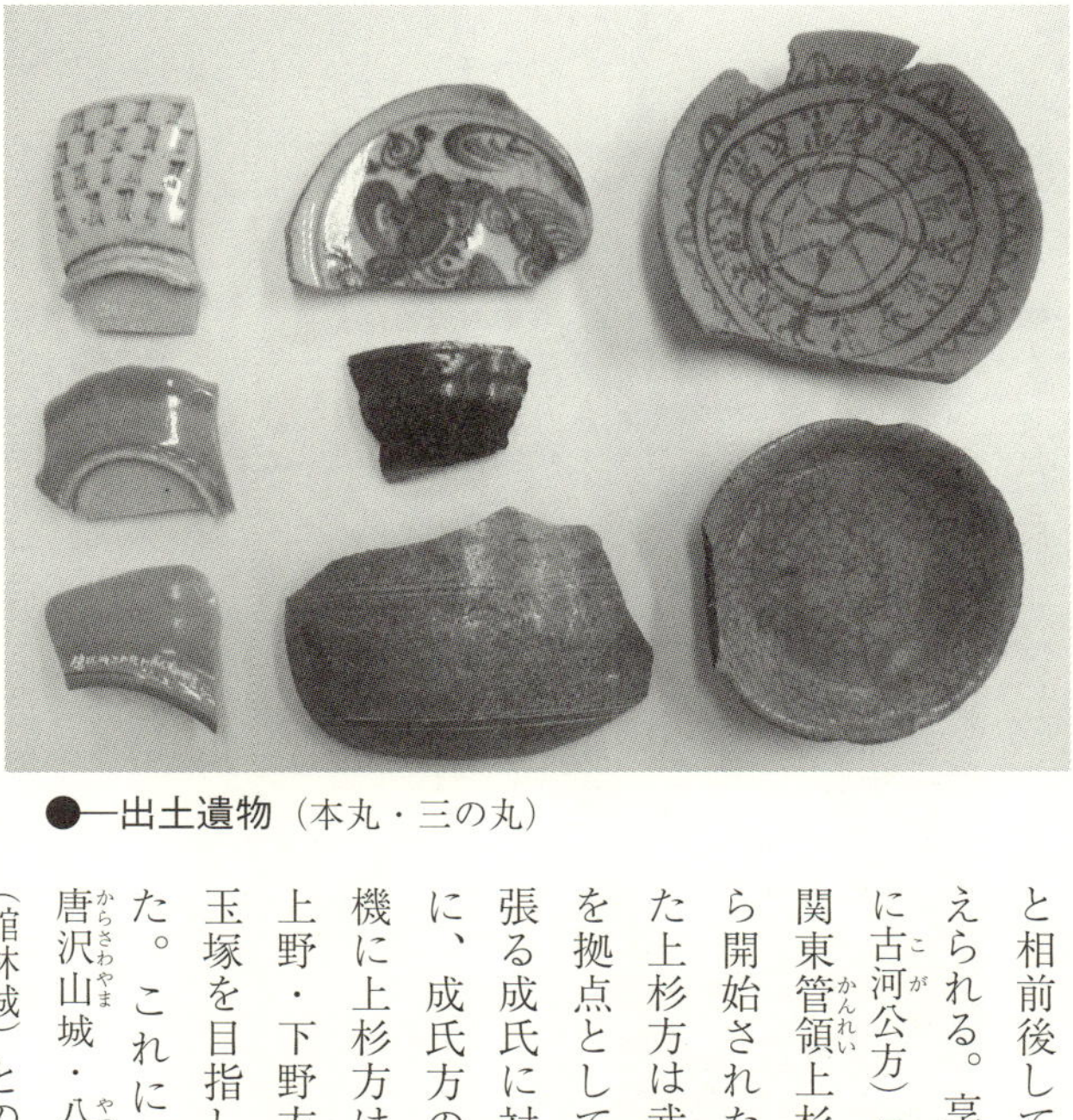

●—出土遺物（本丸・三の丸）

五月一日に成氏は、館林城に立て籠もった高《こう》（早河田）師《もろ》久《ひさ》に対し赤井文三《あかいぶんぞう》（綱秀《つなひで》）・文六《ぶんろく》（高秀《たかひで》）に協力して戦功を励むように伝達している（高文書）。ところが、五月二十三日に館林城落城に対する感状《かんじょう》を、総大将の上杉顕定《あきさだ》がその月の二十八日に豊嶋《としま》氏に下している（豊嶋宮城文書）。

館林城の攻防は『松陰私語《しょういんしご》』という記録に次のように具

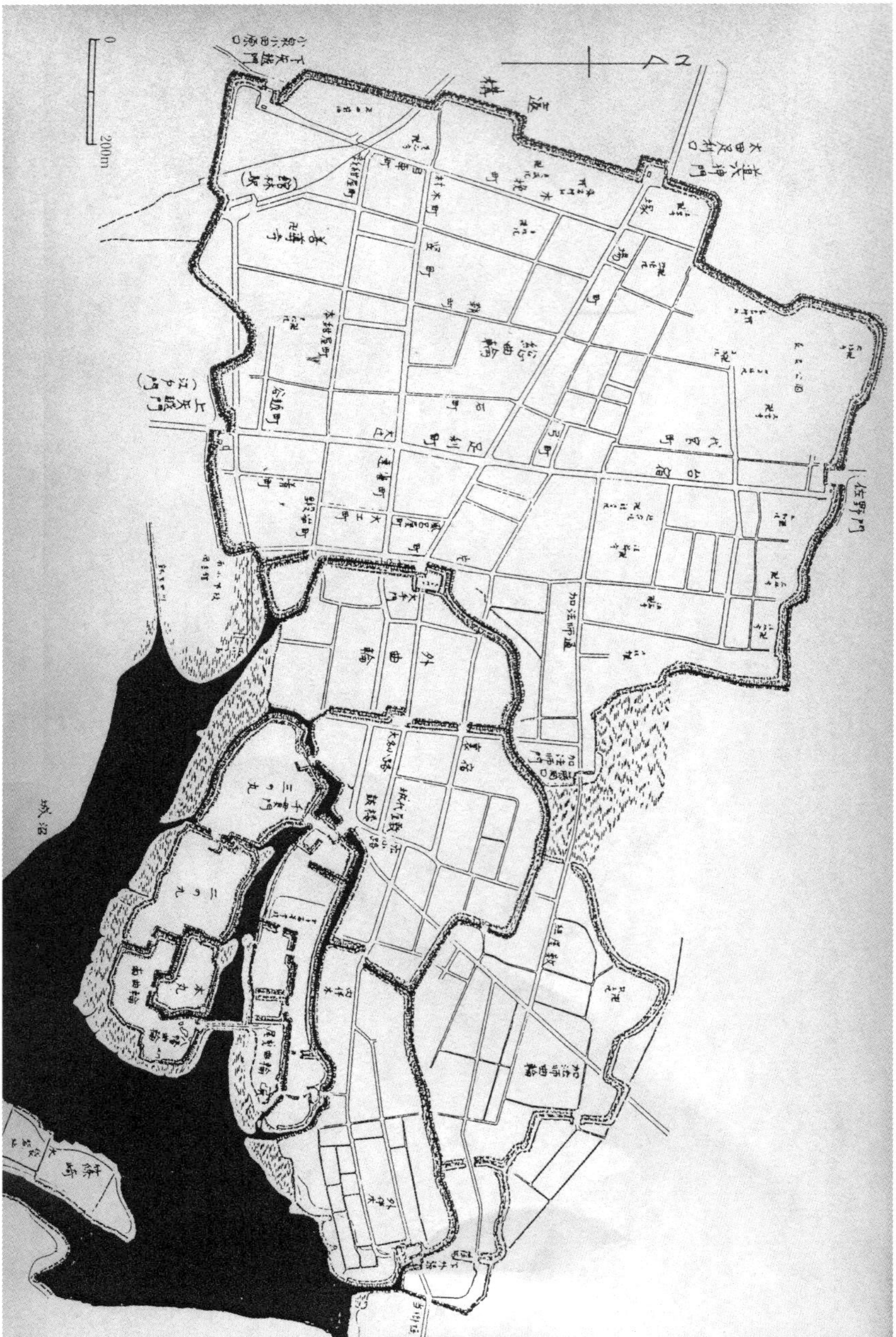

●—館林城郭図

体的に記されている。なお、赤井氏の「文」の呼称は、平安期歌人文屋康秀《ふんやのやすひで》の子孫を称することによる。

佐野氏が立て籠もる八椚《やつくぬぎ》城（足利市）を攻め落としてから、上杉方は佐貫荘館林城に押し寄せて陣を敷いた。城主は舞木《まいき》方の被官（家臣）赤井文三（綱秀）・文六（高秀）である。この城の地利は湖水が三方をめぐり、攻め口はいっぽうで、長《なが》尾景信《おかげのぶ》・景春《かげはる》・忠景《ただかげ》、太田道灌《おおたどうかん》、その他武蔵・上野・相模の武士など六〇〇〇余騎が東北二方を取り巻き、西南二方の湖水を余した。

成氏方の武士は湖水を渡って城に入り、また夜々弓などの武器を入れた。それを抑留するために、水路の西面（東南か）の陸地篠崎に諸家が順番に夜番をして夜中の舟行を止めた。その後、城中から赤井信濃入道綱秀が総代官として降参を申し出て八〇余日の張陣で落着した。

この記録は、城の立地条件と攻防戦の状況が具体的であり、この一連の軍事行動に横瀬成繁《よこせなりしげ》のもとで従軍した顧問僧松陰の記したものである点で信頼にたえるものである。これらの状況のなかで、危険を感じた成氏は一時古河を退去したが、やがて上杉軍が下野から退去すると古河に復帰した。

【上杉謙信に攻められて開城、長尾氏入部】　永禄三年（一五六〇）上杉謙信の関東出陣によって戦国争乱が本格化するなかで、永禄五年二月九日に館林城の赤井氏（文六）は北条氏に味方して上杉氏の攻撃を受け、十七日に降参して城を出ている。この時、大石氏や横瀬（由良）成繁（妻が赤井氏娘）の助命嘆願で城を出て武蔵忍《おし》城に移ったという。出城の場面を「なかなか哀れなる様躰」と上杉武将の須田《すだ》栄定は越後の長尾政景に報告している（上杉家文書）。赤井氏に替わって謙信は足利の長尾景長を翌永禄六年二月に入部させている。

長尾氏の時代は、景長・顕長二代で天正十三年（一五八五）までつづく。関東では上杉氏の撤退、武田氏の滅亡で勢力を拡大した北条氏の攻勢が強まり、前年十二月から太田金山《かなやま》城（由良国繁）とともに総攻撃を受けて、年を越えた一月十日に長尾顕長は降参して城を明け渡して足利に退去している（松田文書、北条文書など）。館林城には北条氏の武将が在城衆として入ったが、天正十八年（一五九〇）豊臣秀吉軍の進攻によって落城している。館林城は、赤井氏二回、長尾氏、北条氏と計四回の落城の歴史を刻むことになった。

（峰岸純夫）

【参考文献】『館林城と中近世遺跡』（『館林市史』四巻　館林市　二〇一〇年）

●西上野要の城

箕《みの》輪《わ》城《じょう》

〔国指定史跡〕

〔所在地〕群馬県高崎市箕郷町西明屋・東明屋
〔比　高〕約二〇メートル
〔分　類〕平山城
〔年　代〕一五世紀末〜慶長三年（一五九八）
〔城　主〕長野氏、武田氏、織田氏、北条氏、徳川氏
〔交通アクセス〕ＪＲ高崎線高崎駅から伊香保行きバス「城山入口」下車、徒歩一〇分・駐車場有

【大規模な堀】　高崎市街地から北東方向の榛名《はるな》山方向に向かうと徐々に高度を増し、広大な関東平野が終わり榛名山の山麓になっていくことが実感される。その榛名山からのびる台地上に城の大部分が立地している。城内にはこの地域名産の梅が一部で植わっているほか多くの樹木がのこり、里山的景観をのこしている。

そして、この城の最大の特徴である大規模な堀がのこり、特に本丸の周りをめぐる幅四〇メートル、深さ一〇メートルの堀や城を南北に分断する大堀切など同時代の城郭としては全国屈指の規模の堀はこの城を訪れる人に大きな印象を与えるだろう。その他、虎韜《ことう》門から鍛冶曲輪《かじぐるわ》、三の丸へと至るルート上の石垣などもこの城の見所になっている。

【長野氏から徳川氏へ】　浜川《はまがわ》（高崎市）を拠点にしていた長《なが》野《の》氏が築城するが、築城は中世史料からは大永七年（一五二七）以前としか明らかではない。発掘調査から出土した遺物は一五世紀後半から末にかけての時期に急激に出土量が増すことからこの時期に築城された可能性が指摘されている。

長野氏は、建久元年（一一九〇）の史料に見える上野在庁官人石上《いそのかみ》氏の子孫で中世を通じて浜川を本拠に発展していったと考えられている。享徳《きょうとく》の乱の頃（一五世紀後半）には守護上杉氏の傘下の一揆衆の筆頭の一人にあげられるほどに成長していた。箕輪城はこの一五世紀後半の戦乱を契機に築城されたのだろう。箕輪城の築城者はさまざまな考えがあるが、長野業尚《なりひさ》と考えられている。長野氏は西方約六キロに

●―箕輪城縄張図（参考文献より転載）

鷹留《たかとめ》城（高崎市）、東方約一〇キロの厩橋《まやはし》城にも一族を配し、中毛（群馬県中央部）から西毛（群馬県南西部）に勢力を広げた。業尚の子、憲業《のりなり》の頃には吾妻（群馬県北西部）に戦線を拡大している。憲業の子、業政の代になると中毛〜西毛地域の武将を傘下に治めていたことが永禄四年（一五六一）に記された『関東幕注文』という史料からうかがえる。

いっぽう、この永禄期に入る頃、関東では南から北条、北から上杉、西から武田という大勢力が押し寄せ三つ巴《どもえ》の戦乱と呼ばれる時期に突入していた。西毛地域は西からの武田に攻撃されるようになり、永禄四年以降毎年武田信玄は西上野に出陣した。永禄四年には国峰《くにみね》城（甘楽町）、永禄五年に安中《あんなか》城（安中市）・和田《わだ》城（高崎市）、永禄七年に倉賀野《くらがの》城（高崎市）を落とされ長野氏との同盟関係を結んでいた諸勢力の城は武田方の城になっていった。この間、武田氏は箕輪城周辺にも出陣しており、刈田《かりた》や放火などを行ない、箕輪城も何度か攻撃を受けていたようである。永禄九年（一五六六）五月に鷹留城が落城し、九月にはついに幾度となく武田氏の攻勢を食い止めた箕輪城も落城し、長野氏の時代が幕を閉じることになった。

落城後は武田《たけだ》氏の城となり、永禄十年（一五六七）真田幸《さなだゆき》隆《たか》・信綱《のぶつな》は武田信玄《しんげん》に城の改修（普請《ふしん》）命令を受けている。その後、甘利信忠《あまりのぶただ》、浅利信種《あさりのぶたね》、内藤昌秀《ないとうまさひで》・昌月《まさあき》といった武田氏の壮々たる重臣が箕輪城には配置され、西上野支配における最大の拠点として位置づけられていた。

武田氏が天正十年（一五八二）に滅亡すると上野には織田《おだ》信長《のぶなが》重臣滝川一益《たきがわかずます》が入国し箕輪城にも厩橋城に移る前に入城した。滝川一益は同年の本能寺の変を契機にした戦いである神流川の合戦で北条氏に敗れ、わずか三ヵ月で上野を退去する。そして、上野には北条氏が本格的に進出することになった。

北条氏は箕輪城に北条氏康《ほうじょううじやす》の子氏邦《うじくに》を派遣し領国化を推し進めることとした。氏邦は鉢形《はちがた》城（寄居町）の城主を箕輪城と兼任した。氏邦は天正十五年、箕輪城で普請を行なっているが、これは秀吉《ひでよし》来襲に備えた北条領国一連の普請の一つになる。こうした普請の甲斐もなく、天正十八年（一五九〇）には豊臣軍（前田利家・上杉景勝・真田昌幸）の前になすすべもなく敗れることになった。

この年秀吉は北条氏を滅ぼすと関東に徳川家康を配し、箕輪城には家康家臣中最大石高の一二万石で井伊直政《いいなおまさ》が配置された。直政の箕輪拝領にあたっては秀吉から直接指示があり、箕輪城の普請が命じられている。直政は城の普請にとどまらず、城下の整備にも着手したと考えられており、箕輪城下町は当時上野で最も賑わっていた町であっただろう。しかしながら、秀吉が死去する慶長三年（一五九八）、直政は次第に交通の要所から外れていた箕輪から信濃と越後へのルートの結節点にあたる和田の地に新たに高崎城を築いて箕輪城を廃城にした。ここに箕輪城約一〇〇年の歴史が閉じることになったのである。

【縄張の変遷】　箕輪城では、平成十年（一九九八）度から十八年度まで、本丸を中心とした郭群で史跡整備に向けた発掘調査が継続的に行なわれてきた。調査の結果、大きく三時期にわたる変遷が確認され、現在見える縄張が最後の井伊直政期に完成したことが確認されている。一期は本丸の南側と北側に堀があった時期で、おおむね長野氏から武田氏の時期に該当する。二期はおおむね北条氏の時代で、本丸北側の堀を若干埋めてプランを変え、さらに本丸の南側の堀を埋め立て、新たに現本丸の周りを巡る巨大な堀を構築した時期である。三期はおおむね井伊直政期にあたり、本丸の北側の堀を埋め立て、本丸と御前曲輪の間の堀が掘られた時期である。このように大きな縄張変更が確認されたことによって、長野氏が武田氏の侵攻を何度も食い止めた難攻不落の城として語られることの多い箕輪城であるが、現在見える姿は長野氏の頃ではなく井伊直政期の姿に最も近いということが明らかになったのである。

箕輪城は本丸周囲をめぐる雄大な堀に代表されるように土の城のイメージが強いが、石垣も多く使われている。特に虎韜門《ことうもん》から鍛冶曲輪、三の丸、二の丸へと至る大手ルートでは、現在も良好に残っている。発掘調査では、これら現地表で確認できなかった石垣が見つかっているが、一期の石垣はなく、二期に最大高一・三メートルの比較的小規模な石垣が築かれ、これらを埋めるように三期に三の丸の石垣に代表される最大高四・一メートルの石垣が築かれていることが判明した。二期の石垣は北条氏邦が箕輪城と城主を兼任していた鉢形城跡でも同様な石垣が検出され注目される。また、三期は井伊直政期に該当し、この石垣が大手筋に集中して造られ、井伊氏による整備の状況をうかがわせている。

このほか、発掘調査では、虎口周囲にあった石垣が崩されたことによって廃城後の耕作の影響をまぬがれ、門の礎石や雨落ち溝が極めて良好にのこっていた。特に、郭馬出西虎口《かくうまだしにしこぐち》では幅五・八メートル、奥行三・六メートルで八石の礎石とともに、雨落ち溝がほぼ完全にのこっており、その規模などが明らかになった。こうした門跡は、三期の井伊直政期の遺構にあたる。徳川氏の城郭は江戸城に代表されるように、その後の江戸時代に至っても存続し、幾多の改修がなされてい

群馬県

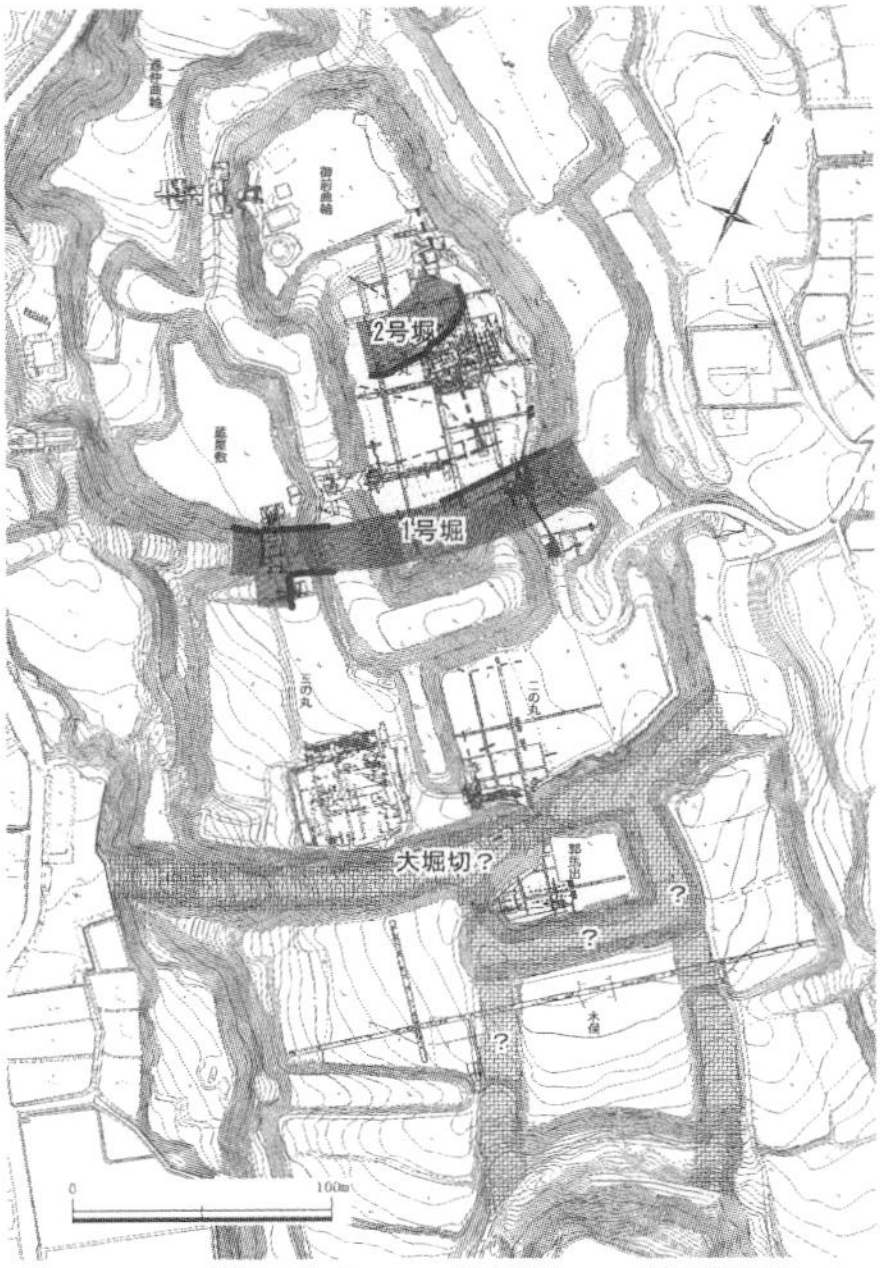

1期※薄い網掛けはこの時期にあったかは不明

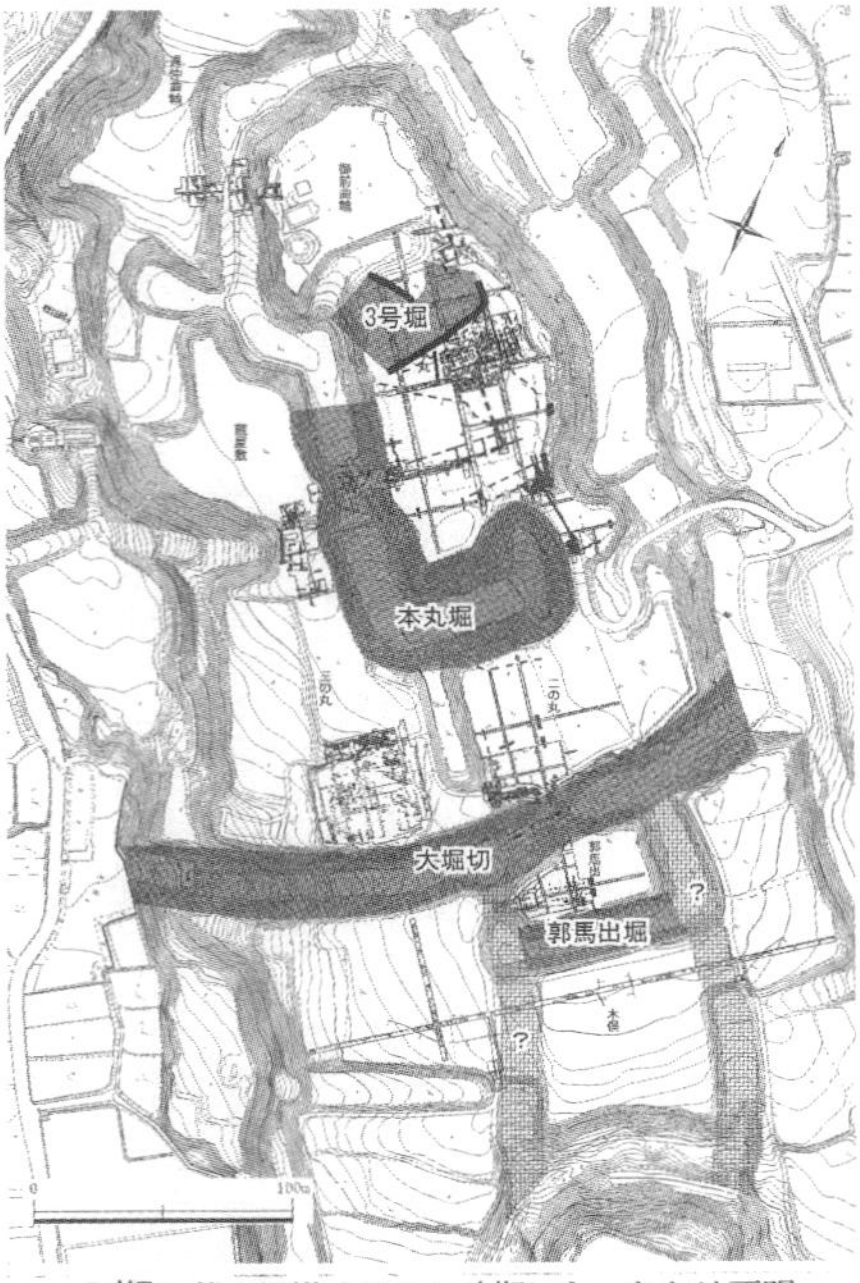

2期※薄い網掛けはこの時期にあったかは不明

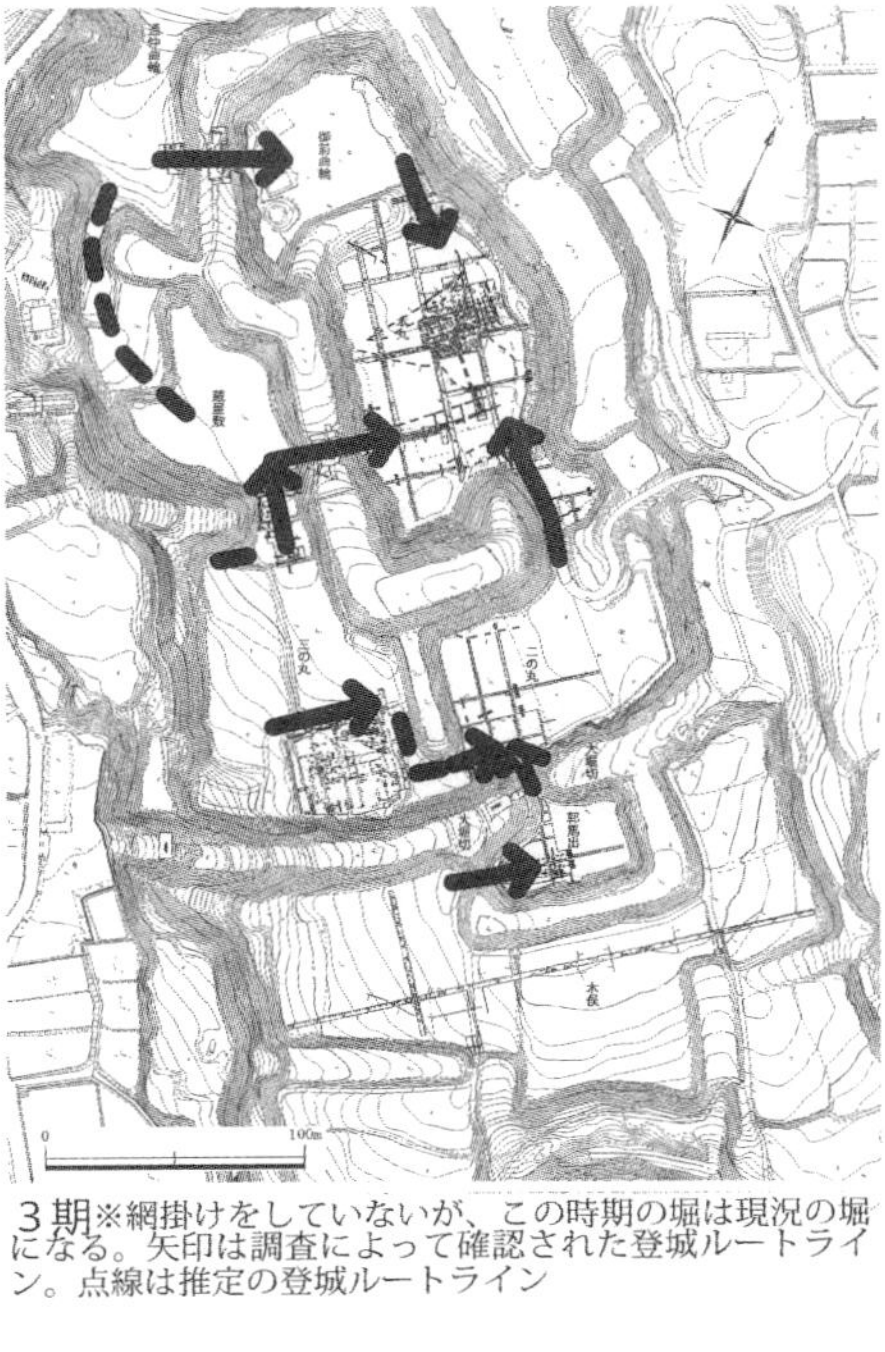

3期※網掛けをしていないが、この時期の堀は現況の堀になる。矢印は調査によって確認された登城ルートライン。点線は推定の登城ルートライン

●—箕輪城縄張変遷図
(秋本太郎　2009「箕輪城跡発掘調査成果と今後の箕輪城跡」『箕輪城シンポジウム資料集』高崎市教育委員会)

るため、家康が関東に配置された時期の城造りを伝える城郭がほぼない。そのなかで、箕輪城の石垣や門などは、徳川氏の城造りのようすを今に伝える貴重な資料となっている。また、これらの石垣・門は、関ヶ原の戦い以前の関東地方の城郭では、秀吉が築いた石垣山城を除き、現在確認されているなかでは最大級であり、家康家臣中で最高石高の城にふさわしい城に直政が改修したことを物語っている。そして、こうした直政期の箕輪城に至るには長野氏時代の難攻不落の城のイメージが影響を与え、戦国大名が重臣を配置し、北関東において箕輪城を重要視してきたという背景がある。

●—三の丸の石垣

【角馬出の連鎖】　箕輪城の縄張の特徴の一つに角馬出が多く使われていることが挙げられる。たとえば、本丸の虎口は三ヵ所あり、それぞれ北に御前曲輪、西に蔵屋敷、南に曲尺《かねじゃく》馬出がある。それら本丸から出た場所の郭は巨大な角馬出となっており御前曲輪は西虎口から通仲曲輪へ、蔵屋敷は三の丸と通仲曲輪へ、曲尺馬出は二の丸へ出る馬出になっている。さらにいえば、二の丸は搦手《からめて》方面、三の丸、郭馬出へ至る馬出といえる。発掘調査においても桝形《ますがた》虎口は確認されず、箕輪城はこうした巨大な馬出が連鎖した縄張といえる。こうした縄張《なわばり》は井伊直政期に完成したことはふれたが、直政が全てをリニューアルしたのではない。一部の縄張変更はあったが、それまでの縄張も踏襲している部分もあった。そのため、今の縄張は長野氏に始まる幾多の改修の最終結果とみるのがよいであろう。

　幾多の変遷があったこの城を、どのように縄張が完成していったかを想像しながら歩くのも一つの楽しみである。

（秋本太郎）

【参考文献】　山崎一「群馬県」『日本城郭大系』第四巻（新人物往来社　一九七九年）、近藤義雄『箕輪城と長野氏』（戎光祥出版　二〇一一年）

●城址公園として整備された城

後《ご》閑《かん》城《じょう》

〔安中市指定史跡〕

〔所在地〕群馬県安中市中後閑
〔比　高〕約五〇メートル
〔分　類〕山城
〔年　代〕一五世紀後半か～天正十八年（一五九〇）
〔城　主〕依田氏、後閑氏
〔交通アクセス〕JR信越本線安中駅から柿平行きバス「金蔵入口」下車、徒歩二〇分・駐車場有

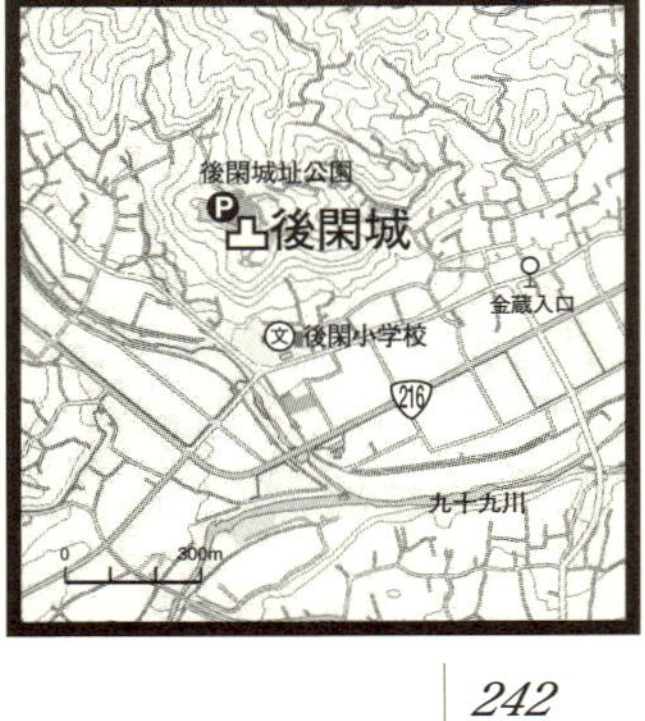

【城址公園】　本丸から西を眺めると浅間《あさま》山・妙義《みょうぎ》山が展望できる。春には城内の至る所に植わった桜とともにそれらの山々を眺めると美しい。この城は桜が植えられているように「後閑城址公園」として整備され、駐車場も広くアプローチしやすい城である。

【縄張の特徴】　碓氷《うすい》川支流の後閑川東岸の丘陵上に立地している。丘陵突端の最高所に本丸が位置し、本丸から派生する尾根に多くの郭を配している。本丸北側の三本の堀と本丸南東側の二の丸を区画する堀を除くと、郭の区画を基本的に切岸とよばれる斜面によって区画しているのが特徴の一つになっている。そして、こうした縄張の特徴は現在整備された公園においても十二分に観察できる。

【築城の歴史】　その歴史は不明な点も多いが、依田氏が一五世紀中葉に築城したと伝えられている。その後天文から永禄期にかけて新田景純がこの城を攻略し、以後後閑氏と名乗るようになった。後閑氏は武田氏に早く服属したようで、永禄三年に長尾景虎が越山した際に景虎の陣に馳せ参じた武将を書き上げた『関東幕注文《かんとうまくちゅうもん》』に後閑氏の記載はなく、この時点ですでに武田信玄の許に走っていたと考えられている。永禄十年（一五六七）に甲斐・信濃・西上野の諸将が武田信玄に提出した服属を誓う起請文（「生島足島神社起請文」）に後閑伊勢守信純の名があり、後閑氏は武田氏の先方衆として活躍し、武田氏滅亡後は北条氏にしたがった。天正十八年には後閑氏は小田原に籠城し北条氏滅亡とともに後閑城も廃される

ことになったのであろう。

【発掘調査】　城址公園として整備される前に、その整備のための発掘調査が行なわれている。城のほぼ全域にあたる六五〇〇〇平方メートルもの面積を調査したが、遺構は二の丸の櫓台の建物跡と、一部虎口の柱穴のみで、ほとんどの郭では建物跡が確認されていない。さらには、出土遺物が一片もなかった。こうした調査成果は、従来いわれている一五世紀の中頃に築城し、幾多の変遷後天正十八年に廃城という歴史そのものを検討する必要があるように思えてならない。

改修痕は確認できず、出土遺物の少なさも加味して考えると、この城は恒久的に一〇〇年以上使われるような城ではなく、むしろ陣城《じんじろ》的な一時的に利用された城の可能性が高いといえよう。

（秋本太郎）

【参考文献】千田茂雄『後閑城』（安中市教育委員会　一九八八年）

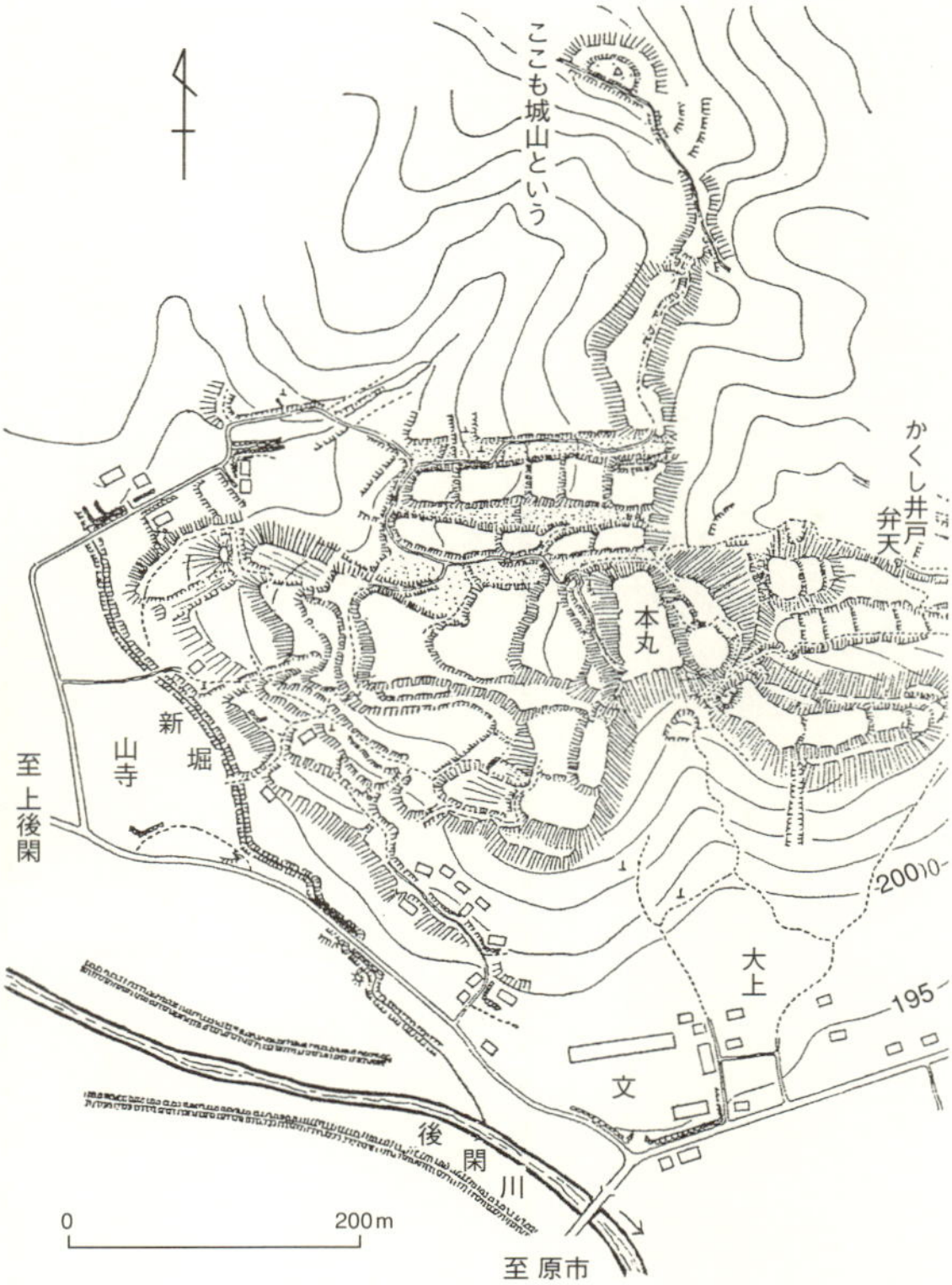

●—後閑城縄張図（山崎　一　1979「群馬県」『日本城郭大系』第4巻　新人物往来社）

●—駐車場から望む本丸

●碓氷峠を守護する城

碓《うす》氷《い》城《じょう》

〔所在地〕群馬県安中市松井田町坂本
〔比　高〕八〇メートル
〔分　類〕山城
〔年　代〕―
〔城　主〕佐藤氏か
〔交通アクセス〕信越本線「横川駅」下車、徒歩四〇分

群馬県

【峠の城】 碓氷城は上野・信濃国境の難所として知られる碓氷峠の群馬県側の山麓にある。別名、愛宕山城とも呼ばれた。近世の坂本《さかもと》宿の西端から峠の尾根を上った標高五七〇メートルの頂にある。坂本宿の背後で碓氷峠の山塊に入る上り口を占めており、中世東山道の要所に位置していたことになる。そのような場所であることから日常的な物資補給や人的な補給などの主体は上野国側にあったと推測される。

【角馬出】 遺構の残存状況は非常に良く、おおよそ菱形《ひしがた》の主郭を中心郭とし、周囲に横堀を巡らして、南西の方向には角馬出や竪堀を配置していた。

遺構の特徴として、馬出《うまだし》の存在があげられる。通常、馬出の普請《ふしん》は戦国大名の普請への関与が想定されるが、この地域を考えた場合、甲斐武田《かいたけだ》氏、後北条氏さらには滝川一益《たきがわかずます》の関連がまず想定できよう。

【城の方向】 また横堀がめぐらされていることも注目できよう。北東の部分には横堀が普請されていないことから、馬出を境に南東面と北西・南西面に二分して考えてみよう。

北西・南西面については主郭内部に入るため、空堀《からぼり》の底が堀底道として使用されており、堀の規模は南東面に比べて大きくはない。

他方、南東面は堀底が埋まっているとは感じないほどに規模が大きく、遮断の意図が強い空堀である。城の尾根が北東および南西に急峻な傾斜を伴っており、北西から南東へ下っていることを踏まえた時、碓氷城は山麓の南東面に対して警

戒意識を強くもっていたといえる。したがってこの堀の構造から碓氷城は南東方向の上野国内を警戒するように普請されていたことになる。

遺構の表面観察から碓氷城の構造を解釈するならば、次のようにまとめることができる。すなわち碓氷城は上野国側の領主が自国内に向けて築いた城館であること、そして規模の大きさから大名間戦争を想定したものではなく、東山道と関連した国境の交通に関わる城館であった。このように評価できる。

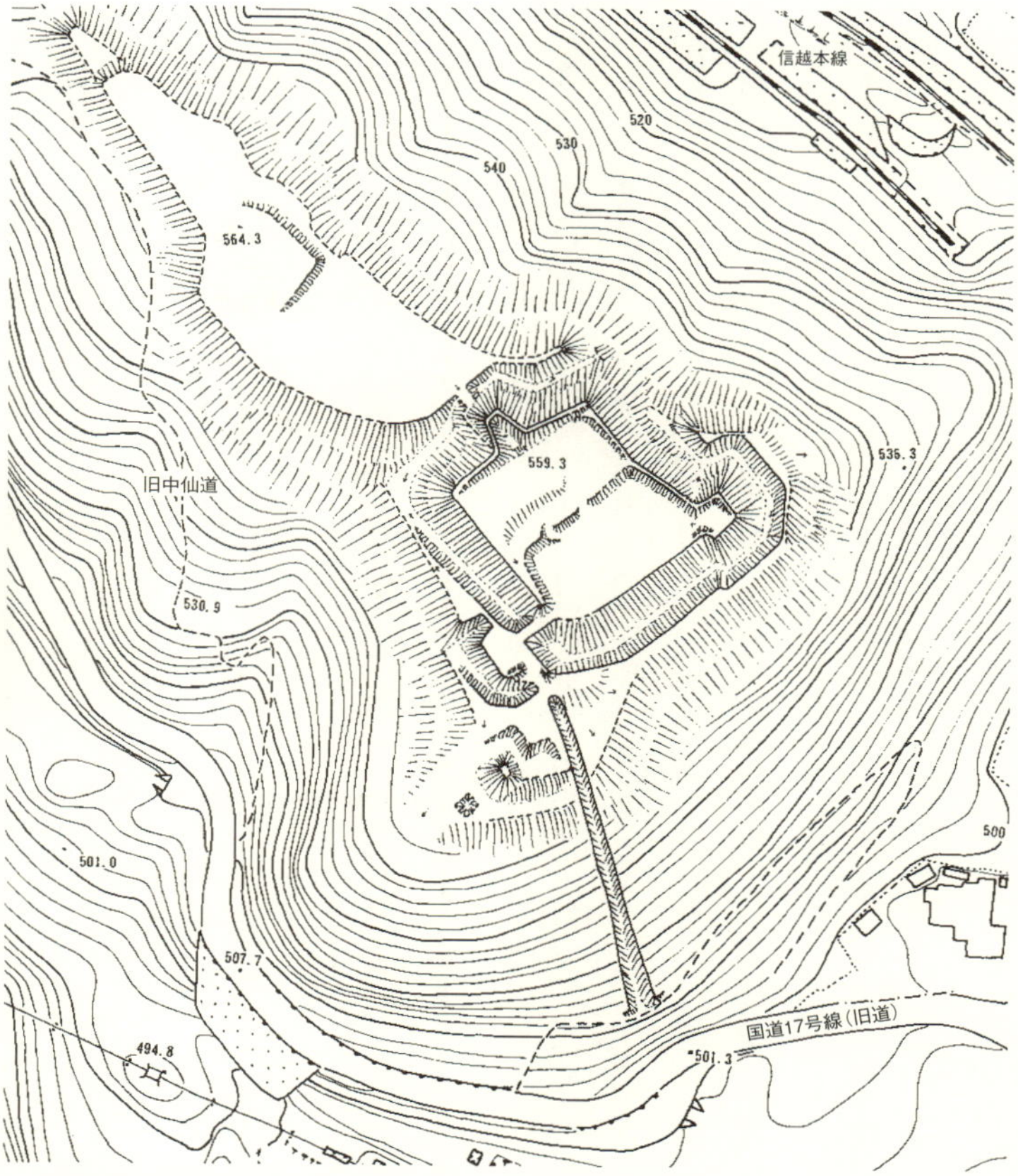

●―碓氷城（調査・作図：齋藤慎一）

【峠の佐藤家】　後北条家が支配した天正十年（一五八二）から同十八年（一五九〇）にかけて、碓氷峠には佐藤《さとう》家が有力者として存在していた。古文書に見える佐藤家は、峠の交通に関与しており、とりわけ領国から外に出て行くことに注意を払っていた。佐藤家の役割と愛宕山城の評価が類似することはとても重要であろう。

大名家は特定の被官と小型の『境目の城』を境界に配置し、日常は境界の交通の監視に当たらせた。碓氷城もそのことを語る事例であろう。

（齋藤慎一）

【参考文献】　齋藤慎一『中世東国の領域と城館』（吉川弘文館　二〇〇二年）

●豊臣軍を迎え撃った国境の城

松《まつ》井《い》田《だ》城《じょう》

〔安中市指定史跡〕

〔所在地〕群馬県安中市松井田町高梨子
〔比　高〕一三〇メートル
〔分　類〕山城
〔年　代〕永禄年間から天正十八年（一五九〇）
〔城　主〕諏訪氏、安中氏、武田氏、大道寺政繁（北条氏）
〔交通アクセス〕ＪＲ信越本線「西松井田駅」下車、徒歩三〇分・駐車場有

【交通の要衝松井田】 群馬県西部は上信国境から中小河川が東に流れ、東西方向の谷筋と尾根が交互に連続して、特徴的な地形景観をなしている。松井田町高梨子《たかなし》周辺は、古代の官道東山道《とうさんどう》が東西に走っていたとされ、西方の国境碓氷《うすい》峠へ向かう交通の要衝である。いっぽう、近世には五街道の一つ中山道《なかせんどう》が、尾根を挟んだ南側を通り、宿場町として松井田宿が栄えている。その始まりは、松井田城の成立と城下町整備に求めることができよう。松井田城は、松井田宿の北側山上に位置し、北に九十九《つくも》川、南に碓氷川が並走する尾根の頂上を中枢部にして、築かれている。

【巨大な要塞】 松井田城の立地は、南に険しく北はなだらかな尾根であり、広範囲を城内として、南北一二〇〇メートル、東西九〇〇メートルの大城郭を構築している。主郭は尾根の中央部に配置され、西には馬出《うまだし》を挟んで二の郭、東には堀切《ほりきり》と小郭を挟んで東の副郭があり、東西に三つの主要な郭が並んでいる。中枢部から南北の尾根筋に防塁が伸びるが、特に北方の尾根筋には、高梨子集落に向かって堀切や土塁を駆使した郭群が展開している。このため、齋藤慎一氏は北を正面に築かれた城と位置づけている。

【大手口から城内へ】 東北に延びる尾根筋のうち、東から三番目で裾が広がる尾根が大手筋である。国道一八号から北に入り、誘導看板に導かれ、細い道を上りあげると、数台の駐車スペースにたどり着く。この北斜面は幅広く、家臣の屋敷なども想定される地域である。そのまま北に下ると、高梨子

の集落へとつながっていく。

大手口から通路を南に進むと、最初に連続する堀切に出会う。この城で多用されている形態である。堀切を越えて三つめの平場で壁面に突き当たると、道は左右に分かれ、右は本郭西の馬出、左は水の手を通って東側の郭群へと続く。右へ進むと谷筋を廻る。この辺りから南頭上に見上げる本郭は高く、その威厳に圧倒される。突き当たった尾根の西斜面にぬけると、大手門の看板に出会う。石垣が二段ほど見える。この城では各所に埋もれた石垣が確認できる。

●—松井田城縄張図（調査・作図：齋藤慎一）

【連続する土塁と竪堀】 松井田城の見どころの一つに、連続する土塁と竪堀がある。連続土塁は二の郭の西側に施され、七本の土塁と堀や平場を交互に連続している。通例、郭を設けることも可能な尾根上の平場を、あえて土塁で仕切り、平場の使用を放棄している。西方尾根筋からの進入を強力に防ぐ施設である。

連続竪堀は、大手筋の西隣で、主郭に続く北の尾根筋に設けられている。この尾根筋は非常に手が加えられており、齋藤氏も特に注目する登城ルートである。通路は谷に向かって延びた細長い土塁上を長さ一〇〇メートル近く登るもので、その南端は一度堀底に下っている。こうしたルートは、ほかに類例のない松井田城独特の遺構だという。通路は新たに東の尾根に登ることとなり、細長い通路の両側に連続して竪堀《たてぼり》が施されている。竪堀は東斜面に六本、西斜面に三本以上配置され、最も南側は堀切となり内側と合わせて連続堀切となっている。このルートは、本郭西の馬出へ続いている。

【様相の異なる東の郭群】　本郭の東方に位置する副郭は山崎一氏によって、「安中《あんなか》曲輪」と呼ばれた郭である。この副郭の北下には桝形《ますがた》虎口《こぐち》があり、水の手へ向かって出撃路が延びている。副郭と堀切を挟んで東に延びる細長い郭の北下に広い郭があり、それをクランクして囲む横堀がある。東端は掘りのこして虎口となっている。東の郭群は尾根の高所を除くと、比較的手が加えられず、堀切が少なくなっている。山崎一氏は築城主体・時期の違いを想定するが、奥まった尾根でもあり、地形的な要因も考えられる。

【信玄《しんげん》、碓氷谷に侵攻】　永禄四年（一五六一）十一月、武田《たけだ》信玄は初めて上野国に侵攻した。進軍ルートは内山《うちやま》峠を越えて甘楽《かんら》谷に進み、西牧《さいもく》城（下仁田町）、高田城（安中市妙義町）を落とすルートと、碓氷峠を越えて碓氷谷に進み、諏訪《すわ》城（松井田周辺）を落とすルートであった。諏訪城の正確な位置は比定できていないが、松井田城の前身となる城と考えられている。山崎一氏が安中曲輪と東の副郭を呼ぶのは、この諏訪城にあてているからであり、城主は安中氏であった。諏訪城はこの折落城せず、信玄は甘楽谷を東に進み、国峰《くにみね》城（甘楽町）を落とし、倉賀野《くらがの》城を北条軍と共同して攻めている。翌年二月、信玄に勧められ諏訪氏が、諏訪城の乗っ取りを企てるが失敗に終わる。五月、信玄は倉賀野・諏訪・安中の苗《なわ》代《しろ》をなぎ払って、国力の疲弊を図っている。

同年九月、信玄は安中城を攻略する。諏訪城もこの折武田方となったと考えられている。その後、諏訪の地名は史料上使われなくなり、替わって松井田が使われるようになる。しかし、松井田も古くからある地名で、諏訪を改名したわけではない。おそらく、この頃までに松井田城の普請《ふしん》が行なわれたと考えられる。信玄は、和田《わだ》（高崎市）に進軍する際、松井田を経由する例がみられ、のちの中山道ルートが主要道となってきたのだろう。

【上信国境要の城】　天正十年（一五八二）六月、神流《かんな》川合戦に勝利した北条氏は、滝川一益《たきがわかずます》敗走後の松井田城を支配下に置く。以後、上信国境の城として城代大道寺政繁《だいどうじまさしげ》のもと整備が進んでいく。同十五年には、上信の境目という認識のもと、不足箇所の普請を、北条分国並みに郷村人足を使うよう指示され、後閑《ごかん》氏に城普請役が命じられている。いっぽうで城下町整備も進められ、福田氏や後閑氏を松井田新堀に移住させる。町衆としては外郎氏《ういろうし》や伝馬《てんま》役を担う金井氏の存在も知られる。

【豊臣軍の来攻で開城】　天正十八年（一五九〇）三月、豊臣《とよとみ》秀吉《ひでよし》の命により前《まえ》田《だ》利家《としいえ》・上杉《うえすぎ》景《かげ》勝《かつ》・真田《さなだ》昌幸《まさゆき》の連合軍が松井田城攻めを開始する。三月十五日、北条勢は真田勢らの来攻を碓氷峠で迎え撃ち、緒戦に勝利している。東から碓氷峠へ向かう山道に「大道寺堀切」と呼ばれる遺構があり、ここで真田勢らを向かえ撃ったともいわれる。しかし、真田信幸も緒戦において、一三〇〇人余の小勢を連れて松井田城を偵察に行き、松井田町口で城兵八〇〇騎と交戦して打ち破り、城門まで押し返している。四月初旬、真田勢は松井田上之山に陣取った後、松井田城の根小屋《ねごや》をすべて焼き払い、城を取り巻いた。同月十六日、前田・上杉勢も松井田城の水の手まで取り詰めており、秀吉から兵糧攻めにするよう命じられている。しかし、同月二十日、城代大道寺氏が前田利家を頼りに降伏し、開城して廃城を迎える。

●—大手門にのこる石垣

防御の要であった松井田城があっけなく落ちると、北条方の西牧《さいもく》城・高田《たかだ》城・箕輪《みのわ》城（高崎市）・石倉《いしくら》城・厩橋《まやばし》城（前橋市）も相次いで開城し、前田勢らは武蔵国へ侵攻していく。なお、後人となり攻城軍に加わった大道寺政繁は、小田原城陥落後、不興を買い切腹となっている。

（飯森康広）

【参考文献】山崎一『群馬県古城塁址の研究　下巻』（群馬県文化事業振興会　一九七八年）、齋藤慎一「松井田城」『図説中世城郭事典①』村田修三編（新人物往来社　一九八七年）、齋藤慎一『中世東国の領域と城館』（吉川弘文館　二〇〇二年）

●コンパクトで遺構が完全にのこる城

磯《いそ》部《べ》城《じょう》

〔安中市指定史跡〕

〔所在地〕群馬県安中市西上磯部
〔比　高〕約三五メートル
〔分　類〕平山城
〔年　代〕一六世中葉～後半か
〔城　主〕不明
〔交通アクセス〕ＪＲ信越本線「磯部駅」下車、徒歩二〇分・駐車場有

【城山公園として】　城山公園としてほどよく管理され、いつ訪れても快適に見学できる城である。また、桜が植わり春には地元の人で賑わっている。磯《いそ》部《べ》温泉付近からこの城を眺めると低い丘陵にみえるが、本丸にのぼり、西側の崖を望むとその比高差に驚かされる。

　築城は源平合戦で活躍した佐《さ》々《さ》木《き》盛《もり》綱《つな》と伝えられているが、本格的につくられた堀や馬出《うまだし》などの特徴から武《たけ》田《だ》氏や北《ほう》条《じょう》氏による修築や築城が考えられている。いずれにしても史料がない上に、発掘調査が実施されていないため、正確な築城年や築城者は不明である。今後の調査に期待したい城である。

【縄張の特徴】　城は極めてよくのこる。追手とされている城南側中央部の場所からアプローチしていくと、すぐに周りの曲輪に囲まれた枡《ます》形《がた》状の空間に入る。緩斜面のままの三の丸を右手に眺めながら進むと双《そう》馬出しと呼ばれている馬出に行きつく。東側の三の丸と西側の腰《こし》郭《ぐるわ》の双方向へ出撃できるようになっている馬出のため、このように呼ばれている。この馬出から北に上るルートがあり、クランクしながら二の丸に行きつく。二の丸東側にはこの城最大規模の土塁がのこり、櫓《やぐら》台《だい》が想定されている。二の丸と本丸の間には小規模な堀と土塁が残り、その堀が土橋になり土塁が切れている場所が本丸の虎口である。

　二の丸からは北東隅からおりていくルートがある。また、三の丸からは南東方向へおりるルートがあり、土塁や堀に区

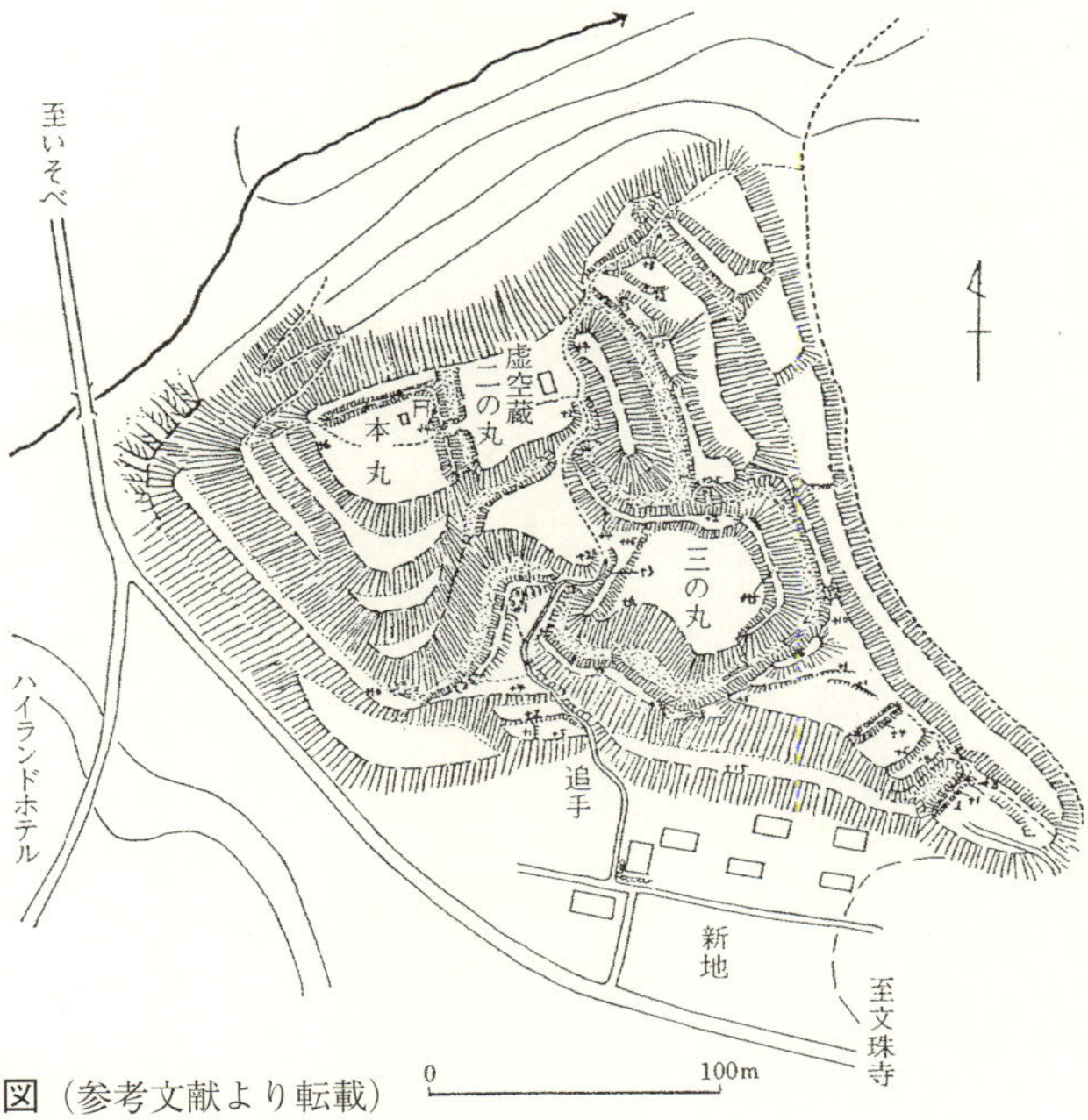

●—磯部城縄張図（参考文献より転載）

画された四つの腰郭をへて、下の集落へおりられる。大きくは追手からのルートも加えると三本の登城ルートがある。基本的には城の南側からアプローチすることを主にしていると考えられる。城南側は「新地」と呼ばれる地名が残り、新しく取り立てた場所であることを示唆している。この城の南側を押さえるために築城された。もしくは南側に広がる集落の詰城として取り立てられたのであろうか。

【一五世紀後半の戦乱】　享徳三年（一五五四）に始まる享徳《きょうとく》の乱によって関東は戦国時代に突入する。上野においても例外ではなく多くの地域で戦乱が起こるが、碓氷川流域はあまりそうした乱に関わる史料がない地域である。

【武田信玄の西上野侵攻】　永禄三年（一五六〇）、上杉謙信《うえすぎけんしん》が越山し関東は北条・上杉・武田の三勢力の三つ巴《どもえ》の争覇に巻き込まれていくことになる。特に、西上野においては、武田氏の侵攻が顕著であった。永禄四年（一五六一）から武田信玄《しんげん》は信濃での上杉謙信との対陣の合間をぬって、毎年西上野に出陣する。永禄四年には内山峠から鏑《かぶら》川沿いに侵攻し西上野南部の高田《たかだ》城（妙義町）・国峰《くにみね》城（甘楽町）などが落城する。さらに翌年和田《わだ》城（高崎市）が陥落する。また、この侵攻と併行し、鳥居《とりい》峠から吾妻《あがつま》川沿いに真田氏が中心になって侵攻し、吾妻地域で最も拠点になっていた岩櫃《いわびつ》城が永禄六

●―二の丸南側の堀

年に落城する。このように西上野の諸城は続々と武田氏に落とされた。磯部城が所在する碓氷《うすい》川沿いの地域は永禄五年には二月と五月の二回の侵攻が知られ、安中城・松井田《まついだ》城は九月十五日までに信玄に落とされている。その後永禄九年に箕《みの》輪《わ》城が落城、さらに永禄十年に白井《しろい》城・惣社《そうじゃ》城が落城することによって、西上野の武田氏支配が完成することになる。

【中規模城郭】　磯部城からの北東二・五キロには安中《あんなか》城が位置し、北西約六キロには松井田《まついだ》城が位置する。両城ともに武田信玄の西上野侵攻により落とされた城になる。磯部城はこうした拠点城郭の中間に位置する中規模な城郭で両城と何らかの関係をうかがわせる。

【秀吉軍の侵攻】　天正十八年（一五九〇）、豊臣秀吉の小田原《おだわら》攻めにともなって、前田・上杉・真田連合軍が碓氷川沿いに侵攻するまでこの地域は比較的安定した状況が続いていた。また、天正十八年の松井田城攻めは秀吉方も苦戦した模様であったが、その勝利によって、上野の諸城は戦意を失い続々と降伏している。

【築城はいつか】　こうした地域の歴史の中でこの城を考えていくと、当地域で最も戦乱が目立つ武田信玄侵攻期の永禄期に築城された城というのは最も素直に受け入れられる。

磯部城は北側の崖下に小河川の柳瀬《やなせ》川が流れ、さらにその北側は平坦な台地が一キロ弱続いている。この台地北側は碓氷川が浸食した急な崖となっているが、その対岸に八幡平《はちまんだいら》陣城《じんじろ》がある。永禄年間に武田信玄が構築した陣城と考えられている。

　こうした城との関連で磯部城も考えたいが、近年発掘調査によって従来地表面の観察による縄張的特徴から北条氏や武田氏が築城したと考えられてきた城が、一五世紀後半の関東の戦乱期に築城された城であると判明する例が増加している。こうしたことから、築城がいつであるかは今後の発掘調査にゆだねたい。

【砦の遺構】　このように今後の調査に期待するところもある反面、極めて良好に残っていることから将来にわたって大切に保存されることも願う城である。東方約七〇〇メートルの尾根続きの丘陵上に磯部城の砦とされる文珠寺の砦も極めて良好に残っている。この両者も合わせて保存されることを願いこの城の紹介としよう。

（秋本太郎）

【参考文献】山崎一『群馬県古城塁址の研究』下巻（群馬県文化事業振興会　一九七八年）

●―磯部城遠景

群馬県

●西上野屈指の大城郭

国《くに》峰《みね》城《じょう》

〔甘楽町指定史跡〕

〔所在地〕群馬県甘楽郡甘楽町国峰
〔比　高〕二四〇メートル
〔分　類〕山城および平山城
〔年　代〕年代不明から天正十八年（一五九〇）
〔城　主〕小幡氏
〔交通アクセス〕上信電鉄上州福島駅から乗合タクシー那須線「枇杷の沢」下車、徒歩三〇分・駐車場なし

【広大な城域】　国名勝に指定され、近年整備された近世の小幡《おばた》藩邸と庭園「楽山《らくざん》園」、また町並み保存される武家屋敷と城下町から県道を下仁田《しもにた》町方面へ進んで雄川《おがわ》を渡ると、南方の連峰から延びる紅葉《もみじ》山の尾根が現れる。その西から南方に広がる狭い谷間を下川に沿って南下すると、中沢集落で国峰城入り口の案内板と出会う。すでに山々に囲まれ方向も見失いながら、狭い谷間を登り上げた山頂が山城部である。標高は約四三四メートルで、小幡藩邸から直線距離で南西方向に約二キロを隔てている。

　この城は山上に縄張をした山城部と、東麓の緩斜面に選地した平山城部、さらには北方の紅葉山西麓から下川までを堀割った遠堀に分かれる。遠堀までを城内と考えれば、南北約二・三キロにおよんでいる。山城部とした尾根頂部の長さだけで、約一・二キロに広がる大城郭である。以下、八巻孝夫氏作成図により述べる。

【桝形虎口をもつ主郭】　尾根の最高所であるⅠ郭《くるわ》は、一辺一〇メートル規模と狭いが、南面に桝形《ますがた》虎口《こぐち》を備え、東下の腰郭と結ぶ技巧的な面をもつ。この虎口は良く保存されており、見所の一つである。Ⅰ郭は西に一段下がった平場により東西二段に分かれる。東三メートル下には細長い平場と腰郭があり、その東を堀切《ほりきり》で断ち切っているため、これらすべてがひとまとまりの郭とみなされる。堀切の東のⅢ郭から東斜面は、急坂となり大手筋となっている。

　Ⅰ郭から西に延びた尾根上は二条の堀切で分割され、西端

にⅡ郭があり尾根三方向の要《かなめ》となっている。Ⅱ郭南面中央に桝形虎口があり、南下の腰郭と結ぶ。南方の尾根部にも虎口を設け、竪堀で前後を断ち切り厳重な防御となっている。

【大手に竪堀と横堀】　Ⅲ郭から大手に向かうさいは、北斜面を西に下り折り返すこととなる。東斜面の手前で北側に竪堀《たてぼり》が掘られており、大手から北斜面への回り込みを防いでいる。大手道《おおてみち》は東斜面を折り返しながら下るが、北の稜線・南の稜線に沿って大規模な竪堀が掘り下り、大手を三角形に区画している。北の竪堀は二重で末端は「御殿平《ごてんだいら》」の南面まで至っている。南の竪堀は一条だが、南斜面には数段の腰郭を配置して備えている。この二条の竪堀は末端で横堀につながり、東斜面からの攻撃に備えている。この横堀は現在林道となり分かりにくくなっている。東斜面には横堀下に数段の平場があり、南尾根上から長大な竪堀が北に掘り下り、東方への抑えとしている。大手道はその平場間を下り、「御殿平」東下へ続いていた。また、東の尾根上には物見山があり、自然地形をのこすが、その東方を大きく掘り切っている。

【城主御殿と郭群】　山城部の東麓は、幅の広い緩やかな斜面が広がり、平山城部となっている。大きく四つの区画に分かれ、最高所は「御殿平」と呼ばれ、地名から城主御殿が想定されている。現在は平らな広い空き地となっており、城の案

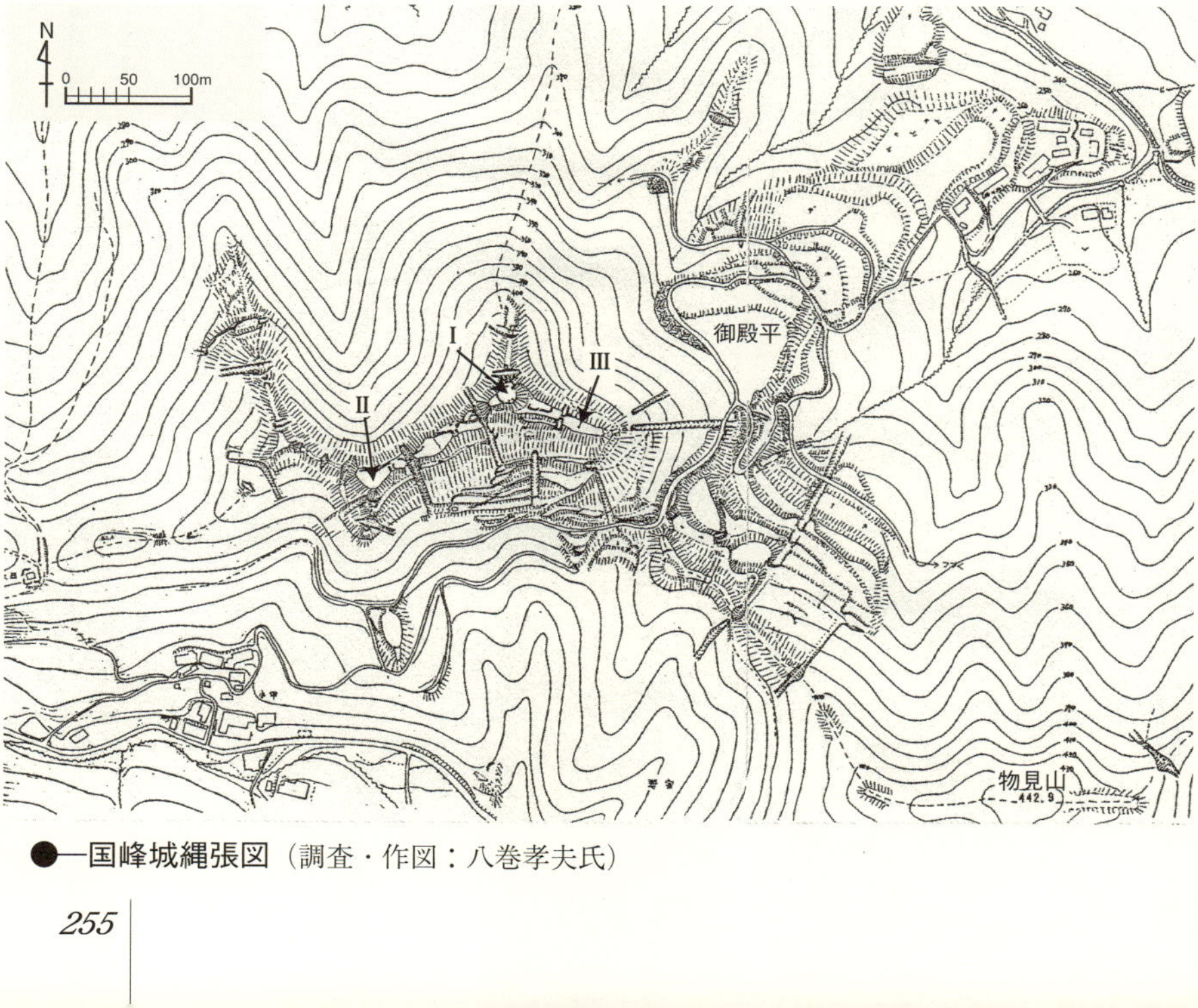

●—国峰城縄張図（調査・作図：八巻孝夫氏）

内板やベンチなども置かれる木陰の休憩所である。ここから北東斜面に続く区画は家臣屋敷で、南縁を大手道が下っている。

「御殿平」は一辺八〇メートル規模の三角形で、北面は下川の支流が入り、水の手を兼ねた天然の堀割となっている。山城部へは南東角で連絡しており、Ⅲ郭東下から延びる竪堀が斜面への通行を阻んでいる。南東角下にも別の竪堀があり、食い違いの関係で虎口としていたが、ここから横堀にかけて現在は林道が回り込み、旧状をうかがうことはできない。

【長大な遠堀】 山城部から北東方向約二キロに、かつて遠堀があった。この堀は、南方山麓までの幅広い谷間を区画し、内側に広がる根小屋《ねごや》集落を防御したと考えられる。堀は紅葉山の西麓から下川にかけて、東西約三四〇メートルにおよんでいた。虎口は二ヵ所あり、南北の道路として残っていた。堀は昭和五十年（一九七五）の圃場整備により埋められたが、一部保存され案内板が設置されている。

工事に際して、トレンチ調査による発掘調査が行なわれている。西側虎口部分の道路で行なわれた調査では、想定される土橋は発見されず、代わって橋脚となる三本の木杭を確認し、木橋と判明した。堀の規模は上幅約一〇メートル、下幅約六メートル、深さ約二・五メートルで、当初水堀であったこともわかった。また、西側堀の調査により、堀は下川へ向かう途中で空堀となり、堀底に排水溝が見つかっている。

【国峰城をめぐる争奪戦】 甘楽《かんら》地域に本拠を置く国人であった小幡氏は、文明三年（一四七一）頃には、上州一揆を代表する勢力であり、国峰城もこの頃までに築城されていたのだろう。天文十六年（一五四七）川越合戦に敗れた関東管領上杉憲政《のりまさ》は、居城平井《ひらい》城（藤岡市）にあって、勢力を弱めていった。小幡憲重《のりしげ》は時勢にしたがい、信州境では武田氏と連携し、いっぽうで北条氏の平井城攻めに加わり、上杉氏没落後は武蔵国境地域の支配を任された。

永禄元年（一五五八）以降、憲重は一族間の内紛で国峰城を追われたらしい。一説には、妻の実家である箕輪城（高崎市）の長《なが》野《の》業政《なりまさ》が関与したともいわれている。憲重は国峰城復帰を目指し、武田《たけだ》信玄《しんげん》に援を請い、信玄の西上野侵攻を招いた。同四年十一月信玄は西牧《さいもく》城（甘楽郡下仁田町）、高田《たかた》城（富岡市）と攻略し、国峰城を奪取し、憲重を復帰させた。その際、長年寺（高崎市）住持が来訪し武田氏から制札を請けているので、数日逗留し体制を整えたのち、倉賀野《くらがの》城（高崎市）攻めへ転戦したといえる。憲重は新田岩松氏旧領や丹生（富岡市）を与えられ、西上野地域で勢力を伸ばした。

永禄八年、上杉謙信《けんしん》は勢力基盤を失っていく西上野地域で

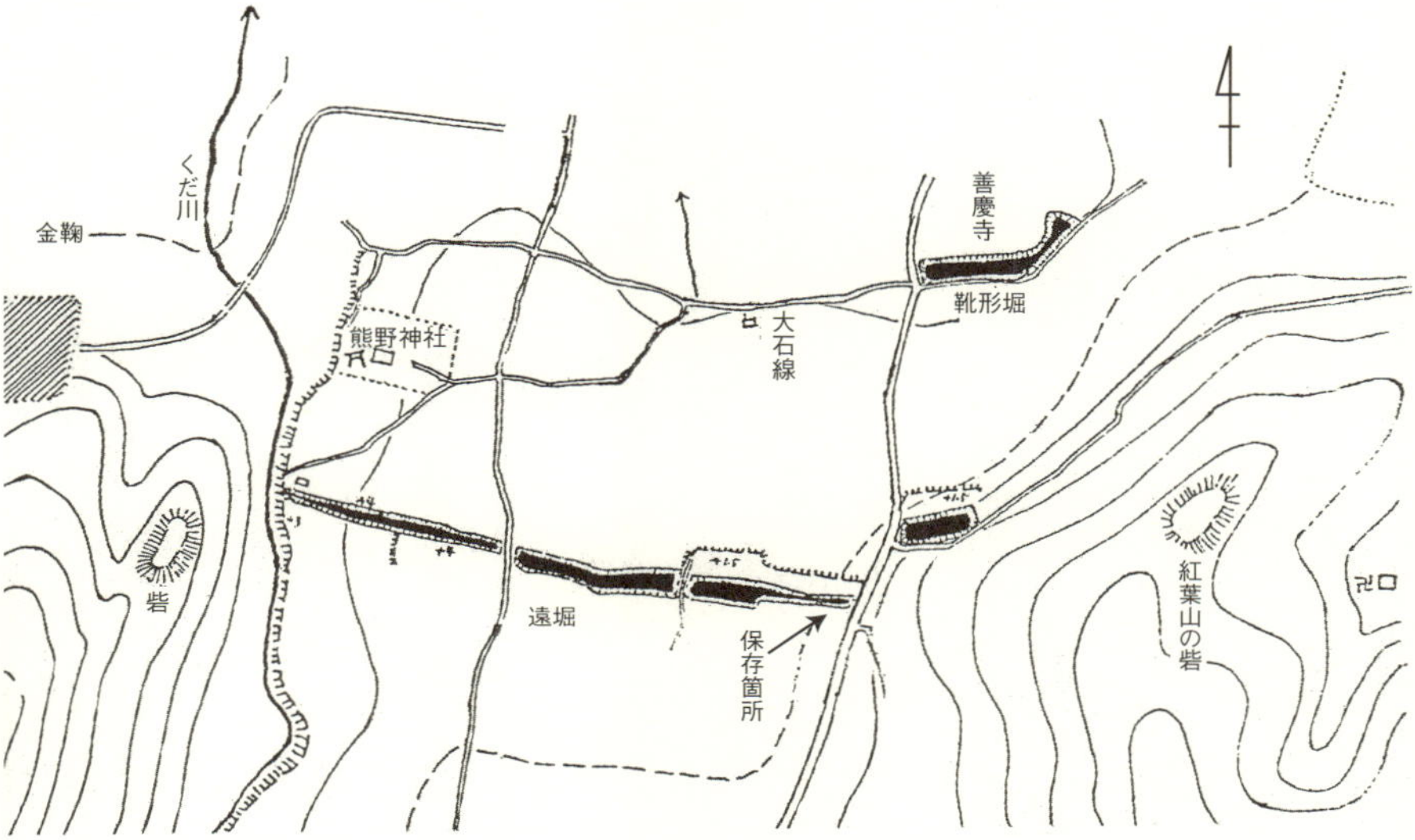

●―国峰城遠堀略図（甘楽町1976より　山崎一氏作成）

●―遠堀保存箇所と説明看板

の挽回をめざし、小幡谷・安中口への総攻撃を計画するが未遂に終わった。武田勢にとって国峰城周辺が、西上野攻略の要地であった証左であろう。

【小田原攻めでは使用されず】　天正十八年（一五九〇）豊臣秀吉による小田原《おだわら》城攻めが現実化すると、小幡氏当主信定《のぶさだ》は小田原城籠城を命ぜられた。一方で、碓氷峠越えで関東に攻め込んだ前田《まえだ》利家《としいえ》・上杉景勝《かげかつ》・真田《さなだ》昌幸《まさゆき》らは、松井田城（安中市）で攻城戦を展開した。あわせて、周辺で小田原勢の籠もる西牧城なども攻撃された。このさい、『関東八州古戦録』などでは、小幡一族が国峰城で戦ったという記事を載せるが、白石元昭氏の研究により根拠のない誤伝であることが証明されている。また、北条氏の滅亡とともに前田家など他地域へ仕官し、国峰城は廃城となっている。

（飯森康広）

【参考文献】八巻孝夫「国峰城」『中世城郭研究第5号』（中世城郭研究会　一九九一年）、白石元昭『関東武士上野国小幡氏の研究』（群馬文化の会　一九八一年）、『国峰城遠堀発掘調査報告』（甘楽町教育委員会　一九七六年）

●関東管領・上野守護山内上杉氏の本拠

平井城《ひらいじょう》・平井金山城《ひらいかなやまじょう》

〔藤岡市史跡公園〕

〔所在地〕群馬県藤岡市西平井（平井城）・同下日野金山（平井金山城）
〔比　高〕約三メートル（平井城）・一六〇メートル（平井金山城）
〔分　類〕平城・山城
〔年　代〕一五世紀後半〜一六世紀前半
〔城　主〕上杉憲実、憲忠・房顕・顕定・憲房・憲政
〔交通アクセス〕JR八高線「群馬藤岡駅」下車、徒歩九〇分（西南六キロ）

【鮎川西岸に構築された平城（館城）】　神流《かんな》川の支流鮎川の西岸の台地上に構築された「館城」（館を城郭化した）で、西・南を丘陵に囲まれ、東は鮎川を隔てて丘陵が立地するという盆地状の要害の地である。本丸・二の丸・ササ郭を中心に、その北に新郭・三の丸などが構築されている。北側は西平井の集落と重なり、また全体に耕地として開発されていたこともあって、発掘調査によっても遺構の確認が不十分にしかできていない。

関東管領《かんとうかんれい》・上野守護山内上杉憲実《やまのうちうえすぎのりざね》が永享《えいきょう》の乱で鎌倉公方《かまくらくぼう》足利持氏《もちうじ》と対立し、永享十年（一四三八）八月に持氏は憲実討伐を命じたので、憲実は「山ノ内（鎌倉）ヲ出テ上州平井ニ退去」（「喜連川判鑑」）とあり、この時点で平井城（館）が上杉氏の本拠地になっていたことが知られる。その後は上杉氏の房顕《ふさあき》・顕定・憲房《のりふさ》・憲寛・憲政《のりまさ》らは五代約一世紀にわたってここを本拠地にし、高山氏・小林氏などの有力国衆に守られて政治的・軍事的な城館、すなわち守護所となした。享徳《きょうとく》の乱（一四五四〜）では、「上杉房顕ハ上州平井ニ住ス。後ニ鎌倉山内ニ移ル」（「喜連川判鑑」）とあり、平井を本拠地にして上杉方とそれを支援する幕府軍の拠点である武州五十子《いかっこ》陣を支えた。永正《えいしょう》の乱（一五一〇〜）の上杉氏の分裂では、武蔵鉢形《はちがた》城を守る上杉顕実に対して上杉憲房は平井城に近隣の小林氏などの軍勢を結集して出撃してこれを落とし古河に敗走させた（「小林文書」）。上杉憲政は、天文十五年（一五四六）に北条氏の拠点河越城攻めに大敗北し「憲政ガ軍敗レテ

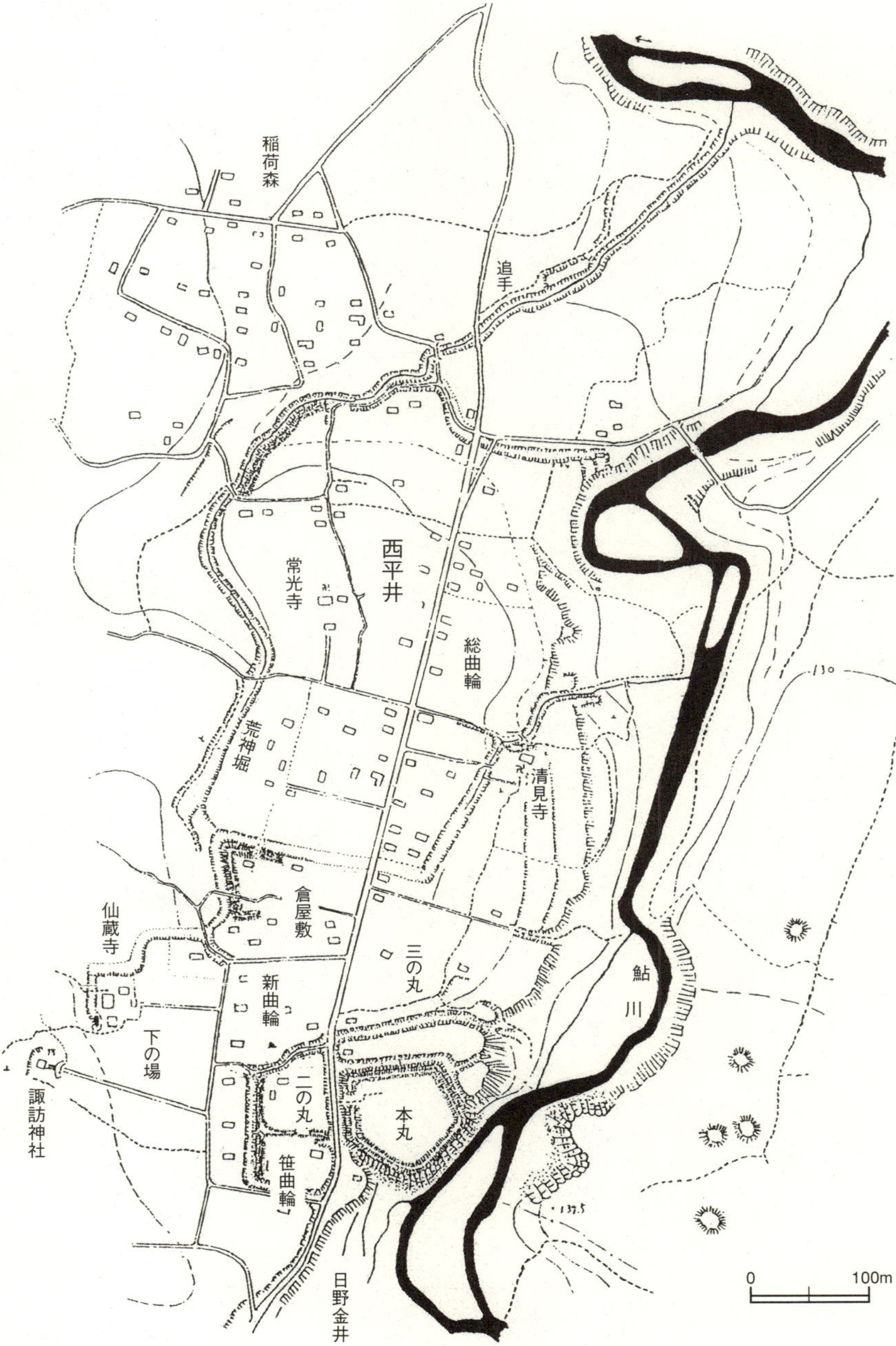

●—平井城略測図（山崎一氏作図）

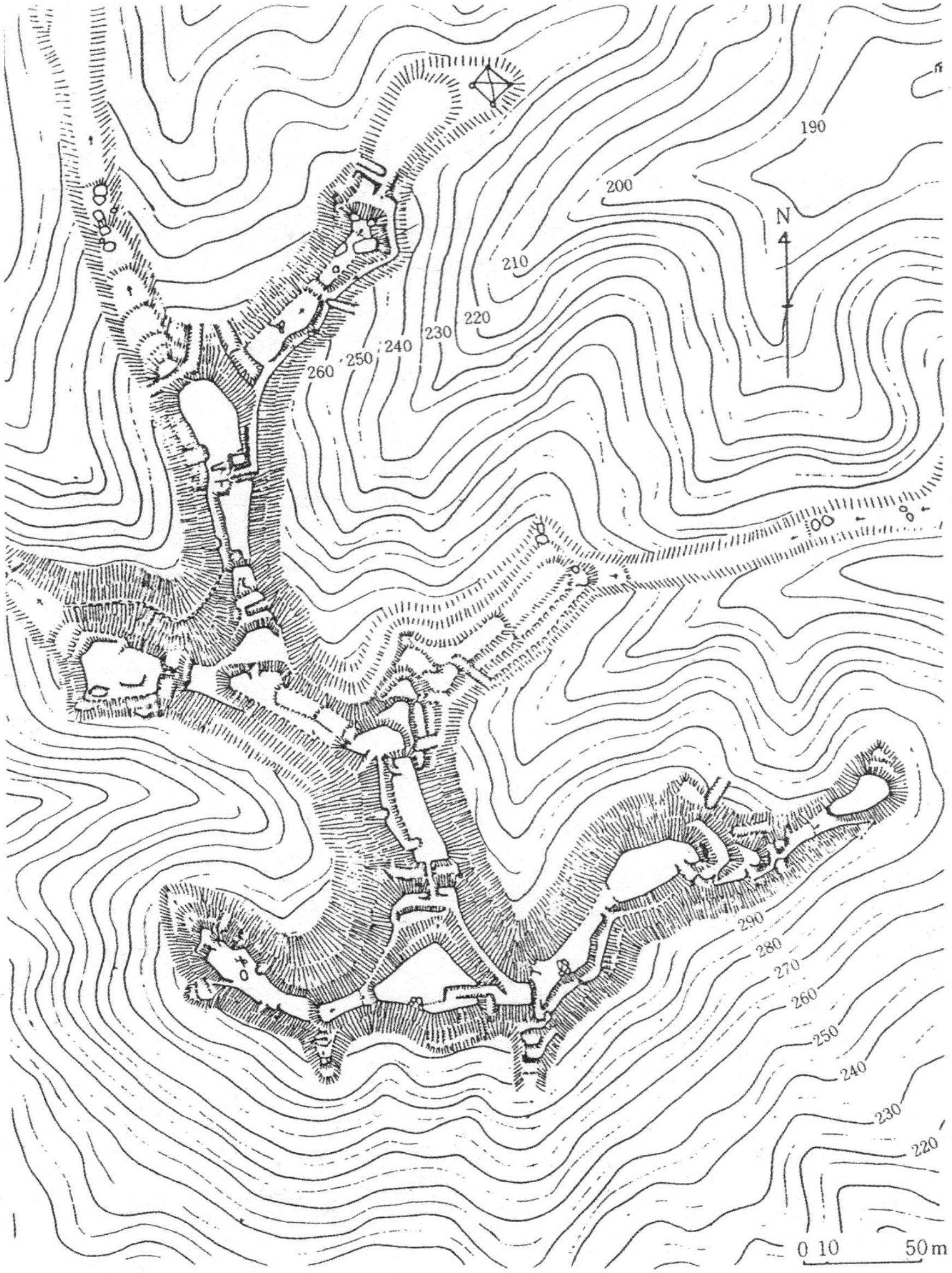

●—平井金山城縄張図（松岡進氏作図）

上州平井ニ帰ル」とある。天文十九年（一五五〇）に北条氏康は平井城攻めに出陣し圧力をかけている（小林文書）。その後、北条氏の侵攻を前に支えきれず、近隣の武蔵国分の金《かな》鑽《さな》城を攻め落とされると天文二十一年（一五五二）四月に憲政は平井城を逃れ、新田・足利へ赴くが滞在を拒絶され（「仁王経科註見聞私」）、各地を転々とした後に「上杉憲政越後ニ開ク」ということで、越後守護代家の長尾景虎《ながおかげとら》を頼って上野国から退去した（「喜連川判鑑」、上杉家文書）。この間に武田氏に帰属する国峰《くにみね》城の小幡《おばた》氏や北条氏康《うじやす》の攻撃が繰り返された（「小林文書」）。後に永禄三年（一五六〇）八月、上杉憲政から関東管領職と上杉の姓を譲られた長尾景虎（上杉謙信）の関東出陣となり、憲政は伴われて関東に入ったが、平井城に一時戻ったか否かは明らかでない。

【平井金山城】　平井城の西南一キロ、標高二九〇メートルの金山山上に構築された山城で、この城は、天文期の争乱の中で、平井城の詰《つめ》の城として構築されたと考えられる。金山山頂の東西に走る馬蹄《ばてい》形の尾根筋とこれに直行し樹枝状に北に伸びる尾根筋に、連続した郭群からなる連郭式山城として東西三〇〇メートル、南北四〇〇メートルにわたって構築されている。

　南側のゴルフ場建設にともなう確認の発掘調査が藤岡市教育委員会によって行なわれたさい、南側の主郭に入る虎口の部分で角柱を使用した城門（木戸）・腰郭・櫓《やぐら》台・土橋《どばし》などの遺構が発見された。そして、この城門が火災にあっていたあとが判明して戦国期の攻防の状況が偲ばれる。（峰岸純夫）

【参考文献】『群馬県史』通史編3　中世（群馬県　一九八九年）

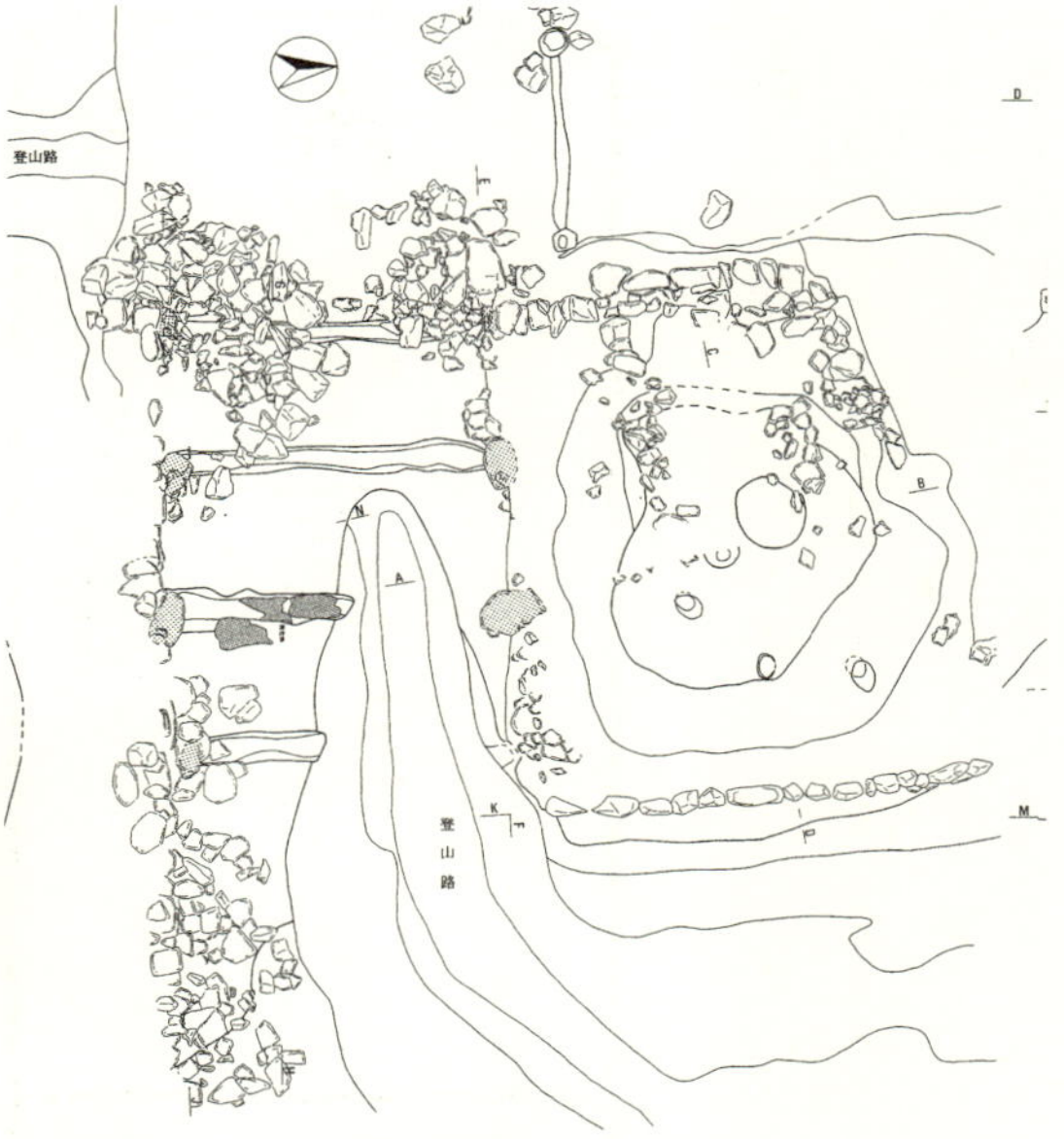

●—城門および周辺遺構
（群馬県教育委員会、2005より転載）

●武田信玄による築城か

根小屋城《ねごやじょう》

〔所在地〕群馬県高崎市山名町
〔比　高〕約一〇〇メートル
〔分　類〕山城
〔年　代〕永禄十一年（一五六八）から天正十年（一五八二）か
〔城　主〕武田氏
〔交通アクセス〕上信電鉄「高崎商科大学前駅」下車、徒歩三〇分・駐車場なし

【立地】高崎《たかさき》駅が近づき新幹線のスピードは減速する。車窓から西に目をやると高崎のシンボルである高崎白衣大観音《びゃくいだいかんのん》が観音山丘陵にそびえている。その丘陵は市域の西部を占め、市中心部の市役所付近とはおおむね比高差一〇〇メートル程度である。根小屋城はその丘陵南部の標高一八一・八メートルの山頂部を利用した山城である。麓《ふもと》の集落からは約一〇〇メートルの比高差がある。城へのアプローチは北側からの方が近いが、道が不明瞭なところが多い。むしろ、古代の上野三碑をめぐる自然歩道が整備されているため、高崎商科大学駅からその歩道をたどった方が迷わずにすむだろう。また、根小屋城とも関係があるといわれる山名城もそのルートから見学することもできる。

【見事な縄張】城の中心部は地元の方によって定期的に草刈がされているため、いつ訪れてもその見事な縄張を観察することができる。南の山名城方面から自然歩道を歩き、最初に尾根を切った堀の場所が搦手《からめて》といわれている。この堀を渡ると本丸南東直下の約三〇メートル四方の三角形状の郭《くるわ》に入り、本丸周辺の堀にアプローチできる。本丸周囲を巡る堀は幅一五メートル、深さ一五メートルにおよぶといわれ、この城の見所の一つである。

本丸の東側の桝形虎口《ますがたこぐち》から土橋を渡ると丸馬出《まるうまだし》状の馬出にでる。この馬出から北西に下りると本丸北側の堀底に至る。東に行くと追手《おうて》と呼ばれる城の北から長大な堀底を上り着いた地点に行き着き、北側に行くと二の丸と呼ばれる本丸北側

●—根小屋城遠景

の腰郭に行く。この郭からは北に向かう長大な縦堀がのこっている。桝形虎口、丸馬出、長大な縦堀をセットで観察できる城として県内屈指ののこりの良い城といえる。

【築城者】　江戸時代に記された『甲陽軍鑑《こうようぐんかん》』などの軍記物には永禄十一年（一五六八）に武田《たけだ》信玄《しんげん》が築城したと記されている。史料の信頼性の問題があり、今後の検討が必要であるが、軍記物の記述通りであれば武田氏の築城技術を顕著に現した城ともいえるだろう。

（秋本太郎）

【参考文献】山崎一「群馬県」『日本城郭大系』第四巻（新人物往来社　一九七九年）

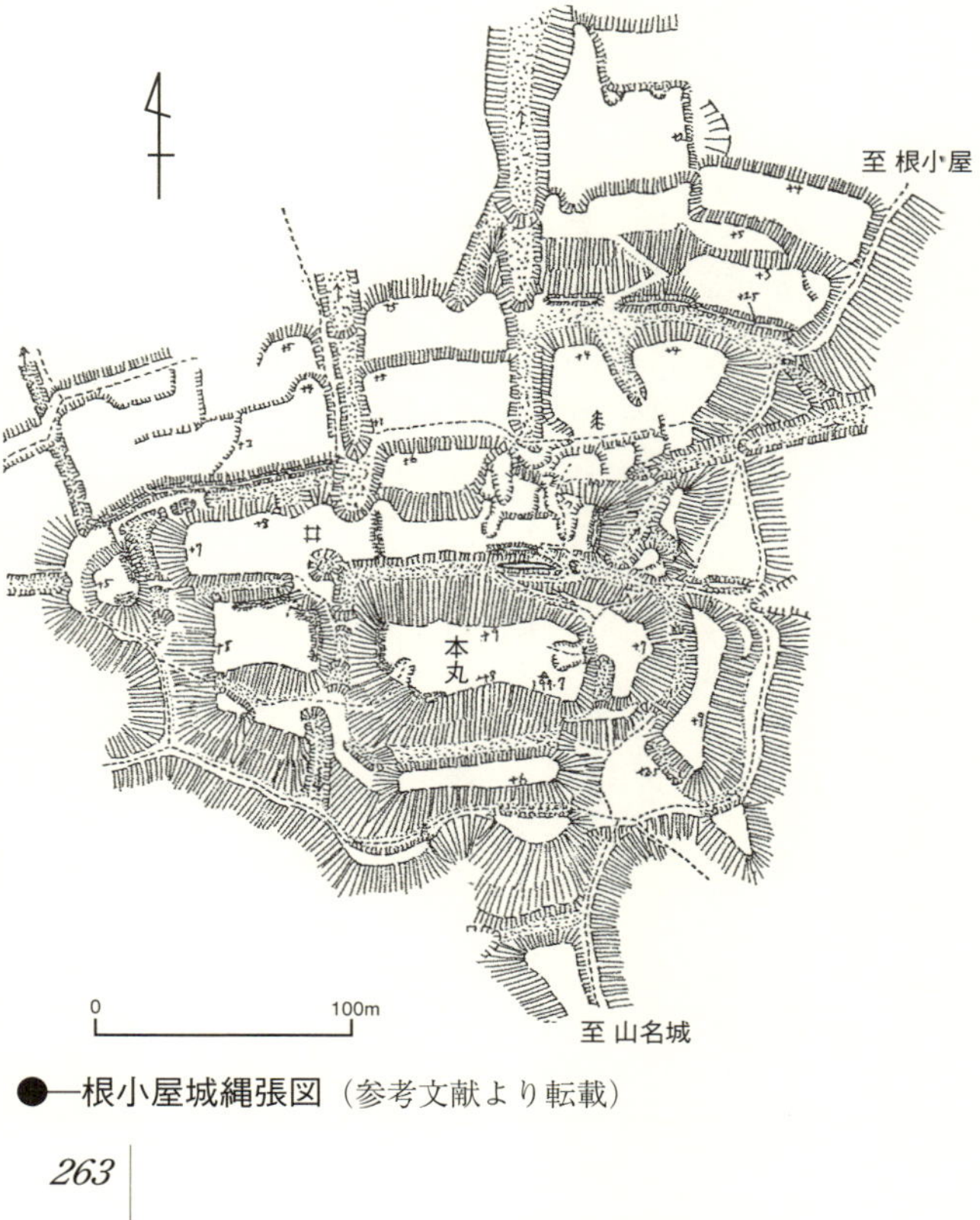

●—根小屋城縄張図（参考文献より転載）

お城アラカルト

「さまざまな堀」

八巻 孝夫

堀とは文字通り、地面に溝を掘り、基本的には敵の進撃を阻むものである。しかし、堀と一口で言ってもさまざまな形態がある。例えば堀の中の形態に着目すると、堀中を二重にしたり、堀の曲がり角に落とし穴を造ったり、堀内に仕切りの土塁を築いたりなど多様である。

その中で代表的な堀は、堀内の仕切り土塁をまるで障子の桟《さん》のように多数造り、堀内への敵の侵入を防ぐ障子堀である。時代的には一五世紀代にも現われるが、典型的に発達した城がみられるのは、後北条氏によるものといっていいだろう。

例えば対豊臣《とよとみ》戦で臨戦体制に入った城には、そのほとんどに造られたといっても過言ではない。下田《しもだ》城、山中《やまなか》城、騎西《きさい》城などである。下田城の防御ラインに敷設された障子堀はおおむね一重であるが、岩盤を削り造っているため、現在でもその存在がよくわかる。山中城もおおむね一重であるが、所により二重にして、より防御を強固にしている。騎西城は平城《ひらじろ》のため、広いエリアを多重の障子堀にしている。こういった障子堀は土の城の防御にかなり有効だったためか、最終的には豊臣期の大坂城の三の丸の空堀にも採用されている。

このような堀の中の工夫とは別に、堀や堀切《ほりきり》を多重に入れエリアごと防御線にする例もある。中でも全国的に同時多発的に採用されたのが、畝状空堀《うねじょうからぼり》群である。その代表例は大葉沢《おおばざわ》城（新潟県村上市）であろう。この城では不要の腰郭にびっしりと凸凹状に土塁と空堀を交互に入れ（畝状空堀群）、腰郭を敵の足がかりにすることを防いでいる。また緩斜面にも同じようにびっしりと畝状空堀群を入れ、敵の侵入を全面的に防いでいる。まさに針ネズミのように防御を固めているのである。

この畝状空堀群は、全国に分布しているが、代表例をあげると、北九州の長野《ながの》氏の長野城、中国の毛利《もうり》氏の仁《に》位山《いやま》城などで枚挙のいとまもない。よほど防御に有効であったのだろう。

歴女たちの城めぐり

「祇園城の春秋」

松島町子

祇園《ぎおん》城は栃木県小山《おやま》市の中心を流れる思川《おもいがわ》の崖面を天然の要害として築かれている。地元では小山城と呼ばれて親しまれてきた。思川下流にある鷲《わし》城は研究者以外には忘れられていたが、大きな保存運動をきっかけにして、二つの城は小山氏城跡として一九九一年に国指定史跡となった。静岡から転居してきた私が城と出会ったのはその頃だった。

春の祇園城は桜の名所として知られている。多くの人が集う本丸跡では宴《うたげ》が繰り広げられる。思川の堤には近年思川桜の植樹が進んでいて、私も一本の桜の里親である。花弁が多く色の濃い愛らしい花をつけるわが家の桜の成長を確かめながら、夫と一緒に鷲城までの散策を楽しんでいる。

だが、私が一番心惹かれるのは晩秋の祇園城だ。十一月の末、本丸跡の銀杏《いちょう》はほとんど葉を落とし尽くし、根元に大きな黄金《こがね》色の絨毯を作っている。当時の建物は何もないが、壮大な空堀《からぼり》と高い土塁《どるい》を残している城跡は想像の世界を膨らませる楽しさがある。私が好きなL字の堀のある郭に進むと、ひときわ目を引く銀杏の古木がある。落城の際、姫が井戸に身を投げる直前に傍らにさした枝が成長した木だという。姫の無念の思いが宿るため実なしイチョウになったとの伝説が悲しい。

思川の崖上からは、源流となる日光連山の厳しさを増した姿を望むことができる。私は小山に来てから城の歴史を学んだが、小山義政《よしまさ》の乱はとりわけ印象深い。下野守護職を回復し絶頂期を迎えた義政は、鎌倉《かまくら》公方《くぼう》足利氏満《あしかがうじみつ》の圧倒的な軍勢に攻められた。鷲城や祇園城を舞台にして数次にわたる抵抗の末、追いつめられた上流の糟尾《かすお》の山城で自害した。義政の性格の激しさ、河原石までも赤く染めた主従の血、子孫の悲運へと思いが募る。

さらに奥深い堀を渡り、土塁に囲まれた祇園曲輪のコナラやイヌシデの落葉を踏みしめて天翁院《てんのういん》へと向う。歴代小山氏の墓前に出る頃には、ふっと心が落ち着いて現実の世界へ立ち戻るのである。

用語一覧

＊本書にかかわる専門用語で、特に重要なものについて、ジャンルにわけて解説する。
＊なお、用語は帰属する学問のあり方に規定されている。用語の持つ背景などを踏まえるために、来歴などを便宜的に学術概念・史料語彙・城郭用語・考古学用語・建築用語・地名と記載した。

1　城館の種類

戦国時代、多様な城館が設けられた。個々の城館を分析する際には、当該の城館がどのような機能をもったものなのかを分析する必要がある。現状は城館という枠組みのなかで細分するという手法がとられ、いくつかに性格分類がなされている。今後、他の時代や他地域との比較から軍事的な要素以外の視点からも、当該の城館を遺跡として基本的な性格が何であるかを分析する必要があろう。

本　城　〔城郭用語〕

領域支配のなかで中心となる城館をいう。本書のなかでは、多気山城のような城を指す。

支　城　〔城郭用語〕

領国支配を展開する際に、領域をいくつかに分割して行なうことがある。そのひとつひとつの単位を「領」と呼ぶことがあるが、その「領」の中心的な城館を、本城に対して支城と呼ぶことがある。久米城などがこれにあたる。

境目《さかいめ》の城　〔城郭用語〕

領域支配を行なう際に、領域の境目にさまざまな理由から城館を設置する。その城館を指す概念。碓氷城のような小規模な城や、松井田城のように大規模なものがある。

つなぎの城　〔城郭用語〕

本城と支城、支城と境目の城などと複数の城館を連絡する目的で設置された城館をつなぎの城と呼ぶ。狼煙《のろし》台などがこれにあたる。

陣　城　〔城郭用語〕

合戦の際に設けられた臨時の城館をいう。史料語彙では付城あるいは陣とみえる。本書では、花房城が事例である。

番　〔史料語彙〕

城館を管理する際、特定の城主を置かず、有期的な番役で行なうことがある。北条家の場合、境目の管理を番で行なう例が多い。

2 郭・曲輪

城館の空間のなかで、政治的・軍事的な目的および日常生活のために普請された削平地などの平場をいう。中心的な郭については当時においても「秩父曲輪」などと個別名称を付与することがあった。また史料では「廻輪」と記載される例がある。

主郭　〔学術概念〕

城館のなかでもっとも中心となる郭をいう。江戸時代の城館では本丸や笠間城のような天守郭などがあたる。

中城　〔史料語彙・地名〕

一四世紀から一六世紀の城館について、史料にみられるほか、地名としてものこる。主郭を示す子城《ねじょう》・実城《みじょう》・内城《うちじょう》や外城《とじょう》の語彙とともに使用され、三区画の中間に位置する郭を指し示す。実態については解明されるべき余地を多くのこすが、主郭に付属する郭と考えられる。金山城に中城があったことは、記録から知られる。

外城　〔史料語彙・地名〕

一四世紀から一六世紀の城館について、史料にみられるほか、鷲城のように地名としてものこる。主郭を示す子城・実城・内城や中城の語彙とともに使用され、三区画の外側に位置する郭を指し示し、外郭線と連関した内容をもつ。

惣構《そうがまえ》　〔学術概念〕

戦国時代の本拠の城館構造を示す語彙。郭群で構成され城館の中心部分に城下町を加えた全体を、堀・土塁・石垣などを線に普請して囲い込む。この構築物をいう。したがって都市構造を論じる際にも使用される。

堀の内　〔史料語彙・学術概念・地名〕

古くは中世成立期の武士の居館で方形居館を指す語彙と考えられたが、近年では再検討が行なわれている。

史料では「堀の内」「堀内」「堀之内」「掘ノ内」などさまざまに記載され、一三世紀から一四世紀前半に頻出し、文字通り堀に囲まれた空間を示す。開発との関連が考えられる語彙である。

武士の本拠地を示す場合もあり、在地領主の存在形態を考えるうえで有効な語彙である。しかし寺院などでも使用され、語彙の背景は一様ではない。また対象となる空間の広さも広狭さまざまである。

実城　〔史料語彙・地名〕

戦国時代の史料にみられ、城館の中心を指し示す。中城・外城などの語彙とともに使用され、主郭に相当する場合もある。また、城下を示す語などと対に使用され、城館の中心となる郭群の総体を指すと解釈できることもある。

根古屋《ねごや》・根小屋〔史料語彙・学術概念・地名〕

山城の麓にある居住空間を示す。久米城でも地名が確認された。東国で使用された語彙で、地名の残存にも地域性がみられる。以前は城主の屋敷と考えられていたが、空間内部の構造については今後に課題をのこしている。

宿〔史料語彙・学術概念・地名〕

中世を通じて交通の要地などにできる都市的な場を示す語彙として散見する。戦国時代には城下としての機能が考えられており、城館中心部との関係から、内宿・外宿などと表現されることもある。一般に宿は市と対置する語彙であり、市が定期的なものであるのに対し、宿は常置の町場と考えられている。真壁城や久米城で当時の様相がよくわかる。

腰　郭〔城郭用語〕

山城などで、主郭などの面積の広い郭に付属して、ゆるやかな斜面を削り込んで形成された細長い郭をいう。

帯　郭〔城郭用語〕

腰郭と類似し細長い郭であるが、付属する主たる郭などとの間に横堀が普請され、形状が帯状になる。

削平地〔城郭用語〕

郭の周囲に土塁を普請せず、地形を切り盛りして形成した郭をいう。

3　道

広い空間が群在する城館においても、その内部では決められた道筋が設定され、要所には門が構えられていた。城館構造を理解するうえでは、主郭と城外とがどのような道筋で結ばれていたかを解明することが重要となる。

大手《おおて》〔史料語彙・城郭用語〕

城館の正面口をいう。特に門については大手門と呼ぶことがある。政治的・軍事的にも重要な道筋となる。城館の構造を解明するうえで、重要な糸口となる道筋。

搦手《からめて》〔史料語彙・城郭用語〕

一般に大手に対して背後の裏口を示す語。正面口以外にも城外と連絡する道筋を多数もつ。そのなかで特定の道筋を限定して裏口を搦手と呼ぶ場合がある。

土　橋〔城郭用語〕

堀を渡る橋であるが、土で普請されたもの。考古学的には原地形の掘り残しであるか、さらには積まれたものであるかが問題となる。積まれた場合、基礎構造がどのようになっているかが重要である。

木　橋〔建築用語〕

堀を渡る橋であるが、木工事で建築されたもの。

戦時において取り外されることが想定されることがある。例えば、引《ひき》橋と呼ばれる橋があり、戦時においては橋桁《げた》をのこし、橋の板を郭内に引き込み渡橋を不能とする構造のものもある。

梯《かけはし》　〔建築用語〕

梯（金山城）

概観は木橋に似たものであるが、急斜面などに道を確保する場合に普請される。発掘調査で初めて利用が確認されるため、中世城館での発見事例は多くないが、潜在的には多くあったと予想される。具体的な事例としては金山城（群馬県太田市）での事例がある。

また細尾根に郭を設定する場合、郭の幅を広げる時に使用する事例もある。

4　塁・壁

郭が一定の空間として独立するためには、地形的に外側から隔絶していることが求められる。そのため、郭の縁に土塁などの構築物を普請したり、斜面を削土あるいは盛土して壁面を設ける。この普請ののこり具合が城館構造を理解するうえでの鍵となる。

なお、壁は土木工事によってできるものだけではなく、建築工事によってできる土壁などを示すこともある。

土　塁　〔城郭用語〕

郭の縁や仕切などのために、土を盛り上げてつくられた構築物。基本的に内側の裾に排水用の溝が掘られた。

古代においては築地塀のように水平堆積で構築されるが、中世城館の場合、外側に高く積み上げ内側に緩やかな形状で積み上げることが多い。

切《きり》岸《ぎし》　〔史料語彙・城郭用語〕

郭の斜面を削土あるいは盛土した壁面をいう。一四世紀の古文書にも見られる語彙。

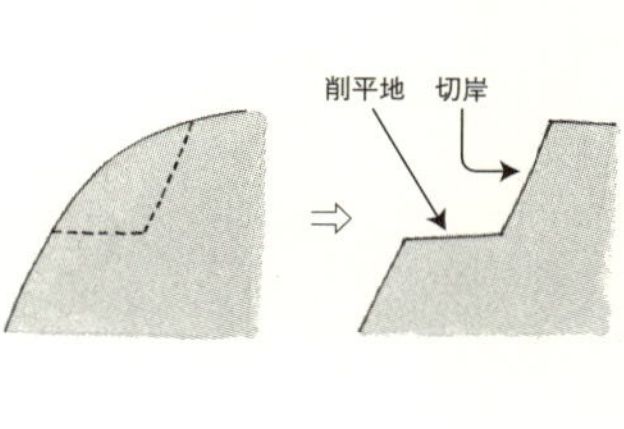

石　塁　〔城郭用語〕

土塁に対応して、石塁が用いられることがある。石垣とことなるのは、塁であることから、内側および外側の両面に石垣が普請されていること。

石　垣　〔城郭用語・考古学用語・建築用語〕

壁を石で積んだ構築物をいう。壁面を屹立《きつりつ》させられることから、軍事的な要求が考えられていたが、近年では象徴性を重視し政治的な意図を読み取ることも重要な視点となっている。考古学では石垣の要件として裏込《うらご》めの有無を条件とする場合がある。

城館における石垣の技術は、寺社に帰属する職人集団に由来すると考えられており、城館で石垣を使用し始めるのは関東地方では一五世紀後半が起源であろう。江戸時代に向けて構築技術が発展し、戦国時代末には裏込めがみられる。北関東では、唐沢山城、笠間城などで豊臣期の石垣が見られる。

石垣（笠間城・天守郭）

石積み　〔考古学用語・建築用語〕

石が積まれた状態を概括する語彙。考古学では裏込の有無を指標として、裏込めがない普請について石積みと規定する場合がある。

柵　〔史料語彙・建築用語〕

建築物の塀の一種。一四世紀の史料にもみられる。

発掘調査の折りには郭の縁などに存在するかどうかが調査のポイントになっている。一般に、掘立柱《ほったてばしら》の穴が列をなすことが要点であるが、構造的には複雑な柵や壁ほど一列では自立が難しくなることから、控えが必要である。控えの空間やピットが検出されるかも重要な視点となろう。

横矢　〔城郭用語〕

郭の縁が直線ではなく、クランク状に折れ曲がることがある。その形状をいい、横矢がかりあるいは折歪《おりひずみ》と呼ぶことがある。

郭の外側に迫る人、戦時においては敵兵、平時においては外部からの来訪者に威圧をかける目的で普請され、監視や飛び道具による攻撃を想定して普請されている。壁に単純にクランクを普請する場合もあるが、多くは虎口《こぐち》の側面に配置され、通行者を威圧・攻撃する。

また近世城館においては、塁壁の美観の効果も意図した場合がある。

5　堀

郭の独立性を保つためなど、内と外の関係を際だたせるために、地面を線上に掘り込んで普請された構造物。

空堀　〔城郭用語〕

一般に堀は水の有無によって水堀と空堀に対置されるこ

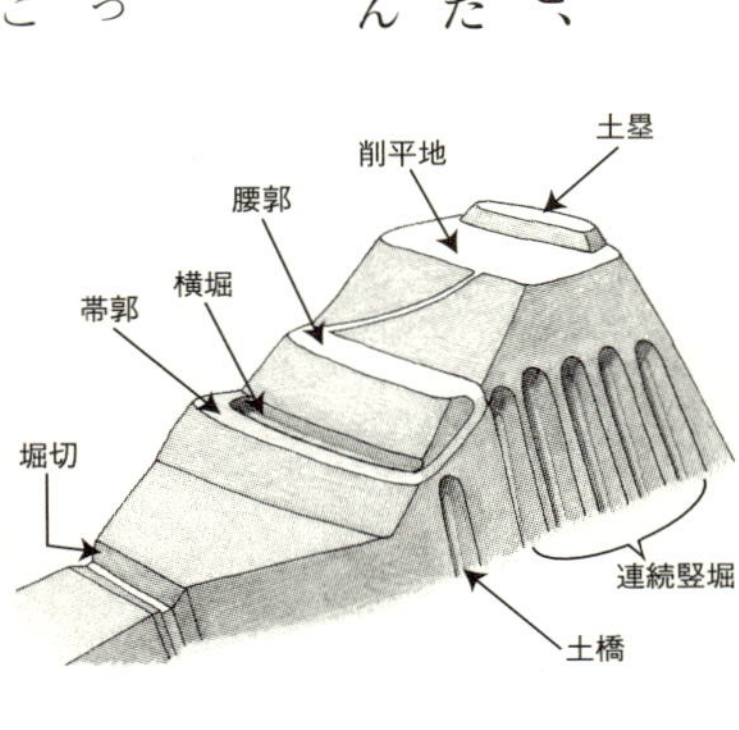

用語一覧

とが多い。水堀は基本的には横堀しかないので、中世城館において空堀は多様な堀の総称である場合もある。

水　堀　〔城郭用語〕

水をたたえた堀の呼称。堀内の水が湛水《たんすい》であるか流水であるかが視点となる。水堀の水は農作業における用水と関連し、領主の勧農とかかわる場合がある。また、井戸の代替施設である場合もある。

水堀（小田原城）

堀　切　〔城郭用語〕

山城などで、尾根の延びる方向と垂直に交わる堀。地形によって堀の長さに差がでる。通常は堀切の末端が竪堀に繋がるが、場合によっては切ったままの状態あるいは堀止の土塁を普請することがある。

横　堀　〔城郭用語〕

郭の側面に沿って掘られた堀で、地図で表すと等高線と並行に掘られる。

山城や平山城の場合、以前は北条家や武田家などの一部の戦国大名の特殊な技術であろうと想定されていたが、どのような場合に横堀が普請されるかは重要な検討課題であろう。なお、北日本では、古代以来、横堀がある。箕輪城では大規模な横堀がのこる。

竪《たて》　堀《ぼり》　〔城郭用語〕

山などの斜面で、地図で表すと等高線と垂直に交わるように掘られた堀。基本的に山の斜面を平行移動させないように普請された施設。

ただし八王子城には石敷きの竪堀があり、道筋に使用するなど個別の機能もありうる。

連続堀　〔城郭用語〕

堀切・横堀・竪堀を連続して普請し、城館の防備を強化する方法。連続竪堀・畝型阻障などとも呼ばれる。緩やかな地形などに普請され、戦時においては敵方により厳しい障害物となる。松井田城では、連続竪堀と連続堀切がみられる。

堀底道　〔城郭用語〕

本来、堀は人を拒絶するために普請されるものであるが、堀底を道底として利用する場合がある。その場合の道の形状をいう。

堀《ほり》　留《どめ》　〔城郭用語〕

堀底内の通行を止めるため、堀底に土塁状の構築物を普請する。その構築物をいう。概観は土橋と極めて類似しており、頂上を通路としたかどうかが重要な視点。

畝　堀〔城郭用語〕

堀内に連続して堀留が設けられる状態の堀。格子状に障害が設けられる場合、障子《しょうじ》堀と呼ばれることがある。山中城（静岡県三島市）で著名になった。当初は戦国大名北条家にかかわると考えられていたが、北条氏以前から存在することと、さらには地域的にも限定されないことから、普遍的に存在すると考えられるようになっている。

また、空堀だけでなく水堀も畝堀・障子堀である場合がある。近年では小田原城でもその存在が明らかになった。

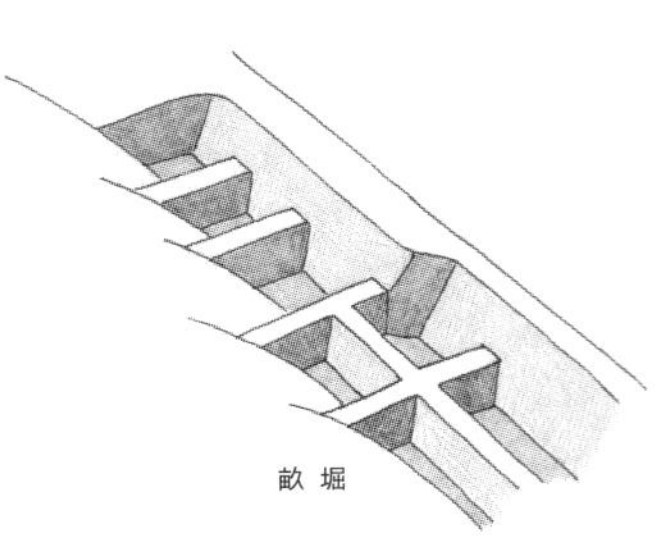
畝堀

薬研《やげん》堀〔城郭用語〕

堀の断面形状が、薬研のように逆三角形の形状を示す堀。堀底は狭くなるため、基本的には堀底道はない。

箱　堀〔城郭用語〕

堀の断面形状が、箱形のように逆台形の形状を示す堀。

箱薬研〔城郭用語〕

堀の断面形状が、薬研のような斜面で底部に平らな面がある形状を示す堀。堀幅が広い場合や堀底道を設定する場合などにこの形状となる。

6　虎　口

郭の出入り口に設けられた普請を伴った門。郭は柵・塀・壁・土塁などで周囲を囲まれるため、内外の出入りは虎口に限定される。そのため軍事的には防備に工夫することがある。また政治的には象徴的に飾られることが多い。

平虎口〔城郭用語〕

道筋に折れなどをともなわず、想定される門扉が郭の壁面とがおおよそ一面になる形式の虎口。

食違《くいちがい》虎口〔城郭用語〕

門の左右にある郭の土塁などの壁や堀が、一直線上にならず、堀幅程度でずれる形で普請された門。ずれによって門扉付近で土塁上から監視や側面攻撃ができることを意図した。

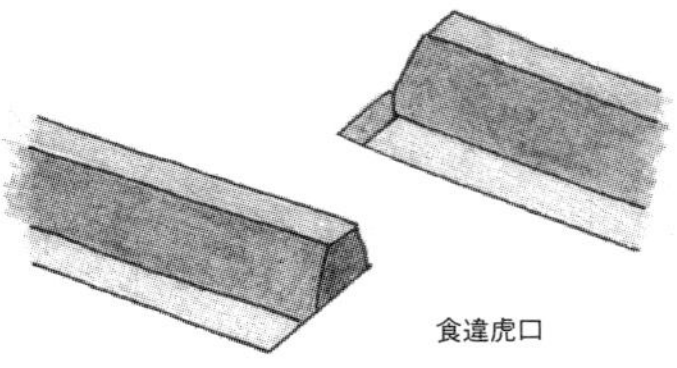
食違虎口

桝《ます》　形《がた》（門）〔城郭用語〕

一定の四角の空間を持った虎口。道筋は空間内で一折れする場合が多い。門扉は空間のもっとも内側に設定されるのが通常であろう。近世江戸城は外側に高麗《こうらい》門、内側に櫓《やぐら》門を設定し、二重の門で独立した空間をつく

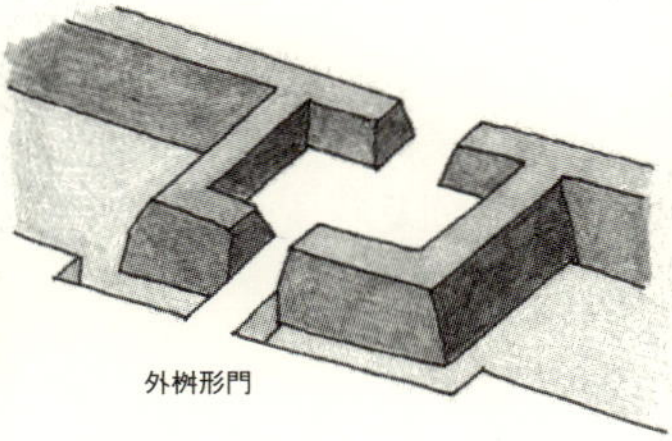
外桝形門

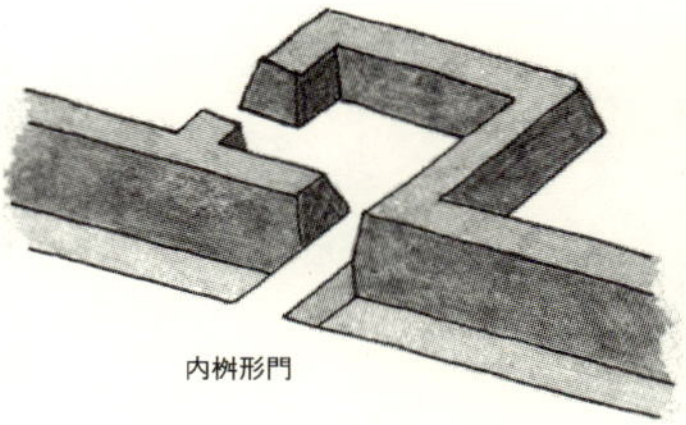
内桝形門

るようになっている。

外桝形（門）　〔城郭用語〕

桝形が郭の外側に付属し、三辺が付属する郭の外側に接する形。くちばし型と呼ばれる形式もこの類型に属する。

内桝形（門）　〔城郭用語〕

桝形が郭の内側に付属し、一辺のみが付属する郭の外側に接する形。

馬《うま》出《だし》　〔城郭用語〕

虎口を守るためにその外側に設定され、虎口と連結して機能し、外部にむけては一ヵ所ないしは二ヵ所の門をもつ空間。虎口と馬出との間には堀があり、橋で繋がれるのが基本。橋がない場合は外桝形（門）に分類される。

基本的に外側と接する三面すべてに堀があるものを指すが、切岸などの場合、馬出に準じて考えられることがある。

丸馬出　〔城郭用語〕

馬出の形状が半円形のもの。

従前は戦国大名武田家独自の技法と考えられていたが、武田領国以外にもみられ、徳川家でも使用されたことが解明されている。発掘調査で名胡桃城で確認された。

角馬出　〔城郭用語〕

馬出の形状が四角形のもの。従前は戦国大名武田家の対比で北条家の技法と考えられていたが、北条家に限らないことが指摘されている。小田城では復元された角馬出がある。

大馬出　〔城郭用語〕

馬出の機能をもった大規模な空間。広島城では二の丸と呼称される。北関東地方では箕輪城でみられる。

7　建物

中世城館にはさまざまな建物があったことは間違いない。発掘調査でも建物跡が検出されることが多いが、江戸時代の

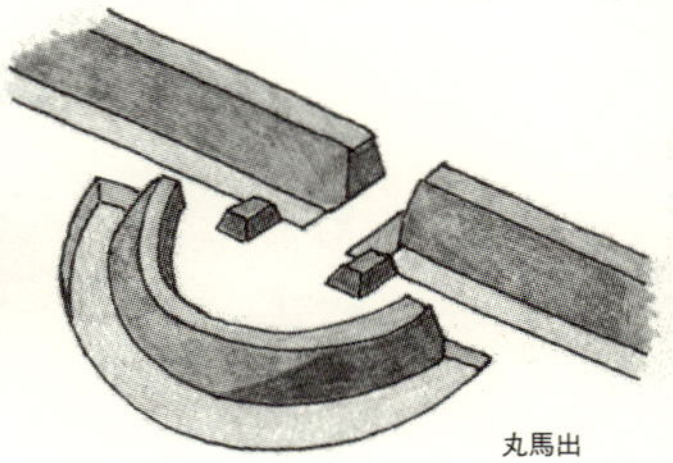
丸馬出

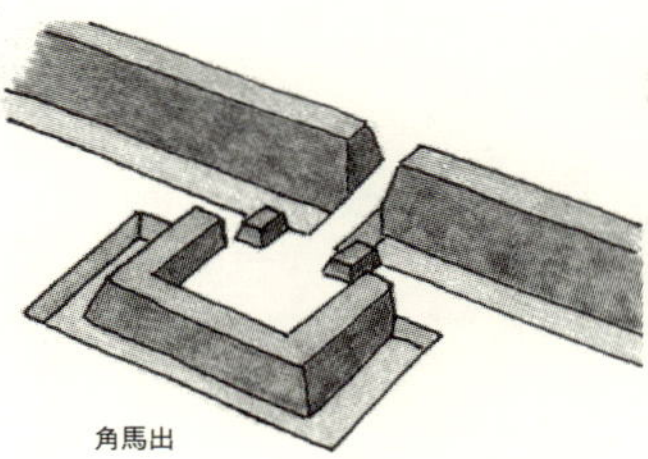
角馬出

城館の建物との連動や中世のなかで変遷など追究すべき課題は多い。

礎石建物 〔考古学用語〕

礎石に配して建てられた建物。礎石は建物の重量に応じて必要となる。現状では瓦葺《かわらぶき》建物の普及に応じて広がったと考えられている。したがって中世城館内で礎石建物が存在した場合、その建物になんらかの特殊性があると考えられる。

掘立柱建物 〔考古学用語〕

中世城館の建物は基本的に掘立柱の建物である。間数や間尺などの差で比較し、建物の機能や年代がわかる場合がある。

矢倉・櫓 〔史料語彙・城郭用語〕

いわゆる郭の縁辺に構築された櫓で、南北朝時代にもその語がみられる。絵画資料などから井桁《いげた》に組んだ櫓などが想定されているが、考古学的には具体例が乏しい。

8 出土遺物

瓦 〔建築用語・考古学用語〕

中世の関東平野でも寺院建築に瓦が葺かれる事例はあるが、中世城館では基本的に瓦葺の建物は存在しない。瓦葺建物の普及は織豊政権による城造りの広がりを示すと考えられている。

貿易陶磁器 〔考古学用語〕

中国や朝鮮半島など東アジアからもたらされた陶磁器。青磁・白磁・染付《そめつけ》（青花磁器）などがある。これらの中には日常の雑器として利用される品もあるが、威信材と呼ばれ権威を示す高級品もある。

瀬戸美濃産陶器 〔考古学用語〕

瀬戸・美濃地方で焼かれた陶器。中世初頭から操業する。一四世紀に大きな画期があり、碗や皿などの日用雑器を中心とした製品をつくる。東海より東の地方に搬出され、遺跡の年代を決める重要な遺物である。

常滑《とこなめ》産陶器 〔考古学用語〕

常滑半島で焼かれた陶器で、甕や壷、捏鉢《こねばち》を中心的に生産した。壷や甕は長く使われる傾向があるが、捏鉢は瀬戸産擂鉢が関東にもたらされる以前は主力の鉢であった。

かわらけ 〔考古学用語〕

地元で焼かれる素焼きの皿。今日、神前の儀礼でも使用されるが、中世でも儀礼や宴会などで使用された。一般の集落からの出土は少なく、権力にかかわる遺跡で出土する。

（齋藤慎一）

執筆者略歴

秋本太郎（あきもと　たろう）	1975年生まれ	高崎市教育委員会
浅野晴樹（あさの　はるき）	1954年生まれ	埼玉県立歴史と民俗の博物館
荒川善夫（あらかわ　よしお）	1954年生まれ	栃木県立文書館専門員
飯森康広（いいもり　やすひろ）	1962年生まれ	㈶群馬県埋蔵文化財調査事業団専門員
市村高男（いちむら　たかお）	1951年生まれ	大阪産業大学教授
宇留野主税（うるの　ちから）	1973年生まれ	桜川市教育委員会
江田郁夫（えだ　いくお）	1960年生まれ	宇都宮短期大学教授
大澤伸啓（おおさわ　のぶひろ）	1959年生まれ	史跡足利学校事務所次長
今平利幸（こんぺい　としゆき）	1964年生まれ	宇都宮市教育委員会
齋藤慎一（さいとう　しんいち）	別掲	
関口慶久（せきぐち　のりひさ）	1973年生まれ	水戸市教育委員会
高橋　修（たかはし　おさむ）	1964年生まれ	茨城大学教授
中井　均（なかい　ひとし）	1955年生まれ	滋賀県立大学教授
広瀬季一郎（ひろせ　きいちろう）	1973年生まれ	つくば市教育委員会
松岡　進（まつおか　すすむ）	1959年生まれ	東京都立篠崎高等学校教諭
松島町子（まつしま　まちこ）	1947年生まれ	主婦
松本一夫（まつもと　かずお）	1959年生まれ	栃木県立文書館館長補佐
峰岸純夫（みねぎし　すみお）	別掲	
宮田　毅（みやた　つよし）	1952年生まれ	太田市教育委員会
八巻孝夫（やまき　たかお）	1948年生まれ	中世城郭研究会

編者略歴

峰岸純夫

一九三二年、群馬県に生まれる
一九六一年、慶應義塾大学大学院文学研究科修士課程修了
現在、東京都立大学名誉教授

〔主要著書〕
中世の東国—地域と権力　中世　災害・戦乱の社会史　新田義貞　中世東国の荘園公領と宗教　足利尊氏と直義　歴史の旅　太平記の里—新田足利を歩く

齋藤慎一

一九六一年、東京都に生まれる
一九八九年、明治大学大学院文学研究科博士後期課程中退
二〇〇一年、史学博士（論文　明治大学）
現在、（財）東京都歴史文化財団江戸東京博物館学芸員

〔主要著書〕
中世東国の領域と城館　戦国時代の終焉　中世武士の城　中世を道から読む　中世東国の道と城館

関東の名城を歩く　北関東編
茨城・栃木・群馬

二〇一一年（平成二十三）六月十日　第一刷発行
二〇二二年（令和　四　）三月二十日　第五刷発行

編　者　峰岸《みねぎし》純夫《すみお》
　　　　齋藤《さいとう》慎一《しんいち》

発行者　吉川道郎

発行所　株式会社　吉川弘文館
郵便番号一一三—〇〇三三
東京都文京区本郷七丁目二番八号
電話〇三—三八一三—九一五一〈代〉
振替口座〇〇一〇〇—五—二四四番
http://www.yoshikawa-k.co.jp

組版・製作＝有限会社　秋耕社
印刷＝株式会社　平文社
製本＝ナショナル製本協同組合
装幀＝河村　誠

ISBN978-4-642-08056-9

峰岸純夫・齋藤慎一編

関東の名城を歩く 南関東編

埼玉・千葉・東京・神奈川

A5判・三二四頁／二三〇〇円

関東に今も遺る多くの中世城館跡。天守や櫓こそ無くとも、往時を偲ばせる石垣や土塁、郭の痕跡は訪れる者を魅了する。南関東編は、埼玉・千葉・東京・神奈川の四都県から精選した名城六四を、豊富な図版を交えて紹介する。詳細・正確な解説とデータは城探訪の水先案内人として最適。最新の発掘成果に文献による裏付けを加えた、新しいガイドブック。

◎既刊

飯村 均・室野秀文編

東北の名城を歩く 北東北編 青森・岩手・秋田

六県の名城一二五を紹介！ A5判・平均二九四頁

二五〇〇円

東北の名城を歩く 南東北編 宮城・福島・山形

二五〇〇円

飯村 均・室野秀文編

続・東北の名城を歩く 北東北編 青森・岩手・秋田

六県の名城一二六を紹介！ A5判・平均二八〇頁

二五〇〇円

続・東北の名城を歩く 南東北編 宮城・福島・山形

二五〇〇円

甲信越の名城を歩く 新潟編

福原圭一・水澤幸一編

名城五九を上・中・下越と佐渡に分け紹介。A５判・二六〇頁
二五〇〇円

甲信越の名城を歩く 山梨編

山下孝司・平山　優編

名城六一を国中五地域と郡内に分け紹介。A５判・二九二頁
二五〇〇円

甲信越の名城を歩く 長野編

中澤克昭・河西克造編

名城五九を北信・東信・中信・南信に分け紹介。A５判・三一二頁
二五〇〇円

東海の名城を歩く 岐阜編

中井　均・内堀信雄編

名城六〇を西濃・本巣郡、中濃・岐阜、東濃・加茂、飛騨に分け紹介。
A５判・二八〇頁
二五〇〇円

東海の名城を歩く 愛知・三重編

中井　均・鈴木正貴・竹田憲治編

名城七一を尾張・三河・三重に分け紹介。
A５判・三二〇頁
二五〇〇円

東海の名城を歩く 静岡編

中井　均・加藤理文編

名城六〇を、西部・中部・東部に分け紹介。
A５判・二九六頁
二五〇〇円